Este livro é fascinante. Ele desvela algo que sempre desejamos ver: os recônditos mais profundos do coração de Jim e Elisabeth. Desde os primeiros capítulos, você ficará encantada e fascinada com a maneira reverente pela qual eles transformavam o despertar de cada emoção em um motivo para celebrar Cristo. Em vez de permitirem que cada paixão afobada pulasse a cerca, eles avaliavam cada desejo, com oração, à luz de sua devoção ao seu Salvador. (Quem *faz* isso hoje em dia?!) A maravilhosa jornada de amor de Jim e Elisabeth mostra à leitora o que significa um romance sagrado. *Com Devoção* é uma leitura recomendada para aquelas de nós que cresceram com os livros dos Elliot, mas também é uma bendita leitura obrigatória para os jovens casais cristãos de nossos dias.

Joni Eareckson Tada
Joni and Friends International Disability Center

Tim e eu tivemos o privilégio de ser alunos de Elisabeth Elliot (e ainda recorremos muitas vezes às anotações de suas aulas, mesmo depois de quarenta e cinco anos). Para nós, ela era uma mulher de princípios firmes, alguém que não tinha o mínimo prazer em tolerar tolices! Aquilo que aprendemos com ela molda minha vida e meu entendimento, até hoje, acerca de meu papel como mulher. Este livro me convidou a descobrir um lado totalmente novo de Elisabeth, seu apaixonado compromisso para com seu Salvador e para com Jim Elliot — nessa ordem. Recomendo este livro a todos os que desejarem saber como é um amor santo, ardente e apaixonado entre um homem e uma mulher comprometidos com Cristo em primeiro lugar, assim como a todos que desejarem conhecer mais de Elisabeth Elliot.

Kathy Keller

Com Devoção é a homenagem íntima e poderosa de uma filha à aventura amorosa que seus pais cultivaram entre si e o Deus a quem serviam — desde os seus primeiros dias juntos na faculdade, passando por seus períodos de separação, por sua jornada missionária ao Equador, até o casamento deles. Eles escreviam com frequência, para a nossa sorte. E cuidadosamente preservadas, podemos participar diretamente do compromisso e da percepção dessas duas almas notáveis, abrindo-se-nos uma janela para o cultivo da força e do amor no relacionamento deles e em sua obra pelo mundo. Assim, tenho o prazer de recomendar este envolvente retrato de sua vida calorosa e bem vivida. Muito obrigada, Valerie. Bom trabalho!

Donna Otto

Numa estranha época de tuítes, emojis e bate-papos sem importância, este livro é uma rica sinfonia de linguagem e poder, sagacidade e sabedoria, desejo e paixão, tentação e verdade. Leia-o e você encontrará um banquete para o coração, para a mente e para a alma... um banquete pelo qual você talvez nem soubesse que ansiava!

Ellen Vaughn
Autora *best-seller* do *New York Times*

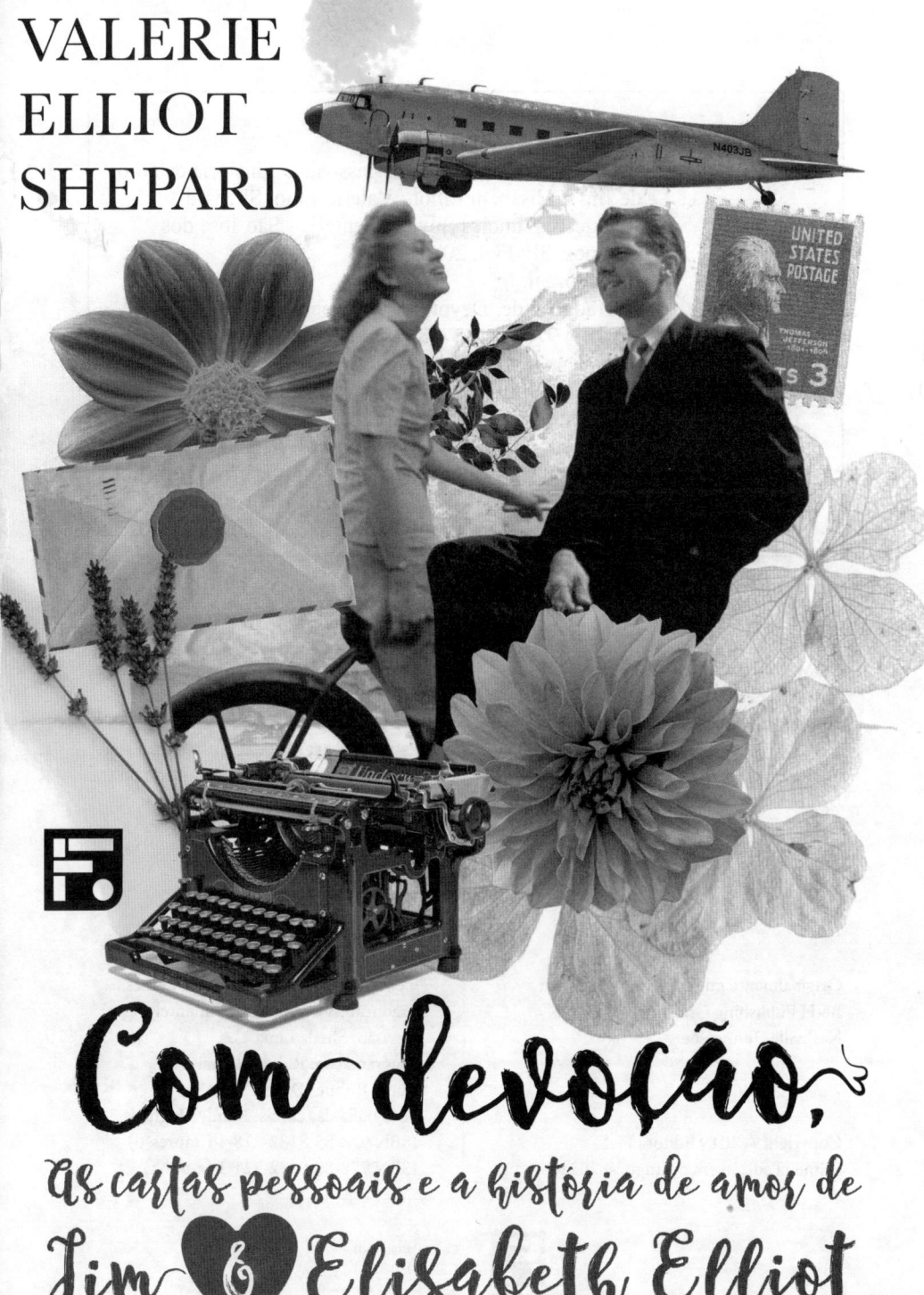

S547c Shepard, Valerie Elliot
      Com devoção, : as cartas pessoais e a história de amor de Jim e Elisabeth Elliot / Valerie Elliot Shepard ; [tradução: Vinicius Silva Pimentel]. – São José dos Campos, SP: Fiel, 2020.
      429 p. ; il.
      Tradução de: Devotedly, : the personal letters...
      ISBN 9788581327181 (brochura)

      1. Elliot, Jim, 1927-1956 – Correspondência. 2. Elliot, Elisabeth – Correspondência. 3. Missionários – Equador – Correspondência. 4. Missionários – Estados Unidos da América – Correspondência. 5. Biografia cristã. I. Elliot, Jim, 1927-1956. II. Elliot, Elisabeth. III. Título.
      CDD: 266.0239

Catalogação na publicação: Mariana C. de Melo Pedrosa – CRB07/6477

COM DEVOÇÃO,
As cartas pessoais e a história de amor de Jim e Elisabeth Elliot

Traduzido do original em inglês
Devotedly, the personal letters and love story of Jim and Elisabeth Elliot

Copyright © 2019 by Valerie Elliot Shepard

•

Originalmente publicado em inglês por
B&H Publishing Group
Nashville, Tennessee

•

Copyright © 2019 Editora Fiel
Primeira edição em português: 2021

Todos os direitos em língua portuguesa reservados por Editora Fiel da Missão Evangélica Literária
PROIBIDA A REPRODUÇÃO DESTE LIVRO POR QUAISQUER MEIOS, SEM A PERMISSÃO ESCRITA DOS EDITORES, SALVO EM BREVES CITAÇÕES, COM INDICAÇÃO DA FONTE.

•

Diretor: Tiago Santos
Editor: Renata do Espírito Santo
Coordenação Editorial: Gisele Lemes
Tradução: Vinicius Silva Pimentel
Revisão: Sheila Lima
Diagramação: Rubner Durais
Capa: Rubner Durais
Fotografia das cartas: Randy Hughes
ISBN 978-85-8132-718-1 (impresso)
ISBN 978-85-8132-721-1 (e-book)

FIEL
Editora

Caixa Postal, 1601
CEP 12230-971
São José dos Campos-SP
PABX.: (12) 3919-9999
www.editorafiel.com.br

Dedico esta obra, com profundo amor, aos filhos da família Shepard:
Walter Dorman
Elisabeth (Martin)
Christiana Ruth (Greene)
James Elliot
Colleen Amy (McKinnell)
Evangeline Mary (Smidt)
Joy (no céu desde outubro de 1990)
Theodore Flagg
Sarah Abigail (Ibanez)

Com estas palavras do diário de meu pai:
*Talvez, por misericórdia, ele me dê um monte de filhos,
para que eu os conduza pelos vastos campos estelares, a fim de explorar suas finas iguarias, as quais, pelas pontas de seus dedos, ele faz brilhar. Mas, se não for assim, se apenas puder vê-lo, sentir o cheiro de suas vestes e sorrir aos olhos do meu Amado... Ah, então, nem estrelas nem filhos importarão — somente ele próprio.*

*Jesus, tu és agora o meu fim;
meu princípio também tens sido.
Oh, sê tu meu presente amigo,
para que eu caminhe e repouse em ti.*

Devo a ele o desejo por uma grande família. Deus respondeu a esse desejo dando-me oito filhos singulares, inteligentes e lindos. Este livro é dedicado a eles, assim como à pequena Joy, natimorta, aos quatro meses. Quando eu pensava no nome a dar a ela, Deus me deu o versículo: "Na tua presença há plenitude de alegria". Confio que, algum dia, todos nós a encontraremos e descobriremos o propósito de Deus para ela, o qual será, assim como é o nosso, trazer glória e louvor ao seu nome.

Se há algo em que sei que sou muito parecida com meu pai, é nesse amor pela criação de Deus e no desejo de mostrar aos outros quão impressionante Deus é. Espero ter dado esse mesmo amor a cada uma de vocês. Que este livro lhes mostre a glória de Deus, assim como seu propósito, e as encoraje a seguir sua voz. Ele é o Pastor Perfeito!

Sumário

Agradecimentos 9
Prefácio 11

1948: O despertar do amor 21
1949: O amor questiona 77
1950: O amor se desprende 163
1951: O amor anseia 203
1952: O amor espera, de novo 269
1953: O amor transcende 353

Epílogo 419

Quantas vezes nossos olhos agradecidos
viram o que tu fizeste, Senhor,
quantas vezes fomos por teu amor surpreendidos
do amanhecer até o sol se pôr.

Quantas vezes uma chuva graciosa
sobre a tua herança
trouxe de volta à terra sequiosa
íntima paz e esperança.

Tu, que cavalgas sobre os céus montado,
que milagre te faz assim nos amar
a ponto de correres para o nosso lado
mais depressa do que se move o pensar?

Teu amor é como um rio caudaloso,
o nosso, água rasa e sem vigor.
Ó belo, ó maravilhoso,
quão nobre pode ser o Amor!
— AMY CARMICHAEL

Agradecimentos

Primeiro, quero agradecer a Deus e ao seu filho, meu salvador e redentor, por preparar e planejar essa maravilhosa união entre meus pais, para que eu pudesse ser filha deles e ter o privilégio de mergulhar em quase todas as suas cartas e diários. Meus pais tornaram-se ainda mais preciosos no meu coração após eu ler esses maravilhosos escritos de sua caminhada com Cristo e um com o outro.

Quero agradecer a Marion Redding, minha querida madrinha de casamento, que organizou o material em ordem cronológica e ajudou, com muitas buscas de citações, o arquivo de documentos nos lugares certos. Marion, pacientemente, me mostrava o que fazer, por telefone, quando eu estava desabando! Ela também deu algumas sugestões de como escrever algumas das frases com as quais eu tinha dificuldade e entendeu o enorme e precioso legado que eu carregava.

Sou, igualmente, muito grata a Margaret Ashmore (que já era uma querida amiga da minha mãe antes mesmo de Margaret e eu nos conhecermos), por editar, apagar e reescrever muitas palavras ou frases. Também sou grata a Lawrence Kimbrough, meu editor e colaborador na LifeWay/B&H. Lawrence e Margaret foram muito pacientes com esta "escritora recém-nascida" e demonstraram tão somente bondade, paciência e humildade nas sugestões que me fizeram.

Quando comecei a escrever, em 2013, Samantha Caroway, outra grande amiga, localizou, marcou e classificou muitas seções de *Shadow of the*

Almighty, que eu gostaria de usar neste livro. Ela amou o livro, assim como tantas outras pessoas, e reconheceu o profundo compromisso de meu pai em seguir somente a Cristo.

Também quero agradecer a Anthony Solis, que está trabalhando num livro sobre as cartas de minha mãe para a mãe dela, por me ajudar a compreender (por causa do meu cérebro não computacional) como funcionam arquivos e pastas num computador, bem como por me enviar as cartas de minha mãe que ele descobriu nos arquivos do Wheaton College.

Julie Cochran e Shelley Hendry, duas outras amigas, ajudaram-me a ler as cartas e os diários de meus pais e transcreveram muitos deles para mim, com o cuidado e o tempo necessários para fazer isso bem, para este livro.

Ao lerem essas cartas e anotações de diários, espero que cada uma de vocês, leitoras, seja tão afetada e abençoada (até mesmo deslumbrada) quanto nós ficamos e, assim, entregue-se mais inteiramente à causa do reino de Deus. Também agradeço às muitas irmãs em Cristo e à minha família, por me impulsionarem com suas orações pelos últimos quatro anos! Há gente demais para nomear, mas cada um de vocês sabe quem é e quão grata eu sou!

Prefácio

Meus pais nunca poderiam imaginar que seus nomes se tornariam internacionalmente conhecidos e amados. Seus corações os motivavam a um lugar mais alto. Deus desejava exibir duas vidas fundidas numa só, cujo compromisso inabalável com o Senhor influenciaria a vida de inúmeras almas.

Eles nasceram em famílias bem comuns e nada abastadas, nas extremidades opostas dos Estados Unidos. Eles não entraram na vida um do outro até que seus caminhos se cruzaram no Centro-Oeste, na faculdade, nos anos que se seguiram à Segunda Guerra Mundial. Contudo, mesmo quando eram adolescentes e jovens adultos, muito mais do que a maioria dos jovens de sua idade, eles mantinham uma devoção singular a Cristo. Eles renunciaram a todos os triviais desejos humanos por causa do reino de Cristo, a despeito do custo e das implicações — para que somente ele recebesse toda a glória.

A Bíblia nos diz: "(...) na tua luz, vemos a luz" (Sl 36.9). Por meus pais terem andado na luz da Palavra de Deus, ele lhes deu clareza quanto ao chamado deles, guiando cada um, individualmente, às selvas da América do Sul. Eles tinham plena expectativa de servir a ele pelo resto de suas vidas nos lugares mais obscuros da face da terra, aos olhos do mundo lá fora, levando as palavras da Escritura aos povos não alcançados e que nunca haviam ouvido o evangelho anunciado em sua própria língua.

A *última* coisa que eles queriam era tornar-se conhecidos.

Deus, porém, rasgou a cortina do anonimato que os cobria naquele domingo, em 8 de janeiro de 1956. Uma primitiva tribo indígena no Equador atacou com lanças meu pai, Jim Elliot, e quatro outros jovens missionários, matando-os enquanto eles tentavam comunicar-se com os índios. Sua morte deixou Elisabeth, a esposa com quem era casado havia pouco mais de dois anos, sozinha. Viúva. Aos 29 anos. Comigo.

Eu tinha apenas dez meses de idade, então nunca conheci de fato meu pai, exceto por meio do que aprendi a seu respeito enquanto crescia. No início, eu ficava observando minha mãe ministrar destemidamente ao mesmo povo que havia assassinado seu marido, na mesma selva. Quando retornamos aos Estados Unidos, passei a ouvir mais sobre essa história enquanto concluía minha formação acadêmica e chegava à fase adulta, tornando-me, eu mesma, esposa e mãe. A essa altura, é claro, eu já estava ciente de quão extraordinária era a vida "comum" de meus pais.

Minha mãe passou a relatar a vida de seu marido em livros extraordinários, como *Shadow of the Almighty* e *Através dos portais do esplendor*.[1] O mundo cristão começou a conhecê-los como Jim Elliot, o heroico mártir missionário, e Elisabeth Elliot, a amada escritora, palestrante, mentora e professora da Bíblia.

Ao longo dos anos, as histórias da vida deles, assim como algumas de suas agora famosas citações, inspiraram muitos livros, artigos, posts de blog, ilustrações de sermões e até mesmo longas-metragens e documentários. A influência deles continua a repercutir por toda a cristandade. Até hoje, muitos homens e mulheres que anunciam Cristo em cenários humildes e difíceis continuam a apontar para o legado de fidelidade de meus pais como a faísca que inflamou sua jornada para servir nas missões globais.

Neste livro, quero compartilhar a parte não contada dessa história. Mesmo que você tenha lido o livro *Passion and Purity*, da minha mãe, você ainda não conhece as muitas tonalidades e camadas da história de amor dos meus pais.

Na verdade, eu também não conhecia. Pelo menos não como um todo. Obviamente, parte dessa história simplesmente veio à tona em conversas ou em

---

[1] N. T.: Elisabeth Elliot, *Através dos portais do esplendor*. (São Paulo: Vida Nova, 2015).

comentários casuais ao longo dos anos. Com frequência, minha mãe me falava alegremente da personalidade do meu pai, de como ele fazia todos rirem, de como seu jeito bufão nos tempos de faculdade lhe soava (ela era o paradigma da devoção pacata, discreta e estudiosa) assustadoramente intrigante. Seus olhos brilhavam sempre que eu lhe perguntava a respeito dele; e ela enfatizava como sua masculinidade a empolgava, como sua completa devoção a Deus a inspirava e como sua paixão pelo evangelho, assim como por ela, a comovia. Minha mãe tinha a esperança de que, um dia, o Senhor me abençoaria com um marido que tivesse as mesmas qualidades que ela tanto amava em meu pai. E ele fez isso!

Eu li os diários de meu pai (*The Journals of Jim Elliot*, que minha mãe compilou, editou e publicou em 1978), então eu também conhecia outros detalhes do relacionamento deles que ocasionalmente vinham à tona em meio às anotações diárias de sua leitura bíblica particular e de sua compreensão dela. O amor deles era profundo e extasiado, algo que eles tratavam com extraordinária sacralidade, ao mesmo tempo que esse amor se expandia e os surpreendia de maneiras que eles nunca haviam previsto — espiritualmente e mais além.

E, durante a maior parte de minha vida, esse conhecimento geral do romance e do casamento deles sempre pareceu ser o bastante para mim.

Nos anos recentes, porém, minha curiosidade ressurgiu e me enviou numa missão para localizar um tesouro especial que minha mãe outrora me dera — uma coleção com todas as cartas que meu pai lhe escrevera, entre 1948 e 1953, o ano em que eles se casaram.

Na época em que ela me deu as cartas, nossa casa cheia com oito filhos consumia toda a minha capacidade de assumir compromissos, dos mais importantes aos mais banais. Ela também percebeu esse fato e me disse — assim como fizera antes, ao me conceder seus próprios diários pessoais — que eu poderia interessar-me por essas cartas algum dia, "quando você tiver mais tempo".

Nos anos seguintes, quando a casa começou lentamente a se esvaziar, um a um, minha mente voltou-se para aquelas cartas e para a história de amor que eu sabia que elas continham, embora, infelizmente, minha memória de onde eu as havia guardado não tenha acompanhado o interesse! Mas Deus sabia. E ele tinha planos que começaram com minha descoberta do baú no qual eu as havia guardado "para depois". O tempo havia chegado.

Comecei a analisar cada palavra, o que revelaria as imensas e misteriosas profundezas daquele genuíno e indescritível amor nascido de Deus. As interações de dois jovens adultos em sua vida real estimulariam outros jovens. Jim e Betty foram um modelo — não perfeito, mas persistente — do modo como Deus pretende que lidemos com o amor e, como despenseiros desse amor, possamos mantê-lo continuamente sob a direção divina.

E como eles cresceram no amor um pelo outro! O que você verá ao acompanhar a progressão do relacionamento deles e das decisões que tomaram ao longo do caminho são os traços distintivos do que eu creio *ainda* ser o plano de Deus (e, ainda hoje, igualmente possível) para jovens apaixonados. Se eles se comprometerem e se renderem a Deus, estarão genuinamente satisfeitos em seu Salvador.

Com efeito, a história de meus pais não é única. Lemos em 1 Coríntios 2.9: "Nem olhos viram, nem ouvidos ouviram, nem jamais penetrou em coração humano o que Deus tem preparado para aqueles que o amam". Deus ama aqueles que confiam em seu cuidado, provisão e presença com a mesma devoção de meus pais. Ele ainda é capaz de abençoar aqueles que andam no tão incomum caminho da pureza e da honra que ele deseja para seus filhos. Ele planeja para eles uma alegria mais profunda quando estão dispostos a esperar, trabalhar e confiar nele em oração.

Recentemente, deparei com um artigo de jornal que descrevia as atuais tendências de namoro entre a Geração Y — um rótulo geral para descrever aqueles que chegaram à fase adulta no século XXI. E, embora eu saiba que nossa cultura está muito distante da recatada maneira como eu fui cortejada pelo meu então futuro marido, ainda assim fiquei chocada com o que era noticiado como prática corriqueira. Quase metade dos jovens solteiros de hoje afirma ser comum fazer sexo *antes* do primeiro encontro. O que eles agora consideram a parte íntima do relacionamento é o que ocorre *depois* de terem ido para a cama juntos, quando eles finalmente passam a conhecer um ao outro em conversas e encontram a família e os amigos um do outro. Pior: os resultados dessa pesquisa surpreenderam os especialistas apenas porque contradiziam a "regra de ouro" prévia de que dois indivíduos fariam sexo apenas no terceiro encontro!

Em nítido contraste, a história que você está prestes a conhecer é muito mais do que um testemunho de como dois indivíduos apaixonados preservaram sua virgindade para o casamento — e de como as pessoas ainda fazem isso hoje. Afinal, por mais importante que a castidade seja, a natureza das palavras e ações dos meus pais revela um casal que se definia não apenas por aquilo que eles *não faziam*, mas por aquilo que eles *faziam*. O Senhor permeava os pensamentos deles com seu amor. A grande luta deles era para conhecer a vontade do Senhor para sua vida com clareza e predeterminada obediência. Eles mantinham um ao outro focados nas infindáveis promessas divinas, a despeito das circunstâncias, que poderiam facilmente tê-los desencaminhado para a dúvida, a desilusão ou o desespero. O Senhor exigiu deles uma paciência extraordinária e inexplicável, o que parecia assustador enquanto eles observavam outras pessoas em seu meio constantemente noivarem e casarem. Eles poderiam facilmente ter escolhido justificar seu próprio tempo, não o do Senhor.

Em vez disso, eles renunciaram ao seu próprio amor um pelo outro. Eles o entregaram inteiramente àquele em cuja mão confiavam para guiá-los na direção do futuro que lhes havia preparado, fosse qual fosse. E, após, corajosa e consistentemente, devolverem-no ao cuidado de Deus, para que pudessem obedecer e seguir a Cristo mais plenamente, eles receberam de volta aquele amor de uma maneira que — bem, não vou revelar a história a você antes do tempo.

Para compreender a dimensão da aventura deles juntos, devo dizer-lhe que suas palavras neste livro vêm de diversas fontes. Uma delas são as cartas do meu pai que mencionei, a maioria nunca antes publicada, exceto ocasionalmente, em alguns dos livros de minha mãe. Também me vali de cartas que ela escreveu para ele. Misteriosamente, ele escolheu não guardar as cartas dela de 1948 e da primeira metade de 1949, então só posso inferir o que ela escreveu a ele pelos comentários que ele fez em sua correspondência de resposta.

Minha mãe, assim como meu pai, manteve um diário durante aqueles mesmos anos. Nele, ela registrava alguns dos sentimentos de seu coração, muitas orações e seletas reflexões sobre sua leitura e seu estudo bíblico. Além disso, ela manteve um diário de cinco anos que terminou em 1951, usando-o como um breve e disciplinado sumário de suas atividades diárias. Cada data do calendário (1º de janeiro, 2 de janeiro etc.) contém um espaço referente a 1947, seguido logo abaixo por um espaço para 1948, e assim por diante, permitindo que, ao escrever pelo diário a cada novo ano, ela relembrasse exatamente o que estava fazendo e pensando naquela mesma data no ano anterior ou nos anos precedentes.

Como você pode imaginar, conhecendo minha mãe, até a narrativa dos detalhes mais enigmáticos ou monótonos parece, de algum modo, poderosa. Podemos colher sabedoria até mesmo dos detalhes banais, os quais ela sabia que eram santos ao Senhor.

Em seu conjunto, essa combinação de suas cartas trocadas e de seus diários produz diversas impressões. Em primeiro lugar, capta a curiosa, observadora e altamente atenciosa consciência acerca da vida, que caracterizava o modo como eles encaravam cada dia e que os guardava de ser precipitados ou de reagir emocionalmente às coisas. Algumas vezes, eles se mostravam impacientes, mas raras vezes foram espiritualmente ingênuos.

Em segundo lugar, com frequência eles pontuavam seus escritos com citações de autores experientes, estrofes de hinos sagrados, trechos memorizados de poemas criativos, assim como versos de sua própria autoria. Continuamente, ambos alimentavam a mente com o discernimento de autores da mais alta estirpe, tanto cristãos como seculares. Eles mergulhavam no pensamento de gigantes espirituais, consumindo uma constante dieta de clássicos que mantinha seu pensamento ao mesmo tempo abrangente e profundo.

Um pouco menos perceptíveis em suas cartas são, em terceiro lugar, as realidades indizíveis do que a comunicação de longa distância exigia no fim da década de 1940 e no início da década de 1950. Como qualquer um em qualquer geração, eles conheciam apenas o que era contemporâneo à sua própria época. Porém, para melhor compreender o contexto de sua história, algumas de nós precisarão deixar de lado a pretensão hodierna do acesso instantâneo e internacional a qualquer indivíduo, a qualquer momento. Jim e Betty remontam a uma era em que as pessoas escreviam cartas, selavam-nas e as punham na caixa de correio, cientes de que essa correspondência não chegaria ao endereço de destino senão dias depois. Uma vez que o destinatário lesse (e relesse) a carta, elaborava uma resposta escrita à mão. A próxima carta recebida poderia não apresentar resposta a nenhuma das perguntas feitas, o que aconteceria uma semana, talvez um mês depois, a depender de quanto tempo levaria para a pessoa sentar-se com seus papéis de carta. Quando meus pais escreviam com maior frequência, suas cartas se atravessavam pelo correio e se referiam a comentários feitos talvez numa carta previamente escrita.

O ritmo dessa realidade — a satisfação inevitavelmente adiada — era simplesmente uma reconhecida parte do mundo no qual eles viviam. Parece algo insuportável em comparação com o imediato tempo de resposta que esperamos hoje, mas não posso deixar de me perguntar se o que ganhamos ao acelerar a vida não nos custou a reflexão que tornava tão únicas histórias de amor como a de meus pais.

Ao ler suas palavras — mesmo sob a rara perspectiva de ser sua única filha —, meu coração deseja honrar mais a Cristo, dando-lhe minha melhor oferta. Mesmo como uma mulher em seus sessenta anos, sinto-me inspirada a reacender minha devoção e a me dispor a sofrer e me sacrificar pela causa do evangelho, como meus pais fizeram. Também sou estimulada a orar por meus próprios filhos e netos, e por suas gerações, a fim de que eles obtenham uma visão eterna para sua vida. Oro para que eles experimentem por si mesmos a incomparável alegria de confiar em Deus a cada instante, a cada pergunta, a cada sofrimento e confusa demora, sabendo que o caminho dele é sempre bom, é sempre o melhor.

Ser a filha de pais tão notáveis me expôs a muitas lições de vida indescritíveis. Eles viveram para Deus, amaram-no e perseveraram por sua graça. Eu não possuo os mesmos dons ou disciplinas que eles compartilhavam e personificavam, pelo menos não da mesma forma. Contudo, considero meu legado ser fiel

ao chamado de Cristo em minha vida. Expresso parte desse chamado e dessa responsabilidade neste volume, de modo que me sinto muito honrada por você ter decidido lê-lo.

Essa é minha maneira de oferecer à minha mãe e ao meu pai uma medida de gratidão. E mais importante: é meu agradecimento a Deus pelo que ele fez por mim tão generosamente. Espero que este livro a encoraje por meio de seu testemunho imorredouro. Mais do que tudo, oro para que ele resulte em louvor ao Senhor, por conceder que todas nós, por sua graça, partilhemos da beleza de sua santidade.

Valerie Elliot Shepard

Nota: As cartas e os diários de meus pais são apresentados ao longo deste livro, de modo geral, como texto recuado e com uma fonte diferente. Quando incluí porções de seus escritos originais em meus próprios parágrafos descritivos, as palavras deles aparecem em itálico.

Põe entre nós tua cruz,
bendito Senhor,
faz-nos amar-te, e a nós
concede teu vigor
para prostrados ficarmos
aos teus traspassados pés,
desimpedidos, santos canais a encontrar
teus propósitos fiéis.

Como rocha firme, assim faz
nosso semblante,
para tua vontade fazer — nosso alvo
seja assim constante.
Ó Deus, firme está o nosso coração —
não nos deixa retroceder.
Consome nele nossa afeição,
faz teu amor arder.
— Elisabeth Howard

O despertar do amor

A primeira linha do diário de minha mãe, em 1º de janeiro, deixa clara sua devota e determinada fé em Deus, assim como seu desejo de se render plenamente a ele, à sua Palavra e ao seu Espírito. Em casa para as festas de fim de ano, em meio ao seu último ano de faculdade, e tendo acabado de completar 21 anos, poucos dias antes do Natal, ela [Elisabeth Howard] assinalou o primeiro dia do ano ao abrir seu diário de cinco anos, de folhas lisas e capa azul-marinho, no qual escreveu:

> Quinta-feira — o princípio de mais um ano para "andar humildemente com o meu Deus". Ó, que eu aprenda a amá-lo supremamente e a não ter desejo por nada senão por ele somente! "Ensina-me, Senhor, o teu caminho..."

As palavras que já começavam a fluir por esse seu pequeno caderno particular — embora pontuadas, é claro, pelas típicas preocupações e crises da vida de qualquer jovem mulher — jamais se desviariam dessa firme orientação. Deus estava em primeiro lugar; Deus era supremo; Deus era tudo. Com efeito, seu registro do ano anterior nesse mesmo diário, em 1º de janeiro de 1947, refletia o mesmo compromisso inabalável:

> Um ano maravilho fica para trás, e eu sei que um ano ainda mais maravilhoso está à frente. Verdadeiramente, posso erguer meu

Ebenézer e antever grandes coisas da parte do Senhor, Conselheiro, Príncipe da Paz, Deus Forte.

Contudo, nesse fresco dia de Ano Novo de 1948, escrevendo em sua casa na Filadélfia, na área residencial de Moorestown, Nova Jersey, as últimas linhas de seu registro davam o primeiro vislumbre da chegada de uma figura que, verdadeiramente, faria de 1948 um ano sem igual — uma novidade que, com o tempo, contribuiria para tornar toda a *vida* dela sem igual:

> Jim e eu tivemos outra longa conversa hoje à noite — ó, se eu apenas fosse tão sincera e genuína quanto ele é!

Jim.

A primeira vez que "Jim" apareceu no diário de minha mãe foi nove meses antes, num registro de 23 de março de 1947, no final de seu terceiro ano no Wheaton College, no qual ela, de modo semelhante, observou haver tido *"uma boa conversa com Jim Elliot — ele é um ótimo rapaz"*. Amigo, colega de quarto e membro da mesma equipe de luta livre de Dave, seu irmão um ano mais novo que ela, Jim era alguém em quem ela começara a reparar na escola, ocasionalmente e a distância. Então, no outono, quando seus horários de aula como graduandos em grego eram praticamente os mesmos, a "distância" entre eles se encurtou. Ela passou a conhecer melhor aquele fervoroso aluno que vivia com tão ardente devoção a Cristo, que podia escrever coisas como estas:

> Deus, eu oro, inflama esses ociosos gravetos da minha vida, para que eu possa queimar por ti. Consome minha vida, Deus meu, pois ela é tua. Não busco uma vida longa, mas uma vida plena como a tua, Senhor Jesus. [...] À alma que provou de Cristo, o riso airoso, a zombadora música de vozes combinadas e o apelo devastador dos olhos sorridentes — tudo isso é sem sabor. Anseio beber profusamente de ti. Enche-me, ó Espírito de Cristo, de toda a plenitude de Deus.

1948: O despertar do amor 23

Ainda assim, foi uma grande surpresa quando Dave o convidou para passar o feriado de Natal em sua casa. Foi assim que "Jim" acabou por aparecer na casa de minha mãe, e no diário dela, no dia de Ano Novo de 1948.

Jim Elliot.

Meu pai.

O lar dos Howard, embora já repleto com seus próprios seis filhos (sendo minha mãe a segunda mais velha), era como muitos outros de sua época, pronto para receber e abrir espaço para outras companhias. Ainda assim, talvez ela não tenha ficado muito satisfeita a princípio, ao ouvir que partilhariam seu lar e o feriado com aquele "grande homem no campus", que vinha do Noroeste Pacífico. Menos de um mês antes — em uma das poucas outras menções a ele em seu diário de 1947 —, ela se recordava de ter ido a uma festa em Glen Ellyn, área residencial vizinha de Chicago, com Dave e alguns outros. "Jim" estava entre eles e, franca como sempre, ela registrou:

A família da minha mãe em casa, no Natal de 1947. Atrás: Dave e Phil (assim como Phyllis Gibson, futura esposa do meu tio Dave). No centro: Elisabeth, Tom, vovó e vovô Howard, Margaret e Kay Howard (a esposa e a filha de Phil). Na frente: Ginny e Kimmy. (Meu pai está fora da câmera, mas atraindo atenção!)

> No caminho para casa, Jim Elliott *[observe o erro de grafia — dois t's em vez de um]* me explicou algumas das razões pelas quais eu tenho uma reputação tão má entre os meus colegas. Para começar, eu sou terrivelmente sarcástica.

Aquela não seria a última vez que ela ouviria dele esse tipo de crítica e conselho. (Ele nunca foi de usar meias palavras ou de esconder suas opiniões.) A única reação que ela registrou diante de tais revelações foram leves suspiros. Mas, pelo que ela mais tarde me contou sobre a insegurança que sentia naquela fase de sua juventude feminina, só posso imaginar como deve ter doído ouvir sua conduta social ser desafiada tão frontalmente por um mero conhecido.

Parte de sua insegurança talvez tivesse origem em sua altura — ela media um metro e setenta e nove centímetros e meio. (Se você está se perguntando o motivo de ela ser tão precisa acerca de sua altura: meu pai media um metro e oitenta centímetros, então ela escolheu acentuar essa diferença irrisória como um modo deliberado de expressar sua consideração de esposa.)

Outra potencial fonte de insegurança vinha do fato de ela raramente (ou nunca) receber elogios de seus pais sobre sua aparência. A descrição mais lisonjeira que ela se lembrava de seu pai ter dado a ela e à sua irmã, quando adolescentes, foi dizer que elas eram "duas belas potrinhas". (Eu *suponho* que seja um elogio.)

Não é de admirar, pois, que sua inclinação natural fosse ser relativamente reservada e crítica em relação a si mesma. Ela me disse muitas vezes que era uma "desajeitada em crescimento". Porém, dito isso, tenho certeza de que a figura do Jim, com aquela menção repentina a certos defeitos em sua aparência — assim como comentários posteriores sobre seu "nariz de banana e sua silhueta angular" — apenas contribuiu para seu senso de insegurança.

Às vezes, porém, as críticas em forma de brincadeiras provocadoras são uma cortina de fumaça que mascara sentimentos bem diferentes, mais afetuosos. As embaraçosas interações entre jovens homens e mulheres, quando não sabem exatamente como expressar seu coração, muitas vezes podem resultar em mensagens contraditórias. Talvez a improvável aparição de Jim na casa dela, durante o feriado de Natal de 1947–48, fosse apenas outra maneira de ele tentar enviar-lhe uma mensagem, um modo de se debater com o que seu próprio coração estava sentindo.

A única coisa que meus pais certamente tinham em comum era uma devoção igualmente intensa ao Senhor. O zelo dele diferia do dela apenas em volume, não em paixão. Ele era barulhento; ela, silenciosa. Ele era extremamente popular; ela era mais dada a evitar os holofotes. Ele às vezes era confrontador, impetuoso, exortativo; ela, embora decididamente firme em seu âmago (e assumidamente colérica e questionadora), era terna em comparação com a protuberante tenacidade dele. Porém, durante as refeições em família, os cultos domésticos, as brincadeiras de trenó e esqui que ocorreram naqueles poucos dias na casa dela, meu pai depois admitiu que estava sentindo algo por ela — Betty, Betts — naquele período natalino em New Jersey. *O amor estava despertando.*

Trenó no Natal. Da esquerda para a direita:
meu pai, tio Dave, tia Ginny, tia Margaret e tio Phil. Na frente: o pequeno Jimmy.

Entretanto, nenhum dos dois chegou a falar sobre isso. Também nenhum deles escreveu sobre o assunto em seus diários e cadernos. Ambos tinham sua mente em coisas muito mais importantes do que formar um par romântico ou disputar com seus colegas, alguns dos quais pareciam estar quase numa corrida para ver quem chegava primeiro ao altar!

Na primavera do ano anterior, após passar algum tempo com dois casais que estavam noivos, minha mãe escreveu sobre o alívio que havia experimentado por não ter nenhum sentimento de distração:

> Quão grata estou porque o Senhor me livrou de qualquer sentimento de cobiça! Há momentos em que anseio pelo amor, mas ultimamente não tenho me sentido assim. É algo maravilhoso.

Alguns rapazes já haviam aparecido antes. Um jovem amigo de faculdade chamado George a havia convidado para sair. Eles haviam namorado anos atrás, quando eram estudantes na Hampden DuBose Academy, uma escola particular cristã em regime de internato que ela havia frequentado em Zellwood, Flórida, antes de cada um deles se mudar para Wheaton. Porém, depois de aceitar seu último convite para sair, ela desmarcou com ele no dia seguinte, consentindo apenas em dar uma caminhada com ele... a fim de terminar tudo de uma vez.

Ela anunciou que eles precisavam parar de namorar. Então, foi surpreendida ao ver seus olhos se encharcarem de lágrimas, ao ouvir sua voz embargar enquanto ele tentava dizer-lhe quanto ela era importante para ele. "*Agora, sinto-me péssima*", escreveu ela em seguida — "*não havia percebido que iria machucá-lo. Estou começando a me questionar se talvez não tenha sido um tanto precipitada ontem*".

Durante quase uma semana, o diário dela flutuava com as emoções oscilantes que sobrevieram após esse evento. Ela confessou estar "*positivamente infeliz por causa de George*", estar trabalhando para "*superar George*" e, depois, tentando encontrar George e, então, descobrir que ele estava "*com medo de vir e conversar comigo, temendo que eu não falaria com ele*". Finalmente, após vários dias nessa inquietude, ela conseguiu uma oportunidade de se encontrar com ele de novo, ocasião na qual, escreveu ela, *"devolvi as medalhas dele, expliquei-lhe algumas coisas, agradeci a ele por tudo que havia feito por mim"*. Foi difícil fazer isso, disse, mas ela esperava que ele houvesse compreendido. E ela admitiu que, em seu coração, sentia *"um bocado"* de saudades dele.

Ao ler em retrospectiva aqueles apontamentos no diário de 1947, porém, ela *não* sentia falta de todo aquele drama desnecessário. Diversas vezes, em 1948, ela falou sobre estar envergonhada pelo que agora considerava "imaturidade" de sua parte. Em março, por exemplo, após comparecer ao casamento de dois amigos na noite anterior, ela disse:

> Ao ir a um casamento, eu costumava me imaginar no papel da noiva. Porém, pensamentos dessa natureza raramente me passam pela cabeça agora. Tenho uma tranquila certeza de que não devo estar casada. Sou grata ao meu Senhor por obter vitória nessa área. Verdadeiramente, é um milagre. Chorei de alegria durante a cerimônia, e o hino continua na minha mente: "Sou tua, ó Senhor" e "Amado com amor eterno".

Eu agora dou risada ao ver essa jovem e fervorosa mulher ir a um casamento, impressionar-se com seu caráter profundamente cristão e, contudo, em sua própria mente, estar certa de que deveria permanecer solteira. Ela estava muito mais intrigada pela possibilidade de encontrar *"bendita alegria em Cristo somente"*, escreveu... Embora eu me pergunte quantas vezes ela desejou, durante os cinco anos seguintes, poder recapturar a mesma tranquila certeza quanto a esse assunto.

Também meu pai, em seu diário pessoal, o qual ele começou a escrever em meados de janeiro de 1948 e continuou com consistente regularidade até quase a sua morte, relatou convicções semelhantes ao pensar sobre seu futuro. Meditando em Gênesis 31, ele comentou:

> Raquel e Lia manifestam para com sua família uma atitude que eu gostaria de ter para com todos os vínculos terrenos. Aqui já

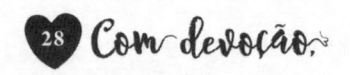

não há mais uma herança para mim. Fui comprado pelo penoso trabalho do grande Pastor, que veio de longe para me conquistar como sua noiva. Conduz-me, Senhor, seja qual for a ordem de Deus, seja lá para onde ele me queira conduzir, estou agora pronto para ir.

Sem dúvida, seu pai havia influenciado algumas de suas convicções sobre amor e casamento. Meu avô era um pregador itinerante, da mesma tecitura da tradição ultraconservadora dos Irmãos de Plymouth. Ele havia dito expressamente numa carta ao seu filho: "Jim, tenho ciúme de qualquer coisa ou pessoa que possa retardar seu caminho progressivo para as riquezas eternas e para uma vida completamente devota àquele supremo e glorioso Homem que está à destra de Deus". Meu pai também era bem versado nos escritos de Paulo em 1 Coríntios 7, o qual fala dos benefícios de permanecer solteiro e da pesada carga de responsabilidade que uma esposa pode trazer.

Para simplificar, tanto meu pai como minha mãe — em épocas semelhantes na faculdade — sentiram-se chamados a ser não apenas missionários, mas também missionários *solteiros*, especialmente dedicados. E eles mantiveram essa convicção quase inabalável, apesar de muitas pontadas de desejo, impaciência e questionamentos que, mais tarde, fariam guerra contra a cautela espiritual em seu relacionamento.

O que havia em ser solteiro e ir para terras longínquas que lhes parecia mais apropriado e piedoso? Basta dizer que cada um deles carregava dentro de si o encargo de levar a Palavra de Deus a povos do mundo que jamais haviam ouvido acerca de Jesus Cristo. E eles estavam determinados a não permitir que absolutamente *nada* se colocasse entre eles e essa busca com a qual se haviam comprometido.

O primeiro poema de minha mãe, em 1948 (ambos os meus pais eram incrivelmente hábeis em escrever poesia), reiterava sua intenção de manter seu coração afinado a Cristo somente.

Não há outra fonte de alegria, Senhor.
Somente em ti encontro satisfação profunda, doce, pura.
Perdoa-me por experimentar as águas da terra.
Elas não são mananciais.
São poças de água parada.
Nelas não há prazer imaculado.
É tudo transitório e frustrante.
Ó, a bênção de beber, longa
e plenamente, de tuas fontes
que estão em ti, Senhor Jesus!
Tu não conheces limites — encho-me de
ti com tudo que cabe em mim.
Alarga-me, ó Pai!

Minha mãe quando adolescente (na bicicleta), fora de casa, com sua irmã Ginny e seu irmão Jimmy.

Em outro poema, escrito em 8 de janeiro, ela ecoou a mesma determinação resoluta.

> "O Senhor Deus é [...] o meu cântico" (Is 12.2)
> Não tenho outro cântico além de ti,
> Ó Senhor, meu Deus —
> a música mais pura da minha alma
> irrompe de ti!
> Sê tu minha única nota de alegria;
> eu, o instrumento,
> incapaz de qualquer outro cântico
> além de ti.
> Ó! Deixa-me louvar-te, Senhor!
> Ó! Toca-me, e deixa-me cantar a ti!

Quando não expressava tais pensamentos devotos em poesia, ela era capaz de escrever em prosa igualmente devota:

18 de fevereiro: Minha vida está em teu altar, ó Senhor — para que me consumas. Ateia o fogo, Pai. Agora começo a compreender aquele cântico! Ó, como posso chamar isso de sacrifício, quando tu tão ricamente recompensas — com cântico, com alegria, com amor. Atai-me com cordas de amor até o altar. Mantém-me ali. Faz-me lembrar da cruz.

Ela também era capaz de argumentar em prol da solteirice com bastante naturalidade:

7 de março: A obra de tradução é um trabalho de tempo integral. Não consigo ver como seria possível, de um ponto de vista puramente humano, fazer isso e criar uma família. É claro que, se Deus um dia revelasse que sua vontade para mim era que eu fosse casada, ele me proveria a força e a graça necessárias para fazer as duas coisas. Mas, a meu ver, ele me quer somente para si, para que eu possa "[cuidar] das coisas do Senhor" (1Co 7.34). Eu olho adiante com alegria, diante da possibilidade de uma vida inteiramente separada para Deus e para a conquista da sua noiva. [...]

Não quero dizer que enxergo por completo o plano da minha vida. Deus pode mudar tudo. Apenas lhe agradeço pela alegria de descansar nele e confiar nele a cada passo. Ele me deu direção e propósito. Não vou me desviar, ainda que seja pelo casamento, a menos que isso seja parte de sua perfeita vontade. Deus me livre de me satisfazer com tudo que não seja o seu melhor.

Meu pai, campeão de luta livre que era, profeticamente viu sua situação em termos mais violentos e sacrificiais:

18 de abril: Todas as demais pessoas, lugares e princípios são pontos de repouso falsos para a fé. [...] Pai, toma a minha vida, sim, o meu sangue, se quiseres, e o consome com teu fogo envolvente. Eu não o pouparia, pois não é meu para poupá-lo. Toma-o, Senhor, toma-o por inteiro. Derrama minha vida como uma oblação pelo mundo. O sangue só tem valor na medida em que flui diante dos teus altares.

Portanto, tudo dentro deles estava se preparando para que passassem a vida sozinhos, ao menos no tocante ao casamento. Para usar as palavras de minha mãe, *"Senhor, eu disse o eterno sim..."*:

Que eu jamais, depois de ter posto a mão no arado, olhe para trás! Endireita o caminho da cruz diante de mim, guia nele os meus pés. Sustenta-me, Bendito Mestre, sempre em tua presença. Concede-me firme singeleza de propósito. Ó, concede-me amor, a fim de que não haja espaço para um único pensamento ou passo desobediente.

Contudo... E se, como parte do plano de Deus, mesmo assim, o amor humano chegasse?

PRIMAVERA

Em dado momento da primavera de 1948, meus pais começaram a estudar grego juntos. Estou certa de que um despertar de atração estava se desenvolvendo, revelando-se de discretas maneiras, discretas insinuações, discretas percepções de notar e ser notado — porém, de novo, ainda não o bastante para que eles incluíssem isso em seus diários. Era apenas o suficiente para que eles desejassem estar nos lugares em que o outro também estivesse.

```
                BEFORE COMPS

Lord, let not this day be one of
        earthly striving,
For knowledge puffeth up.  O let it be
A quiet time of study in the Spirit,
My realm of intellect controlled by Thee.
As Thou didst use the hands of the lad Jesus
Plying His carpentar's trade as given of Thee,
So use my mind.  Through all this human learnin
Hold Thou my thoughts in focus.  Let them be
In earnest concentration, permeated
By the deep consciousness that I am Thine.
Direct my thinking.  Give to me, O Father
As Thou didst give to Jesus, such a mind.
```

A oração sincera de minha mãe, em forma de poema, antes de seus exames finais na faculdade:

ANTES DOS EXAMES GERAIS
Senhor, que este dia não seja um de
esforços terrenos,
para que o conhecimento inche. Oh, que seja
um tempo tranquilo de estudo no Espírito,
meu domínio do intelecto controlado por ti.
Como usaste as mãos do jovem Jesus
ocupando-se de seu ofício carpinteiro como dado por ti,
assim usa a minha mente. Em meio a todo esse aprendizado humano,
mantém meus pensamentos em foco. Que eles sejam,
em ávida concentração, permeados
pela profunda consciência de que sou tua.
Dirige meu pensar. Dá-me, ó Pai,
como deste a Jesus, uma mente assim.

Mas deveriam sentir-se assim? Não era errado? Era o que se perguntavam. Acaso estariam permitindo que esse despertar de afeição criasse entre eles e Deus uma brecha nociva que os distrairia? Acaso, apenas por entreterem a mera possibilidade de um romance, ao silenciosamente consentirem com suas emoções, estariam deixando de lado preciosos momentos de devoção a Deus, os quais seriam essenciais ao chamado deles?

Como de costume — fruto de um traço que, estou certa, não surpreende ninguém que tenha familiaridade com a vida e o ensino de minha mãe —, a sensibilidade dela aos pecados do coração era aguçada e penetrante. Na condição de filha mais velha de pais rigorosos numa grande família, ela se tornara naturalmente muito dura consigo mesma. (Dura demais, talvez.) Delitos sutis, que muitas pessoas jamais repararíam ou contemplariam em si mesmas, podiam fazê-la sentir culpa até o âmago. Ela admitia, por exemplo, ser um pouco zelosa demais em se sobressair em cada matéria escolar. No começo de abril daquele último semestre da faculdade, cerca de dois meses antes da graduação, ela já estava envolvida com os trabalhos de conclusão de curso, *"a fim de poder tirar nota máxima em todos eles e, assim, ter mais tempo para me dedicar a conseguir uma classificação destacada nos exames gerais"*, ao que acrescentou: *"Eu tenho o desejo intenso e pecaminoso de me formar com alta honraria"*. Muitos podem ver isso como uma ambição saudável. Ela via como uma ambição desorientada, que interferia em sua suprema ambição de conhecer a Cristo.

Meu pai também escreveu muitas vezes sobre como temia *"ofender o Espírito celeste"* por algum pensamento ou ato impetuoso. Ele observaria estar *"inteiramente insatisfeito com minha atual impotência"* — esse jovem tição que, provavelmente, era a pessoa mais espiritualmente fervorosa que a maioria das pessoas já conhecera. *"Meu amor é fraco; meu fervor, praticamente nulo"*, confessou algumas vezes em seu diário. *"Eu não amo; não sinto; não entendo; posso apenas crer."* Nenhum dos meus pais podia suportar a ideia de permitir que um interesse rival desviasse sua atenção do Todo-Poderoso.

Essa nova luta, porém — essa atração amorosa —, criou algo totalmente novo para atormentar a consciência sensível deles. E nenhum dos dois sabia exatamente como lidar com isso.

"O Senhor sabe que tive uma luta hoje", mamãe ousou escrever em seu diário nesse período. *"Não posso sequer escrevê-la aqui"*, acrescentou, embora eu suspeite que a "luta" estivesse relacionada a algo que envolvia meu pai. Quaisquer que fossem as maneiras sutis pelas quais ela considerava ter cedido à carne, por mais inocentes que fossem segundo os padrões menos rigorosos, ela, não obstante, sentia o impacto da culpa. Sim, com um calor ardente — a ponto de não querer ir a nenhum lugar que a aproximasse de sua causa e raiz. *"Ó Deus, purifica-me, arranca de mim todo desejo! Fui severamente provada em duas ocasiões, e não fui aprovada. Perdoa-me, Senhor!"*

Contudo, sua perturbação interior continuava...

2 de abril: Estou tomada pelo medo de que minha própria vontade assuma o lugar e que, assim, eu possa arruinar minha utilidade para Deus. Seria fácil seguir meus sentimentos, interferir com a voz do Senhor ao me dizer: "Este é o caminho, andai por ele".

13 de abril: Sinto a grande importância desse período específico na minha vida. Tenho 21 anos — faltam apenas seis semanas dos dezessete anos na escola! Estou diante de um amanhã incerto, com a certeza de Cristo. Talvez esteja diante de uma vida de completa separação de tudo que eu amei. Mas abençoado será isso com o Senhor, que é meu sol e meu escudo. Ó, como eu oro para que ele prevaleça em absoluto!

24 de abril: Como a carne é sutil! Penso que minha vida inteira está completamente perdida na do Pai e, então, vem a sugestão de que talvez ele queira guiar-me dessa maneira; e, imediatamente, eu me levanto, quase inconscientemente, em objeção! Não conheço meu próprio coração — apenas Deus vê todas as ressalvas, todos os meus desejos, toda a minha desconfiança. Quando penso que desejo conhecer sua vontade, descubro que meu próprio coração está sufocado por desejos humanos, e Deus não pode falar.

Também meu pai, embora expressando-se com um pouco mais de objetividade, como que lidando com um princípio mais geral, ainda revelava um vislumbre de seu próprio dilema particular:

16 de abril: Senhor, tu hás de pôr um fim ao meu problema carnal. Basta com ele, Senhor. Estanca o fluxo dessa impureza que brota da carne podre. Em vez disso, flui tu em mim, hoje, sim, por sete dias, até que tu me examines e me declares limpo.

18 de abril: O padrão do meu comportamento não está nas atividades daqueles que me cercam. Não siga o exemplo daqueles deixados no mundo nem daqueles encontrados na igreja. Em vez disso, a lei de Deus, encontrada em sua Palavra, há de ser meu padrão, e, a meu ver, há poucos exemplos desse tipo de vida por aí. Deus nos ordena a nos abstermos da perversidade e da confusão.

Uma das "confusões" das quais meu pai havia muito decidira abster-se — e das quais havia exortado outros de seus colegas em Wheaton a evitar também — era o *namoro*. Contudo, no fim de abril...

Hoje à noite, Jim Elliot me levou à Conferência W.E.C. na Moody.

Aquilo contou como o primeiro "encontro" deles — um termo que minha mãe intencionalmente colocou entre aspas ao inserir esse ponto de observação em sua versão editada dos *Diários de Jim Elliot*. Aquele encontro da organização Worldwide Evangelization for Christ [Evangelização Mundial para Cristo] na Moody Church, no centro de Chicago, foi *"um ajuntamento abençoado e encorajador"*, disse ela, no qual seu coração fora novamente despertado por *"aquelas cem mil almas que hoje pereceram na 'negritude das trevas, para sempre'! O que estou fazendo a esse respeito?"*.

Contudo, igualmente notável nesse registro de seu diário em 30 de abril — além de reflexo genuíno de seu coração missionário —, era a firmeza de caráter que ela admirava crescentemente em meu pai. *"Jim é, sem exceção, o melhor sujeito que já conheci."* E como teria sido agradável conhecê-lo melhor, talvez, se ela não estivesse prestes a se formar em algumas poucas semanas e, provavelmente, nunca mais vê-lo de novo pelo resto de sua vida.

Ela, de fato, contou, com entusiasmo, à sua mãe sobre uma curta viagem que ela e alguns outros estudantes haviam feito naqueles dias, a convite do meu pai, como uma equipe de evangelismo para a Taylor University, no norte de Indiana. O que se segue é um trecho de uma carta que ela enviou à sua família por volta do Memorial Day:

> O procedimento comum era levar apenas homens, mas, após diversos argumentos, Jim [Elliot], que é o responsável pelas equipes, consentiu em levar moças. O que acontece é: os rapazes sempre fazem a pregação, mas as moças são necessárias para a obra individual, para lidar com outras moças. Então, Jan e eu os acompanhamos.
>
> Foi uma viagem maravilhosa. A comunhão foi verdadeiramente celestial. Cantamos "Sunrise Tomorrow" ["Aurora do amanhã"] etc., enquanto o sol nascia. Houve muita oração e cântico de hinos no caminho. O Senhor abriu meus olhos para o significado do verdadeiro amor cristão. Eu o vi demonstrado nos quatro companheiros como jamais vira. Apenas testemunhar tal comunhão seria uma bênção, que dirá participar dela! De um modo maravilhoso, Deus cuidou de manter nossa mente e nossas conversas fixas nele. Nós buscamos, com sinceridade, manter nossas intenções santas e puras e seguir avante no poder do Espírito. Louvado seja Deus!

Grêmio estudantil de Wheaton em 1948. Meu pai na fileira do meio, o terceiro da esquerda para a direita. Minha mãe na fileira da frente, a segunda da direita para a esquerda. (O tio Dave está ao lado do meu pai, o segundo da esquerda para a direita.)

Quando chegamos, um minuto antes da hora, participamos do culto matinal na capela. Foi um momento de busca profunda para nós, assim como para os estudantes de lá.

Jim pregou a mensagem - um grande desafio para o campo missionário. Alguns me disseram, posteriormente, que nunca tinham ouvido uma mensagem assim em todos os seus anos na Taylor [...].

A reunião à noite foi um dos momentos mais sublimes em que já estive. Hatch liderou, enquanto Jim, Bill e Art falaram. Suas mensagens se encaixaram perfeitamente umas nas outras, embora eles não tivessem combinado nada previamente. Houve ali um poder raramente visto. [...] A viagem de volta foi um período semelhante de verdadeira comunhão. Foi praticamente uma experiência toda nova para mim. Nunca tivera um dia como esse em minha vida.

Passamos a tarde de sábado numa reunião especial do comitê jurídico. Oficialmente, ele consiste dos reitores, o presidente do Conselho e dois membros do grêmio estudantil. Estes últimos, neste ano, éramos Jim Elliot e eu.

Porém, apesar de qualquer afeição palpitante que ela possa ter sentido nesses encontros tão próximos com meu pai, ela focou sua atenção em outras coisas, como sugere este apontamento de seu diário no fim de maio:

24 de maio: Acabei de terminar de ler *The Sanctity of Sex*, de Frank Lawes. Uma bela apresentação de um dos problemas mais graves da juventude. Porém, em vez de inflamar meu desejo por semelhante canal de realização, fui posta de joelhos em louvor e adoração a Cristo, por quem toda a minha vida de amor deve, por sua graça, ser derramada.

Sou grata pelo poder e pela beleza do amor, mas apenas oro para que ele seja dirigido inteiramente a Deus, como uma oferta aceitável a ele. Todos os poemas de amor que até agora escrevi — que eles sejam reivindicados por Cristo! Todos os desejos do meu coração são para ele. Todos os sonhos da minha mocidade — que eles sejam realizados numa vida perdida no amor de Jesus" Que minha dinâmica esteja no poder da cruz, e que a minha única motivação esteja na glória de Deus! Aceita tudo isso, Pai querido, em teu santo nome.

E, então, encerrou com este poema original:

> Que eu me consuma por ti, Senhor querido,
> que eu me consuma e deixe-me gastar por ti,
> que eu não enferruje, e que a minha vida não seja
> um fracasso, meu Deus, a ti.
> Usa-me, assim como tudo o que tenho, para ti —
> e traz-me para tão perto de ti
> que eu sinta o pulsar
> do grande coração de Deus
> até que seja consumida por ti.

A breve irrupção daquelas semanas que ela passou lidando com *"essa novidade"* agora parecia desvanecer-se e dar lugar a planos mais urgentes para seu futuro imediato:

> **20 de abril:** Acabei de passar uma hora com o Senhor em sua Palavra, buscando conhecer sua vontade para minha vida — ensinar no PBI *[Prairie Bible Institute]* no próximo ano, ou na PSOB *[Philadelphia School of the Bible]*? Ou em nenhum dos dois? AIM *[Adventures in Mission]* ou SIM *[Sudan Interior Mission]*? Ou em nenhuma das duas? Ele me respondeu abundantemente e me prometeu mostrar. Ele me diz para esperar, para não temer, pois ele é o Senhor. Minha mente é tão obscurecida, meus olhos, tão embaçados, meu entendimento, tão humano — e ele diz: "Quanto às coisas que vos surgem à mente, eu as conheço" (Ez 11.5). "Na sombra da sua mão me escondeu" (Is 49.2).

Contudo, apenas uma semana antes da formatura, meu pai decidiu avançar e escancarar seus sentimentos. Em 3 de junho, no intervalo da aula, ele entregou à minha mãe um exemplar em capa de couro do hinário *Little Flock* ["Pequeno Rebanho"], em cuja primeira folha escreveu uma dedicatória, remetendo-a a um hino de G. W. Frazer que iniciava com os seguintes versos: "Acaso tenho algo, Senhor, cá embaixo/ Que divida contigo meu coração?". A implicação clara, discreta, mas intencionalmente abordada, era que, de algum modo, eles precisavam lidar com aquilo (antes que fosse tarde demais).

O que vemos em seguida é uma Betty irrequieta.

"Está sendo terrivelmente difícil estudar", registrou em seu diário no dia seguinte. *"Não conseguia dormir ontem à noite e ainda despertei às 2h30 da madrugada e permaneci acordada! Não consegui comer quase nada no café da manhã."* E, quanto à sua prova final de história, que a manteve acordada estudando a noite seguinte inteira, *"Não devo de modo algum ficar surpresa se for reprovada"*.

Meu pai, bancando o poeta, não estava se saindo melhor, lutando para se preparar para os exames finais com uma mente que estava *"turva acerca de Betty H., ultimamente"*, causando-lhe *"dificuldade de concentração"*. Ele compôs o seguinte poema em 5 de junho:

> Ó Senhor, contra este peito que explode
> de sentimentos contorcidos e fervilhantes,
> paixões a atacar, desejos a recuar,
> dores gotejando do homem interior,
> ergue tu as fortes muralhas, feitas do material
> do qual teu Filho foi formado.
> Sim, constrói em mim os reforçados
> bastiões da fé.
> Eles hão de resistir ao fluxo corrosivo
> da maré do egoísmo,
> e me farão suportar este ataque tardio,
> eu oro, em nome de Jesus.

Tudo isso era a preparação para um espetáculo dramático.

Os vívidos eventos que se desenrolaram na semana seguinte já foram contados por minha mãe, mais habilmente do que eu jamais seria capaz de relatá-los, capturados em sua clássica obra *Passion and Purity*, assim como em sua narrativa mais completa da vida de meu pai, *Shadow of the Almighty*. Prefiro dar um passo atrás e deixar que ela própria lhe conte a história, em suas palavras originais, tomadas diretamente de seus diários, exatamente como aconteceu.

Em 7 de junho — uma segunda-feira —, eles fizeram uma longa caminhada, *"das 21h às 23h. A noite estava fresca e bela, os céus reluziam. Conversamos sobre muitas coisas, muito seriamente"*. Escrevendo no dia seguinte, em seu diário maior, ela detalhou os eventos:

> **8 de junho:** Foi um tempo de sondar seriamente o coração e com um esmagador senso de responsabilidade, para com o outro e para com Deus. Eu honestamente creio que ambos aquiescemos neste ponto — ou pelo menos havíamos aquiescido. E agora? Será que retrocedemos? Será que tiramos nossos olhos do único que pode satisfazer? Ó Senhor, que tal jamais aconteça!
>
> É estranho que duas pessoas possam ter todos os seus padrões de raciocínio tão entremeados. Também é estranho que, aparentemente, tenhamos sido conduzidos em direções opostas no tocante ao campo missionário. Cada um de nós desenvolveu uma espécie de código: o dele em Mateus 19.12, o meu em 1 Coríntios 7 e Isaías 54. E quanto a isso? Será que falhamos? Será que perdemos nossa visão?
>
> Muitas vezes, espantamo-nos com o fato de nossas ideias coincidirem tão perfeitamente — coisas sobre as quais nenhum de nós já discutiu com ninguém antes. Mas será que estamos sendo tomados por essa "coincidência"? Será apenas um caso de proximidade? Será que Deus permitiu isso como um teste de nosso compromisso com ele para uma vida como solteiros, e nós, na crise, não nos mantivemos firmes? Se caímos no fracasso e na derrota, esquecendo-nos do glorioso lucro da cruz, isso não é nada menos que uma tragédia. Como saberemos se esse é o caso? Sim, quão pouco conhecemos nosso próprio coração! Nenhum de nós se sente culpado de pecado, exceto na medida em que deixamos nosso amor se tornar egoísta — na medida em que Cristo foi ofuscado por nossas próprias "nuvens terreais" pecaminosas.

Tudo o que podemos fazer é orar fervorosamente e esperar pacientemente — num sono, como Adão — na vontade de Deus. Precisamos dar ouvidos à solene advertência de Cântico dos Cânticos 2.7 e viver no poder de Romanos 8.

Ela escreveu com palavras muito mais sábias que sua tenra idade, palavras que os jovens fariam bem em ponderar quando suas emoções lutam para governá-los e querem passar na frente do melhor de Deus para suas vidas. Ela pensou em palavras que muitas outras almas fiéis e desesperadamente apaixonadas gostariam de ter parado para dizer em momentos tais.

> Deus me mostrou muito claramente que tudo isso deve ser deixado — intocado — apenas em sua mão. Não podemos ir mais longe. Não fizemos nada de errado até aqui, penso, mas agora esperamos.

Dois dias depois, eles fizeram outra caminhada noturna, percebendo com mais clareza do que nunca quão pouco tempo lhes restava juntos:

> **9 de junho:** Hoje à noite, caminhamos até o cemitério e, por acaso (!), nos sentamos sob uma grande cruz. Quão simbólico pareceu aquilo! [...] Havia em ambos intensa luta interior. Longos hiatos de silêncio — porém de comunhão. "O que fazer com as cinzas?" Fez-se um corte bem profundo — portanto, não ousemos tocar nele. Ó, inexorável Amor!

Sem dúvida, eles sentiram as centelhas de uma jovem paixão naquele lugar. Contudo, havia muito tempo que eles permitiam o Espírito de Deus guiar seu coração e não reagiam à pura emoção. Suas muitas horas de humilde rendição diante do Senhor e de sua Palavra os levavam a reconhecer aquele momento como algo extremamente sagrado. E, caso eles não o reconhecessem, a santidade do momento certamente veio à tona quando o brilho da lua sobre a lápide na qual eles se assentavam fez com que a sombra de uma cruz se alinhasse espantosamente entre eles.

No último mês de julho, fui à procura dessa cruz no cemitério de Wheaton, e acho que a encontrei. Imaginei os dois sentados diante dela, em silêncio.

Ainda me arrepio de espanto diante da unidade emocional, intelectual e espiritual deles. Quaisquer calafrios de empolgação que os houvesse encantado durante as últimas semanas agora se acalmavam numa quietude resoluta e sóbria. Eles sabiam que era melhor não avançar:

> Esperar no Senhor é ficar perfeitamente parado. É não tentar dar nem um passo sequer. Uma vez que não somos guiados a prosseguir, nós paramos. Não podemos tomar em nossas próprias mãos nada deste assunto. [...] Certamente, essa torrente derrubaria as muralhas, se elas não estivessem fundadas sobre uma rocha. Então, Senhor, até que tudo esteja firmemente fundado na vontade de Deus, não nos permitas construir!

Meu pai narrou aquela noite da seguinte forma:

> **10 de junho:** Na cruz, eu e Betty chegamos a um entendimento na noite passada. Parece que o Senhor me fez pensar nisso como que estendendo um sacrifício sobre o altar. Ela pôs sua vida nele e eu quase senti como se fosse estender a mão sobre ela, a fim de resgatá-la para mim mesmo, mas sua vida não é minha — é inteiramente de Deus. Ele pagou por ela e é digno de fazer com ela o que lhe apraz. Toma-a e a consome para teu agrado, Senhor, e que teu fogo caia sobre mim também.

Eles chegaram, então, a uma decisão. A cruz de Cristo seria seu ponto de rendição. Eles morreriam para seus desejos e viveriam para ele somente. Eles renunciariam à sua própria atração humana a fim de seguir a Cristo na condição de pessoas solteiras. A cruz, que exigia deles todo o seu coração, lhes dera a *"liberdade da obediência"* (curiosamente, o título de um livro que mamãe escreveu). Então, em vez de seguirem em frente e fazerem planos de manter contato, eles permitiriam que o silêncio e a distância fossem as ferramentas de Deus para peneirá-los e separar o que deveria ser recolhido do que deveria ser lançado fora.

Sim, eles amavam um ao outro — algo inegável. No entanto, mais ainda, eles não podiam negar que Deus estava colocando cada um deles num caminho que dificilmente incluía o outro (ou *quem quer que fosse*, a propósito). E, apesar dessa inesperada flor silvestre que aparecera no jardim cuidadosamente cultivado da alma deles, naquela primavera, era difícil não discerni-la como um flerte com a tentação, em comparação com o que Deus vinha semeando neles desde o princípio.

Devo dizer, contudo, que, se meu pai não houvesse tomado a iniciativa de expor seus sentimentos, a probabilidade de que eles mantivessem um relacionamento próximo daquele momento em diante era muito pequena. E, por causa de sua dúvida abertamente reconhecida de que Deus queria que ele, algum dia, se casasse, muitas vezes me questionei se ele agiu certo ao expressar seu apreço por ela, especialmente numa hora tão tardia de seu tempo juntos. Contudo, ambos pareciam preparados, apesar da angústia (e nós veremos o que a espera deles lhes custaria!), para andar naquele nível de confiança e entendimento. *"Está sobre o altar"*, escreveu minha mãe. *"Deus há de atear o fogo ou de deter a mão."*

Seu diário prossegue:

> **12 de junho:** Hoje à noite, caminhamos até a lagoa. Talvez não fiquemos juntos novamente — nunca mais. Não sabemos quanto à noite de amanhã — devemos ficar juntos? Deus vai decidir. "Será difícil... Mais difícil do que gostaríamos de imaginar."

> **13 de junho:** Nossa última noite juntos. A "poeira das palavras". Elas foram muito poucas. Apenas quietude — e paz de espírito.

Ao final, minha mãe capturou bem o momento — com uma medida de esperança, contentamento e gratidão que pareciam silenciar sua apreensão, por ora, embora nem sempre o suficiente para conter a torrente do sentimento de perda e as pontadas de solidão que se seguiram:

> **17 de junho:** Estes não têm sido dias inférteis. Mas eles são de todo inexprimíveis. Deus me separou inteiramente para si mesmo. Ele me permitiu ver sua face. Nenhuma palavra pode ser escrita a respeito. Permaneço silente, pensando. Ó bendito Senhor, "que não me deixas ir, descanso minha fraca alma em ti".

E, com o beijo de uma oração a distância, ela encerrou: *"Guarda-o também assim, Senhor Jesus".*

VERÃO

Dificilmente houve tempo para eles refletirem sobre a importância do que haviam acabado de experimentar, em meio ao burburinho das festividades de formatura da minha mãe, a chegada de familiares, os cliques das fotografias e as muitas despedidas de queridas amizades feitas ao longo de quatro anos inesquecíveis. Mas quão rapidamente, quase em poucas horas, o súbito choque do silêncio dissipou todos os demais adeuses diante daquele único adeus — o olhar fixo de um único par de olhos, ficando apenas na memória, causando igualmente ponderação e perplexidade. *"O que se passou entre nós não podemos falar nem escrever"*, disse ela, relembrando aquele último momento juntos na estação de trem. Podia mesmo ter-se passado tão rápido?

Meu pai considerou a separação deles igualmente difícil:

> **15 de junho:** Chorei até pegar no sono, ontem à noite, depois de me despedir de Betty no terminal. O dia inteiro melancólico, apesar de me exercitar ao ar livre. Sinto, agora mesmo, uma pressão concentrada em minha garganta. Em parte, é saudade do lar que deixei — mas nunca havia me sentido assim até tê-la deixado.

Contudo, de fato, ela se fora — para o Summer Institute of Linguistics, uma parceria com a Wycliffe Bible Translators — para dez semanas de treinamento intensivo realizado no campus da Universidade de Oklahoma. Mas a verdadeira intensidade daquelas semanas e daqueles meses era o que ocorria fora da sala de aula, onde ela diariamente lutava com as seguintes perguntas: por quê? E se? E agora? Como tudo aquilo se encaixava apropriadamente com tudo o mais que ela sabia sobre a vida: sua fé singela em Deus e a certeza inabalável de que ela o seguiria, inquestionavelmente, aonde quer que ele a conduzisse?

Na maioria dos dias ao longo do verão, especialmente à noite e nas manhãs de sábado, ela subiria a arquibancada do estádio de futebol, onde podia ficar a sós com o Senhor em meio aos ecos e ao vazio — os assentos vagos abaixo, a vastidão dos céus acima. A cada oração e a cada leitura bíblica que ela fazia daquela altura, seu coração continuava a descer, consistentemente, em total rendição a Deus, à vontade dele, ao plano dele. Contudo, o voo em direção àquele local de pouso podia ser muitas vezes turbulento:

16 de junho: Subi ao topo do Estádio Universitário, nesta manhã, e fiz ali minhas devoções. Deus me encontrou lá — maravilhosamente. E ele tem estado comigo. Ele mantém meu coração em paz, mas, quando oro por J., as lágrimas começam a rolar.

17 de junho: É-me impossível ignorar qualquer pensamento de algum dia voltar a vê-lo. Pego-me pensando em como falarei com ele. Cada vez que o futuro me vem à mente, ele está lá.

Nas noites em que *"as memórias me invadem com estranha violência"*, ela às vezes se lamentava por *"quão fácil é abrir espaço para mim mesma, para meu próprio humor e sentimentos. Senhor, salva-me de pertencer à Ordem da autocomiseração. Nenhum homem tem uma cruz de veludo"*:

19 de junho: Não posso sequer orar pedindo algo específico por nenhum de nós, exceto que ele não seja impedido em seus propósitos de seguir inteiramente o Senhor. Posso dizer: "Faça-se a tua vontade", ou: "Sê conosco"; e ele refreia minha mente de qualquer especulação sobre como isso se realizará. Há muitas coisas que não enxergo.

Será que tenho a perspectiva adequada quanto às últimas três semanas, ou será que estou cega para alguma coisa? Será que enxergo as lições que Deus tem para mim agora? Eu certamente não vejo de modo algum o que ele há de revelar. Ó, que Cristo possa "ser o objeto reluzente e formoso a preencher e saciar o coração"!

Talvez ela às vezes se sentisse como meu pai, que questionava a si mesmo se *"o Senhor me deu esse romance com B. H. para me provar, para ver se eu era realmente* sincero quanto à vida de solidão que ele me ensinara". Assim como Deus havia provado os antigos israelitas, *"para ver se eles andariam nos caminhos de seus pais ou não, talvez esse seja o seu plano para comigo"*, escreveu ele. *"O Senhor quer ver se eu o seguirei de qualquer maneira."* E, sem dúvida, era isso que ele faria. Contra a maré pulsante da saudade e do anseio por minha mãe, ele sentia que Deus estava dizendo-lhe para *"abrir mão das carícias e, em vez disso, abrir as minhas mãos para receber os pregos do Calvário — como Cristo abriu as dele —, a fim de que eu, ao me libertar de tudo, possa ser liberto, desembaraçado de tudo o que me amarra aqui"*.

Porém, tão logo qualquer um deles endurecia sua alma contra o desejo físico, renunciando até mesmo um ao outro pelo chamado da trombeta a uma vida inteiramente dedicada ao serviço de Deus, o pêndulo podia balançar de volta na direção oposta.

Houve um dia, por exemplo, em que minha mãe recebeu o que considerou ser *"uma carta muito desconcertante"* — do pai dela —, presumivelmente aconselhando-a a não equiparar à desobediência o ato de considerar um futuro com Jim Elliot. Seria possível, ela se indagou em resposta, *"que, por minha própria determinação de não dar um passo não ordenado, eu possa perder o melhor de Deus?"*.

Obviamente, aquela não era uma rota fácil de navegar.

De fato, na integridade de sua mente, *"Não permita Deus que seu propósito mais elevado seja controlado, em qualquer medida, pela determinação carnal da minha própria vontade. Não a minha, e sim a dele, é tudo o que eu quero"*. Mas, se ela pudesse apenas receber dele algum tipo de resposta específica sobre para onde ele a estava guiando — alguma maneira de chegar a uma conclusão firme sobre o que fazer, de uma forma ou de outra. *"Dá-me graça para seguir, pois meu coração e minha carne são fracos."*

> **10 de julho:** Passei algumas horas em oração e estudo, lá no topo do estádio, nesta manhã. Estou aflita por ser tão difícil para mim dirigir toda a minha mente e meu coração totalmente a Deus. Considero fácil passar muito tempo pensando em J. Por que é assim? Ó, conhecer mais da lei do espírito de vida em Cristo Jesus! Ó, por

aquela paixão ardente cujo único objeto é Cristo!

Uma coisa, porém, ela sabia com certeza, após ter passado todo aquele período buscando tão intensamente conhecer a vontade de Deus no tocante ao relacionamento deles: ela não se interessaria por mais ninguém. Quando um colega de classe perguntou se ela aceitaria sair numa sexta à noite, *"é claro que eu recusei. Estranho pensar que provavelmente não namorarei mais ninguém outra vez. Como eu poderia?"*. Ela estava interessada demais por meu pai no momento. Afinal, se o Senhor, em seu plano soberano, havia determinado que ela deveria manter distância de um romance até com *ele* — com Jim Elliot —, ela certamente não estava pronta para considerar nenhum outro em seu lugar.

De forma interessante, todavia, na curiosa providência de Deus, uma das misericórdias que ele estendeu sobre ela durante o verão foi que Bert, o irmão mais velho de meu pai, estava também envolvido no mesmo programa de linguística. Os dois conversavam com frequência, cantavam hinos ao redor do piano e comparavam anotações de seu conhecimento espiritual. Foi como dar uma espiada no lar em que meu pai, como seu irmão e os demais, havia adquirido tão intenso amor e compreensão das Escrituras.

A família Elliot, em Portland. Na frente: Jane, Jim, Bob, com Bert atrás deles. Atrás: Clara e Fred, seus pais (meus avós).

De algumas maneiras, vê-lo ali tornava as coisas mais difíceis para ela. As semelhanças físicas (ele de perfil, o som de sua risada) quase a machucavam quando ela o avistava. *"Ele me faz lembrar tanto de J."*

12 de julho: Bert se senta perto de mim em quase toda palestra. Estranho. Como eu gostaria que ele soubesse! Duvido que ele tenha a menor ideia de nós dois. Vez ou outra, tenho de me segurar quanto à maneira de me referir a Jim.

13 de julho: Houve alguns rumores sobre Bert e eu passando tanto tempo juntos. Ah, como essa gente gosta de falar! Se eles apenas soubessem as circunstâncias!

Contudo, estar perto dele a fez sentir-se mais próxima do meu pai também. Ele se tornara para ela uma fonte de informações inesperadas e não solicitadas sobre seu real objeto de interesse. *"Bert recebeu hoje um cartão de Jim e me deixou lê-lo."* Quão cautelosa ela deve ter-se sentido, sem querer revelar que aquele seu irmão mais novo era, francamente, um pouco mais do que apenas um conhecido seu!

Porém, estar tão perto de Bert — apesar do rapaz maravilhoso que ele era — apenas serviu para mostrar mais nitidamente o homem excepcional que ela havia descoberto em meu pai. *"Ele [Bert] não tem a força de caráter ou a personalidade forte que Jim tem... nem de perto a sua autodisciplina. Em J., vejo tudo aquilo que penso ser a verdadeira e autêntica masculinidade."*

E, para minha mãe, a "verdadeira e autêntica masculinidade" dificilmente era um conceito nebuloso.

Em maio do ano anterior, muito antes de desenvolver qualquer afeição por meu pai, ela anotara onze qualidades do que chamara "Meu homem ideal". Talvez isso interesse a você. Ela nunca as publicou, até onde sei. Apresento-as a você em sua inteireza:

1. Espiritualidade profunda, tal como jamais encontrei. Missionário.
2. Um caráter firme — forte, profundo, consistente, sólido.

3. Intelecto imponente — um conhecimento amplo de muitas coisas, com um conhecimento especial de algumas. Amor pelos livros.
4. Personalidade pungente, alegre e atencioso, capaz de se dar bem com todos os tipos de pessoa.
5. Apreciação estética — amor pela beleza da natureza, amor por boa música e poesia.
6. Gentil, cortês, bem versado no traquejo social, à vontade em meio a todo tipo de companhia. Tudo isso, quando genuíno, procede do altruísmo.
7. Uma tremenda capacidade de amar — devoção afável, firme, calorosa e cada vez mais profunda.
8. Maxilar robusto, olhos penetrantes, corpo saudável, masculinidade.
9. Senso de humor — esperto, não apalhaçado.
10. Habilidade de cantar e falar belamente.
11. Semelhante condição social.

Ninguém que não tivesse essas qualidades (ou estivesse crescendo nelas) jamais despertaria o interesse dela. O coração de meu pai era muito semelhante. Cedo, eles entenderam que, se Deus haveria de atraí-los romanticamente um para o outro, ou para qualquer outra pessoa, parte da evidência da legitimidade do relacionamento seria um padrão perceptível de amadurecimento de frutos espirituais. E, durante toda a sua longa odisseia de esperar que ele confirmasse e permitisse que o próprio amor deles um pelo outro os conduzisse ao casamento, cada um permaneceu obstinadamente mais preocupado com a conformidade do outro com a vontade de Deus. De fato, essa prioridade já era visível, nesse primeiro verão, nas orações de minha mãe.

> Ó, que o Senhor estabeleça seu amor sobre ele e o conduza a lugares mais altos! Eu só quero ouvir que ele está aprendendo mais do Senhor Jesus a cada dia.
>
> Quase toda vez que ele vem à mente, oro para que seus pensamentos sejam totalmente dirigidos a Deus.

Preferiria ser apagada de seus pensamentos para sempre a ficar entre ele e seu Senhor por um momento sequer ou enfraquecer seu poder de ganhar almas.

Essa frase final — uma oração pela eficácia de seu ministério a outras pessoas — referia-se a um circuito de um mês de pregação em que meu pai embarcara, entre meados de julho e meados de agosto. Após concluir uma sessão da escola de verão em Wheaton, ele e três outros membros da equipe (incluindo Dave, irmão de minha mãe) ofereceram-se para um itinerário de quatro semanas com a Foreign Missions Fellowship, instituição que os levou a vários estados do Centro-Oeste americano. Eles falaram em acampamentos, conferências bíblicas e *campi* universitários em Michigan, Minnesota, avançando pelo oeste até Montana, buscando estimular a paixão da igreja pelos povos não alcançados em outros países. *"Com frequência, o Senhor me traz à mente a equipe da FMF com a qual Dave e J. estão viajando"*, escreveu minha mãe em seu diário, mais de uma vez. *"Oro para que Deus os mantenha prostrados aos seus pés, disponíveis e prontos para serem usados."*

Equipe de ministério de uma igreja em Detroit. Meu pai é o segundo à esquerda. Dave Howard no canto direito.

Segundo dizem, foi um tempo muito proveitoso. Inspirou muitos jovens a se comprometer com missões. Ainda assim, meu pai confessou particularmente em seu diário, algumas vezes, estar *"fraco na luta comigo mesmo"*, dizendo que *"o desejo desordenado e desenfreado fará adoecer até o filho de um rei"*. Minha mãe, é claro, ocupada com seu próprio trabalho, em momentos mais calmos também era atingida por uma dor de desorientação. *"Hoje à noite, faz seis semanas que tomamos nossa decisão. Nunca passa um dia sem que eu me lembre daquelas duas semanas incríveis com um misto de dor e prazer."* Sua leitura das Escrituras e seu registro no diário de um dia de agosto dizem o seguinte:

> **4 de agosto:** Salmo 106 — "Fê-los passar pelos abismos [...] e lhe cantaram louvor [...] Cedo, porém, se esqueceram de suas obras e não lhe aguardaram os desígnios; entregaram-se à cobiça, no deserto; e tentaram a Deus na solidão. Concedeu-lhes o que pediram, mas fez definhar-lhes a alma".
>
> Com efeito, um aviso solene. Ele nos fez passar pelos abismos e nós cantamos seu louvor. Não permita Deus que jamais esqueçamos suas obras e nos apressemos diante dele. Deus nos guarde de fazer qualquer pedido que brote da cobiça egoísta. Ó Senhor, nosso Pai — mantém nossos desejos nos teus. Mantém-nos sempre confiando, descansando — como tão maravilhosamente fizeste.

Contudo, entre minhas imagens favoritas deles naquele verão, costuradas com seus vários escritos, está a de cada um sentado sozinho em algum lugar ao anoitecer — minha mãe no alto do campo de futebol, em Oklahoma, e meu pai talvez observando um lago parado em um acampamento em Minnesota — talvez observando o mesmo pôr do sol a quatro estados de distância.

> **EH (30 de junho):** Fui ao estádio novamente para ver o pôr do sol. Quão maravilhosamente as nuvens refletem a glória do sol! Essa minha nuvem de incerteza, mesmo agora, reluz a glória de Deus. Pergunto-me: poderia eu continuar em paz se soubesse que já não haveria mais nenhuma esperança de voltar a vê-lo? Embora tudo

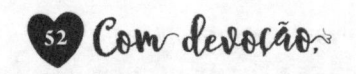

esteja entregue a Deus, essa esperança não pode ser dissipada. Remove-a, Senhor, se isso atrapalhar. Prepara-me até mesmo para isso.

EH (4 de julho): Uma noite dourada no alto do estádio — grandes extensões de veredas douradas balançando em direção àquele que é o doador de toda a luz.

EH (26 de julho): Hoje à noite, o pôr do sol visto do estádio estava indizível. O vermelho mais brilhante que já vi, eu acho. Às vezes, pergunto-me como seria se nos encontrássemos novamente. Seria possível retomar de onde paramos? É possível que ele se sinta o mesmo? Mas eu não me sinto a mesma — agora é diferente. É mais profundo e mais puro, mais até do que antes. Faz o teu próprio caminho, Senhor.

JE (15 de agosto): Ó, o pôr do sol ontem à noite! Era como se o sol moribundo espalhasse um tumulto ensanguentado pelo oeste do céu, chafurdando em suas próprias agonias sangrentas, aquecendo com o calor de sua paixão as dobras da persistente escuridão e movendo até as formas mudas das nuvens para enrubescê-las com o enorme horror de sua partida. Mas as nuvens são volúveis. Pois passou-se apenas cerca de uma hora antes que eles virassem suas faces para refletir a lúgubre glória de uma lua palidamente sorridente.

Erguendo-se de seu devaneio, ele acrescentou como se pedisse desculpas: *"Chega — isso parece rebuscado demais, mas é divertido escrever"*. Ele mal podia saber quanto sua filha deseja que ele houvesse continuado a escrever.

Após a conclusão de suas tarefas de verão, ele voltou para casa, no Oregon. Sua permanência com a família tinha de ser breve; ele logo deveria estar de volta a Wheaton, para o início de seu último ano. Contudo, ele enfrentava um futuro incerto. Não surpreendentemente, no entanto, com bravura ele manteve intactos seus principais ideais e ambições enquanto continuava a travar esse novo conflito interno.

23 de agosto: Fiquei sensivelmente emocionado ao ler a vitória do amor de [Hudson] Taylor. Não consigo compreender o homem, nem mesmo o homem piedoso. Tendo sido conquistado por um poder invisível e voluntariamente possuindo a influência do Absoluto, assim "se encontrando" e saciando os anseios mais profundos de seu peito, ele é capaz de sofrer com fúria perfeita para se submeter ainda mais ao domínio do amor de uma mulher. Ou talvez seja seu desejo de possuir, tendo sido estranhamente despojado por ter Cristo como Senhor. E, por dentro, eu sinto exatamente o mesmo.

Ó, que Cristo fosse tudo e o bastante para mim! Ele deveria ser, e não ouso dizer: "Por que me fizeste assim?" Ó, que eu seja varrido por um dilúvio de paixão consumidora por Jesus, para que todo desejo lhe seja sublimado!

Minha mãe também concluiu, em meados de agosto, as dez semanas do curso de tradução de verão e então tomou um trem na direção oposta, para Nova Jersey, incluindo uma parada de duas horas em Chicago — *"Estações de Union e Dearborn, locais de tantas memórias. Deus me perdoe a fraqueza da 'nostalgia'."* Ela também fez uma parada programada em Wexford, Pensilvânia, logo ao norte de Pittsburgh, para passar alguns dias com Eleanor Vandevort, uma de suas melhores amigas da faculdade com um coração missionário. (Mais tarde, Van morou conosco quando voltamos do Equador.) Enquanto estava lá, Van mostrou três cartas que recebera de meu pai durante o verão. *"Isso me deu uma sensação estranha"*, escreveu minha mãe, por estar, mais uma vez, lendo a correspondência dele por cima do ombro de outra pessoa.

Por mais adorável que tenha sido passar um tempo com Van (*"Ela me perguntou muito sobre J."*), ela ficou emocionada por finalmente chegar em casa, tendo encontros abençoados com a família e os amigos. No entanto, ela chegou preocupada em relação ao seu futuro.

30 de agosto: É a primeira vez na minha vida que os planos não foram estabelecidos para mim com muita antecedência. Estou apenas agarrada ao meu Senhor. Ó, que "Cristo, a sabedoria de Deus", possa ter todo o comando. Nunca me senti tão completamente desamparada e ignorante quanto à maneira como deveria proceder. Volto-me para ti, ó Deus, em fé e amor.

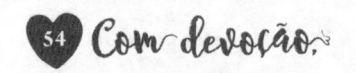

Uma oportunidade que imediatamente apareceu foi com a Sudan Interior Mission, a qual ela considerou seriamente. Ela a considerou de braços abertos, querendo apenas a vontade de Deus, confiante de que ele, providencialmente, a guiaria. *"Consigo pensar em duas vezes só no ano passado"*, escreveu ela, *"nas quais fiz tudo que estava ao meu alcance para seguir determinado caminho, mas Deus me impediu — e, ao olhar para trás, louvo-o pelo caminho dele. Foi muito melhor"*. No final, porém, ela optou por se matricular para um ano adicional de treinamento no Prairie Bible Institute (PBI) — um caminho comum para aqueles que, como ela, graduavam-se em Wheaton. Localizado no oeste do Canadá, aquilo significava mais uma temporada prolongada longe de casa — ela provavelmente não voltaria sequer para o Natal. Mas significava um estudo proveitoso enquanto ela aguardava uma direção mais clara sobre a parte específica do mundo em que Deus a estava chamando para servir a ele.

Além disso, significava que, na longa viagem de trem de Nova Jersey a Alberta, ela passaria por Chicago novamente.

19 de setembro: Devo parar em Wheaton a caminho do PBI? Eu amaria fazê-lo — na verdade, hoje minha necessidade parecia mais aguda do que nunca. Ó, o que isso significaria! Mas será esse o caminho de Deus? As coisas poderiam ser as mesmas? *Deveriam ser?*

Meu pai, ao ouvir a notícia da chegada dela, era uma idêntica mistura de ardente expectativa e frustração.

20 de setembro: Não consigo explicar os anseios do meu coração nesta manhã. Não consigo concentrar-me por muito tempo para estudar ou orar. Ó, como eu sou uma confusão de paixões conflitantes — um coração tão enganoso que engana até a si mesmo. [...]

A possibilidade de ver Betty outra vez traz de volta pensamentos melancólicos. Como me odeio por tanta fraqueza! Cristo não é suficiente, Jim? Do que mais você precisa — uma mulher — no lugar dele? Não, Deus me livre! *Eu terei a ti*, Senhor Jesus. Tu me compraste; agora eu devo comprar-te.

Mas esses cinco ou seis dias foram libertadores e revigorantes para ambos. Que bom estarem juntos! Sempre que ele conseguia afastar-se da sala de aula e de outras responsabilidades, eles revisitavam todos os locais de seus encontros mais significativos. Eles caminhavam e falavam *"das coisas divinas e dos assuntos do lar e da família. Tempo precioso"*. Ir à *"mesma cruz de pedra de quinze semanas atrás"* estava *"além das palavras"*, acrescentou ela.

22 de setembro: Mas, ó, como eu estava ciente de tudo que ele precisa e que eu nunca poderia oferecer. Oh, sermos *santos*! Deus, dá-me um coração como o dele.

23 de setembro: Anseio por me aprofundar nas coisas que Jim parece entender tão bem.

Talvez tenha sido por isso que ela se atreveu a fazer um pedido tão ousado. *"Ontem à noite, Betty me perguntou se poderia ver isto aqui"* — seu agora notavelmente conhecido diário, na época, simplesmente um velho caderno contendo seus primeiros nove meses de material. *"Acho que não há problema"*, disse ele.

Acontece que esse registro de 25 de setembro seria o último daquele volume em particular. Para minha mãe, porém, foi como experimentar um novo começo para o relacionamento deles. Isso abriu uma janela para o seu ser, fazendo o espírito dela enlevar-se diante da semelhança dele com o "Homem Ideal" que ela vislumbrava em suas orações. *"Hoje fui admitida a uma parte do santuário interior de sua alma"*, escreveu ela. E o que ela viu ali foram *"os anseios de um homem por Deus — o clamor do coração de uma alma desnuda"*. Ela partiria em breve — breve demais —, mas jamais esqueceria essa emocionante revelação do coração dele. Quando eles dissessem seu doloroso adeus pela segunda vez naquele ano, em apenas dois dias, aquilo conteria um conhecimento quase tão pesado quanto o desconhecido — um conhecimento tornado ainda mais claro quando, na noite seguinte, ele simplesmente se aproximou e disse...

"Eu te amo."

Eu provavelmente deveria interpretar para você a importância dessa afirmação, particularmente no que se refere à minha mãe. Em muitos casos (na maioria dos casos), as palavras "eu te amo" que são ditas entre um menino e uma menina apaixonados podem significar qualquer coisa, desde uma emoção intensa e emocionante até quase nada. Mas ela havia aprendido com seus pais a só esperar ouvir essas três palavras especiais quando ele estivesse pronto para seguir com uma proposta de casamento.

Meu pai, embora nem um pouco leviano quanto à seriedade de seu discurso, não sentia o mesmo comedimento. Compreensivelmente, eu diria. Ele apenas fez essa declaração por impulso, embora não sem acreditar até a alma. Ainda assim, a franqueza de sua expressão adentraria os ouvidos dela com uma sensibilidade mais intensa do que ocorre com a maioria das pessoas. Ela precisava ser capaz de ignorar o que, para ela, essas palavras deveriam ter significado, e simplesmente aceitá-las como ele realmente pretendia que acontecesse. Ele estava apaixonado por ela. E, oh, quão extasiada ela deve ter ficado! Mas ela entendeu muito bem que *"nenhum de nós pode conciliar a ideia do casamento"*. Muitos obstáculos nobres, espirituais e do tamanho do reino de Deus se colocavam entre o amor que sentiam um pelo outro e sua liberdade de agir com base nele.

Eles poderiam concordar que haviam sido sábios em deixar a distância do verão fazer seu trabalho depurador. Eles poderiam até concordar, àquela altura, em começar a escrever cartas um para o outro — *"sim, Deus nos conduziu separadamente a essa decisão"*, registrou ela. Só isso tornaria mais suportável sua separação. Não era muito, mas era algo — um fio de comunicação futura, amarrado como uma fina linha de vida entre eles, mesmo enquanto ela *"capturava um vislumbre dele à medida que meu táxi partia"*, fazendo-a sentir-se *"agora tão incompleta* — *minha própria alma parece dividida em duas. Por que deveria ser assim? Por que devo sentir tanta falta de J.?"*.

A esperança e o encorajamento com os quais ele escreveu em seu diário no início da semana ainda estavam lá na manhã em que ele sabia que ela haveria de ler mais tarde. Foi por isso que ele lançou o seguinte trecho, como se estivesse escrevendo uma carta para ela.

> **25 de setembro:** Betty, nós o veremos face a face, da mesma forma como você e eu nos olhamos com anelo nas últimas duas noites — olho no olho — e, naqueles olhares, ele nos falará de seu amor como jamais o conhecemos aqui. [...]
>
> Ele conhece nosso amor e é tocado por uma simpatia interior, e eu sinto que ele nos retém um do outro para poder nos atrair para si mesmo. Oremos *individualmente*: "Atrai-*me*". Pode ser que, então, nos seja permitido dizer juntos: "*Nós* correremos para ti".

OUTONO

Ela não havia viajado de trem mais que algumas centenas de milhas de Chicago antes de deixar um cartão-postal no correio, durante uma parada em St. Paul, Minnesota. Sua inscrição continha apenas duas palavras:

"*Sinto saudades.*"

Seu próximo cartão-postal, enviado um pouco adiante, em Moose Jaw, Saskatchewan, continuava o mesmo pensamento com apenas uma palavra:

"*Mais.*"

Acho que meu pai ficou um pouco chocado com o efeito dessas mensagens sobre ele. A emoção da visita inesperada dela, bem como a inevitável certeza de que eles se separariam no futuro próximo — esses sentimentos conflitantes que o bombardeavam pareciam confundi-lo.

Ele tentou desembaraçá-los em sua primeira carta para ela, datada de sábado, 2 de outubro. Como é a primeira que temos dele, cito-a na íntegra, para que você tenha uma noção mais clara do coração dele naquela ocasião.

Com devoção,

Amada,

É difícil extrair das nebulosas que se formaram ao pensar nesta carta alguma ideia perspicaz para impressioná-la imediatamente; sendo assim, não tentarei fazer isso, mas procederei como se estivesse escrevendo segundo minha capacidade atual por um bom tempo. Recebi seu cartão na quarta-feira à tarde; perspicaz... devastadoramente perspicaz. Gostaria de ter aqui um "medidor de sentimentos" para transcrever o que vem acontecendo em meu íntimo nos últimos dias. Começou com aquela palavra que acho ter falado a você quando estávamos juntos na capela na última manhã — "tremendo".

E pelo que alguém como eu deveria estar tremendo? Três coisas: você, eu e Deus.

Você: Lembre-se, Betty: eu já perturbei a vida de uma garota a ponto de saber que, se ela fraquejar em sua vida pelo Senhor, sua maior desculpa para tanto será Jim Elliot. Tremo ao pensar que minha audácia ao lhe declarar meus sentimentos esteja de fato afetando toda a sua vida. Penso que será quase impossível discernir a mente do Senhor em relação a você sem que lute com um labirinto de pensamentos e sentimentos sobre mim. Você já deve ter aprendido um pouco sobre isso ao pensar sobre sua inscrição no SIM. E se, em um teste real, seu sentimento superar sua fé? Então, de quem será a responsabilidade? *Não será inteiramente sua.* Por isso, temo que eu, ao sair do caminho do Senhor por apenas um momento, atraia você comigo e, assim, seja responsável pela "perda" de duas vidas.

Eu: Não consigo, por mais que me esforce, entender meu coração. Em algum lugar nas profundezas sombrias da consciência, há um grande monstro a quem chamarei, por ora, de "Vontade". Essa é a única coisa constante a meu respeito: desejo. Para a grande consternação de Freud, não posso chamá-lo de "apetite sexual", pois descobri que isso não é capaz de fartar o estômago do bruto. Ele exige uma dieta mais variada e não tão fácil de obter quanto essa. Sou muito grato porque o Nirvana budista não é o ápice da vida espiritual; do contrário, eu seria o menos espiritual de todos os homens, se a saciedade absoluta fosse o ideal. O bruto não é o espírito nem a alma, muito menos o corpo; em vez disso, é o EU, que fala dessas outras coisas, discute sobre elas, ri e pede mais. Ele é a vida. Ele está imerso, lá no fundo, desejando algo que não pode nomear. O mais próximo que ele consegue chegar é com a palavra *Deus*. E Deus o alimenta quando eu permito. Bobo, não é? Para quem, então, sou "eu"?

Bem, eu não pretendia que isso fosse metafísico, mas o que eu quero dizer é que há, no íntimo, uma fome de Deus, dada por Deus, saciada por Deus. Só posso ser feliz quando estou consciente de que ele está fazendo no íntimo o que ele quer. O que me faz tremer é que posso permitir que outra coisa (Betty Howard, por exemplo) tome o lugar que meu Deus deveria ocupar. Agora, algo me diz que talvez eu possa ter os dois, como você e Billy têm ministrado a mim ultimamente. *[Bill Cathers era um amigo em comum dos meus pais.]* Não sou avesso a isso, entenda, apenas tremo ao pensar erroneamente que você seja uma das maneiras pelas quais Deus pretende entrar.

Deus: ou melhor, o Senhor Jesus. Tremo para não ofender de maneira alguma meu Eterno Amado. E, seja lá o que se passe entre nós, tomemos nota disto: tudo será revogado pelo comando dele. Eu sou alguém rústico demais para ser "guiado pela Pomba". Oh, quão delicadas são as provocações do meu Amado, e quão insensíveis se revelam minhas respostas! Acima de tudo, desejo que ele encontre em mim o penoso trabalho de sua alma e fique satisfeito. Mas isso é algo difícil quando falo com você, pois, de alguma forma, há um conflito entre agradar a Deus e ter você. Não pretendo explicá-lo; só posso descrever o que sinto, e isso não muito adequadamente.

Desde que você se foi, é como se um filme passasse pela minha alma. Meu fervor genuíno em oração se foi por dois dias — havia entulho demais, de tal forma que não conseguia erguer o muro. (Veja Ne 4.10 quanto a isso.) Observe, não foram os opositores externos que dificultaram o trabalho, mas a desordem interna. Não tanto a "destruição" pelas forças externas quanto a "deterioração" interior. Mas a prova da mão de Deus vem na resposta afirmativa à zombaria de Sambalate no versículo 2: "Renascerão, acaso, dos montões de pó as pedras que foram queimadas?". Os judeus zelosos o fizeram. Aplique isso a nós e imagine um pouco. Estamos dispostos a construir com a espátula em uma mão, enquanto nossa outra mão empunha a espada? A edificação (a obra de Deus) deve continuar e, se houver uma batalha enquanto edificamos, muito bem, vamos fortalecer os "lugares baixos e abertos" (v. 13). E digo-lhe as palavras de Neemias aos nobres: "Grande e extensa é a obra, e nós estamos [...] separados [...] o nosso Deus pelejará por nós".

Devo confessar-lhe, Betty, que me arrependo de ter chegado tão longe quanto fomos em nosso contato físico, e aquilo foi muito pouco aos olhos da maioria. Devemos nos proteger disso se estivermos juntos novamente, pois isso me deu um apetite aguçado por seu corpo, o que descobri ser "escombros" que me impedem de prosseguir na obra. Você deve ser dura comigo a esse respeito. Sei que não temos a mesma mente ou constituição, e sinto que preciso mais da sua do que você precisa da minha. Nietzsche tem uma palavra para nós aqui: "É preciso fugir a deixar-se comer no próprio momento em que vos começam a tomar gosto; isso sabem aqueles que querem ser amados longamente". Você entende o que ele quer dizer com isso: "Há demasiado tempo que se ocultavam na mulher um escravo e um tirano. Por isso a mulher ainda não é capaz de amizade; conhece apenas o amor". Foi o que encontrei em Billy: nem um adorador (embora ele me amasse) nem um senhor supremo (embora ele fosse muito estimado). Nós nos conhecemos como cães igualmente aos pés do Onipotente. Gostaria que fosse assim entre mim e você. Não tema ferir-me com a Espada Viva; sim, golpeie com esse propósito. Seja mais que uma amante; seja uma amiga. Falamos sobre isso naquele encontro, enquanto víamos o nascer da lua. "Assim como eu vos amei..." Lembra?

Mas como devo louvar ao Senhor por remover o filme justamente nesta manhã? A confissão é algo bom para a alma; era imperiosa para mim nesta manhã. Lancei tudo sobre ele, e a verdade de João sobre "purificar de todo pecado" foi muito preciosa. Oh, como ele docemente "pregou paz" para alguém que estava longe (Ef 2.13, 17). E Hebreus 10.16-22 ganhou nova vida. Que poder há nessas palavras! Intimidade foi o tema do meu cântico, e os pensamentos parecem bem expressos no hino 136 do *Little Flock* (LF, daqui em diante). E no LF 10 também. Ó, Bets, que jamais sejamos "distraídos" em nosso caminhar!

Apenas para lhe mostrar quanto sou um mau redator, cito meu tempo na composição desta carta: duas horas. Parte disso é culpa da datilografia, tenho certeza!

Você recebeu livramento à moda do Salmo 116.8?

Com ternura, Jim

Foi nesse espírito que a troca de cartas entre eles começou em ritmo acelerado. Logo após a chegada dessa primeira, na noite seguinte ela passou duas horas compondo a sua. Em algumas dessas primeiras cartas, você pode perceber que, de certo modo, eles estavam sondando um ao outro, tentando navegar no que, para eles, era um território inexplorado. Ambos estavam acostumados a escrever cartas frequentes como uma prática comum — para os pais e a família em casa, e fora dela para os irmãos já crescidos, parentes e amigos. Mas esse tipo de escrita era novo e diferente, exigindo uma força do coração que ainda não estava tão bem exercitada ou totalmente desenvolvida.

Parte do ajuste que eles estavam experimentando era a quantidade de tempo para escrever cada carta. Minha mãe, ao observar as horas que levara para reunir no papel seus pensamentos para ele, percebeu que os dois não poderiam manter esse ritmo indefinidamente (*"Não podemos escrever com frequência nesse passo!"*) e dar conta de seus estudos e outras responsabilidades. Escrever, disse ela, era *"uma tarefa difícil, de muitas maneiras, embora alegre"*.

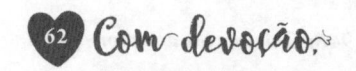

Outra luta que contribuía para isso era o agudo esforço necessário para ler nas entrelinhas, interpretar nuances e intenções, uma habilidade que outras cartas de outras pessoas nem sempre provocavam. *"Senti um pouco de depressão na sua última"*, comentou meu pai certa vez, *"como suponho que você tenha sentido em uma ou duas das minhas anteriores"*. Em outro exemplo, ele pediu desculpas pelas legendas que havia incluído em fotos enviadas a ela, dizendo: *"Acho que você entendeu errado algumas. [...] Empreguei-as com absoluta simplicidade e sem o menor intento de conotação vulgar — acredite em mim"*.

Exemplo do diário quinquenal da minha mãe. A escrita grega no registro de 1948 corresponde ao texto de Filipenses 1.21: "Para mim, o viver é Cristo".

À medida que eles prosseguiam, parte da dificuldade vinha também do aprendizado de como incorporar essa nova faceta adicional de suas vidas ao quadro completo do que Deus estava diariamente trabalhando para realizar em seus corações individualmente. *"Muitas vezes tenho vontade de escrever"*, disse minha mãe em seu diário, *"mas me limito a uma vez a cada oito ou nove dias"*, acreditando que, ao exercitar essa ponderada restrição, *"ficaremos felizes por todas as disciplinas aprendidas, embora não seja nada fácil agora"*. Ela estava descobrindo, disse, em vez de escrever constantemente, que *"a intercessão é a mais alta expressão de amor — é pura entrega. Ensina-me tal amor, querido Senhor"*.

Como dizia sua carta de 2 de outubro, eles encontraram motivos para começar sua correspondência em uma nota "trêmula", o que, penso eu, é uma palavra sábia à qual rapazes e moças apaixonados devem prestar atenção. A típica alternativa, tanto na época como agora — a leviandade tola, superficial e até mesmo irreverente na fala e na comunicação de um casal —, apenas revela quão pouco de valor duradouro eles estão investindo ou esperando.

Desde o início, meus pais trataram seu relacionamento com seriedade. Eles viam um ao outro como amigos especiais a quem deviam encorajar e aconselhar, e por quem orar, assim como desafiar, tanto amorosamente como diretamente, a buscar Cristo cada vez mais. Eles não viam sentido em desperdiçar a atração que sentiam um pelo outro, se aquilo não os ajudasse a revelar o que havia de melhor um no outro. *"Caso contrário, é tudo perda de tempo"*, escreveu minha mãe. Não havia *"nenhum futuro nisso"*, disse ela, *"exceto eternamente"*. Ou, como meu pai escreveu a um de seus amigos: *"Oramos para que Deus me desse ternura, e ele respondeu dando-me Betty"*.

Novamente, não temos as cartas dela desse período. Tudo o que tenho são seu diário e seu caderno. Eles falam das alegrias que ela estava experimentando na comunhão com Cristo e nos bons ensinamentos que estava recebendo. Como filha, ouço neles a esperança graciosa, agradecida e submissa que ela firmemente mantinha na fidelidade e na bondade de Deus. Mas ela tendia a ser mais dura consigo mesma na escrita particular do que a realidade provavelmente teria revelado. Por esse motivo, as cartas de meu pai fornecem uma janela mais precisa sobre as joias que eles provavelmente estavam compartilhando nesse período.

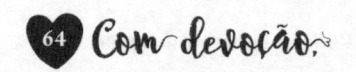

19 de outubro

Você é o tesouro particular de Deus, Betty — algo que ele comprou a um custo extraordinário para sua própria pessoa. [...] Ele está determinado a exibi-la aos principados e potestades como um troféu de sua busca. Para aquele dia eterno de exibição, ele está se certificando de que você seja a melhor peça possível que ele pode fazer de você — e, glória ao nome dele, ele assim fará!

Enquanto isso, ele a mantém para si mesmo, escondida, moldando-a de maneiras secretas que você não entende. Assim como eu guardo suas cartas, esticadas e escondidas na minha gaveta, facilmente acessíveis, para que eu as percorra quando quero sentir-me amado, assim também ele guarda para si o piedoso. [...] Cristo ama, embora veja, odeie e condene nosso pecado. Com enorme sacrifício, ele nos mostra quanto o odeia e, então, continua a amar quando somos atingidos pela culpa.

Não é assim que amamos a nós mesmos. Oh, dizemos que não gostamos muito de nós mesmos, mas nos toleramos. Essa é a velha dispensação — conviver "encobrindo" o pecado (o sacrifício de animais apenas *encobria*) até que o sacrifício de Cristo acabe com ele.

Pedi que você fosse uma amiga desse tipo — que arranque sem misericórdia meus bichinhos de estimação, que não consigo ver como ídolos, e, então, ao me ver triste pela perda, ainda ame o coração que talvez acalente a memória dessas coisas. Este é um amor diferente do que nós, humanos, experimentamos.

24 de outubro

Betty, minha queridíssima irmã, pare de lutar e creia! A confiança de Filipenses 1.6 acaba de uma vez por todas com todas as minhas dúvidas agora — Ele não pode falhar conosco. Oh, ele pode nos separar a oceanos de distância (e podemos também confiar nele quanto a isso, não podemos?), mas somos tão infantis (isso não é o mesmo que ser *como crianças*) a ponto de pensar que um Deus capaz de elaborar um plano como a obra de Jesus levaria pobres peregrinos a situações que eles não seriam capazes de suportar? Você crê que Deus de fato responde às orações, meu coração? Sim, eu creio. Acaso ele certamente não responderá a esse teu clamor frequente: "Senhor, guia-me"? [...]

Pare com essa bobagem de dizer que você "dificulta as coisas" para mim — você tornou tudo mil vezes mais maravilhoso, tudo para o louvor da graça de Deus em você. Deus está respondendo às suas orações por mim, então agradeça a ele durante aqueles despertares matinais, quando você pensa em mim. Ele cumprirá seu próprio propósito em todos os nossos caminhos. Você crê, Bets? Eu sei que sim.

Muitos conhecem a citação agora famosa de meu pai, parafraseando Mateus 10.39: *"Não é tolo quem entrega o que não pode reter para ganhar o que não pode perder"*. No entanto, de todos, meu registro favorito de seu diário vem de um ano antes, de 1948. É algo que a maioria das pessoas nunca ouviu, mas para mim exemplifica sua súplica sincera por ser obediente, a despeito do custo.

28 de outubro: Orei hoje uma estranha oração. Fiz um pacto com meu Pai, para que ele me faça uma de duas coisas — que ele se glorifique supremamente em mim, ou que ele me mate. Pela sua graça, não receberei seu segundo melhor. Ele me ouviu, creio, de sorte que agora não tenho nada a esperar, senão uma vida de filiação sacrificial (foi assim que meu Salvador foi glorificado, ó minha alma) ou o céu, em breve. Talvez amanhã. Quanta expectativa!

Acaso Deus não respondeu a essa oração em ambos os sentidos? Acaso ele não trouxe muita glória a si mesmo pela vida de meu pai, assim como em sua morte trágica? Meu pai honrou seu próprio código: *"Onde quer que você esteja, esteja plenamente lá. Viva plenamente todas as situações que você acredita serem a vontade de Deus"*. E, nesse ponto da jornada de cada um de meus pais, a vontade de Deus e suas diretrizes divinas para o próximo passo deles eram precisamente o que eles estavam procurando discernir. Para que parte do globo Deus os estava conduzindo?

Minha mãe, sentindo, no início de outubro, segurança suficiente para se inscrever no SIM, uma das agências missionárias de envio, estava sentindo um chamado para a África. Meu pai, em uma de suas cartas de outubro, mencionou passar *"três horas hoje com um missionário enviado aos índios da selva do Peru"*, um homem que estava *"fazendo o tipo de trabalho que eu gostaria de pensar em fazer. [...] Oro para que eu esteja na América do Sul daqui a um ano"*. Por enquanto, porém, cada um deles trabalhava fielmente em seus respectivos locais, navegando em espírito de oração rumo ao futuro, independentemente de estarem sozinhos ou juntos. *"É como se dois peregrinos vissem adiante a bifurcação na estrada"*, disse minha mãe, *"e prosseguissem"*.

A situação de minha mãe no Canadá era obviamente mais estranha de administrar do que a de meu pai em Wheaton. Sim, ela fora abençoada ao dividir o quarto com uma amiga da faculdade, Phyl Gibson (que acabaria por noivar e casar com seu irmão Dave). Mas a agenda estrita que a liderança da escola impunha aos alunos durante aquela época tornava *"muito difícil encontrar tempo adequado para estar a sós com o Senhor. Temos apenas meia hora antes do café da manhã, e é claro que, nesse período, Phyl está no quarto"*. Era seu *"oitavo ano de vida no dormitório"*, calculou, e talvez a avidez por ter mais controle sobre seu tempo e prioridades a estivesse desgastando. Havia chegado ao ponto de se tornar exasperante. *"A organização 'social'"* do PBI, por exemplo, *"me parece um pouco exagerada"*, escreveu ela em seu diário.

5 de novembro: Talvez seja bom haver alguma medida de segregação, mas às vezes se torna uma tensão desnecessária ter de evitar passar por um homem etc.! Tanta coisa aqui é julgada pela aparência externa. Pergunto-me se Deus fica "aborrecido" com trivialidades.

15 de novembro: Uma das coisas que dificultam aqui é que a agenda é absolutamente inflexível. Nem um só minuto do dia pode ser chamado de seu. Temos de fazer tudo exatamente no momento determinado, e não há possibilidade alguma de reajustar o seu dia para caber no tempo. Esta é uma situação difícil demais para mim.

Ou, para usar outra de suas palavras nesta postagem do diário — *"tribulação"*.

Além disso, a correspondência regular que ela mantinha com meu pai estava um pouco acima do limite do que a escola considerava um comportamento apropriado. Uma colega de classe, que aparentemente fora chamada para prestar contas das cartas que ela também estava enviando e recebendo de um jovem de Wheaton, tentou explicar a uma senhora da administração que eles dois se haviam conhecido durante o verão e haviam recentemente começado a se corresponder. Segundo dizem, a amiga de minha mãe foi informada de que *"isso é proibido, mesmo durante o verão, para aqueles que se conhecem depois de chegar ao PBI — eu não consigo entender isso"*.

Mas, para meus pais, a correspondência continuou por todo aquele outono tão interessante e esclarecedor — para lá e para cá, com alegria e dificuldade. Como meu pai resumiu o processo:

20 de novembro
Escrever cartas é um método bastante insensível de comunicação. Primeiro, as pessoas têm dificuldade de expressar em palavras o que realmente sentem — então devem preocupar-se com o medo de que o que está escrito seja mal compreendido — e isso por um longo tempo, já que não é possível apagar quando a caixa postal é fechada e, em seguida, é preciso esperar — *e isso é o pior de tudo*.

Estar tão longe, ao fim de uma estrada de terra batida lá em Alberta, abafava as expectativas de minha mãe de que uma carta chegasse logo. O trem que entregava a correspondência ao PBI funcionava apenas às terças, às quintas e aos sábados. Meu pai, contudo, falava da *"irracionalidade da minha espera — ir*

♥ 68 *Com devoção.*

à caixa três ou quatro vezes a mais, por dia — mesmo nos dias em que não tenho o direito de esperar". A expectativa era quase enlouquecedora. "Esperar alguma palavra na quinta-feira certamente traria algo. Não? Então, na sexta à tarde, com certeza. Bem, o sábado não deixará de dar frutos. (A segunda-feira está a milhas de distância...)".

Meu pai, lendo cartas no posto de correio da faculdade.

Então, quando a carta de fato chega — a primeira leitura apressada (da qual você praticamente não obtém nada) e, então, a tristeza de encontrá-la *tão curta*, depois a lenta e cuidadosa releitura, extraindo todo o possível de cada sílaba — sim, eu sei, as repreensões gentis, às vezes as pequenas coisas difíceis —, mas "à alma faminta todo amargo é doce".

Você teria rido ao me ver lendo a sua ontem. Eu guardo suas cartas para o final (embora não até a noite, nem de longe), passo os olhos pelo Record [*o jornal do campus*], corro pela correspondência mais corriqueira, então, com a mente livre para voar, aconchego-me em algum lugar para aplicar os olhos ansiosos por sobre sua bela letra — desejando poder responder *àquela* frase *agora* mesmo, quando os pensamentos se derramam frescos sobre mim, ou poder acrescentar um verso a essa ideia aqui. Mas meio continente e a caneta-tinteiro impedem essas aspirações, de modo que as coisas não são tão reais agora quanto eram vinte e quatro horas atrás.

Após a segunda leitura, deitei-me na cama para editorar e senti todos os sentimentos correrem para a minha garganta, deixando a boca do meu estômago vazia e fraca, com pequenos soluços convulsivos empurrando minha cintura em um ritmo irracional e irregular. Sem lágrimas — apenas uma agonia quieta e consumidora, como se esmagada por um vácuo. Não posso dizer-lhe como me senti, mas isso não reduz em nada o sentimento.

Ó Betty, o que me faz sentir tanta ternura por você? E se suas palavras me afetaram tanto, o que sua presença teria me causado?

Na verdade, às vezes a presença dela podia ser quase real demais — um resultado tangível proporcionado por outra daquelas vantagens únicas da correspondência escrita, em oposição às mensagens por telefone e e-mail. *Cartas perfumadas!*

Sua carta exala nostalgia a cada suspiro de pensamento — perfume, acho que é — que parece tão familiar agora. Isso quase me deixou envergonhado enquanto eu a lia na Biblioteca Fisher nesta manhã — e eu não me envergonho facilmente!

Embora, de fato, houvesse um toque de Tweed nas cartas (Tweed é o nome de um perfume que ela usou por anos!), o verdadeiro aroma vinha da sinceridade da fé deles, da plenitude de sua rendição a Cristo, do livre compartilhar de verdades profundas desenterradas em seus estudos e meditações e — para mim — as perspectivas adicionais que elas fornecem sobre seus legados e personalidades. Eu vejo a vulnerabilidade e as indagações dela, além de sua profundidade de conhecimento, caráter e convicção. Vejo seu aspecto mais gentil e suave, ao lado de sua exuberância e de sua franqueza impetuosas e sempre ousadas. Em meio a seus desafios distintos, embora correspondentes, eles proporcionaram um ao outro um inspirador intercâmbio de amizade genuína, compreensão empática e perspectiva bíblica.

Mas nem tudo era assim tão reconfortante. Houve uma ocasião, por exemplo, em que ele se questionou *"se você estava dizendo a verdade ao falar da sede que Deus deu por si mesmo enquanto você estava comigo. Naquelas noites, eu não me sentia consciente de muita piedade — estava muito mais consciente de outra coisa"*. E então veio a ferroada em forma de declaração: *"Se Deus realmente a fez sentir fome de si mesmo naqueles dias, devo dizer — ele é de fato um Deus que opera milagres"*.

Eu posso apenas imaginar a expressão em seu rosto enquanto ela lia aquilo!

Ainda assim, na maioria das vezes, ela achava revigorante lidar com alguém que era tão *"transparentemente honesto"*, como evidenciado na próxima carta do meu pai:

9 de dezembro

Se Betty Howard é um bloco de gelo, Jim Elliot é um pedaço de mármore. O gelo derrete, afinal; a dissolução da pedra é um pouco mais lenta. Conheço um pouco desse anseio por uma ternura gentil, querida irmã. Ainda assim, o desejo é mais real do que a ternura.

Na escuridão do meio-dia no Calvário, o grito final do Homem que ninguém conhece partiu ao meio pedras sólidas. Eu, contudo, ouvi esse grito — sim, eu o preguei, impressionei outros com ele, mas meu coração permanece intacto e minhas pálpebras, como ferro. Não se emocionar ao constatar o amor do Calvário é ter um coração mais obstinado que aquelas pedras — eu, porém, ainda não estou emocionado.

Que escrita adorável!

Isso é o que eu chamo de *verdadeiras* cartas de amor.

Quando as fortes geadas e nevascas de dezembro chegaram, o mesmo aconteceu com as lembranças e memórias do que havia acontecido apenas um ano antes: o Natal juntos em Birdsong, o nome afetuoso dado à casa dos Howard, no oeste de Nova Jersey.

"Sim, lembrei-me várias vezes nesta semana do último Natal", escreveu ele, mencionando especificamente uma noite de trenó na vizinha Filadélfia.

22 de dezembro

Chamávamos um ao outro de irmão e irmã cada vez que nos esbarrávamos — e lembro-me de sentir vontade de abordá-la sozinho, embora tenha certeza de que não saberia o que teria feito ou dito se uma ocasião dessas houvesse surgido. Não é preciso haver férias para recordar aqueles momentos tardios na cozinha e na sala da frente da Birdsong.

Esse Natal, no entanto, seria marcadamente diferente. Nenhum deles voltaria para casa — para a sua própria ou a do outro. *"Será um tanto novo passar o Natal sozinha*", escreveu minha mãe. *"Na HDA, havia muita comunhão e celebração e, é claro, eu voltei para casa durante os quatro anos de Wheaton. Gostaria de saber onde Jim passará as férias."*

Se ele quisesse, poderia ter passado na Birdsong novamente. Philip E. Howard, meu avô, quando estava no campus para reuniões do conselho consultivo em Wheaton, no final de outubro, encontrou algumas vezes Dave e meu pai no café da manhã e, repetidas vezes, estendeu o convite. Ele também poderia tê-lo aceitado, se isso não exigisse um dinheiro para a viagem que ele não possuía e não fosse a convenção da InterVarsity (a primeira do que se tornou uma reunião trienal, agora chamada Urbana), com início previsto para a segunda-feira, 27 de dezembro. Foi uma rica oportunidade para jovens do ensino médio e da faculdade ouvirem palestrantes missionários e possivelmente ouvirem o chamado de Deus para o campo missionário.

Meus outros avós no Oregon também convidaram minha mãe para passar o Natal na casa deles, se fosse possível. Quando ela soube disso pela primeira vez, na carta de meu pai, em 1º de novembro — *"Mudando de assunto: mamãe pergunta se você poderia ir a Portland para o Natal"* —, ele também estava planejando estar lá para o casamento de seu irmão Bert, um evento que acabou sendo adiado para janeiro. Duas semanas depois, a própria mãe dela escreveu perguntando por que ela não havia aceitado o convite. *"Certamente seria estranho se eu fosse, pois ele esteve em nossa casa no último Natal. Na época, eu mal sabia de seu sentimento."*

No entanto, ela de fato recebeu uma carta da Sra. Elliot em 1º de dezembro. *"Fiquei realmente surpresa — cinco páginas falando-me sobre a família, o interesse dela por mim, e me convidando para ir a Portland nas férias de Natal, o que eu claramente não posso fazer por falta de tempo, dinheiro etc."* Meu pai entendeu, mas ficou desapontado. *"Imaginei você em todos os tipos de lugares lá em casa — e, ainda assim, eu me pergunto se você não conseguiria visitar nossa casa dessa maneira em abril."* Possivelmente, sim.

No final, porém, ela passou um Natal tranquilo nas pradarias, *"sozinha com Deus. Contudo, nem um pouco sozinha, em comparação com a solidão que posso ser chamada a enfrentar em uma pequena cabana missionária muito distante".*

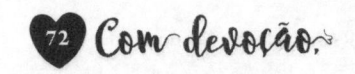

Ela expandiu esses pensamentos sóbrios em seu diário maior:

25 de dezembro: Estou sozinha na noite de um estranho dia de Natal. Meu coração parece estar cheio de anseios não identificados, misturados com louvores e, ao mesmo tempo, um vazio dolorido. Como descrevê-lo? No dormitório da frente, alguém está tocando "Jesus, Keep Me Near the Cross" ["Jesus, mantenha-me perto da cruz"]. *[Mais tarde, ela e eu cantaríamos muitas vezes essa música, quando eu ia para a cama.]* Isso me toca profundamente. Afinal, pairando sobre aquela alegria ao mundo trazida pela encarnação, estava o inexorável e eterno propósito de Belém — o Calvário. Sim, o amor é forte como a morte; o seu amor não o conduziu a outro desfecho.

O mundo segue. Quase dois mil anos de alegria oca, lastimáveis carapaças de alegria, para aqueles que nessa época nada sabem de seu Cristo. E nós que o conhecemos — quanto o compreendemos? Em que medida vivemos nossa gratidão pela indizível dádiva de Deus? Oh, se pudéssemos conhecer seu preço! O mundo está cansado — eles buscam e anseiam por algum "nascer do sol", algum fraco raio de verdade. Mesmo toda a criação geme por sua revelação. O que será quando ele voltar?

Oh, contemplar-te, ó Amado — vem depressa e faze-te semelhante ao gamo ou ao filho da gazela, saltando sobre os montes aromáticos. [...] Aceita minha sincera gratidão, bendito Senhor, por me encontrar neste momento, teu dia tão especial. Longe, nas pradarias áridas, falei contigo, tão perto, tão caro a mim. Seja assim cada vez mais. Amém.

E assim termina 1948, com minha mãe no PBI e meu pai em Wheaton. O Natal tranquilo dela, marcado por um "doloroso vazio" tanto para a família como para ele, a fez clamar a Deus por compreensão e paz no *"último dia de um maravilhosíssimo ano de crise na minha vida"*. Enquanto isso, o contínuo desejo de meu pai pelo olhar satisfeito de seu Mestre, assim como seu desejo por ouvir e ver mais minha mãe, mantinham um fio conflituoso que percorria seus pensamentos sobre o futuro. Contudo, sua sede de permanecer firme nos assuntos do Senhor superou tudo.

27 de dezembro

Que ano, hein? Lembra-se da última véspera de Ano Novo? Não posso dizer que me lembro de todos os detalhes — talvez você possa me ajudar na sua próxima carta. Mas parece que foi no mês passado, e não no ano passado.

Se o que acontecer em 49 for tão importante e inesperado quanto o que 48 nos trouxe, olharemos para trás com admiração, daqui a um ano — meio assustados e meio ansiosos para ver o que 1950 nos trará. Seja o que for, a confiança de conhecer a vontade do Altíssimo traz grande descanso ao coração.

E, como eles bem descobririam, mais espera. Mais perguntas.

Procurei cântico dentro em mim
mas encontrei um coração de pedra, desacostumado a cantar,
e as palavras vinham muito lentas.
Era como se a gentil
pressão do dedo do Pai
houvesse aberto uma ligeira fenda em meio a toda a dureza,
e ali, lá no fundo, brotou um discreto manancial.
Mas ainda não havia música,
apenas nascentes que jamais chegaram à superfície.
E, embora não houvesse canto, de algum modo havia uma
harmonia nem sempre ouvida entre as fragorosas temporalidades.
Amor era a tônica do cântico daquele profundo manancial.
Um tom maior que conferia alegria ao açude.
Paz e alegria soaram suavemente,
outros pequenos recessos se abriram na dureza,
e gentileza, nascida das fraturas da tristeza,
fluía sem obstáculos para encher o açude crescente.
E, enquanto a música tocava, a pedra se dissolveu,
e minha alma ficou feliz,
embora ainda não houvesse palavras.
— JIM ELLIOT

Rodas a levaram ao silêncio
fora do meu alcance.
Eu temia que a escuridão, fechando-se ao nosso redor,
ganhasse nossas almas,
e nós perdêssemos de vista
as coisas reais.
Mas não, o sol que governava nossos dias
acendeu a lua para governar a nossa noite.
— Jim Elliot

Talvez a tua mão forte, Senhor, nalgum dia por vir,
me conduza até o lugar aonde devo ir
sozinha, totalmente.
Sozinha, mas por tua causa, ó Amante sem par!
Ficarei satisfeita se puder enxergar
Jesus somente.
Não conheço o teu plano para os anos vindouros;
meu espírito em ti encontra seu lar imorredouro,
suficiência.
Senhor, diante de ti agora está o meu desejo todo.
Guia-me, não importa o lugar, não importa o modo —
confio em tua providência.
— Elisabeth Howard

THREE HILLS 1949 ALBERTA

O amor questiona

Um ano que levaria a mais perguntas, tanto a respeito do futuro trabalho missionário deles como do futuro de seu relacionamento, ao menos começou com algumas respostas estabelecidas — e cada uma delas acabaria por se concretizar.

"*O Senhor fez o que lhe pedi que fizesse por mim esta semana*", disse a anotação de meu pai em 27 de dezembro. A carta foi entregue em mãos à minha mãe em janeiro, por meio de uma colega de classe que havia participado da mesma conferência missionária da qual meu pai participara em Champaign.

> Eu queria sobretudo uma paz quanto a ir para o Peru — ou, pelo menos, para o trabalho pioneiro entre os índios — e, ao analisar meus sentimentos agora, sinto-me bastante à vontade em dizer que o trabalho com as tribos nas selvas sul-americanas é a direção geral do meu propósito missionário. Além disso, tenho bastante certeza quanto a Wycliffe, embora ainda não saiba se será ou não no próximo verão.

De fato, seria no próximo. Verão de 1950. (Wycliffe, é claro, significava o programa do Summer Institute of Linguistics [Instituto de Linguística de Verão] em Norman, Oklahoma, o mesmo estudo intensivo de dez semanas do qual minha mãe participara, no verão de 48).

Mas havia outra resposta que ele queria compartilhar — "*mais uma*", disse ele, "*e este parágrafo terminará*" — embora, em breve, ele viesse a admitir haver escrito sobre ela muito descuidadamente. Você poderia até dizer: sem coração. Simplesmente isto:

> Estou bastante confiante de que Deus quer que eu comece o trabalho na selva na condição de homem solteiro. Essas são algumas questões bem importantes que devem ser definitivamente resolvidas em uma semana, mas agora eu me sinto muito feliz com as três.

Feliz?

Ela segredou uma resposta imediata em seu diário. *"Como louvo a Deus por isso! Nós dois oramos muito por essa decisão, e Deus o visitou!"* Conhecendo a minha mãe, não tenho dúvida de que ela disse com sinceridade cada palavra desse louvor. E fico espantada com o contraste entre o coração dela e o meu. Talvez você também fique. Quando sinto dificuldade para entender uma decisão tomada por alguém que amo, geralmente exijo lógica e justificativas. Quão diferente foi a resposta dela daquelas de nós que provavelmente pediriam uma longa e imediata explicação! Ela manteve a boca fechada por um longo período, sem lhe expressar nenhum tipo de reação por escrito durante o que meu pai chamou de *"quase três semanas de cerco silencioso"*.

No fundo, porém, o coração continuava em conflito. Um dia depois de ouvir como ele agora considerava seus planos, os inevitáveis sentimentos (e perguntas) dela começaram a escapar.

> **5 de janeiro:** Chegou ontem uma carta que me obriga a encarar a cruz novamente. Agora estou na escuridão — o único vislumbre do futuro que enxergo é a fraca apreensão de uma estrada que não me importo em trilhar. Mas o que possuo a que deva me apegar? Nada, Senhor, nada. [...]
>
> Acho que não deveria ser afetada pelas notícias recebidas ontem. Afinal, foram elas alguma surpresa? Certamente, não. Certamente, era como esperávamos que Deus nos conduzisse. De alguma forma, sinto-me estranhamente mais lançada sobre ele. Não estava eu de todo confiante antes? [...] Havia fervorosamente rogado por fé. De

que outra forma eu poderia esperar aprendê-la? "Melhor andar com meu Deus, sem ver, do que, vendo, andar a sós."

Em seu intelecto, ela cria totalmente no controle soberano de Deus. Ela também não estava surpresa com a probabilidade de Deus guiar meu pai nessa direção. Ele nunca se esquivara de falar, de forma bastante consistente, nesse sentido, mesmo quando os pais de minha mãe expressavam a preocupação de que ele, de certo modo, a estivesse atraindo, mesmo conhecendo muito bem sua própria convicção quanto a permanecer tão resoluto como solteiro.

Mas o coração dela realmente vacilou. Ela sabia de seu amor por ele; e sabia do amor dele por ela. Até mesmo em uma carta que veio do meu pai nesse ínterim, ele falou do amor dela como *"uma coisa tão imerecida"*.

3 de janeiro
Ó Betty, você não pode me conhecer e ainda me querer. Nenhum de nós conhece o outro como deveria, como nós somos, mas suponho que isso seja bom; do contrário, eu seria muito sozinho. Hoje, fui tomado por um senso de como sou indigno — da graça, da minha família e de você. Como posso reivindicar essas coisas de você, tal como faço em minhas orações e pensamentos cheios de culpa — como ouso presumir?

Na carta seguinte, ele procurou definir o relacionamento de ambos e declarar seus sentimentos ainda mais.

8 de janeiro
Deixe-me contar-lhe uma história. Quando voltei de Birdsong, em janeiro passado, havia me apaixonado — ou estava muito apegado à garota que você conhece melhor do que qualquer outra pessoa. Por causa da minha cuidadosa reflexão sobre como Deus usa aqueles que se fazem eunucos por causa do reino, decidi que ninguém deveria saber de minhas afinidades com aquela garota, mesmo que fosse evidente que deveríamos ficar muito juntos. Lembro-me de

confessar ao Senhor o que chamei de "meu amor por ela" e de me esforçar diariamente para esquecer e engolir em seco, embora eu estivesse ciente de que havia me permitido certas liberdades que alguém realmente desejoso de "esquecer" não deveria gozar.

Naqueles dias da decisão de manter o silêncio, parecia como se eu tivesse selado o curso para toda a minha vida — e, devo confessar, senti como se fosse uma espécie de mártir. Ocorreu-me esta música:

Por que deveria eu cair de tristeza? Sempre ao meu lado tu estás!
Por que, tremendo, temer o amanhã? Que mal pode estar lá?
Se eu tomei a minha cruz, é apenas para te seguir.
Se escarnecido, desprezado, abandonado sou, nada me separa de ti!

(Hinário Little Flock, 16)

E, no meu hinário, há uma linha azul desenhada com a data que mencionei. Querida Betty, eu a exorto em nome do nosso Amigo Infalível: abandone, de uma vez por todas, suas vacilações, perplexidade e admiração! Você barganhou por uma cruz. Supere qualquer coisa na confiança de sua união com ele, de modo que, ao contemplar provações, suportar perseguições e vencer tudo isso, você possa conhecer as bênçãos da "alegria que foi proposta".

"Somos o seu povo e rebanho do seu pastoreio. Entrai por suas portas com ações de graças e nos seus átrios, com hinos de louvor." E o que as ovelhas fazem ao entrar pelas portas? Qual é o propósito delas dentro desses átrios — balir melodias e desfrutar a companhia do rebanho? Não — aquelas ovelhas foram destinadas ao altar. A alimentação das pastagens tinha um único objetivo: testá-las e engordá-las para o sacrifício sangrento. Então, agradeça a Deus por ter sido considerada digna de seus altares e adentre a obra com louvor.

Ela achou essas confissões dele *"um novo motivo de surpresa — ele expressou coisas que nunca havia dito"*. **Ainda assim, à luz dos recentes pronunciamentos sobre**

seus planos futuros, *"não posso deixar de me perguntar"*, disse ela, *"que direito temos de nos escrever. Contudo, não sinto nenhuma obrigação de parar de fazê-lo, embora sinta vontade".* Sua única certeza quanto a isso era a segurança de pedir: *"Senhor, governa minha vontade e minhas afeições".* Enquanto se mantivesse devotada a essa rendição, ela sabia que tudo certamente alcançaria os fins desejados por Deus.

Quando, finalmente, ela respondeu, expressando sua reação às decisões que ele afirmou haver tomado, meu pai pareceu estupefato — se não pelo que havia dito, certamente pelo modo como havia dito.

17 de janeiro: Arrependi-me, com uma contrição que quase me fez chorar, quando recebi a carta de Betty, no dia 12. Escrevi descuidadamente sobre meu sentimento de que Deus estava me conduzindo solteiro para o campo, e isso a tocou muito mais profundamente do que eu supunha.

Ó Deus, como ela pode me desejar? Será que encenei tão bem que ela realmente me acha digno do amor de mulher? Tremo, Senhor, com as surpresas que ela terá quando todos os pensamentos secretos dos homens forem manifestos. Talvez, então, ela acredite que eu não valho a pena.

Gostaria muito de ter a carta que ela lhe enviou, aquela datada de 12 de janeiro, como ele se referiu. Só posso presumir que ela falava abertamente sobre sua confiança nos bons propósitos de Deus, mas também (com base em uma linha da carta que ele repetiu) sobre o que ela chamou de *"vaga perplexidade".*

18 de janeiro

Se eu soubesse como minha menção casual sobre ir sozinho ao campo a afetaria, duvido seriamente que teria sido tão casual. E, ainda agora, me pergunto se deveria expressar-me mais suavemente. Minha decisão baseou-se em conhecer um homem das selvas centrais, no Brasil, que tem feito um tipo de trabalho comparável àquele para o qual me sinto recrutado, e ouvi-lo falar da impossibilidade do casamento nesse contexto específico. Isso era tudo — sem vozes, sem escrituras, apenas a paz da decisão que muitas vezes sobrevém à alma exercitada.

Não direi que Deus está me levando a uma vida de celibato. Só sei o que preciso saber por enquanto — ou seja, que o Senhor não quer que eu busque uma esposa até que eu tenha seu sinal definitivo. Na verdade, Bets, foi esse o nosso entendimento quando conversamos em frente ao North Hall, após o episódio da lagoa.

Oh, queria que você estivesse aqui sentada na minha cama para que eu pudesse falar sensatamente com você — isso parece tão duro. Betty, mas se você soubesse... Não consigo dizê-lo como gostaria.

Talvez por isso ele não conseguisse parar de continuar tentando. Logo no dia seguinte, já estava escrevendo para ela outra vez.

19 de janeiro

Hoje, tive uma conversa com Dave sobre você. [...] Ele disse que se indagava sobre como você receberia minha "decisão" de ir solteiro para o campo e, ao dizer-lhe que senti que isso a perturbara, ele respondeu: "Duvido que ela ache oportuno manter uma correspondência casual e despropositada. Betty ama você".

Acho que nunca duvidei disso, afinal, mas você nunca me disse com tantas palavras, e aquilo me assustou vindo tão bruscamente dele. Betty, se a carta de ontem à noite dava a entender algo diferente do que eu disse a esse respeito naquela noite na lagoa, sobre meu sentimento por você, por favor, desconsidere-a.

Cheguei em casa hoje determinado a descobrir minha própria alma quanto a esse assunto. Eu realmente a amo, ou isso é uma "correspondência casual e despropositada"? Tão honestamente quanto pude, encarei a questão e respondi. Sim, e jamais poderá ser casual. Quanto ao "propósito" ou ao fim de nossa correspondência, não tenho a revelação de Deus, mas estou firme nisto: ele nos conduziu juntos a escrever e não tenho nenhum sinal de que sua vontade seja outra, senão que continuemos. Se tal caminho, por fim, conduzir a uma renúncia mais amarga do que sucederia se terminássemos agora, então o caminho mais amargo tem de ser o caminho de Deus. Lembre-se de Mara.

O que eles compartilharam juntos, mesmo sabendo da forte possibilidade de passarem a vida separados, valia mais do que a pena, disse ele.

> Eu não queria que fosse de outra maneira, se tivesse de escolher novamente, como fiz no dia 30 de maio, entre contar-lhe ou não meus sentimentos, vendo todos os meses futuros de solidão e luta. Digo que não queria que fosse de outro modo, mesmo que nunca mais voltasse a vê-la.

Então, aí está: a profundidade do amor dele, a profundidade de sua confiança. Talvez ele ainda não tivesse certeza se conseguiria "dizê-lo como gostaria", mas o brilho de seu coração aparecera e minha mãe recebeu isso como um resplandecente encorajamento. Aquilo pousou em seu coração com uma paz e uma confiança revigorantes. Ela disse em uma série de registros no diário:

> **22 de janeiro:** Duas cartas de Jim hoje à noite, para minha grande surpresa, pois ele tem provas finais neste momento, e eu não esperava ouvir dele, embora já decorridas mais de duas semanas. Foram cartas lindas. Ele tem sido conduzido da mesma forma que eu. Deus me deu muita paz sobre a nossa correspondência, bem como confiança em que sua misericórdia fará o que é melhor para nós, melhor do que podemos compreender.
>
> **23 de janeiro:** Até agora, nunca havia sentido tanta paz quanto ao meu relacionamento com Jim — de alguma forma, aquelas cartas de ontem me deixaram inexplicavelmente calma e feliz, quando talvez deveriam ter dificultado as coisas. Oh, como agradeço ao Senhor por tal pessoa — somente Deus sabe como não sou digna dele.
>
> **25 de janeiro:** Embora minhas múltiplas perguntas não tenham respostas, elas cessaram e, quando me lembro dele, há mais ações de graças do que nunca pelo que ele fez por mim e por tudo o que ele

significa para mim agora. Se nossa renúncia há de vir e, portanto, ser mais amarga por causa do crescimento contínuo de nossa amizade, esse é o caminho de Deus. Lembre-se de Mara.

Meu pai (no centro, na mesa), com o grupo da Foreign Mission Fellowship, em Wheaton.

Quase podemos sentir o suspiro de alívio deles. Deus os conduzira de maneira muito semelhante, um passo de cada vez, cada um convencido do amor pelo outro, querendo fazer apenas o que Deus queria para eles. A correspondência de ambos não era apenas casual; eles acreditavam que Deus tinha um propósito para a verdadeira comunhão que eles compartilhavam.

Nessa situação, a maioria das pessoas se sentiria tentada a falar mais especificamente sobre casamento. Minha mãe me ensinou que os jovens muitas vezes pensam que precisam discutir cada assunto exaustivamente. Mas isso simplesmente não é necessário; e não era necessário para meus pais. O mais importante é saber quem está no comando. Esse era o principal desejo deles: serem obedientes ao Autor de sua salvação.

Neste ponto, duas coisas importantes merecem destaque no que diz respeito à sua profunda fome de conhecer a vontade de Deus, tanto em assuntos específicos como em princípios gerais para a vida.

Primeiro, seu comentário sobre a espera de um "sinal específico" era indicativo da atitude deles em oração e da sensibilidade deles em todas as coisas espirituais. Eles esperavam que o Espírito de Deus lhes mostrasse o que fazer e quando fazer. Em tudo.

Em janeiro de 1949, por exemplo, minha mãe se viu lutando com outra decisão substancial. Não tendo sido ela capaz de fazer uma primeira viagem para conhecer a família de meu pai em Portland, durante o feriado de Natal, ele a incentivou a considerar fazer sua viagem de volta para casa, no final do ano, através do Oregon. Como sempre, ela buscou apenas a vontade de Deus.

> **27 de janeiro:** Ontem, enquanto orava sobre ir para Portland, quase pedi para receber, amanhã, um pouco de dinheiro como um sinal. Sabendo que ainda não havia chegado completamente ao lugar do "desejo crucificado" e sem ter certeza de que a vontade de Deus era que eu fosse, abstive-me de perguntar.
>
> Mas AC [*uma das escritoras favoritas de meus pais, Amy Carmichael*] fala sobre o nosso Senhor ouvir nossos desejos, às vezes, e amorosamente nos conceder o que desejamos. Hoje à noite, recebi um dólar de tia Anne — pela primeira vez na minha vida.

Que bendito encorajamento! Pois, se visitar os Elliot fosse realmente a vontade de Deus, ele certamente proveria os recursos para isso, certo? — assim como forneceria respostas a todas as outras perguntas que ela enfrentava. Então, no domingo, 30 de janeiro, ela pediu a Deus outro sinal: *"Pedi que Deus enviasse dinheiro para a viagem para casa antes que seus pais o fizessem"*.

Imagine o que chegou na segunda-feira:

> **31 de janeiro:** Esta noite, mamãe deu a notícia de que pagaria uma viagem para casa, passando por Portland e pela Califórnia.

Sem dúvida, o fato de o dinheiro ter vindo de sua mãe a deixou um tanto *"perplexa"*, disse, pois ela pedira a Deus que ele viesse de outra pessoa além dos seus pais. No entanto, mais uma vez, ele responde de acordo com o beneplácito de sua vontade e foi misericordioso em sua provisão, não importando a fonte.

Acho tão terna a bondade de Deus para com a oração infantil dela. *"Senhor, sou apenas uma criancinha"*, escreveu na época, *"e não sei como sair ou como entrar"*. Ela estava um pouco hesitante em lhe pedir algo tão temporal, pois temia que seu próprio desejo carnal de estar com meu pai pudesse ser maior que sua predominante oração sobre morrer dia a dia para si mesma. Mas nada superava estar alinhada, a cada momento, com Deus e seus propósitos.

Isso me lembra de um princípio ensinado pelo Irmão Lawrence e por Fénelon que a confortou muitos anos depois — como ter a simples intenção de conhecer e fazer a vontade de Deus é agradável ao Pai, e como ele honra aqueles que vêm à sua presença como crianças, desejando seguir a vontade dele. Ele sabe em que medida falhamos, assim como conhece nosso esquecimento, mas ele nos deu o Espírito Santo prometido, para nos capacitar a buscar e fazer sua vontade.

Esse chamado para se aquietar e esperar nele por direção era algo muito real no coração de meus pais, e eu sou grata pelo exemplo deles de passar pelo menos uma hora por dia (muitas vezes mais tempo) sem fazer nada mais. Cada uma de suas cartas e registros de diário revela esse desejo de levar a sério a oração e a busca sincera da face de Deus. Portanto, não fico nem um pouco surpresa ao ler sobre a contínua vigilância de meu pai, esperando por algum tipo de confirmação ou direção antes de se sentir livre para buscar o casamento.

De fato, essa observação conduz ao meu segundo ponto, de natureza mais geral: a devoção deles às Escrituras. Eles sempre focaram nas Escrituras, é claro, mas a oportunidade de meu pai viajar para casa no final de janeiro, para o casamento de seu irmão Bert, revigorou seu senso de dependência e confiança na Palavra.

Grande parte dessa renovada dedicação veio de passar um tempo rico e significativo com seu pai (meu avô, Fred Elliot) durante aqueles breves dias, concentrando-se no assunto de se render à vontade de Deus. Seu pai o inspirava e o guiava em todo o conhecimento das Escrituras, e certamente foi o que aconteceu nesse caso. Eis como ele relatou essas lições paternas em uma carta enviada de Portland à minha mãe.

1º de fevereiro

Ontem à noite, tive uma conversa com papai sobre a plenitude do Espírito. Ele diz que a mera "rendição" é insuficiente. Muitos se apresentam, mas não são cheios, porque tanto o enchimento como a consagração são processos que duram a vida inteira e envolvem *conhecimento*. Eu tenho de saber qual é a vontade de Deus antes de poder submeter-me a ela.

Assim, progressivamente, à medida que *a alma vai sendo iluminada na Palavra* (aqui está a ênfase de papai), passa a conhecer o que lhe é exigido e tem condições de escolher. Submissão sem uma clara definição daquilo a que se submete é zombaria vazia e é responsável por tantas almas rendidas, mas insatisfeitas. Todo o enchimento é condicionado pela Palavra.

"Pela Palavra." Se eu posso expressar minha única esperança ao compilar este livro, minha oração é que essas anotações deles nos chamem a buscar fielmente por Deus em sua Palavra. E, diante da descoberta de seu caráter imutável, fiel, misericordioso e amoroso, oro para que sejamos mais plenamente conduzidas em obediência a ele, para que também nós possamos deixar um legado duradouro de fé, como meus pais.

Mas essa vida de fé não deixa de ter suas lutas, como minha mãe escreveu em seu diário, certo dia de fevereiro: *"Hoje enfrentei uma tentação severa (e cedi) à negligência na oração e no estudo da Bíblia. Oh, mais do que nunca tenho consciência da minha necessidade desesperada de conhecer a Palavra — minha única arma de ataque —, mas como é difícil para mim concentrar-me somente nela e esperar em Deus!".*

Contudo, foi o amor mútuo deles por Deus e um pelo outro, como expresso em suas cartas, que os manteve desafiados em sua devoção à Palavra. Na carta seguinte de meu pai, vemos uma mistura de seu amor pela Bíblia com seu amor por *"uma garota"* que bebia dela com frequência!

7 de fevereiro

Meu dia foi de genuína alegria. Acordei esta manhã com Jeremias 33 e com a seguinte promessa: "Eis que vêm dias, diz o Senhor, em que cumprirei a boa palavra que proferi". [...] E hoje à noite, no Salmo 87: "Todas as minhas fontes são em ti". (Você usou esse versículo nas devoções de História Antiga no ano passado. Lembra?

Eu lembro, pois estava à procura de uma garota que houvesse encontrado essa Fonte.)

Pouco depois, ela comentou em seu diário:

21 de fevereiro: Sete páginas de J. hoje à noite. Ele nunca deixa de surpreender — falou de como ficou impressionado com a frase "Vivifica-me segundo a tua palavra", no Salmo 119. Essa é a mesma frase que me vem à mente há vários dias! Nós dois temos estudado os salmos, sem que o outro soubesse.

Aqui está a resposta a uma carta *dela*, na qual ela deve ter compartilhado sua satisfação no fato de que ambos estavam pensando espiritualmente da mesma maneira:

22 de fevereiro

Sim, nós dois estávamos estudando o Salmo 119 na semana passada. [...] "Vivifica-me segundo a tua palavra" ocorre várias vezes e parece falar sobre o que papai disse sobre o poder da vida no Espírito. O "vivificar" só pode vir do Espírito (Jo 6.63; 1Co 15.45) e segundo a Palavra.

Mas eu conheci em minha própria experiência uma vivificação que é como o falso fogo de Nadabe e Abiú — que não vem como mandamento direto do Senhor (Lv 10.1). [...] Muitas vezes, senti-me apoderado por uma ideia ardente que preguei com fervor apaixonado, mas da qual não obtive proveito algum, pois foi provocada por outro fogo, não pelo que a Palavra desperta. É bom dizer aos outros que permaneçam em Cristo — mas lembre-se de que Cristo não nos deixou nessa rebuscada generalidade. "Se permanecerdes em mim, e as minhas palavras permanecerem em vós [...] Se guardardes os meus mandamentos, permanecereis."

Então, Bets, não desanime se você não sentir todo o poder — isso só ocorre quando todo o conselho da vontade de Deus nos tem dominado por toda uma vida. "Plantados [...] Na velhice darão ainda frutos" (Sl 92.13-14).

Como os relacionamentos entre jovens homens e mulheres se desenvolveriam de forma diferente se a Palavra de Deus, em vez das oscilantes emoções, fosse sua fonte de orientação e piedade em uma cultura em constante mudança. Meus pais viam a Palavra de Deus como a Estrela Polar, fixa e sempre apontando o caminho para a liberdade e a alegria.

Em algum momento desse período do final do inverno, minha mãe recebeu uma carta de casa. Nela, sua mãe compartilhou *"alguns de seus pensamentos sobre mim e Jim. Ela sente fortemente que devo confessar meu amor por ele e que devemos nos ver mais"*. Posso imaginar que, para a maioria dos solteiros em idade universitária, uma palavra tão oportuna e desejável, que vem espontaneamente de uma fonte de autoridade, como de um dos pais, teria sido recebida como uma confirmação inquestionável. Pareceria o total apoio de Deus e sua permissão para agir de acordo. No entanto, ela a colocou imediatamente sob os holofotes da Palavra, particularmente algumas passagens de Filipenses 3, que, no dia anterior, haviam sido o foco de sua leitura de *Though the Mountains Shake*, de Amy Carmichael.

> **28 de fevereiro:** Supliquei ao Senhor para saber até onde minha amizade com Jim estava realmente "conformada à sua morte" [v. 10]. [...] Minha oração foi para que, a qualquer custo, Deus nos ensine como a cruz se aplica aqui. Ele ensina por meio de sua Palavra, então eu li na passagem citada (Fp 3).
>
> O princípio da morte e da ressurreição é trazido à tona. Isso trouxe uma nova luz. E, então, à minha pergunta — "Senhor, será que sequer começamos a conhecer a cruz? Se não, por quanto tempo devemos continuar em um relacionamento não crucificado? A experiência do verão passado teve algum proveito?" —, veio a resposta gentil: "Não que eu o tenha já recebido ou tenha já obtido [...], mas *uma coisa faço*" [dos vv. 12 e 13].
>
> "Senhor, será que perdi em algum lugar os teus sinais? Será que a minha imaginação me enganou? Eu certamente desejo fazer a tua vontade." [A resposta dela, a partir do versículo 15] — "Todos, pois,

que somos perfeitos, tenhamos este sentimento; e, se, porventura, pensais doutro modo, também isto Deus vos esclarecerá."

"Agradeço-te, Senhor, por esta forte segurança. Agora, como devo andar? Como 'prosseguir'?" *[v. 12, respondido pelo v. 16]* — "Mas, naquilo a que já chegamos, andemos segundo a mesma regra, e sintamos o mesmo" [ACF].

Depois dessa palavra, a paz de Deus, que excede todo entendimento, guardou minha mente e meu coração por meio de Cristo Jesus.

Sempre indo à Palavra, deixando Deus guiar seus pensamentos e respostas. Esse era seu modelo e padrão. O dele também.

Basicamente, então, o caminho para ela amar meu pai da melhor e mais apropriada maneira — da maneira mais bíblica, determinou ela — era amar cada vez mais o Senhor Jesus. "É amá-lo apenas por quem ele é, sim, mas é amar quando estamos em total escuridão, quando ele houver virado o rosto de nós. É amar transcendentemente, em total desapego, abandonados, afogados, por assim dizer, naquele vasto oceano do amor de Deus."

Ao longo das décadas de 1970 e 1980, quando ela começou a falar para um número maior de pessoas, frequentemente meditava nesse princípio bíblico do amor a Deus e da total confiança nele. Muitas vezes, quando eu pedia para ir e ouvi-la falar, ela me dizia que falava a mesma coisa em todos os lugares por onde passava, que sua mensagem da cruz como porta de entrada para a alegria nunca mudou. Deus estava sempre lhe dizendo em todas as experiências: *Você confiará em mim também quanto a isso?* Inconscientemente ou não, ela estava atendendo às palavras finais que meu pai lhe falou antes de ser morto pelos Auca: *"Ensine os crentes, querida, ensine os crentes"*. E ela fez isso para incontáveis números daquelas que leram seus livros e a ouviram falar com aquela formidável convicção de que devemos confiar em Deus, mesmo quando ele parece estar em silêncio absoluto.

Já no inverno de 1949 — muito antes, na verdade — eu a encontro fazendo isso. Liderada pelo Espírito. Liderada pela Palavra.

> Quando fui me deitar, na noite passada, simplesmente confessei ao Senhor todos os meus desejos e esperanças de ver Jim nesta primavera, toda a minha desprezível hesitação em obedecer a ele neste verão. Mas ele foi terno e compreensivo, assegurando-me de que, por lhe haver pedido que me guiasse, ele faria exatamente isso e eu poderia confiar nele, pois sua "sabedoria é infalível e nós somos tolos cegos". Senhor, tu sabes todas as coisas. Tu sabes que te amo.

Surpreendentemente, suas "esperanças de ver Jim na primavera" envolviam, entre tantos lugares, a Flórida. A família estava planejando uma espécie de reunião de Páscoa na Hampden DuBose Academy, o colégio interno perto de Orlando, onde a irmã mais nova de minha mãe, Ginny, estava então matriculada. E, em uma quinta-feira de meados de janeiro, na PBI, com uma temperatura de 2 graus Celsius negativos, a perspectiva de visitar a Flórida na primavera não poderia ter soado melhor. Ou poderia?

> Uma carta de Dave fala de seu desejo de levar Jim para a HDA nas férias da Páscoa. Imediatamente, meus pensamentos voam para essas cenas, imaginando-nos juntos, e eu me pergunto se algo tão perfeito (ao que parece) poderia tornar-se realidade.

Mas, no final, nem o tio Dave *nem* meu pai foram para a Flórida, pressionados pela necessidade de estudar para os exames. Tampouco minha mãe — por razões que perturbariam profundamente seu coração durante as duas primeiras semanas de março e que definiram o rumo de todo o seu verão.

Ela estava determinada a passar aquele verão fazendo algo em preparação para o chamado de sua vida em missões. Embora ela continuasse orando em direção a um futuro na África, as experiências nos últimos meses haviam aberto seus olhos para as necessidades da América do Sul. *"O Brasil é o maior campo não evangelizado do mundo. Existem tribos indígenas bem perto das cabeceiras amazônicas que nunca viram um rosto branco nem ouviram o nome de Jesus."* Além disso, os graduados do PBI que trabalham na África já somavam cem pessoas ou mais. *"Como eu gostaria de fazer um trabalho verdadeiramente pioneiro! [...] Na África (campo do SIM), nenhuma estação missionária se situa à jornada de um dia da outra."* Ainda assim, por ora, sua inscrição no SIM permanecia em vigor, embora ainda não houvesse notícias sobre as oportunidades imediatas que a aguardavam.

Em um único dia de março, no entanto, ela sentiu abruptamente que havia tomado sua decisão.

> **3 de março:** Nesta tarde, conversei com a Srta. Phillips sobre Jim, o SIM etc., e ela me aconselhou fortemente a cancelar minha inscrição e seguir com a Canadian SS Mission neste verão.

A Srta. Phillips era como uma diretora ou guia espiritual, alguém que aconselhava os alunos de acordo com as expectativas do PBI. Sua palavra era quase uma ordem. É verdade que a ideia de permanecer no Canadá naquele tipo de tarefa (visitar famílias e convidar crianças para a escola dominical) não era agradável para a minha mãe, mas ela achava que deveria acatá-la para crescer e se acostumar mais ao trabalho missionário.

O custo pessoal, porém, era de fato enorme.

Na manhã seguinte, ela disse: *"Acordei às cinco e não consegui conter algumas lágrimas diante do pensamento de ter que dizer a mamãe que não a verei por pelo menos seis meses".* Ela se preocupava em como dar essa notícia, especialmente depois de receber uma carta de casa alguns dias depois, *"com todos os tipos de planos para minha viagem à Flórida — ela é tão gentil, antecipando com alegria toda a felicidade que eu teria lá!".* Imagine a temida espera para que sua desapontadora carta chegasse a Nova Jersey, depois para que a resposta de sua mãe fosse escrita e fizesse todo o caminho de volta a Alberta. Passaram-se quase dez dias até que chegasse, embora, felizmente, com o doce alívio porque *"ela entendeu e se alegrou!".*

Mas, é claro, havia a tristeza adicional de ficar mais tempo longe de meu pai, a quem ela também não seria capaz de ver por pelo menos seis meses. No entanto, ele também respondeu com palavras encorajadoras:

19 de março

Pense no privilégio, Bets, de sermos ministros desta mensagem de reconciliação! Tamanhos devem ser nossa admiração e nosso louvor por sermos conhecidos como aqueles "aprovados de Deus para que o evangelho nos fosse confiado" (1Ts 2.4). Ponha nisso tudo o que você tem, por causa do Senhor, e eu orarei para que a mão dele produza um crescimento abundante. A fidelidade no pouco traz:

1. "Muito bem" ... louvor;
2. "Sobre dez cidades terás autoridade" ... honra;
3. "Entra no gozo do Senhor" ... glória (1Pe 1.7).

Sua fé está sendo provada! Ele vem sem demora, trazendo consigo sua recompensa. De fato, do que mais precisamos além dele mesmo?

E, assim, ela deixou de se debater com certa tristeza e receio quanto ao verão seguinte e tornou-se capaz de dizer com submissa confiança: *"O Senhor me concedeu uma maravilhosa alegria com a expectativa da Canadian SS Mission"*.

Porém, algo que meu pai disse mais adiante em sua carta a deixou *"desanimada"*.

PRIMAVERA

Um dia antes de essa carta de 19 de março chegar de Wheaton, minha mãe havia escrito em seu diário: *"Tenho orado sinceramente para que o Senhor guie Jim quanto ao que ele deve fazer no verão. Wycliffe ou a Guiana Britânica?"*. A opção "Guiana Britânica" (o país sul-americano agora conhecido simplesmente como Guiana, situado ao longo da costa norte) havia entrado na equação quando ele esteve em casa para participar do casamento do meu tio Bert. Em sua carta de 1º de fevereiro, ele dissera:

> [Meu pai] está considerando seriamente uma viagem à Guiana Britânica, onde alguns irmãos locais daqui estão estabelecendo lentamente um trabalho. Há cerca de trinta pequenas assembleias de fala inglesa e um missionário britânico que precisa licenciar-se, mas

não há nenhum professor para assumir seu lugar. Papai pode encaixar-se, já que ele é mecânico e professor.

Se ele for neste verão, quer que eu vá com ele e, se Deus assim permitir, vou abandonar os planos da Wycliffe num minuto. Tivemos alguns momentos felizes juntos e não posso mensurar quão enriquecedores me seriam alguns meses trabalhando com ele, espiritualmente e em termos práticos.

A possibilidade permaneceu viável durante toda a primavera.

Às vezes penso que três meses de experiências reais e práticas seriam melhores para mim agora do que outros três nos livros. [...] Ao orar por mim, pense nisso, Bets, pois me sinto muito constrangido a ir.

Então, em 22 de março, ela estava orando pelo meu pai, dizendo: "Ah, como desejo vê-lo — se eu pudesse apenas conversar com ele por dez minutos! Não recebo uma carta desde o dia 5 de março". Então, em 23 de março, chegou uma carta dele. E a atingiu como se uma pessoa totalmente diferente houvesse escrito. Aqui está um pouco do que dizia:

Os Anais a informarão dos momentos divertidíssimos que tivemos no Dia do Contra este ano. Arlene Swanson — companheira por um dia do grande Dubbins Norbeck [...] me chamou como convidado da noite. Momentos encantadores, devo dizer. Eu e ela tivemos um encontro numa festa da equipe de luta livre em meu primeiro ano aqui — sobretudo por causa da aparência dela, eu acho.

Ele acrescentou outros nomes de rapazes que ela conhecia (incluindo seu irmão Dave), listados ao lado das garotas que os haviam convidado para o "Dia do Contra", uma tradição de Wheaton em uma época mais simples, na qual os papéis de gênero eram trocados por um único dia.

Todo o grupo parecia uma gangue de fugitivos dos sótãos da Nova Inglaterra. Laços, ancas postiças, saias-balão, chapéus de sol, cartolas, toucas, estojos, cachimbos, tudo isso acompanhado de barbas de três semanas — uau! (Sim, eu deixei a minha crescer por três semanas — era vermelha, acredite ou não, e ainda mantenho um bigode, mas a opinião pública está ficando insuportável.) [...]

Os alunos do último ano fizeram uma festa em seguida, com jogos de "torta na cara" e mergulho no batistério da capela inferior [...] o bando mais selvagem, mais estridente e absurdo de adoráveis bandidos que já conheci.

Brincadeiras malucas nas festas de conclusão de curso.

Dia do Contra.

E, em vez de assinar com seu mais habitual "Amorosamente" ou "Carinhosamente", ele encerrou a carta com o relativamente genérico e impessoal "Sinceramente".

Cenas como as que ele descreveu nessa carta foram o começo do que meu pai chamou de sua "Renascença" — uma época, no final de seu último ano, em que ele lançou fora todos os grilhões que havia posto sobre si mesmo, a fim de provar à turma que ele estava livre do legalismo. Ele havia visto como Paulo, em suas cartas do Novo Testamento, ensinara nossa necessidade de nos conformarmos a Cristo, e não a regras. Como resultado, meu pai propôs-se a criar uma *"ruptura do meu anteriormente piedoso 'código do que não fazer', o qual costumava motivar grande parte da minha ação"*.

Ele concluiu que alguns dos rigorosos padrões que mantivera ao longo de três anos de faculdade haviam essencialmente se transformado em *"um cativeiro legalista que estava desembocando em orações críticas"* e *"em uma atitude geral de superioridade espiritual. Ser um missionário em potencial tornou-se meu padrão de espiritualidade, e minha comunhão se limitava aos daquela esfera"*. Ele sentiu como se suas *"boas e consagradas atitudes"* e suas *"regrinhas meticulosas"* o tivessem afastado de muitos dos estudantes e, portanto, decidiu começar a agir de modo um pouco mais *"normal"* — normal em relação à sua personalidade natural e normal quanto aos demais alunos, os quais talvez pensassem que ele era um pouco espiritual demais. Antes do final da primavera, sua Renascença contribuiria para festas de conclusão de curso — um fim de semana em que os concluintes "escapam" para um tempo de diversão sem a participação dos alunos de outros anos — algo diferente de qualquer outra coisa na história de Wheaton. As brincadeiras foram loucas e diferentes o bastante para que até ele admitisse mais tarde: *"Meu pêndulo balançou para o extremo oposto"*.

Mas minha mãe, ao ouvir as primeiras ondas dessas peripécias compartilhadas com tanta alegria nas cartas de meu pai e de Dave, irmão dela, ficou muito chateada — ao mesmo tempo confusa e preocupada com ele.

23 de março: A tolice e a palhaçada me deixaram desanimada. De fato, Jim liderou a FMF vestido com um ultrajante uniforme do San Francisco 49ers! Hoje eu havia encarado a eternidade, lendo Apocalipse 15 e 16 e o livro *Things As They Are*, de Amy Carmichael

— e não pude deixar de derramar meu coração em lágrimas com a decepção que tudo isso representa. Sua carta foi estranhamente vazia. Oh, será que ele manteve sua promessa de ser honesto? Será que eu o esgotei?

O dia seguinte não trouxe alívio. Na verdade, ela se sentou e escreveu uma carta não apenas para ele — aparentemente, uma carta breve e curta —, mas também uma para o amigo Bill Cathers, *"pedindo-lhe para orar e, se julgar sábio, exortar o irmão nos termos de Tito 2.6".*

Não J., não Jim, mas "o irmão".

Essa notável mudança no tom revela como ela havia recebido as notícias da Renascença de meu pai, sentindo uma maior distância dele espiritualmente do que os 2.400 quilômetros que os separavam fisicamente. *"Não faço ideia de como ele a receberá"*, disse ela, *"ou até mesmo se ele sequer entenderá".*

Ela esperou para ver.

Menos de uma semana depois, em 28 de março, ela presumiu que *"Bill e Jim provavelmente receberam minhas cartas hoje"*. Elas obviamente surtiram efeito. A resposta de meu pai, uma longa carta de sete páginas, estava datada, não surpreendentemente, do mesmo dia.

28 de março

Acho muito difícil explicar por que escrevi como escrevi na semana passada — mas lembre-se de que o fato de eu mudar de tom não indica outro "Jim", um que assina seu nome prefixado por "Sinceramente" e não por "Carinhosamente" ou outra coisa. O "Jim" é o mesmo e, se você há de amá-lo, deve amá-lo quer seja ele sincero, carinhoso ou sarcástico. Eu vivo com ele o tempo todo e posso garantir-lhe (como tentei sustentar desde o princípio, mas só agora estou me tornando convincente): você ainda não o conhece completamente — e ele tem aspectos muito mais deploráveis do que assinar "Sinceramente".

O que escrevi foi do meu coração — fui sincero. Você deve me aceitar assim, ou deixar-me sozinho. Não posso lhe dar nada além do que sou e, se agora você vê pela primeira vez o que realmente sou e decide me recusar, faz apenas o que eu temia que fizesse ao descobrir — e assim, incidentalmente, cumprirá profecias que lhe fiz desde o princípio.

Prosseguindo, ele abordou um tema que reapareceria em várias cartas ao longo do ano — uma luta dentro de seu próprio coração, por não saber se era capaz de amar.

É impossível explicar psicologicamente o que eu pensava quando escrevi, o que mudou meu tom de voz. Só posso tentar pedir desculpas.

Não me lembro se já disse isto a você ou não, mas tenho muita consciência disso desde que terminei com Wilma [um amor de infância]. O simples fato de eu ter começado um relacionamento com ela aos catorze anos e de não ter olhado para outra garota por quatro anos me alertou para o fato de que meus afetos despertam com muita facilidade e são ciumentos e tenazes.

Reconhecendo esse fato, de que eu perderia meu coração a cada momento se não me disciplinasse com cuidado, desisti de namorar e até mesmo de manter qualquer proximidade com garotas que eu sabia que me atrairiam ou para quem de alguma forma eu fosse atraente.

O amor, como seu próprio coração, permanecia um mistério para ele. Em cartas posteriores, ele mencionaria como era capaz de *"amar com muita facilidade, mas sem profundidade suficiente"*, **observando como seu amor tendia a flutuar através de** *"ciclos de calor e frio"*, **como ele era** *"impetuoso por natureza"*, **como podia** *"chegar a extremos que me tornam legal demais ou cruel demais"*. **Se minha mãe o sentiu insincero e instável, é porque ele próprio se sentia insincero e instável.**

Surpreende-me quão atrevido, impetuoso e desinibido ele podia ser, especialmente depois de conhecer a constância do amor de minha mãe. No entanto, ele queria ser verdadeiro com ela, admitindo que seu amor era capaz de

oscilar. Eu o amo por isso, porque, muitas vezes, também sou atrevida demais com minhas palavras, mas o Espírito Santo traz moderação em tudo.

Ele, então, terminou com um floreio desdenhoso:

> Se você não gostar do tom desta carta, envie-a de volta e eu a reeditarei outra vez. Neste momento, sinto como se essa pequena brecha fosse tremendamente sem importância e, assim, posso *sinceramente* assinar minhas cartas...
>
> Amorosamente, Jim

"Devo terminar tudo?", já se perguntava minha mãe, mesmo antes da chegada dessa carta, à medida que seu ano acadêmico ia chegando ao fim. *"Neste momento, há um grande desejo de estar em casa. [...] Ainda muito perplexa quanto ao assunto falado na terça-feira."* No entanto, recompondo-se na Palavra e em oração, ela resumiu os seguintes pensamentos em seu diário, preparando-se espiritualmente para o que quer que estivesse por vir.

> **30 de março:** Senhor, nesta noite peço sinceramente a ti:
> 1. Graça para realizar tua vontade sem hesitação.
> 2. Discernimento, para que eu reconheça uma cruz autoimposta quando deparar com ela.
> 3. Sossego e amor incondicional quando tu estás em silêncio e o caminho não está claro.
> 4. A disposição para me livrar imediata e completamente de tudo que seja mero embaraço da carne, fraca indecisão ou "nuvens terrenas".
> 5. Sabedoria do Espírito Santo para reconhecer a diferença.

Portanto, quando a carta dele chegou, ela estava ávida para ouvir o coração dele, mas também estava segura em querer somente a vontade de Deus. Ela achava que ele estava sendo ridiculamente obtuso no modo como justificava seu comportamento e sua falta de reticência, mas estava descansando na clara verdade das Escrituras de que Deus nunca a deixaria e sempre seria seu refúgio.

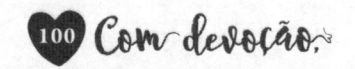

1º de abril: Pensei em várias maneiras de responder à carta de Jim. Eu poderia refutar com bastante sucesso alguns de seus argumentos e incluir algumas boas réplicas. Mas, oh, que insignificante e tolo! [...] Trago à memória o maravilhoso descanso que há no fato de todo esse assunto não me pertencer, como se me coubesse sustentá-lo ou retê-lo; ele é todo do Senhor.

2 de abril: Pedi algo definitivo ao Senhor: que ele conduza o assunto de J. a um lugar perfeito ou deixe inconfundivelmente claro que devo abandonar esse romance de uma vez. E, ao deixar isso em suas mãos, peço poder para centralizar todos os meus pensamentos em Cristo e para que eles não sejam arrastados por uma preocupação que não me pertence de modo algum.

Ao segurar as cartas dele aqui na minha mão — não apenas a de 28 de março, mas várias outras que se seguem (18 de abril, 25 de abril) —, é interessante observar os pequenos comentários que minha mãe rabiscou à margem enquanto lia. Por exemplo, ao mencionar *"uma ou duas garotas"* que namorara no passado, bem como uma ou duas outras da turma atual que o haviam convidado para acompanhá-las nas cerimônias de primavera, ela escreveu coisas como: *"Quem são essas? Você aceitou? Por que tudo isso? Eu deveria achar interessante? Ou ficar com ciúmes?"* Ou onde ele disse: *"Meu bigode recém-adquirido provocou um abaixo-assinado, com muitas assinaturas de várias garotas 'observadoras', para que eu o removesse"*; ela comentou: *"Você ficou apropriadamente lisonjeado com isso?"*.

Aqui estão algumas outras, com o comentário dela entre colchetes:

> Ao reler, vejo que me tornei belamente obscuro. *[Não, apenas claro demais.]* Não consigo colocar no papel em poucas — ou muitas — palavras o que realmente quero dizer. Aliás, foi por isso que eu disse na última carta que "queria que você estivesse por perto", pois sinto que a constância da chama do meu afeto é determinada pela proximidade. *[Então, isso é tudo que temos?]*
>
> Essa tendência a me apaixonar rapidamente, combinada com um desejo natural por bajulação e por um pouco de intimidade com

quem quer que seja, sem dúvida fará de mim um "marido problemático". *[Pensei que você não queria se casar.]* Na semana passada, isso me tornou um "namorado difícil". *[Quem te chama assim?]*

Não posso deixar de lhe dizer — e pela última vez, espero: meu amor não é constante. Sou bruto demais. "Nossos amores como seres humanos devem ser nutridos pela resposta" — citando sua carta de 13 de fevereiro. *[Tirado de contexto — não me referia ao nosso amor em particular.]*

Acaso suas cartas não são parecidas com as minhas — às vezes vivas, com uma paixão sutil, outras vezes descomprometidas a ponto de ser enfadonhas? *[Isso é só porque desligo meu coração nessas ocasiões!]*

Por favor, Betty, como devo receber isso? Uma carta diz com um tom de notória surpresa: "Por que, Jim, você escreve como se assumisse que há algo entre nós — apenas a sombra de uma reivindicação que temos um sobre o outro?". Jim é tão ingênuo, ele morde a isca — com força — e responde apreciando sua "naturalidade e ingenuidade". E a próxima carta retorna com uma conversa de poetisa sobre uma profunda paixão do coração, inevitável e poderosa — uma paixão de amor que interpreto, devido à sua natureza dinâmica, como uma "reivindicação" muito real sobre mim. Como isso se harmoniza com aquela frase escrita em uma de suas cartas de outubro: "Nunca senti qualquer tipo de reivindicação sobre você"? Nenhuma reivindicação? Então, por que toda essa agitação? Qual é a diferença, se você não tem "qualquer tipo de reivindicação"? *[Não, não temos reivindicação alguma. Alguém abnegado não possui "direitos" em si mesmo. Se eu tivesse uma reivindicação, teria dito: "tudo ou nada".]*

Quero que você me interrogue por tudo que escrevi — condene, critique, questione, até ficar satisfeita. Diante de Deus, meu coração está puro *[Isso, para mim, é TUDO que importa!]*, e eu lhe direi tudo que puder para ajudar. De alguma forma, sinto que sua brevidade tem sido muito mais loquaz do que minhas divagações.

> April 25 — 1949
> Wheaton
>
> You left out one concept in your poem which I have only now discovered at the very core of your love — craft — an excellent trait, even in love, if it is not too obvious. However am I to believe you — or when know that you are really being honest? No less than three times in your letter of April 11 you refer to your attempts "to be wholly transparent." Then, in today's you write of "impure motives" in a sentence following one of those three references in that letter. Please — Betty, how am I to take this? One letter reads with a tone of marked surprise, "Why, Jim, you write as if you assumed there were something between us — a shadow of a claim we have on one another." Jim is simple so he bites — hard — and responds in appreciation of your "ease & naiveté." And the next letter returns with poet-talk of deep-seated, inevitable, powerful heart-passion... a passion of love which I interpret, because of its dynamic nature, to have a very real "claim" upon me. Does this go with a sentence written in one of your October letters, "Never have I felt any claim of any sort whatever on you"? No claims? Then why all this stir... what's the difference if you have no claims? To me that poem might have been an acrostic spelling POSSESSION. She talks of holding a loose grasp and then of "never-turning, ever-deepening, warm, powerful, fathomless devotion." Stuff! There is no such thing as possessionless love. And now you ask

Observe os comentários de minha mãe, a lápis, nas margens da carta de meu pai.

Não desejo apresentar meu pai de modo demasiadamente desfavorável pelas coisas que observamos aqui em seu tom e comportamento. Ele foi jovem, como todos nós fomos jovens. Ele era falho, como todos nós somos falhos. Minha mãe também não era inocente quanto a demonstrar orgulho e imaturidade em algumas de suas reações. Mas meu pai também era consciente o bastante para perceber que não gostava de muito do que estava vendo em si mesmo nesse período. Uma noite, por exemplo, enquanto estava na lanchonete do campus...

> **6 de abril:** Decidi acompanhar Peg Rodgers e Arlene Swanson até suas casas [...] e decidi participar de uma festa em [um dos dormitórios das garotas]. [...] Todos curtimos refrigerantes, sorvetes, batatas fritas, histórias, danças populares e todo tipo de bagunça. Queria que meu coração se sentisse mais culpado. Sou pior que um animal social; sou um viciado social — amo estar com uma turma.

Não muito tempo depois:

> **23 de abril:** Festa no dormitório com Florence Kelsy hoje à noite. Muita algazarra, de novo. Ah, quando vou amadurecer? Como eu me desprezo quando chego em casa, aqui em silêncio, e penso no barulho que fiz!

Isso o levou a um lugar de oração e penitência:

> A comunhão com a turma é sedutoramente divertida. Mas esta noite me sinto arrastado pelas seduções da alma. Nada de ruim, apenas nada de bom. [...]
>
> Filho de Deus, que purificas no íntimo, que discernes meu assentar, meu levantar, queres tu santificar esta minha alma? É minha escolha, tu dizes? Ah, sim, é minha escolha.

De fato, ao refletir sobre uma dessas noites, ele compôs o seguinte poema:

> Deus dos mais estranhos caminhos,
> que, silente, teu filho vigias
> quando ele, em seus dias comezinhos,
> brinca até findar o dia.
> Um filho que, confrontado ao estar silente,
> ama das piadas o balido

e, abafando a quietude crescente,
busca consolar-se em ruídos.
Como *pode* permanecer vívido o teu amor,
ó Pai deste filho descuidado?
Como pode ainda haver em ti fervor,
calmaria tal que me deixa amalucado?
Filho de ruidosa mente,
cessa de questionamentos!
Acompanhado ou só, calado ou insolente,
meu amor repousa no Pai neste momento.

Enquanto isso, no Canadá, minha mãe também procurava descanso no Senhor, lidando com todo esse inesperado drama enquanto se preparava para o trabalho missionário de verão.

22 de abril: Ontem à noite, depois de receber a primeira carta de Jim em três semanas, minha alma estava quase despedaçada. Oh, não posso escrever sobre tudo o que ela significou, mas meu coração estava desesperadamente apertado. Minha alma gritava: "Por quê? Como pode ser?"

Então, eu me lembrei. Eu havia orado: *"Não importa como"* — cabe apenas ao meu Senhor escolher a minha cruz. Não pode ele dar-me graça e me capacitar a seguir em paz? Eu pedi para ser quebrada, para ser tratada de qualquer maneira, contanto que eu pudesse ser como Jesus, apta a ser testemunha dele. "Ainda que ele me mate, nele esperarei."

E o próprio Senhor ficou ao meu lado. Ele pregou paz. Ele me segurou em seus braços eternos e me amou com seu amor eterno. Ele me lembrou do "peso de glória" que me aguarda e, gentilmente, me repreendeu por olhar para mim mesma e para meu próprio interesse egoísta.

Aparentemente, essa sensação de rendição e paz estava evidente na próxima carta que ela escreveu. Talvez suas palavras ainda estivessem pontiagudas o suficiente para ferroá-lo um pouco, mas também devem ter sugerido um amolecimento. A resposta dele não mais trazia o mesmo gosto inflamado e defensivo que dominara suas cartas de primavera mais recentes.

3 de maio

Tudo bem, tudo bem, coloque o broquel e eu deitarei a espada. Sua carta nesta manhã, combinada com o que tenho recebido do alto na última semana, foi o bastante para transformar minhas lanças em podadeiras e deixar-me com uma relha de arado na mão, em vez de uma espada empunhada.

A carta dela também deve ter incluído uma recusa em lhe enviar mais poemas, já que ele havia sido duro com o último. *"Nunca sonhei que o único homem para quem enviei esse poema"*, escreveu ela em uma dessas margens de anotações pessoais, *"iria rasgá-lo em pedaços, rir, zombar! Mas, de algum modo, eu amo essa reação, deleito-me nela!"*. Ele respondeu jocosamente:

Se você se recusar a me enviar poemas, ficarei bravo de novo e então você se arrependerá. O de 23 de março está intacto na minha gaveta — uma bela obra de arte, uma alegria para sempre —, apesar de tudo! Não tive tempo para escrever nada ainda, pois espero terminar hoje à noite um trabalho do seminário sobre Tucídides, mas voltarei a escrever para você, senhorita.

Ele ainda não estava de pleno acordo com tudo sobre o que ela vinha desafiando-o, nem com tudo que ela havia interpretado do que ele vinha dizendo. Mas, mesmo discordando, ele agora dizia *fazê-lo "de maneira sorridente"*. Ele estava *"bastante disposto"* a restaurar a paz entre eles. Então, quando ela deixou o PBI, numa segunda-feira, 9 de maio, viajando duzentos quilômetros para o norte até a pequena comunidade de Patience, Alberta, pelo menos ela estava um pouco aquecida por esse degelo na relação.

Patience, uma vila rústica perto do Jasper National Park, lar do Glaciar Athabasca, era o local de seu trabalho de verão na Canadian Sunday School Mission [Missão Canadense da Escola Dominical] (CSSM). O trabalho dela, como mencionei, envolvia principalmente sair visitando famílias e convidando seus filhos para a escola dominical. Ela morava em um trailer de construção barata e rudimentar em uma fazenda local, viajando muitos quilômetros de bicicleta por dia, tanto para encontrar locais de reunião como para estimular as pessoas a participarem. *"É uma experiência nova e estranha para mim"*, escreveu ela, *"e sinto profunda necessidade de um Castelo Forte"*.

Primeiro dia:

10 de maio: Acordei às 4h30, com as aves da fazenda. Preparei um pequeno café da manhã e limpei minha casinha. Na quente calmaria da tarde, senti-me desolada, desamparada, solitária, desencorajada. Fui ajudada por Deuteronômio 1, especialmente os versículos 8, 17, 29 e 30. E por essa citação de Hudson Taylor: "Não é aquilo que nos dispusemos a fazer que de fato se torna em bênção, mas o que Deus está fazendo através de nós quando menos esperamos, se apenas estivermos em permanente comunhão com ele". Caminhei com crianças pela floresta.

E, assim, ela trabalhou e testemunhou. Aqui estão mais algumas de suas lutas naquela primavera:

12 de maio: Visitei dois lares nesta tarde — um cristão, não tenho certeza quanto ao outro. Ambos consentiram em enviar crianças para a escola dominical. Chorei enquanto percorria a estrada de bicicleta.

13 de maio: Ontem à noite, recebi cartas de Phyl, de casa e de Jim. Acho que nunca me senti tão sobrecarregada com minha própria incapacidade quanto hoje.

16 de maio: Hoje, percorri 25 quilômetros de bicicleta até o Conjuring Lake. Precisava encontrar três homens para tratar do uso do colégio para a escola dominical nas tardes de sábado, já que esse é um horário mais conveniente. Finalmente, consegui a permissão. O vento estava terrível, vindo do noroeste, de modo que eu mal conseguia pedalar. Tive que andar por boa parte do caminho

— cheguei com frio e muito cansada à minha casinha escura. "Nenhuma recompensa, exceto a de saber que faço a tua vontade."

As famílias que ela encontrou eram, em sua maioria, muito pobres e desprovidas de instrução, não tendo nenhuma influência cristã. Os homens jogavam e bebiam; as mulheres fofocavam e usavam linguagem obscena, tendo de fazer o trabalho das fazendas, uma vez que muitos homens não levavam sua responsabilidade a sério. Havia aspectos positivos, como a família Brinks, que muitas vezes a convidava para jantar em sua casa no domingo. Mas a maioria de seus dias era de puro trabalho árduo, tentando servir pessoas que não podiam importar-se menos com o evangelho.

Felizmente, cartas de casa e de outros lugares chegavam com uma regularidade reconfortante. O pacote que ela recebeu no sábado, 21 de maio, trouxe notícias empolgantes, mas que a deixaram com saudades de casa: *"Cartas da mamãe e da Sra. Elliot. Os Elliot estão indo para a formatura de Jim — mamãe espera ir também* [meu tio Dave também estava se formando], *então talvez tenham a chance de se encontrar. Espero que sim".*

Sua próxima carta do meu pai também era cheia de novidades.

Bill Cathers, um dos amigos mais próximos de meu pai, falando sobre a carta que minha mãe havia enviado, pedindo-lhe para "exortar o irmão". Bob Weeber, outro bom amigo e colega de quarto, se juntou a eles.

26 de maio

Você deve estar experimentando algo de uma íntima companhia com o Salvador, estando muito sozinha estes dias. Eu havia lido [a carta que você enviou] para a família, a qual sua mãe datilografou e enviou. Dave me entregou na semana passada e, portanto, eu estava preparado para a nota vinda de "Patience". Confesso que às vezes sinto temores por você, mas sei que não devo agir como uma velha caduca, então consigo encontrar descanso ao entregar sua vida ao Senhor e aos seus cuidados — no verdadeiro sentido dessa palavra. [...]

Agora, é sábado à noite. Tão logo havia chegado a este ponto da carta, ouvi o que pensei ser meu colega de quarto descendo a rua. Ele sempre vem ofegando enquanto caminha — assim como eu e Billy fazemos, ocasionalmente. Bem, no final das contas, era Bill. Ele disse que se sentira constrangido pelo Espírito a vir aqui e falar comigo. Você adivinhou — era sobre a sua carta. [...] Ele leu sua carta para mim e nós expressamos o que estava em nosso coração quanto à "Renascença" em geral. [...]

Outros me procuraram com relatos semelhantes e tenho sido tremendamente ajudado pela franca tolerância e pelo amor deles. Tive que pedir várias desculpas por ter abusado dessa liberdade nas comemorações de formatura, e os rapazes têm sido muito perdoadores. Não posso lhe dizer o que tudo isso significa, mas, da minha parte, é uma grande causa de louvor ao nosso Deus, que trabalha nas mais estranhas circunstâncias para realizar sua vontade. Suas orações fizeram mais do que você imagina agora. Continue por mim nessas próximas duas semanas — aquele que ouve em secreto te recompensará abertamente, minha irmã.

Deve ter sido bom ouvir isso.

A Renascença havia oficialmente terminado.

Recebi hoje minha classificação provisória do alistamento militar: "disponível para o serviço militar". Eles dão dez dias para apelar, então escrevi pedindo reconsideração. Eles tentam filtrar o maior número possível de *objetores de consciência*, porque é um suplício passar por toda a investigação. [...]

Penso ter dito a você que mamãe, papai e Jane *[a irmãzinha dele]* estão vindo para a formatura. Bert e Colleen foram embora há cerca de duas semanas *[para o Peru]*, e mamãe e papai foram à Califórnia para se despedir deles. Mamãe está de muletas, mas está lentamente perdendo peso e deixando de trabalhar, então sinto que ela está no caminho da recuperação. [...]

Você teria gostado de participar da comunhão dos graduandos. Tínhamos um enorme garrafão de vidro e um grande pedaço de pão. Depois de algumas considerações iniciais, começamos a orar e cantar hinos familiares. McCully *[Ed McCully, um dos cinco homens mais tarde mortos pelos Auca]* partiu o pão e deu graças pela taça. Demorou muito para a única taça e o único prato circularem, então cantávamos enquanto eles passavam. [...] Dificilmente houve uma alma que não foi conduzida à adoração. Oh, por que o Espírito não pode conduzir-nos desse modo com mais frequência? Por quanto tempo haveremos de confiar no homem e nas programações para realizar a obra de Deus na alma dos homens? Ó Senhor, faze-me aprender rapidamente.

Com amor, Jim

Tenho certeza de que essa carta trouxe um sorriso ao rosto dela, especialmente porque chegou em um momento em que ela esperava outra bem-vinda dose de alívio, como ela havia mencionado em seu diário:

27 de maio: Certamente será bom quando Fay chegar — supostamente na segunda-feira.

Fay Frederickson era uma amiga do PBI que minha mãe estava aguardando para se juntar a ela. *"Ela chegou aqui em um caminhão enorme, no qual pedira carona"*, escreveu em 30 de maio. *"É certamente bom ter alguém com quem conversar e compartilhar as coisas maravilhosas que Deus tem feito por mim. Oh, como eu oro para que este trailer seja um antegozo do céu em união com Cristo."*

Na verdade, ela sabia que qualquer "unidade em Cristo" exigiria muita oração para que acontecesse. Como havia escrito anteriormente para sua mãe, ela esperava que essa parceria com Fay fosse *"um bom teste e uma prova de nossa fé e graça! Bem, deixemos nas mãos do Senhor. [...] Fay é muito parecida comigo de várias maneiras"* — significando principalmente um espírito forte — *"e posso ver que seria necessária toda a graça que o Senhor supre para nos manter 'vinculadas juntamente em amor'".*

E como!

No dia seguinte, as coisas já estavam dando problema.

> **31 de maio:** Hoje de manhã, Fay explodiu em um discurso, dizendo que ninguém a havia tratado dessa maneira antes e que ela não pretendia permitir que eu o fizesse. "Se você não pode ser gentil comigo, Betty, bem, não há mais o que fazer." Oh, meu coração se partiu. Fiquei atordoada. Senhor, assuma o controle completamente.

Dois dias depois:

> **2 de junho:** Ordem de Fay nesta manhã: "Betty, não fale comigo assim". Sinceramente, não faço ideia de quando ela vai receber o que digo como uma afronta. Oh, Senhor, suplico que me faças amorosa e amável.

Dia seguinte:

> **3 de junho:** Nesta tarde, enquanto pedalávamos, Fay começou a questionar se os pagãos estavam perdidos ou não. Dei-lhe algumas escrituras para mostrar que sim e disse que achava tais perguntas perigosas. "Ora bolas!", exclamou ela. "Betty Howard, você age como se eu não tivesse um cérebro na cabeça!" Dito isso, ela começou um longo discurso sobre minha atitude. Paramos, conversamos e oramos. Ó Deus, dê-me amor e graça para enfrentar essa nova e muito difícil situação.

Parte da resposta de Deus à sua oração por "amor" veio pelo correio. *"Carta de J. hoje à noite em resposta à minha da terça-feira passada. [...] A carta de J. foi uma ajuda e tanto diante do que tenho experimentado a respeito de Fay. Ele falou que amar não significa 'ser uma ajuda' ou 'fazer' coisa alguma".* Mais amplamente, dizia:

9 de junho
Uma de minhas experiências durante a Renascença foi estar no meio de rapazes que estavam em um nível espiritual diferente do meu e desfrutar a comunhão deles. Descobri uma armadilha muito sutil ao fazê-lo. Eu havia buscado ter comunhão com eles para poder ministrar a eles — ser uma ajuda, sabe, para aqueles mais fracos. Que repreensão me sobreveio quando percebi meu verdadeiro motivo — que eu pudesse ministrar!

O amor arranca exatamente isso, pois o amor se recusa a trombetear-se. Aprendi a não reconhecer neles nenhum "terreno espiritual", mas a simplesmente amar puramente em todos os grupos. Até mesmo o tentar "ajudar" tem cheiro de boas obras, pois não é puro. Nosso motivo é apenas *ser* — não fazer nada, não saber nada, não fingir nada —, apenas ser um pedaço de carne pecaminosa, nascido do amor de um Pai.

Então, veja, amada, não pode haver derrota. [...] Onde o conhecimento tende a me ensoberbecer, ou onde o desespero da carne me faria encolher, o amor de Cristo "me sustém". Qualquer pequena ocasião, então, tem significado se apenas eu puder amar enquanto passo por ela. Nada — nem mesmo essa espera de três dias até a formatura — é desperdiçado.

Ah, sim, a graduação. Sua carta seguinte incluía algumas descrições apropriadas desse evento, basicamente em termos familiares.

16 de junho
Foi bom ver seus pais novamente no fim de semana passado e ter alguma comunhão — principalmente com seu pai, no domingo à tarde. [...] Sinto que sua mãe está desapontada comigo — não que ela tenha dito alguma coisa ou mesmo tenha dado abertamente

sinais de estar ofendida, mas sinto que ela não está muito feliz por nosso relacionamento não estar definido com mais clareza.

Ela, Dave, Phil e Marg estavam na varanda de Willeston quando uma turma nossa voltava da natação no último sábado. Eu estava com Lyla Teasdale e (não sei se li isso do meu próprio aparelho psicológico ou se realmente ocorreu) senti que sua mãe pareceu magoada. Ela e minha mãe tiveram uma boa conversa no domingo também, mas eu não fui sutil o suficiente para arrancar de mamãe o que estava em discussão. [...]

Sua mãe me contou um pouco sobre Fay e algo do que você escreveu para a família. Que o próprio Deus seja tanto sua "força" como seu "cântico", Bets! Não tema, e eu vou orar.

VERÃO

EH (24 de junho): Hoje deparo com três dos problemas mais formidáveis que já me ocorreram. Todas as circunstâncias parecem negras, todas as aparências parecem impossíveis, meu coração está abatido com minha própria pecaminosidade, minha alma está inquieta. Temo o futuro, temo o que Deus exigirá de mim, pergunto-me como ele sequer pode começar a trabalhar através de mim, sendo eu uma pessoa tão inútil.

Não sei especificamente quais eram os "três problemas" aos quais minha mãe estava se referindo. Eles envolveriam o futuro dela? Meu pai? Certamente a constante situação com Fay era uma delas. Ela fez esse registro de diário em Patience, tendo acabado de voltar de alguns dias no PBI, onde havia procurado ajuda sobre como lidar com aquilo — *"não para colocar a culpa em Fay"*, é claro, mas para pedir oração e conselhos sobre como estar *"mais bem-equipada"* para superar a situação. Voltar novamente ao trailer, ao conflito, era algo certamente difícil.

Uma coisa, todavia, eu sei. Essa esmagadora combinação de problemas simultâneos a deixou com um profundo senso de solidão: *"desesperadamente solitária e terrivelmente desanimada"*. Solidão foi algo que a fez sofrer com frequência na vida — não apenas ali no verão de 49 e nas próximas temporadas, mas certamente depois que meu pai foi assassinado e, posteriormente, quando meu padrasto morreu. Mesmo em sua vida pública, quando tantos a admiravam, lembro-me de como ela podia sentir-se tão sozinha. Ela escreveu em outro diário: "Solidão é um tipo de morte". Ao ler a entrada seguinte, do final de junho, podemos dizer que ela estava profundamente abalada.

> **24 de junho:** Satanás está me peneirando. Oh, que minha fé não falhe! A tarefa em mãos é enorme — devo trazer uma mensagem no domingo à noite — e essas outras três coisas se aglomeram em minha mente, assim como a consciência de minha própria impotência na oração e minha própria falta de fé. Oh, desventurado homem que sou!
>
> Senhor, aí está tudo. Joguei tudo diante de ti, pois a quem mais posso ir? Tu és meu Pai, terno, amoroso, sempre fiel e inteiramente sábio. Toma-me aqui onde estou, querido Senhor, e ergue-me. Oh, tu és sempre o mesmo; não és afetado pelas minhas oscilações!
>
> Agradeço-te por George Muller: "Portanto, devemos confiar nele, o imutável, e em nossos momentos mais sombrios nunca perder de vista o fato de que ele ainda é e sempre será o Deus 'vivo'! Esteja certo: se você anda com ele, olha para ele e espera dele, ele nunca falhará com você. Alguém que tem conhecido o Senhor por toda uma vida longa escreve isto para seu encorajamento: ele nunca falhou".

Se, em algum momento, o desânimo se apodera de você, obrigando-a a pensar no futuro como negro de tristeza, solidão e incerteza, essas são as orações que você (e eu) devemos elevar ao Deus Todo-Poderoso — dependentes da presença dele, de sua misericórdia sempre amorosa e de suas promessas.

Meu pai orou por ela enquanto ela passava por esse momento difícil e pensava no plano de Deus para sua vida. Tenho certeza de que, com frequência, ela desejou poder agir com a mesma autoconfiança e coragem que ele parecia ter... embora isso muitas vezes o metesse em problemas, quando ele falava e agia antes de pensar.

Testemunhe esta carta dele, de 25 de junho. Ele já estava a caminho do oeste com os pais. Eles haviam parado por cerca de uma semana em Billings, Montana, onde os líderes de uma das assembleias locais dos Brethren haviam pedido ao pai dele que ajudasse a acalmar uma celeuma. A pausa na ação deu ao meu pai tempo para sentar e atualizar minha mãe, já que *"não me lembro exatamente qual foi a última vez que lhe relatei minhas ações"*, disse ele. Aqui está uma dessas "ações"...

> **25 de junho**
> Na noite anterior à formatura, fizemos um banquete simulado no Farol — devíamos ser uns trinta ou mais. Dei um "diamante" de 29 centavos a [uma garota que ela conhecia] e comecei o boato de que estávamos noivos. A coisa toda parecia tão improvável que gastamos tempo para fazer alguém acreditar — alguns, porém, foram enganados e cantavam "parabéns" enquanto estávamos prontos para partir na segunda-feira de manhã.

Oh, como o coração da minha mãe deve ter tremido! E, tão logo ela havia absorvido *aquela* palhaçada, ele relatou mais uma.

> Em Sioux City, eu vi Priscilla Hoy — lembra-se dela? Ela me disse que um dos meus amigos da FMF lhe havia dito que você e eu estávamos noivos. Isso me incomoda, Betty, pois tenho medo de que alguém tropece por causa de nossa intensa (devo dizer descuidada?) companhia.

Fingir estar noivo de outra garota e, depois, ficar chateado porque circulava a história de que ele estava noivo da minha mãe? Não é de surpreender que ela tenha escrito em seu diário:

> **28 de junho:** Cartas da mamãe, da Sra. Cunningham, de Van e de Jim. Todas as três primeiras foram abençoadoras. Não sei o que pensar da última. Ó Deus, mostra-me o que fazer!

Parece que ter "três problemas" era apenas o começo.

Meus pais não escreveram muito naquele verão; minha mãe, nem um pouco. Após as cartas dele de 9, 16 e 25 de junho, a próxima de meu pai foi em 19 de julho — *"a quarta desde que eu o escrevi"*, disse ela —, a qual começava com estas palavras:

> Faz algum tempo desde que ouvi a seu respeito e comecei a me perguntar se talvez uma carta se tenha perdido ou algo assim. Pensei também que talvez você achasse que era minha vez de escrever. Esqueci o que estava ao final da minha última carta. De qualquer forma, quero que saiba que você não escapou de meus pensamentos e de minhas orações.

Ela não havia tido tempo para escrever ou, a propósito, para ficar sozinha. Passara a primeira semana de julho como conselheira do acampamento do CSSM, supervisionando uma cabana de *"onze animadas garotas de 10 a 15 anos"*. Durante o dia, ela liderava as devoções e era salva-vidas e, toda noite, liderava o momento dos cânticos no culto. A Escola Bíblica de Férias ocorreu na semana seguinte, estendendo-se por várias semanas de fortes chuvas e lama espessa que a mantiveram (a ela e sua bicicleta) impedida de voltar para casa.

Esses temporais, contudo, a obrigaram a passar mais tempo na fazenda onde ficava o trailer, dando-lhe a chance de ver Deus realmente operar. O Sr. Keller, o pai da família, era um homem violento e beberrão, negligente para com a esposa e os filhos, isso quando não estava sendo ativamente incômodo. Muita discussão e muitas brigas. Uma noite, porém, depois de a Sra. Keller novamente ameaçar deixá-lo, minha mãe e o Sr. Keller conversaram *"por três horas"*.

> **12 de julho:** Ele disse que não é salvo. Supliquei que ele confiasse no Senhor. Ele disse que era um caso perdido demais para ser salvo. Deitou-se no pasto e soluçava de chorar. Ó Deus! Ó meu Deus!

No dia seguinte, ela escreveu:

> **13 de julho:** Nunca passei por nada parecido com ontem à noite. Eu também chorei e chorei. Oh, a miséria deste mundo! Oh, que ele

seja salvo! Nunca vi um homem em tamanha agonia. Apenas desejei poder abraçá-lo — queria ser um homem na ocasião!

Antes do fim do verão, ela o viu comparecer a um culto de encerramento da Escola Bíblica de Férias, numa sexta-feira à noite, do qual seus filhos participaram. *"Ambos, o Sr. e a Sra. Keller, vieram — louvado seja o Senhor! Ele tinha lágrimas nos olhos. As crianças se saíram muito bem. Oh, que haja um tesouro no céu!"* Ela disse que ele havia parado de beber e estava *"lendo sua Bíblia incessantemente. Como ele pode deixar de ser salvo? Ó Deus! Em nome de Jesus, salva aquele homem! [...] Oh, haverei de encontrá-lo aos pés de Jesus?"*

Isso me encoraja, o modo como Deus sabe do que precisamos. Lendo o diário dela daquele verão, sei com que frequência ela se preocupava com o futuro, a ponto de duvidar de sua aptidão para o campo missionário.

30 de junho: Ultimamente, tenho pensado com frequência sobre o que devo fazer no próximo ano. No ano passado, eu temia afastar-me do caminho de Deus. Este ano, em certo sentido, temo o que ele pode me pedir para fazer.

19 de julho: O que fazer no próximo ano é um problema que pesa consideravelmente em minha mente nos últimos dias. Quando acordo, é meu primeiro pensamento. "Entrega o teu caminho..."

Lembro-me também de uma séria experiência que ela relatou no final da primavera, quando ainda estava no PBI:

Nesta noite, o Sr. Maxwell pediu que se levantassem todos os que nunca haviam ganhado uma alma. Eu estava entre eles. Oh, que vergonhoso! Doze anos desde que fui salva, e nenhuma alma, pelo que sei. O Senhor está vindo. O que terei para oferecer? Devo estar de mãos vazias? Sim, acho que sim. Ó Deus, dê-me graça para ganhá-los — o modo é a oração; e que seja neste verão, por contato. Foi uma exposição muito vergonhosa para mim diante de meus amigos.

Aqui, no entanto, em meio a todos os "problemas" que ela estava enfrentando, Deus estava trabalhando em todos os lugares ao seu redor e por intermédio dela, salvando pequenas crianças através de seus esforços na escola dominical. Ele usou até mesmo a mera presença dela nessa fazenda, onde a havia providencialmente colocado, para mostrar o que ele pode fazer através de corações disponíveis e rendidos como o dela e — eu oro — como o seu e o meu. Ao ouvir minha mãe dizer, aos 22 anos, que se sente "inútil", "medrosa" e "envergonhada", lembre-se do que ela se tornou na vida pela graça e pelo poder de Deus. Pense no que nosso Pai é capaz de fazer, encorajando-a a perseverar nele, como ela fez, para a glória de Deus.

Verdadeiramente, "Nem olhos viram, nem ouvidos ouviram, nem jamais penetrou em coração humano o que Deus tem preparado para aqueles que o amam" (1Co 2.9).

O atrito entre ela e Fay nunca esfriou, não mais do que por um ou dois dias aqui e acolá. Minha mãe, porém, não guardava ressentimento. Ela não apenas a perdoou, como também rapidamente se arrependeu de suas próprias palavras duras, pedindo a Deus que a ajudasse a ser menos crítica e não tão facilmente provocada. Eu amo o fato de ela ter me ensinado este princípio: uma vez que confessamos, ele nos limpa imediatamente e podemos seguir em fé, sabendo que nosso Redentor vive por nós e através de nós.

Ela voltou a ter notícias de meu pai em 1º de agosto. Ele passara a maior parte do verão fazendo biscates com o pai. A viagem missionária à Guiana Britânica nunca se materializou, e ele lhe disse: *"Eu tive que me conformar em ficar nos EUA até me provar na obra aqui. Os irmãos não aceitarão de outra maneira"*. Era um tempo de espera para ele, acentuado pela espera de ouvir algo dela.

1º de agosto

Esta sua carta de 27 de julho é a primeira que recebo de você no período de cerca de 39 dias. Quarenta, dizem-me, é o número da provação. Não estou exatamente "reclamando", mas, acredite, você com certeza me deixou pensativo por um tempo. Tenho uma leve suspeita de que essa é outra fase de sua "guerra de nervos" para me sondar, ou algo assim. Você realizou uma proeza semelhante ao me dizer que estava começando a se corresponder com algum irmão do PBI no começo do ano... lembra? Muito eficaz, posso lhe garantir.

Talvez, porém, a espera pudesse acabar em breve.

Quando mamãe soube que você só tinha cinco semanas restantes no trabalho da CSSM, ela renovou seu vigor para convidar você a Portland, quando estiver de passagem. Eu ecoo um "amém" e vou orar novamente para que o Senhor torne isso possível, se for da vontade dele.

Só posso imaginar a emoção que ela sentiu apenas diante da remota possibilidade de vê-lo em breve, de visitá-lo em seu ambiente doméstico. Também é interessante observar a situação geral de seus planos, sobre os quais ele falou no parágrafo seguinte:

Acabamos de saber que estão prontas as plantas da casa que eu estava esperando para começar com o papai. Suponho que poderia ter ido a Wycliffe, mas o Senhor planejava que eu voltasse para casa, e esse foi realmente seu caminho. Eu não poderia ter pedido uma temporada mais tranquila e revigorante do que este mês em casa tem sido.

Ela também desejava estar lá, como escreveu em 13 de agosto. *"Como seria maravilhoso ir a Portland e visitá-lo. Em sua última carta, ele fez um convite. Mas está tudo nas mãos de Deus"*, disse; *"e ele teria que operar um milagre para prover o caminho"*.

O milagre precisava acontecer dentro de duas semanas.

15 de agosto: Estou completamente no escuro quanto ao que devo fazer ao sair daqui. O Senhor é capaz de me guiar sem erro — apenas oro para que eu esteja "no caminho". De tantas maneiras, gostaria de visitar Portland. Bunny *[uma amiga do PBI]* disse que eu possivelmente poderia voltar com os pais dela para Vancouver, Washington, se a trouxerem de volta à escola. Mal ouso pensar nisso. "Ele satisfará os desejos do teu coração". Senhor, escolhe meus desejos.

1949: O amor questiona   119

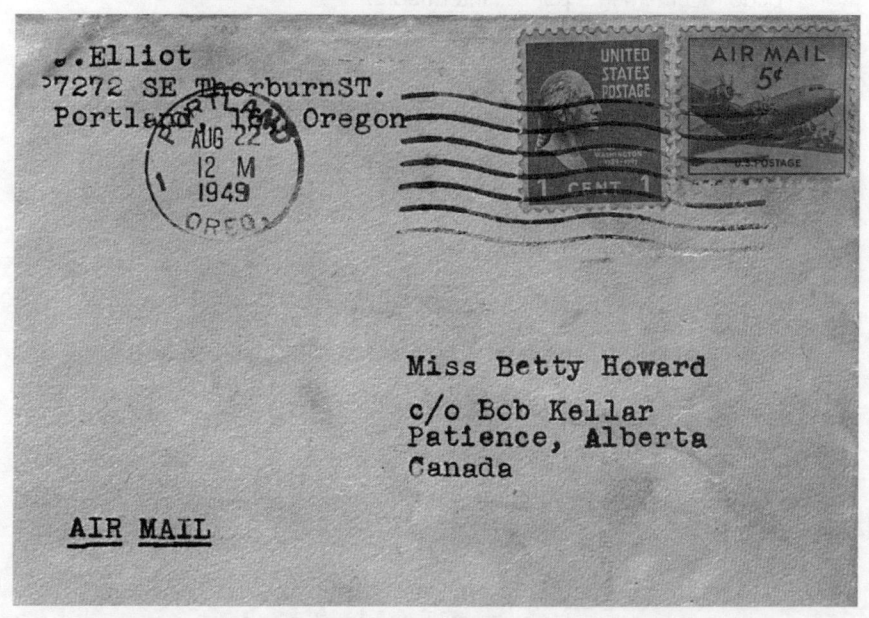

Custos da viagem de minha mãe a Portland, anotados no verso de um envelope de meu pai para ela em Alberta.

16 de agosto: Carta de Bunny dizendo que seus pais não voltarão para Vancouver, o que significa que não posso ir a Portland dessa maneira.

17 de agosto: Há poucas coisas mais difíceis de suportar do que a incerteza, mas ele segura minha mão, e eu estou segura nele.

18 de agosto: Mamãe me enviou cem dólares para ir a Portland. De modo algum cobiço isso para mim mesma, mas quero gastá-lo apenas para a glória de Deus. "Guia-me, ó grande Jeová."

E, então, aconteceu o seguinte. Depois de tudo o que ela passara com sua colega de verão, não seria um milagre que Deus elaborasse os planos de viagem dela dessa maneira?

19 de agosto: Fay quer que eu viaje de ônibus até Seattle com ela, passe mais ou menos um dia lá e depois vá para Portland. [...] Agora, parece bem claro que Deus está me conduzindo a isso. [...] Gostaria de receber outro convite da Sra. Elliot, embora ela tenha me convidado recentemente por seu intermédio.

20 de agosto: Bendito seja o Senhor — recebi uma carta da Sra. Elliot implorando para que eu vá e dizendo como seria bom se eu pudesse fazer isso no fim de semana do Dia do Trabalho. Imediatamente eu lhe escrevi para dizer que irei! O Senhor tem conduzido tudo maravilhosamente e está cuidando dos detalhes.

Ele o fez! Ele "operou um milagre".
Menos de uma semana depois, ela estava a caminho.

25 de agosto: Passei a manhã fazendo as malas e limpando o trailer. Foi triste ver o pobre Sr. K. se despedir de mim. Ele tem sido gentil e educado, mas tentou se desculpar por qualquer coisa "ruim" que dissera. [...] As crianças todas choraram muito quando partimos. Eu também! Viemos para Edmonton em um caminhão de laticínios. Jantamos em um restaurante chinês. Estamos hospedadas na YWCA.

1949: O amor questiona 121

Carona em um caminhão de leite? Hospedagem em um quarto na YWCA [*Young Women's Christian Association*]? Quão refinados nos tornamos no que esperamos de nossas acomodações de viagem!

Chegou mais uma carta — empolgada — de meu pai:

> "Fantástico", como você diz, mal pode descrever o que o Senhor nos concede neste momento — mais um item de seu pacote de coisas boas que ele abriu para nós em Cristo. Bendito seja Deus — "Grandes são as obras do Senhor, consideradas por todos os que nelas se comprazem" (Sl 111.2).
>
> E é isso que me vejo fazendo no meu tempo livre estes dias — procurando as obras de Deus. Pois espero que sua vinda seja como um cálice de alegria temperado com tremores — sem saber o que Deus faz enquanto você se dirige hoje à noite para Three Hills, vindo nesta direção. Receio que minhas orações sejam ondas um tanto trêmulas e indefinidas quando imploro ao Senhor por direção (e proteção!) em relação à sua vinda — uma semana a partir de amanhã, se o cronograma de Deus for como você sugeriu.

Mais uma vez, prepare-se para se surpreender com o padrão de 1949 para a comunicação e os preparativos de viagem:

> When you get² in Portland, have whoever is bringing you to town ship you COD. to 7272 with haste. Our telephone is LI. 2104. Call if any one wants directions or if you should come ^via bus or train. I insist that you stay at least 2 weeks - preferably a month, as I understand you have no fall plans as yet. My family - particularly one member - is most anxious to see you.

"Quando você chegar a Portland". Carta empolgada de meu pai sobre a viagem de minha mãe para vê-lo.

Acabei de escrever a um amigo em Seattle para tentar conseguir uma carona para você até aqui. Pois, sabe, você chega no dia em que nossa conferência do Dia do Trabalho começa em Portland, e algumas pessoas de Seattle sempre vêm de carro. Ele entrará em contato com você na sexta-feira para dizer se conseguiu uma carona ou não.

Quando você chegar a Portland, peça a quem a estiver trazendo que lhe envie PCE para 7272 com urgência. *[PCE é um termo antigo dos correios, que significa "pagamento contra entrega". 7272 era a abreviação de meu pai para seu endereço residencial.]* Nosso telefone é LI-2104. *[Mais uma vez, uma linguagem quase pré-histórica para ligações telefônicas.]* Ligue se alguém quiser instruções ou se você vier de ônibus ou trem. Insisto em que você fique pelo menos duas semanas — de preferência, um mês, pois, pelo que entendi, você ainda não tem planos para o outono. Minha família — particularmente uma pessoa — está muito ansiosa para vê-la. [...] "Eis que este é o nosso Deus, em quem esperávamos" (Is 25.9).

Calmamente, Jim

Ela e Fay viajaram de ônibus pelas pradarias canadenses, passando pelas Rochosas — *"Não acredito que estou aqui!"* — até à Colúmbia Britânica e ao lar dos Frederickson. Os poucos dias em que insistiram que ela ficasse com eles devem ter parecido uma eternidade. Ela, com efeito, ligou para meu pai na manhã de quarta-feira, 31 de agosto, *"tremendo de alto a baixo, mas tinha que descobrir se estava tudo bem quanto à minha ida. A voz dele soou tão profunda e viril. Mal posso esperar para vê-lo".*

Dois dias depois, na sexta-feira à noite, ela finalmente estava lá.

Eles não se viam havia quase um ano.

2 de setembro: Estou, de fato, em Portland, Oregon — um nome que sempre me causou arrepios na espinha. Cheguei aqui por volta das 19h15. Jim me encontrou no depósito. Ele ganhou peso desde a última vez que o vi, mas, ah, é maravilhoso estar com ele! A família toda é tão simpática e gentil comigo. Reunião hoje à noite na Casa de Oração.

Sim, a vida realmente girava em torno de suas assembleias de culto e reuniões de rua. Esperava-se que os visitantes também o acompanhassem. Meu pai até pregou na reunião no centro da cidade, naquele domingo à noite — *"poderosamente, sinceramente"*, disse ela. Ela realmente estava conseguindo vê-lo em seu próprio ambiente. Mas, é claro, os dois mal podiam esperar pelas conversas particulares, face a face, as quais estavam imaginando havia meses.

A seguinte mescla de seus diários fala a esse respeito, começando com o Dia do Trabalhador:

> **EH (5 de setembro):** Após a reunião da tarde, Jim me levou ao Mount Tabor Park, onde nos sentamos e conversamos por várias horas. Ele diz ainda não saber se Deus quer que ele se case. "Descansamos em ti."

> **JE (6 de setembro):** Eu e Betty falamos de nossa relação com muita intimidade — domingo no Rocky Butte e segunda-feira no Mount Tabor. Fiquei assustado ao nos ver conversando sobre casamento de maneira tão natural na última noite. Percebi que ela ficou triste ao ouvir alguns dos aspectos sociais da Renascença desta primavera. Eu mesmo lamento por boa parte do que ocorreu. Jeremias disse: "Quem o conhecerá?" (17.9).

> **EH (6 de setembro):** Não houve uma noite em que me deitei antes de uma hora da manhã, então dormi bem tarde. Ajudei a Sra. Elliot com a limpeza, almocei e, então, Jim me levou para passear de canoa no Rio Colúmbia. Paramos em uma ilha, ficamos até escurecer lendo nossas cartas do ano passado. Muitas risadas e explicações. A lua se levantou, cheia e vermelha, sobre a água perfeitamente tranquila. Momentos maravilhosos de oração juntos na praia, um pelo outro e por outras pessoas.

> **JE (7 de setembro):** Muito perplexo e de alma leve, devido às longas conversas e algumas orações com Betty na noite passada, no Rio Colúmbia. [...] Sinto-me incitado à poesia, mas sem palavras adequadas,

exceto para dizer que me pergunto por que Deus se apega a mim. [...] Oh, bendito seja o seu nome, que não me abandona, antes me persegue e me faz seguir adiante, elevando-me acima da terra, com promessas de liberdade de todos os embaraços e de toda escravidão.

EH (7 de setembro): Conversei com a Sra. Elliot por um bom tempo, nesta manhã. Temo que ela não esteja muito impressionada a meu favor! Pensa que preciso me abrir mais — "me expressar". Ó Cristo, sê tu minha vida! Jim e eu subimos o Mount Tabor e terminamos de ler nossas cartas. [...] Cantamos e tocamos piano juntos esta noite, depois fomos para um pequeno assento de pedra na encosta. Oramos juntos. A questão de se casar ou de permanecer solteiros...?

JE (9 de setembro): Ontem, fui nadar com Betts. A reunião de oração na última noite foi reconfortante. Betty, ao ler estas páginas, me exorta à confiança, em vez da atitude desesperada que ela considera prevalecer. [...] Oh, como é grande a dádiva de Deus! Quão rica e gratuita! Mas falho em apreendê-la por falta de fé. Betty me cobra isso diariamente.

EH (9 de setembro): Embora estivesse nublado e chuvoso, partimos em fé para o Oceano Pacífico! Primeiro, fomos a Manzanita Beach e caminhamos por quatro horas sobre enormes rochas até Neahkahnie Head. Em seguida, fomos para Short Sand e pegamos um belo caminho pela floresta de abetos até a praia. Nadamos no oceano, muito gelado. Exploramos rochas, encontramos lindas anêmonas-do-mar e enseadas profundas. Parecia o tipo de coisa com que eu sempre sonhei, mas nunca imaginei ser possível. Acendemos uma fogueira e ficamos vendo o pôr do sol.

JE (10 de setembro): Ontem, fui abençoado por Deus na comunhão com Betts na praia. Sinto-me incitado a dar graças por ela. Ouvi a voz do Senhor em 1 Coríntios 3, nesta manhã: "Cada um veja como edifica" (v. 10). O jardim de Deus exige cuidadoso cultivo; seu edifício exige um trabalho que seja honroso e digno do Fundamento.

EH (12 de setembro): Um dos dias mais maravilhosos da minha vida! Um dia *perfeito*. Dirigimos até Timberline Lodge, no Mount Hood, caminhamos por oito quilômetros pela Timberline Trail até Paradise Park — o belo Alpine Meadow, a abundância de flores, o riacho de cristal caindo sobre as rochas. Atravessamos glaciais para chegar lá. Passamos três horas deleitando-nos com o cenário. Jantamos junto à fogueira, em um lindo acampamento na floresta. Ah, foi indescritível!

E então, cedo demais, veio o fim.

EH (13 de setembro): Meu último dia com os Elliot. [...] Oh, que paz Deus nos deu! À tarde, Jim me levou para pegar minha passagem e me comprou muitas frutas e peru para preparar sanduíches para a viagem! Ele me levou para o ônibus às 19h30. Chorei por todo o caminho até a estação. Cada vez parece mais difícil ir embora.

JE (13 de setembro): Ela se foi há apenas uma hora. Que tempestade de sentimentos encontrei em tão curto espaço de tempo! Enquanto me afastava do ônibus, não conseguia ler os letreiros de neon e, de alguma forma, não conseguia encarar as pessoas que passavam por mim. Meus lábios continuavam se contorcendo e eu não conseguia parecer natural, retorcendo com força ambos os lábios. Quão terrível eu fico ao soluçar! Não pareço comigo mesmo, é como se saíssem descontrolados e irritantes sons de animais — e lágrimas que escorriam por meu queixo e meu pescoço. É terrível deixá-la.

Ele continuou tentando processar seus sentimentos por um longo tempo, escrevendo ainda mais sobre isso, não apenas nesse dia, mas também naqueles que se seguiram. Poemas, hinos, emoções atormentadas, uma narrativa diária dos acontecimentos. Ele sofria por ela (por causa das certezas que não podia dar-lhe), assim como sofria por si mesmo (por causa de seus desejos reprimidos por toques e abraços). Ele até começou a questionar *"quanto do meu percurso no caminho de Deus é autodeterminado e quanto é determinado por Deus para mim"*. Seria toda essa robusta convicção sobre a solteirice, essa recusa ao casamento, uma restrição desnecessária que ele estava impondo a si mesmo?

Espero que você leia por conta própria os próprios pensamentos dele durante essa temporada de sua vida, conforme encontrados em *The Journals of Jim Elliot*. Suas palavras são pungentes, poderosas. Mas a carta dele para minha mãe, de fato, publico aqui pela primeira vez. Foi escrita e enviada enquanto ela, lenta e aleatoriamente, viajava de ônibus para casa, passando pela Califórnia, o sudoeste americano, Denver, Kansas City, Ohio Valley, enfim chegando à Filadélfia, mais de uma semana depois de deixar o Oregon.

Sua mãe e seu irmão mais novo, Thomas, estavam lá para encontrá-la na estação. (*"Quase não reconheci Thomas."*) Notícias impressionantes também a aguardavam: *"Fiquei entusiasmada com as notícias do noivado de Dave com Phyl Gibson, minha colega de quarto do último ano no PBI"*, um acontecimento recente daquela semana. Que empolgante! *"Como pode ser..."* Além disso, uma carta do diretor da Hampden DuBose Academy a aguardava, pedindo que ela considerasse ensinar oratória durante aquele ano.

Que empolgante também!, pensou ela, quando esta carta do meu pai chegou a ela na manhã seguinte. Ele mal deve ter conseguido esperar para expressar seus pensamentos e memórias em palavras e enviá-las. Não tenho espaço para reimprimi-la por inteiro, mas cito-a extensamente.

Prepare-se.

19 de setembro

A esta hora, uma semana atrás, estávamos voltando para casa do acampamento na floresta, muito conscientes de que seria nossa última noite juntos. Parece que foi há séculos que comemos aqueles feijões enlatados ali, no escuro. Lembro-me de soar muito ridículo quando, ao sairmos daquele lugar, eu disse algo sobre sua "moralidade militante" — e ouvi você dizer algo sobre sermos gratos — e, depois, a longa viagem em silêncio e lágrimas.

"Houve alguns dias tensos desde então, quero que saiba", continuou ele. A tensão se revelava principalmente pelo estranho e óbvio silêncio de todos. Ninguém queria falar com ele sobre ela. *"Papai e eu concretamos o porão de um irmão*

naquele dia, e eu fiquei feliz porque a betoneira manteve a conversa ao mínimo necessário, pois não tinha a menor vontade de conversar." A tensão e a evasão eram palpáveis. E aquilo o estava matando.

Mas só quando todos começaram a falar foi que ele percebeu: ainda não havia começado a sentir a dor.

> Fiquei assustado porque, enquanto compactava o concreto nas formas, meus pensamentos foram interrompidos pelo irmão para quem trabalhávamos, que disse: "Aposto que você se sentiu mal por sua garota (desculpe a expressão, estou citando-o) ter ido embora, hein?". Concordei, e ele passou a comparar você com sua própria esposa — "aparência diferente [...] difícil de conhecer [...], mas, com o tempo, você passa a gostar mais e mais dela". Sei que ele a viu apenas uma vez na reunião da igreja, e eu nunca sequer o apresentei a você!
>
> Fiquei em silêncio mórbido pela casa durante três dias. Não conseguia me livrar do sentimento que me atingiu ao me ouvir soluçar em voz alta na terça à noite, depois que você foi embora. Falarei a esse respeito depois. Está tudo recente demais para discutir casualmente. Estava incomodado também pelo fato de ninguém ter mencionado você. Mamãe e eu conversamos um pouco na quinta-feira à tarde. [...]
>
> Não sei se devo dizer o que vou escrever agora. Parece quase como trair meus pais diante de alguém de fora, mas sigo adiante — será doloroso para nós dois —, crendo que isso acabará sendo para seu bem. Espere o pior.
>
> É bem capaz de você chorar ao pensar nas más impressões que deixou. Elas não poderiam ter sido piores aqui. Mamãe concluiu seriamente que convidá-la para vir aqui foi "um fiasco". A intenção original dela, de tê-la quando eu não estivesse aqui, teria sido mais adequada aos seus propósitos. Ela usa a palavra "obsessão" para descrever a seguinte característica de sua visita. Ela acha que você deveria ter passado mais tempo com a família e demonstrado mais

interesse por eles, e não tanto por mim. (Ela não leva em consideração nosso escasso contato de três semanas.) Ela acha que você é pouco comunicativa, possuidora de um "espírito manso e quieto", mas uma péssima fazedora de amigos e, portanto, uma missionária potencialmente ruim. Como exemplo, ela menciona uma ocasião na conferência, quando vocês estavam sozinhas e ela tentou iniciar uma "conversa". Sua réplica, ao dizer que você não se importava de ficar sozinha, "congelou-a por dentro".

Hazel Berney, esposa de Ray, o gigante, registra um caso semelhante quando tentou fazer uma incursão amigável e você, friamente, a fez sentir-se "como se não fosse necessária". Ela acha que você não participou da vida do lar, aqui, nas tarefas domésticas e na preparação das conservas; e eu me lembro de uma observação que você fez, a qual tive certeza na ocasião de que a levaria a ser julgada. Mamãe perguntou: "Você costura?". Sua resposta: "Não, se eu puder evitar — minha mãe sempre fez isso". Então, para mamãe, você ainda é uma imatura "criança do internato" que, infelizmente, carece de qualquer senso de responsabilidade doméstica e que é pouco adaptável à vida do lar. [...]

Ela descreveu a atitude de papai em relação a você como "cruel". Ele se abriu no sábado, enquanto dirigíamos para Eugene para as reuniões do fim de semana, duzentos quilômetros ao sul daqui. Ele descreveu três estágios em seus sentimentos durante sua semana de estadia. (1) Quando a viu pela primeira vez, ele ficou confuso. "Não vejo nela nada que me agrade — em seu rosto, em sua forma, uma sonhadora alta e magra que, habilmente, lançou a isca para você, e você mordeu." Ele confessa ter-se perguntado coisas como: "Será esse o fruto de todas as minhas orações e labores para conduzi-lo com sucesso pela instabilidade da juventude? Será isso o ideal para meu filho?". Esse foi o estágio que ele chamou de "sentir-se mal", um tanto cheio de remorso por eu ter desenvolvido tamanho mau gosto e ter sido tão ludibriado. (2) Em seu "estágio zangado", ele ficou irritado comigo por não usar meu bom senso para enxergar você com clareza. (3) Seu "estágio de Abraão" [...] ele ouviu o Senhor dizer como fez a Abraão: "Estás disposto a deixar todas as tuas esperanças e orações por Jim serem sacrificadas à minha maneira?".

Após alguma luta, ele sentiu paz pela primeira vez desde que você veio. Embora ele não consiga entender nossa atração, ele nos confiou a Deus. Nós estamos "nas mãos do Senhor e eu não encostarei um dedo na obra dele". Agora, ele está em paz e receptivo. Gostaria de poder dizer o mesmo de mamãe. Ela não perde uma oportunidade de me dizer para ser cauteloso e esperar — afinal, nós dois vamos mudar.

Jane estava à procura de um turbilhão espiritual em você. Ela nunca a viu lendo sua Bíblia ou encabeçando qualquer conversa espiritual. Efeito registrado: decepção. [...] Ruby foi a única impressão positiva: "Ela tem muitas qualidades. Admiro-a por não fazer uma exibição para nós". Bob: "Não há pressa. Quando você não conseguir mais ficar longe dela, haverá tempo de sobra para se casar". Tia Frost: "Essas pessoas quietas têm sentimentos mais profundos do que nós, que falamos tanto".

Penso que a violenta reação de papai e mamãe decorre principalmente do sentimento paterno que discutimos, o qual envolve orgulho da própria prole e uma busca zelosa pelo que é melhor para ela. Preciso que saiba quanto tive de me controlar para não me opor vigorosamente às opiniões deles. Não sei por que deveria defendê-la de acusações como falta de comunicação. Suportei a maior parte disso em silêncio, dizendo apenas o que sabia serem palavras com as quais você concordaria. Não entendo como você pode ter causado uma impressão tão universalmente horrível. Papai balançou a cabeça ao comparar você com Bunny. Tentei fazê-los se colocarem no seu lugar ao vir aqui, e eles entenderam um pouco. Não vou defendê-la mais. *Você*, conhecendo a atual inclinação deles, deve fazer o resto.

> This came between sunset + moonrise Tuesday after you left, on the side hill
> Where we had prayer + reading.
>   Wheels carried her into silence — out of my reach.
>   I feared lest darkness, closing round
>   Might gain our souls, and we
>   Lose sight of real things
>   But nay, the sun that ruled our days
>   Has lit The moon to rule our night.
>
> And this today — sponsored by your words in the 'ocean cave', "Pinch me."
>   The bellow of the tide
>   From the Blue expanding wide
>   Beyond the roughness of the rocks of Falcon Head
>   Funnelled hugely, vainly tried   Which numbed us silent. We quaffed
>   To rend our cavern, where it died   Each other's good
>   In quiet cool of sandy bed   But, not knowing then to bless,
>   Beneath our feet.   Spoke nonsense. Laughed
>   The sea to silence.
>   We shivered as we stood   The touch of naked shoulder
>   Found no words to fit the mood   As each felt his own the colder →
>
> Melted other touch into dream
> False, every fact I told her
> Lie, that overhanging boulder
> All things that were did only seem
> As we knew have —
>
> — Simply, Jim

Poemas do meu pai descrevendo o tempo que eles passaram na praia e, depois, a partida dela.

Dificilmente é possível imaginar uma recepção pior. E meu pai, que também costumava ser menos que diplomático em suas críticas, não ajudou ao lhe dizer coisas como: *"Não escrevo agora como se eles estivessem de todo errados e você devesse ser absolvida de todas essas acusações"*. Ainda assim, ele estava resoluto em seu amor por ela. E ele esperava (e orava) que ela não considerasse isso o fim do relacionamento que haviam começado.

> Você ainda crê que Deus a trouxe até aqui? Eu creio. Digo sem reserva ou ressalva. Além disso, eu agora amo você pela fé. O que Deus está fazendo, não sei dizer, mas sei que ele nos tem conduzido juntos.

Ele não conseguia ver todo o caminho à frente, mas pediu que ela considerasse fazer um acordo com ele, enquanto eles lutavam com as consequências agora desagradáveis daqueles preciosos poucos dias que haviam desfrutado juntos.

> Enquanto eu a observava chorar no ônibus — (perdoe-me por não atender ao seu pedido de que eu fosse embora, mas de algum modo eu não conseguia ir, sabendo que você ainda estava ali para ser vista) —, continuava a ressoar profundamente no meu íntimo

"What shall I give my love" [O que devo dar a meu amor], de Teasdale. "Como lhe poderia dar o silêncio — perpetuamente?" Cada vez que nos separamos tem sido mais difícil. Não quero me separar de você dessa forma outra vez.

Por isso, orei, trêmulo, para que o Senhor não nos deixasse ver um ao outro novamente sem nos dar alguma certeza de seu objetivo final em relação a nós. Essa separação para um "silêncio indefinido" é terrível. Assim, embora possamos querer ficar juntos novamente neste outono, acho que seria melhor se orássemos: "Senhor, mostre-nos alguma palavra de certeza". Ah, eu não sei como dizer. Você entende?

Contudo, será que alguém realmente esperaria que ela seguisse adiante nesses termos?

OUTONO

Naturalmente, foram necessários alguns dias para que seus sentimentos feridos fossem curados.

22 de setembro: Esta manhã, recebi uma carta de Jim, contando-me as péssimas impressões que deixei em sua família. Eu mal podia acreditar no que lia e fiquei completamente arrasada por isso. Oh, de fato, sou um caso perdido e sem cura! *Socorro*, Senhor! As implicações dessa oposição de seus pais podem ser maiores do que percebemos agora. E me surge a seguinte pergunta: "Estou me colocando entre ele e seus pais? Se sim, tenho algum direito de fazer isso?".

23 de setembro: Por que precisamos passar por esses longos períodos de separação tão distante? Isso é horrível. Quase cinco mil quilômetros de possibilidades de mal-entendidos. Como responder à carta de Jim? Sinto que seus pais foram injustos em alguns de seus julgamentos contra mim — e muito rudes ao falarem com Jim da forma como fizeram. Coitado do Jim — ele tem que suportar tanta coisa!

24 de setembro: Continuo remoendo a carta de Jim — ainda não escrevi minha resposta. Não sei como. Ele diz que está orando para que o Senhor nos dê alguma "palavra de certeza", nos tire dessa "habitação em silêncio". [...] Continua a nos iluminar, Senhor.

Ela finalmente começou a escrever ao longo do final de semana e, então, enviou na terça-feira. Finalmente, também (para nós!), chegamos ao ponto em que suas cartas originais tornam-se disponíveis para nós. Chega de adivinhar as palavras dela ou ler nas entrelinhas.

Meu pai, ao receber, também não precisaria adivinhar.

Antes de tentar responder às críticas desfavoráveis de sua visita, ela decidiu começar por um assunto completamente diferente — algo que descobrira a caminho de casa —, *"outra coisa que tem sido um fardo"*.

27 de setembro

Faz duas longas semanas desde aquela terça-feira, quando "rodas a levaram ao silêncio..." — para mim, de qualquer forma. E cinco dias muito estranhos desde a chegada de sua carta. Mas, antes que eu ouse começar a falar disso, há outra coisa que tem sido um fardo. Em Pasadena, encontrei várias pessoas de Wheaton. No decorrer de nossas reminiscências, surgiram conversas sobre o ano passado e os efeitos da "Renascença". Até aquele momento, eu tinha apenas minha própria visão distorcida, resultante das cartas que li enquanto estava a milhares de quilômetros da cena, bem como sua própria apresentação bastante lógica, mas muito honesta, da situação. Não havia ouvido nada daqueles que "observavam de dentro". Você vai se lembrar de nossa conversa naquela tarde no Mount Tabor — você disse que eu não parecia muito feliz. Naquela ocasião, eu estava imaginando que efeito seu comportamento tivera sobre outras pessoas que olhavam para você como um exemplo. Descobri, durante minha visita a Pasadena, que minhas piores imaginações foram superadas.

Com isso, posso concluir ser verdade o que eu antes temia: sua assim chamada "liberdade" não passava de licenciosidade. Sim, é verdade que você admitiu ter passado dos limites, mas parece ter havido pouco arrependimento verdadeiro, em proporção ao dano provocado. Disseram-me que o Dr. Brooks acha que você e alguns outros teriam muito do que se arrepender, se ao menos alguma vez refletissem com seriedade sobre o que houve durante o ano. O Sr. Stafford ficou completamente confuso — disse que nunca sonhou com essas coisas ocorrendo em Wheaton e certamente nunca viu festas de conclusão de curso comparáveis às de 1949. Ele disse que, até esse ano, ele havia pensado muito em Dave Howard, mas, se ele estava prestes a ser enviado pela InterVarsity Christian Fellowship, eles que não esperassem receber mais um centavo de seu dinheiro! E teve mais. Não posso sequer começar a listar.

Mas, Jim, devo dizer estas coisas porque elas me impactam fortemente e ainda não estou em paz com sua atitude em relação a tudo isso. Pensei que conseguiríamos resolver tudo enquanto eu estivesse aí, e acho que fizemos o que poderia ser feito, mas eu não "parecia muito feliz" e, francamente, não estava. Para ser muito específica, por exemplo, fiquei confusa ao ver como alguém que define a importância de um beijo da forma como você definiu certa vez, poderia levar a cabo uma disposição tão frívola e *brincar* sobre isso, sobre algo tão sagrado. Refiro-me ao incidente nas festas de conclusão, é claro. Jim, essas coisas não são compatíveis. Você não pode comportar-se assim em um minuto e, no próximo, dizer que ama com pureza. Pode? Ainda não concordo com a validade desse seu "alargamento" ou "ampliação de horizontes".

Agora, depois do que ouvi, parece-me que você agiu contrariamente aos princípios das Escrituras. "A fé que tens, tem-na para ti mesmo", e não ao ponto de você (praticamente) mandar uma dúzia de pessoas ao inferno para ganhar duas para o reino. É uma forma exagerada de dizer, mas ilustra o ponto. Muitos foram realmente feridos e tropeçaram. Lembre-se, a igreja tem a maior influência sobre o mundo quando está mais distante. E o mesmo se aplica a você individualmente.

Talvez você se pergunte por que eu não disse nada sobre isso antes. Foi apenas, como eu disse, porque eu não tinha o quadro completo antes e hesitei em julgá-lo ou chegar a conclusões precipitadas. Por que escrevo isso agora? É algo feito e acabado — não pode ser recuperado. Mas você vê a seriedade disso? Ou você acha que eu fiz tempestade em copo d'água? Você disse que muitas pessoas o haviam colocado em um pedestal e que você estava determinado a mostrar a verdade. Tudo bem — então, enquanto eles pensavam em você como alguém semelhante a Cristo (o que eu sei ser um fato em alguns aspectos), você age como o diabo para provar que não é tão "espiritual". Certamente, você conseguiu provar.

Jim, meu irmão (eu o chamo assim agora, pois é a única base pela qual ouso falar com você dessa maneira), o que você acha? Estou sendo injusta, dura, preocupada em demasia? Boa parte de meus pensamentos nas 98 horas de viagem de ônibus de Los Angeles se ocupou disso, e eu parecia não ter paz, então decidi escrever sobre o assunto assim que chegasse em casa. Mal sabia eu, àquela altura, quais questões me aguardavam em sua carta.

Ela, então, aborda sua principal razão para escrever.

Eu certamente esperava que você ouviria "o pior" de mim depois que eu fosse embora, mas não esperava um relato detalhado das críticas. Talvez eu devesse dizer algo sobre *essas* críticas, pois não foram as que eu profetizei para mim mesma. Mas não tema ter "traído" seus pais — bastou um dia lá para que eu percebesse o sentimento deles em relação a mim. Na verdade, eu percebi isso com muita força e fiquei sem saber o que fazer.

Talvez você se lembre de eu haver sugerido, na quarta-feira, que eu deveria vir embora na sexta-feira. Você bufou e disse que eu ficaria até terça ou quarta-feira, pelo menos. Bem, essa foi a razão pela qual achei que deveria vir, embora não pudesse dizer nada a você sobre isso. Sua mãe me disse várias coisas, diversas vezes, as quais me deixaram pouco espaço para especular sobre como ela se sentia. Mas eu não fui atenta o bastante para analisar os motivos, e sua carta estava cheia de coisas que me surpreenderam. Quero dizer, parece que as coisas que eu esperava serem criticadas não foram percebidas, e coisas que eu quis dizer de maneira totalmente diferente foram usadas contra mim.

Por exemplo, ela queria que eu participasse mais das tarefas domésticas. Naquela manhã, quando eu a ajudei a lavar a roupa, ela não parava de me dizer para sair e conversar com você. Você estava colhendo ameixas e eu queria ficar, ajudá-la e ter a chance de conversar. Mas ela me pressionava, dizendo: "Quero que você passe o máximo de tempo possível com Jimmy. Vocês não terão muito tempo, de toda sorte, e devem ter muito sobre o que conversar". Então, eu finalmente saí, mas o encontrei em cima de uma árvore com seu pai; assim, voltei para a lavanderia, apenas para ser repreendida por não ter ficado com você. Comecei a sentir que ela *não queria* que eu a ajudasse. O mesmo sentimento me ocorreu quando fui ajudar Lou Berney com a louça naquele domingo. Sua mãe estava lá e me acusou de roubar o trabalho dela.

Jim, só digo essas coisas porque fiquei muito confusa e ferida quando recebi sua carta; e quero que você entenda. Por favor, por favor, não as mencione à sua mãe, pois não as escrevo como acusações; eu sinceramente a amo e queria muito agradá-la. Nem por um minuto eu a culpo pelo terrível "fiasco" que fiz da minha visita. As coisas que disse na minha nota de agradecimento foram perfeitamente honestas, pois ela foi muito gentil e atenciosa comigo, especialmente levando em conta o que ela sentia a meu respeito — mal consigo entender como ela pôde se dedicar a mim do modo como fez.

As críticas que você fez a meu respeito são justas. Preciso muito ser mais aberta a fazer novos amigos. Mas, oh, Jim — se você soubesse o desânimo que tomou conta de mim quando percebi isso com tanta força em sua casa, pois parecia que, neste verão, Deus havia vencido tantas batalhas por mim nessa mesma área. Será que tudo aquilo se perdeu agora? Aparentemente, sim. Contudo, ele me dera um acesso tão maravilhoso aos corações e um amor tão avassalador pelas pessoas de Patience — por que o amor dele não teve livre curso em Portland? Essa pergunta queima em mim. Somente os versículos que você citou em sua carta me trazem conforto, pois confesso sentir ira, em alguns momentos, e tristeza a ponto de chorar, toda vez que a leio. Minha tristeza é mais por você, Jim, do que por mim mesma. Por que você deveria passar por isso? A ira é comigo mesma por me haver comportado daquela forma, por mais inconsciente que tenha sido; e com seus pais, por lhe dizerem tais coisas.

Perdoe-me, estou sendo brutalmente honesta, mas não consigo imaginar que eles o estejam fazendo passar por tamanho suplício. Acho que, se meus pais *odiassem* uma pessoa, eles não diriam tais coisas sobre ela a alguém que a amasse, supostamente. Além disso, não consigo imaginar seus pais falando assim sobre ninguém. Você disse que esperava me ajudar, no fim das contas, ao mencionar tais acusações. Examine-as melhor, Jim. Nada disso pode ser remediado. Além disso, nenhum dos exemplos específicos que você deu tem relação direta com o problema básico que discutimos naquela noite, na colina. Talvez estejam em sua mente, mas, se você pudesse ver a carta novamente, talvez entendesse o que quero dizer.

Você disse que cabe a mim fazer o resto. Não há nada que eu possa fazer. Minha imagem está selada na mente deles, mesmo que eu melhore, o que, pela graça de Deus, me propus a fazer. Cartas não surtiriam efeito agora — eu seria a farsante que escreve cartas pomposas, mas, na realidade, é uma pessoa totalmente diferente. De todo modo, não espero que sua mãe volte a me escrever. De bom grado, eu "faria o resto", se houvesse algo que eu pudesse fazer.

Ore por mim, Jim — e continue sendo devastadoramente honesto, mesmo que isso me deixe mais esmagada do que estou agora! Você está certo, eu não posso ser absolvida, e somente o Senhor é capaz de fazer algo dessa bagunça. Oh, e se eu não tivesse a *Deus*? "A quem iríamos, Senhor, senão a ti?"

Ela encerrou com algumas generalidades.

Quanto à sua pergunta sobre se devemos ousar orar por alguma palavra de certeza — alegrei-me por Deus tê-lo guiado dessa maneira, pois ele me havia guiado da mesma forma neste verão, e eu orei para ser tirada deste "Silêncio", se fosse a vontade dele. Agora posso ver por que ele ainda não respondeu a essa oração. Mas acho que não precisamos temer orar dessa maneira, apesar de nossa fragilidade. Apoie-se nele — ele não deixará nenhum dos nossos passos vacilar. Você pergunta se eu entendo — sim, Jim, eu entendo. Você não precisa explicar mais nada.

Gostei dos dois últimos versos de seu poema da encosta: "O sol que governava nossos dias acendeu a lua para governar a nossa noite". Você está aprendendo o que eu tenho orado por você e por mim. O outro poema foi um exemplo da cadência de nossos pensamentos — tanto que fiquei surpresa.

Pouco antes de eu voltar para casa, o Dr. DuBose me ligou da Flórida e me pediu para ir ensinar oratória. Escrevi para ele na segunda-feira, dizendo que ficaria feliz em preencher o segundo semestre, se ele quisesse, mas que eu tinha certeza de que o Senhor me queria aqui em casa por alguns meses. Já há tanto para fazer que sinto dificuldade em me sentar para escrever cartas. (Agora são 00h45.) Estou costurando um vestido e uma camisa, acredite ou não. Eu sei costurar e até gosto, mas quase não o faço há algum tempo, já que mamãe gosta de costurar e preferia que eu fizesse as tarefas domésticas e a deixasse livre para costurar. (Estava me preparando para dizer isso quando sua mãe recebeu uma ligação telefônica ou algo assim — eu também soube que isso traria julgamento sobre mim, se eu deixasse o assunto no ponto em que parou naquela ocasião!) Também recebi a tarefa de pintar a varanda e um dos quartos; assar pão, fazer limpeza toda quarta-feira e toda quinta-feira etc., além dos afazeres domésticos regulares. Agora, não conte isso à sua mãe: não estou tentando impressioná-la, nem a você ou qualquer outra pessoa — essas coisas simplesmente precisam ser feitas, só isso!

Sem dúvida, Dave lhe escreveu sobre o noivado dele. Você ficou tão chocado quanto eu? Mais ainda, provavelmente, pois foi você quem disse: "Oh, não, ele nunca faria isso". Diga-me o que você pensou ao ouvir. Eles parecem extremamente felizes, então eu também estou feliz.

Hoje à noite — agora, ontem à noite — fomos ao encontro dos ex-alunos de Wheaton para ouvir o treinador Coray. Assisti ao vídeo de você e sua noiva. O treinador anunciou em seguida que você não estava noivo nem indo para a faculdade de medicina. Fiquei feliz por essa palavra.

Com sentimentos confusos, Betty

A carta de resposta do meu pai chegou cerca de duas semanas depois, em 7 de outubro, esclarecendo ponto a ponto.

A Renascença: Não considero sua recente preocupação com a Renascença dura, indevida ou injusta. Meus arrependimentos particulares são mais do que gostaria de compartilhar com você — mais profundos do que sou capaz de compartilhar, penso... Confessei a Deus, à minha turma, aos colegas da FMF, a você, a outras pessoas, e me sinto aliviado. Se há algo mais que devo fazer, estou pronto para ser repreendido. Você espera ainda mais de mim?

Os incidentes do beijo: Não tenho uma resposta sensata à sua acusação pelos incidentes do beijo. Eu estava lá, falei e fiz como lhe foi dito, inteiramente na carne. E o mesmo "eu" escreveu sobre "pureza no meu amor". [...] Isso manchou minha consciência, machucou você, fez outros tropeçarem e trouxe desonra a Cristo — e, por tudo isso, agora sinto uma tristeza avassaladora. O ato, o efeito dele, o arrependimento por ele, tudo será consumido pelo piscar dos olhos do meu Juiz, e hei de sofrer dano. Há um fim para isso, e será um fim custoso.

A visita à família: Em relação às inconsistências da minha mãe (elas não me surpreendem mais), acho que Nietzsche falou bem: "No amor da mulher há injustiça e cegueira contra tudo que ela não ama".

[...] Mamãe não sente um amor profundo por você [porque ainda não a conhece] e interpretou tudo o que quis contra você, de forma injusta e cega. Desde então, tenho-lhe mostrado isso em particular, e ela comentou: "Bem, devemos tê-la aqui de novo, eu julguei mal".

Então, talvez não tivesse sido tão ruim, afinal. De fato, talvez parte da pressa em julgar tivesse surgido simplesmente da diferença no estilo de cada família. Essa é uma fonte comum de atrito sempre que um rapaz e uma moça se tornam companheiros em potencial. Minha mãe havia sugerido essa dinâmica em sua carta, quando escreveu sobre como seus pais nunca diriam aquelas coisas sobre outra pessoa. Os pais do meu pai, disse ele, eram simplesmente mais francos e sem rodeios.

A carta dele em 7 de outubro continua:

> Não os compare com sua própria família. Naquelas situações em que você ou Dave guardariam na memória e ficariam quietos, elaborando suas opiniões particulares, papai ou mamãe dariam vazão a seus sentimentos bem na mesa de jantar.
>
> Lamento que isso a tenha enviesado contra eles — principalmente porque você teme que eu me machuque. Nada disso! Fico muito feliz que se tenham expressado — pois é tudo que farão. Não haverá maquinações ou truques sutis para me enviesar contra você. Eles expressaram sua opinião e sua vontade, mas, se eu optar por seguir em frente e me casar com você, eles estarão a postos para ajudar. Ambos disseram isso.

Sem dúvida, há algo animador nesse tipo de honestidade e franqueza. Muitas vezes, menos danos são causados por aqueles que abrem o jogo de uma só vez do que pelos que escondem seus verdadeiros sentimentos sob uma máscara de cortesia e polidez. Meus avós Elliot eram mais do primeiro tipo.

Porém, mesmo com a repercussão de sua visita a Portland dominando essa carta, o assunto mais importante ainda era a condição do relacionamento deles e como eles deveriam continuar a avançar (ou deixar de fazê-lo).

Naqueles dias, o tio Dave havia enviado uma carta ao meu pai, alertando-o, mais uma vez, de que ele precisava parar de escrever para minha mãe. Aqui está o relato do meu pai:

> Ele me advertiu solenemente que "arruinarei completamente a moça, se não tomar cuidado". Ele se mantém firme na convicção de que nossa correspondência não passa de uma abertura para seu amor fluir, o que é ilícito, uma vez que eu não tenho nenhuma palavra do Senhor de que tal amor se consumará em casamento. Ele pode estar certo e, se estiver, você está na posição de dizer isso.
>
> Você deve se lembrar de que minha palavra do Senhor para escrever estava relacionada à liberdade. Ele me deu liberdade para escrever, se quisesse — para mim, não há pecado. Mas, agora, minha liberdade pode ter-se tornado uma licença para levar as coisas longe demais, além do que você pode suportar, caso nossa relação seja cortada. Estou pronto para renunciar agora à nossa correspondência, se minha liberdade chegou ao seu limite e se impôs a você com resultados prejudiciais. Agora, sinto que está em suas mãos provocar o término disso. Você sabe, melhor que eu ou David, que efeito nossa escrita está lhe causando.
>
> Minha resposta do Senhor sobre o casamento é, agora, um evidente "não", enquanto as condições atuais prevalecerem, sem disposições sobre o que pode acontecer quando e se elas mudarem. Você aguenta continuar alimentando em si um amor crescente, o qual pode ser interrompido sem qualquer realização em algum momento futuro? Uma palavra sua resolverá isso. [...] Por enquanto, minha palavra de Deus é "Não", e não tenho o direito de deixar você na indecisão; por ora, esse é o oráculo do Senhor. Deixo para você decidir se tem ou não plena liberdade para escrever nessas circunstâncias.

Ela não pareceu gostar do rumo que essa linha de pensamento estava tomando. Na resposta dela, você percebe sua frustração com esse estranho relacionamento que eles mantinham. (Ela escreveu da cidade de Nova Iorque, onde um conhecido da família havia pedido que ela fosse dar aulas de grego, como professora substituta, no National Bible Institute.) Mais uma vez, como eles poderiam continuar escrevendo sem expressar amor, uma vez que nenhum possuía sobre o outro qualquer reivindicação?

14 de outubro

Sua carta do dia 7 chegou na segunda-feira. É difícil responder. Minha primeira reação foi responder de forma astuta, mas não teria sido verdadeira. Pensei em recortar sua frase que dizia o seguinte: "Você aguenta continuar alimentando em si um amor crescente, o qual pode ser interrompido sem qualquer realização em algum momento futuro?" [...] Eu iria apor a palavra "Não" e retornar o recorte sem nenhum comentário adicional. Para todos os efeitos, bem sucinto, não? Posso ouvir você gargalhar.

Bem, quanto à razão pela qual teria sido "a verdade, toda a verdade etc.". Se tenho amor por você, não é um amor muito pujante, sufocado e inibido por uma miríade de circunstâncias e restrições — e certamente ele encontra pouca vazão em uma correspondência tão errática e desapaixonada. O encerramento de nossas cartas provavelmente terá pouco efeito, seja sobre seu progresso, seja sobre seu esfriamento.

Ela, então, encarou o trecho da carta de seu irmão que classificava o tal amor e a correspondência deles como "ilícitos", se não houvesse nenhuma intenção declarada de se casarem.

Pense um pouco, Jim. [...] Nós já não discutimos isso tantas vezes? Eu não lhe disse que, da minha parte, esse negócio todo já passou por um exaustivo exame, várias vezes, nos últimos seis meses? Não teria eu desistido, sem sequer esperar sua "permissão", se eu tivesse alguma dúvida quanto à legitimidade disso?

Ninguém deve duvidar da coragem das convicções dela!

Você fala de *sua* liberdade, de *suas* escolhas (por exemplo, "Se eu escolher casar-me com você..."), de *suas* decisões. Fique tranquilo, Jim, meu consentimento para nos correspondermos foi baseado na liberdade que o Senhor *me* deu. Não se preocupe se eu consigo "aguentar". Esse é um negócio bilateral. Se você pode, eu posso. Eu não sou uma coisinha tão frágil quanto você e Dave imaginam.

E não tenho muita certeza de se seus medos de que eu me machuque são causados por uma genuína ternura e solicitude por meu bem-estar, ou se talvez são levemente tingidos pela suspeita de que essas coisas importam muito mais para mim do que para você. Sendo este último caso (e eu não o sugiro *acusadoramente*, pois pode ser verdade, sendo eu do "sexo frágil"), no seu lugar, eu não me preocuparia tanto com isso. [...]

Curiosamente, ela disse ter parado de escrever por um momento, porque o navio *Rainha Mary* estava aquecendo no porto e ela *"queria vê-lo partir"*. Depois disso, concluiu:

Você me atribui a decisão de ter ou não plena liberdade para escrever "nessas circunstâncias". Até onde consigo ver, "essas circunstâncias" não se modificaram nem um pouco desde quando começamos a escrever. Então, por que todo esse ruído? Eu não tinha liberdade na época? Eu a tenho agora. Acaso consenti em nos correspondermos com alguma ilusão quanto ao desfecho disso? Acho que não. Fomos muito claros a esse respeito.

Portanto, no presente imediato, estou contente em "aguentar". Se você tem motivos não revelados para se preocupar, então cabe a você, e não a mim, provocar o término de nossa correspondência.

Paz e segurança, Betty

"Contente em aguentar." Será que o Senhor estava dando graça a ela para suportar aquilo? Penso que sim, embora ela parecesse frustrada com meu pai e talvez brava por causa das expectativas dele em relação a ela. Contudo, em seu diário dessa época, ela continuava a falar de *"como às vezes desejo estar com*

Jim", como *"muitas vezes meu primeiro pensamento ao acordar — até mesmo antes de acordar, às vezes — é para Jim"*. Não é de admirar, então, no dia seguinte ao envio dessa carta, que ela estivesse preocupada: *"Temo que tenha sido um pouco áspera ao escrever para Jim"*.

Sim, eu diria que foi assim que ele recebeu a carta.

23 de outubro

É fácil interpretar mal uma carta quando não a lemos com a mesma disposição mental que o autor possuía ao escrevê-la. Foi assim que eu interpretei mal as duas que recebi de você desde que nos vimos. Digo "interpretar mal" porque me recuso a crer que você pretendesse soar como se me censurasse e me criticasse, e foi isso que senti nelas. Estou convencido de que seu sentimento em relação a mim é o mesmo de quando você escrevia sobre ternas intimidades no inverno passado, embora você tenha mudado seu tom para se adequar à ocasião. Eu ficaria surpreso, agora, se descobrisse que você não esperou ansiosamente por esta carta dias antes de ela chegar, e digo isso porque meus sentimentos — presumo — interpretam algumas das coisas que você diz como desatenção para comigo. Foi assim que entendi você ter usado o correio normal, e não o correio aéreo.

Sem dúvida, em seu diário ela havia feito menção expressa a ter enviado essas cartas pelo serviço terrestre regular, embora notasse que *"ele sempre usa o correio aéreo"*. O efeito pretendido fora alcançado com sucesso.

Declarações de sua última carta — como "Se tenho amor por você, não é um amor muito pujante" — poderiam ser facilmente entendidas como indiferença de sua parte. O fato de você falar de nossa "correspondência tão errática e desapaixonada" me faz sentir como se você não me levasse tão a sério quanto eu gostaria! [...] Em suma, Betts, estou convencido de que você me ama e, se meu jeito de falar a irrita (o que você nunca disse de fato), bem, então seria melhor você se habituar às minhas suposições e se acostumar a se sentir "como se eu a tivesse onde quero que esteja".

Depois de reler o que acabara de escrever, ele tentou novamente, agora um pouco mais suave.

> O que gostaria de dizer é que não senti que sua última carta fosse longa o suficiente, graciosa o suficiente, amorosa o suficiente, enfim, "suficiente" para satisfazer o que entendi como sendo seu amor por mim. Além disso, foi inquietante sua sugestão adicional de que eu poderia não estar realmente considerando seu "bem-estar", e sim querendo abrandar a situação para você, ao repensar nossa correspondência. E a declaração trivial de que você suspeitava de haver em mim outros "motivos ocultos" [para aquilo] foi — 😕 — muito exasperadora!
>
> Para dizer a verdade, agora acho que escrevi não por você nem por mim, mas por Dave. [...] Estava preocupado, pois Dave parecia tão seguro dos perigos envolvidos na continuidade de nossa escrita que temi que ele a houvesse interpretado mais sabiamente que eu. Ele atormenta minha consciência com suas palavras sobre "arruinar a moça". Da próxima vez que ele escrever, penso em lhe enviar sua última carta. Fico feliz em pelo menos ter suas convicções por escrito.
>
> Posso pedir um favor? Você poderia escrever a esse seu irmão no mesmo tom vigoroso com que se dirigiu a mim e convencê-lo de que você é mais forte do que ele pensa? Faça-o entender que tudo isso não são apenas minhas decisões, minha liberdade, minhas escolhas, minha liderança. É a liderança do Senhor em relação a nós dois, e nós dois experimentamos essa condução. Não é nenhum de nós liderando o outro, mas Deus nos liderando a ambos. Não consegui convencer Dave disso. Tenho certeza de que uma palavra sua seria eficaz.

Ele também questionava se ela estaria aberta a algo mais — que eles se sentassem para trocar novas fotos um do outro.

> Você sempre se queixa das fotos que tem de mim, que nelas pareço "um bebezinho" (suas próprias palavras!) ou que você tem registros mais do que suficientes da minha nuca — graças a Dave. O que

acha de providenciarmos e trocarmos algumas fotos profissionais, por falta de algo melhor para fazer no Natal? Você me envia a sua aqui, eu retribuirei e, assim, daremos um ao outro uma foto de nossa escolha. Antes disso, sempre achei que dar fotografias de presente era uma forma de narcisismo. Nesse caso, argumento que é uma questão de necessidade.

"Necessidade." Ele precisava dela.

O dia em que essa carta chegou a Moorestown foi *"um daqueles dias radiantes de outubro"*, disse minha mãe. Os dias anteriores não foram tanto assim. *"Nenhuma palavra de Jim ainda"*, escreveu ela na terça-feira. *"Quase perco o fôlego na expectativa do que ele dirá em relação à minha última carta. Oh, a incerteza, a espera, a dúvida — é difícil, mas é o caminho de Deus."* No dia seguinte, quarta-feira: *"Ainda nenhuma palavra. A Sra. Elliot escreveu uma nota simplesmente dizendo como vai a família. Evidente ausência do amor e da cordialidade que ela expressava antes de me conhecer".*

Então, chegou a quinta-feira — *"e uma carta maravilhosa".*

27 de outubro: Jim é incorrigível — bendito seja! E inimitável. Nunca fui tratada assim antes — especialmente por um homem! O que me preocupa é que pareço me *empolgar* com isso. Mas devo esperar um pouco. Ó disciplina, és uma joia incômoda!

Em sua carta do dia seguinte, ela expressou a ele os mesmos sentimentos, uma nota muito mais descontraída que a anterior, cheia de uma personalidade feliz e sorridente.

28 de outubro
Jim Elliot, você é incorrigível. Isso é tudo que posso dizer. Nenhum homem jamais me tratou assim antes, e eu não espero que outro o faça. [...] Estou convencida de que você sabe muitas coisas sobre mim que nem eu mesma sei, e que você parece ter acesso a um barômetro dos meus sentimentos do qual nunca tive um vislumbre. Bem, siga em frente, irmão; é fascinante.

> E, quanto a essa ideia de troca de fotos...
>
> Eu já tinha pensado em providenciar fotografias minhas para mamãe, mas não contar a você e me comprometer, pois talvez elas simplesmente me retratem como eu sou — e então, é claro, eu não lhe enviaria nenhuma! Mas suponho que elas não possam ser piores do que aquelas que você tem. Gostaria de ter uma sua, porém, acima dos dezoito anos — pois agora você tem vinte e dois. Não esqueci seu aniversário. [...]
>
> Está ficando tarde — minha mão está cansada. Assim, sendo essa carta "longa o suficiente" etc. ou não, devo desejar-lhe boa-noite. Pelo menos foi escrita cedo o suficiente — o que é mais do que se pode dizer das cartas de algumas pessoas! Boa noite, Jim — embora para você ainda sejam 21h30 agora.
>
> Com alegria, Betty

Que prazer é ler as piadas dela! Quase consigo ouvir sua risada enquanto escrevo.

Mas coisas muito sérias também estavam acontecendo naquele momento, em termos da sede deles de seguir a Deus nos campos estrangeiros. Havia pouco tempo, a amiga deles, Van (a qual já mencionei), fizera uma parada na casa de minha mãe antes de partir de Nova Iorque, a caminho da África. *"Foi tão animador vê-la. Como ela refresca minha alma! [...] Oh, como eu gostaria de estar pronta para ir com ela!"* Nos dias seguintes à partida de Van, minha mãe pensou em sua amiga *"lá no oceano, uma 'empreitada' tão nova... e cá estou eu 'sentada' — sem saber para onde ir ou por quê"*. Ou, como ela orou enquanto escrevia seu registro no diário cerca de uma semana antes: *"Não me deixarás perder o estrondo da marcha pela copa das amoreiras, não é, Senhor?"* — uma referência ao chamado de Deus a Davi na batalha contra os filisteus, em 1 Crônicas 14.15.

Mesmo nessa otimista carta mais recente ao meu pai, ela havia dito:

> Tenho consciência de estar interiormente preocupada com minha aparente "inatividade". Isso me ocorre sempre que alguém

pergunta: "O que você está fazendo agora?". A questão não é que eu esteja fazendo nada, mas o que Deus está fazendo — e até mesmo quanto a isso não posso apontar coisas específicas, como um conjunto de evidências para exibir como prova a quem perguntar. Eu sei que ele está trabalhando e tem propósitos sobre os quais nada compreendo, mas é preciso ter fé — e tenho descoberto que isso significa fé e fidelidade ativas, operosas e constantes.

Meu pai compreendia exatamente o que ela estava sentindo e sobre o que estava falando. *"Seus comentários sobre o atual período de espera não se aplicam menos a mim do que a você. O projeto da Guiana caminha a passos lentos"*, disse, mencionando que nada aconteceria até o início do ano, no mínimo. Assim como ela, ele percebia que Deus o estava chamando sobretudo para ser fiel no agora, na espera.

1º de novembro
Hoje, fui à Christian High School para me candidatar a uma vaga de professor substituto. À noite, fui ao centro de detenção juvenil masculino contar uma história de Edgar Allan Poe em sua festa de Halloween. Amanhã mesmo, devo ajudar em uma nova aula de artesanato para crianças não salvas em uma das assembleias do subúrbio. Na quarta à tarde, haverá um encontro de crianças no salão de reuniões. Na sexta de manhã, haverá um culto de capelania para os funcionários da Goodwill Industries. Passo os dias em meio aos livros.

Porém, de acordo com o diário de meu pai, Deus também estava começando a revelar respostas mais claras quanto ao futuro. Em 29 de outubro, ele mencionou ter lido uma carta que meu tio Bert recebera seis semanas antes, no Peru. Como as pessoas costumavam fazer com suas cartas naquela época, Bert, aparentemente, a encaminhara para seus pais. A correspondência de meus pais frequentemente incluía, além de suas próprias cartas, um punhado de cartões e anotações adicionais que eles haviam recebido de outras pessoas e queriam compartilhar. Essa carta em particular era de um tal Wilfred Tidmarsh, escrita nas selvas do leste do Equador, falando sobre a necessidade de alcançar com o evangelho os nativos naquela área do mundo.

Isso está presente, mais uma vez, no diário particular de meu pai:

> **29 de outubro:** Ao ler a carta de Wilfred Tidmarsh a Bert, escrita em 9 de setembro, atendi a um simples impulso dentro de mim de me oferecer para o trabalho lá. Pareceu-me uma ação bastante presunçosa e, silenciosamente, fiz um pacto com o Senhor de que não publicaria a carta a menos que tivesse dele alguma palavra definitiva. Parece que a situação em que ele se encontra exige que abandone o trabalho indígena entre os Quíchua, por causa da doença de sua esposa. Ele havia pedido à organização Christian and Missionary Alliance que assumisse o comando, mas ainda não havia recebido um veredicto.

Lembra-se, aqui, uma das diretrizes que ele acreditava ter recebido do Senhor no final de 1948:

> Sinto-me bastante à vontade em dizer que o trabalho com as tribos nas selvas sul-americanas é a direção geral do meu propósito missionário.

Seria essa nova oportunidade no Equador a porta pela qual Deus o enviaria?

Sem o privilégio de enxergar em retrospecto, ele ainda não sabia. Mas, na busca por respostas a todas as perguntas do ano, apenas uma coisa funcionaria. Como minha mãe disse: *"A única coisa que me mantém estável e firme nesses dias de incerteza — sim, de total perplexidade — é a absoluta confiabilidade da Palavra de Deus"*. Meu pai, é claro, estava na mesma sintonia, desafiando a si mesmo enquanto a desafiava: *"Permita-me adverti-la: não negligencie o escrupuloso estudo bíblico dirigido nestes dias"*.

Porém, o que eu mais amo ao vê-los navegar em busca das respostas de Deus, pela sua Palavra e pela oração, é que eles não estavam simplesmente à procura de uma instrução divina particular quanto aos caminhos que *eles próprios* trilhavam, embora desesperadamente desejassem isso. Eles também procuravam com igual diligência, se não maior, descobrir tão somente os caminhos *de Deus*, o que, em última instância, traria glória ao nome dele.

Fico encorajada, por exemplo, a ler o diário de meu pai em 11 de novembro, depois de, obviamente, haver passado a maior parte do dia lendo e estudando, pensando no futuro:

> Agora, vejo claramente que, se alguma coisa — seja ela qual for — não estiver no princípio da graça, não é de Deus. Eis aqui minha súplica na fraqueza; eis aqui minha ousadia em oração; eis aqui meu livramento na tentação; eis aqui, enfim, minha interpretação. Não vem da graça? Então, não vem de Deus.
>
> E eis aqui, ó Senhor Altíssimo, a tua glória e a honra do teu Filho. O avivamento que tenho pedido, segundo este princípio, virá no teu tempo pela graça, mediante a fé. Aperfeiçoa, então, minha fé, Senhor, para que eu aprenda a confiar apenas na graça divina, para que a tua obra de santidade possa logo começar em Portland.

Por pelo menos vinte anos da minha vida adulta, eu fui legalista demais, crendo que, se eu apenas pudesse ser mais disciplinada, Deus ficaria mais satisfeito comigo e eu poderia subir aquela escada da perfeição, merecendo a reputação que desejava. Minhas próprias regras de piedade eram meus ideais. Mais do que amava a Deus, eu amava minhas regras sobre como uma esposa devota e um lar cristão deveriam ser. Portanto, para tomar emprestadas as palavras de meu pai, eu não estava recebendo "livramento na tentação", ou tendo "ousadia na oração", ou entendendo que a graça divina cobria todas as minhas "súplicas na fraqueza". Tampouco estava aprendendo o que minha mãe me havia contado ao longo de sua vida — como nós não deveríamos viver sempre a examinar nossa própria santidade, mas simplesmente procurar agradar a Deus; e que cabe a ele nos transformar. Quando ele nos ajuda a fazer sua vontade, conforma-nos à semelhança de Cristo. Tudo é graça. Não é tudo sobre nós.

Conhecer os caminhos de Deus nos ajuda a saber qual caminho seguir.

Meus pais entendiam isso. E assim, enquanto meu pai aprendia com a Palavra os significados mais profundos da *graça*, minha mãe também aprendia com ela os significados mais profundos do *amor*, especificamente o que Deus estava lhe dizendo nas Escrituras sobre o modo como ela e meu pai deveriam enxergar sua amizade incomum e lidar com ela.

17 de novembro: Ao buscar o Senhor, por muitos dias e semanas, à procura de luz nas trevas, creio que ele está começando a dar alguma explicação. Chambers diz: "O amor é espontâneo, mas deve ser mantido pela disciplina".

18 de novembro: O Senhor está abrindo maravilhosamente meus olhos e me mostrando o que acredito ser a explicação de minhas confusões e perplexidades no que diz respeito ao curso de nosso relacionamento, suas mudanças e anomalias, sua natureza e sua dimensão.

Essas extensas semanas de estudo, incluindo uma análise profunda do grego original, resultaram em uma carta excepcionalmente longa que ela escreveu ao meu pai em 29 de novembro. Ela começou: *"'E depois de muitos dias...' Mas estes dias foram ocupados com estudo e reflexão que me pareciam necessários antes que eu pudesse responder à sua carta do dia 10"*. Vou deixá-la explicar, pormenorizadamente:

29 de novembro

Não fiquei nem um pouco preocupada com suas palavras: "Você acha que eu perderia tempo com você se tivesse a mínima evidência de que você está brincando comigo?". Eu refleti sobre isso, perguntando-me: "Eu estou brincando com ele? Será que ele entendeu errado a natureza dos meus sentimentos? Tenho sido leal?" [...] Eu não seria leal com você se prosseguisse, agora, sem esclarecer algumas coisas que se tornaram claras para mim nas últimas duas semanas.

Você foi desleal comigo. A pergunta expressa na citação acima, de sua última carta, assim como inúmeras outras amplas alusões ao fato de eu nunca ter declarado meu "amor" por você, é injusta. Repetidas vezes você quis "testar" meus sentimentos. Por quê? Com que finalidade? Algo além de egoísmo?

Em outras palavras, seu amor depende de reciprocidade. Tenho certeza de que você vai admitir isso. Mesmo assim, tenho me contentado em prosseguir, mesmo com *muitas* "evidências de que você estava brincando *comigo*". Não preciso mencionar todas as muitas situações que me suscitaram sérias dúvidas. Dave me diz ter certeza de que você não me ama. [...]

Tudo isso me leva à principal conclusão de minhas meditações nestes dias: seu sentimento em relação a mim e meu sentimento em relação a você não estão sobre o mesmo fundamento. Como explicar o que quero dizer? Ah, Jim, este é outro daqueles momentos em que eu daria qualquer coisa para conversar em vez de escrever. Temo que possa omitir muito do que lhe transmitiria minha verdadeira intenção.

Seu estudo lhe havia esclarecido os diferentes tipos de amor declarados nas Escrituras. E, embora ela reconhecesse que o Senhor poderia, em algum momento, fazer com que o amor deles culminasse em casamento, por enquanto era um amor de *amizade*. E, em vez de resistir ao amor de amizade como algo insuficiente ou de complicá-lo com reivindicações e apegos, ela acreditava que eles deveriam abraçá-lo. Afinal, ela estava aprendendo que aquilo dificilmente seria um desperdício, pois *"nenhum amor, em qualquer relacionamento da vida, pode alcançar todo o seu esplendor se esse elemento de 'amor de amizade' estiver faltando"*.

Não quero ser rude — muito menos com você —, mas não posso deixar de sentir que você precisa conhecer mais essa "amizade, que consiste em amar, em vez de em ser amado", como disse o amigo Aristóteles. [...]

Pense bem: você tem falado sobre o desejo de posse, de fazer reivindicações etc. Eu insisti que isso não deveria ter lugar em nossa relação, enquanto ela se mantivesse neste estágio atual. Agora, estou mais convencida do que nunca de que um amor puro e de origem divina pode existir inteiramente sem reciprocidade ou condição. No entanto, como você escreveu certa vez, você encontrou alegria em minhas cartas quando queria "ser amado".

HCT diz [um dos livros que ela estava lendo, *Friendship: The Master Passion*, de Henry Clay Trumbull]: "Nenhum amor está mais sujeito a ser mal compreendido do que um amor que não tem limites, reivindicações ou necessidades". Tal era o amor conhecido entre os cristãos de Atos 4.32 — um amor que não conhecia "direitos". É o amor de João 3.16, derramado livremente e sem retorno ao mundo inteiro, de certa forma sem nenhuma posse, até que os indivíduos se tornem membros da família de Deus, quando entra um novo elemento.

A palavra grega nas linhas oito e doze é *philia* (amor de amizade);
a palavra na linha treze é *agape* (amor incondicional).

Com calma, mas com segurança, ela disse: *"voltando e aplicando à nossa própria amizade..."*

Você se lembrará de me ter dito, com muita franqueza, que não conhecia um fluxo constante, "que nunca retrocede e sempre se aprofunda", de amor — na verdade, acho que você disse não ser capaz de tal amor. Recuso-me a acreditar nisso. Você é tão "capaz" disso como é de qualquer virtude — pela graça de Deus, pela disciplina, recebendo dele o poder. A esta altura, não estou sequer considerando se você conhece ou algum dia conhecerá tal amor por mim. Minha preocupação é que você reconheça a natureza e a fonte desse amor como divina. [...]

Acredito que o período de quinze semanas de silêncio, no verão de 1948, indica que experimentamos algo dessa verdadeira amizade, conforme expresso acima. Ao menos sei que eu experimentei e, pelas coisas que você disse, seus sentimentos no final desse período eram praticamente os mesmos do início. E, em muitos outros detalhes, acho que houve uma reciprocidade dessa amizade real, mas também sinto que outros elementos se infiltraram. [...]

Acredito, Jim, que, se você e eu haveremos de continuar, precisamos conhecer essa verdadeira amizade à parte de tudo o mais, pois é apenas ela que prossegue sem consumação, uma vez que é em si mesma, e por sua própria natureza, uma plenitude.

Por muito tempo, parece-me, temos seguimos adiante — você insistindo em reivindicações e evidências, eu tentando manter um relacionamento que seja "liberto de fracos anseios". É verdade que houve muitas ocasiões em que busquei fins egoístas. O amor que é verdadeira amizade é altruísta, divino. Eu sou egoísta, humana. Por isso, caí muitas vezes. Mas será que você enxerga pelo menos alguma evidência do meu objetivo em nossos contatos anteriores?

Compreendo muito melhor o que antes estava obscuro e, pela graça de Deus, confio que ele fará de mim alguém que seja verdadeira no amor, não importa a quem esse amor seja dado, e que ele derramará através de mim seu próprio vasto, alto e santo amor. Se agora buscamos misturar os dois, colocamo-nos em uma posição paradoxal. [...]

Assim, para reduzir o exemplo à dimensão de nosso relacionamento, sinto-me perfeitamente livre para escrever, ou não, como eu quiser. Não faz diferença se você concorda ou não com as conclusões que esbocei aqui. Você pode dizer que discorda veementemente de tudo que eu disse, ou que não deseja continuar a correspondência se eu não estiver disposta a lhe declarar um amor do tipo que você deseja, ou que você não pode prosseguir sobre essa base. Até onde posso ver agora, se sei alguma coisa sobre amizade, "de nada faço questão". [...] Estou pedindo ao Senhor que me ensine — e ensine a você — isso, sobretudo para o nosso bem em separado, a despeito dos fins ou propósitos dele em nossas afinidades mútuas.

Foi um longo tratado que ela escreveu, ao mesmo tempo acadêmico e sincero. Porém, para entender como meu pai reagiu a isso, talvez a informação que se segue ajude. Algumas semanas antes, a carta anterior dela não incluía uma cópia de um dos poemas de minha mãe que ele havia repetidamente pedido; em vez disso, ela repetidamente o ocultara. A peça em questão era um poema que ela lera para ele durante uma de suas excursões de piquenique em Portland durante o verão, escrito em março de 1947:

> Eu não amo com a chama evanescente
> da vela tocada pelo vento,
> ou com paixões esporádicas
> apenas fomentadas pela lua.
> Eu amo com firme quietude de coração,
> um amor dinâmico, forte, de profundidade indizível.
> Eu amo com a mais pura singeleza de coração,
> um fluxo que nunca retrocede e sempre se aprofunda
> de calor e poder, de devoção insondável.

Após (aparentemente) receber dele uma resposta sarcástica, ela o havia rasgado ali *mesmo*, na presença dele. Mas, como relatado em sua carta de 10 de novembro, depois de novamente não receber poema nenhum, ele decidiu resolver o assunto por conta própria.

> Depois do almoço, fui para o Monte Tabor, ao lugar onde falamos
> sobre as cartas naquela tarde. Tive dificuldade em encontrar o local
> exato, pois as coisas estão muito mais emaranhadas desde a queda

das folhas. Isso atrapalhou consideravelmente minha busca pelos pedaços de papel em que você registrou o muito controverso poema de 22 de março de 1947. Encontrei alguns pedaços, alguns muito encharcados, outros apenas em vestígios, todos amassados e decompostos. Você teria rido ao me ver cuidadosamente percorrendo todo aquele local com a determinação obstinada de um paleógrafo, e teria rido cruelmente também, se não apreciasse meu objetivo. Bem, consegui apenas 75%, reunindo partes de todos os versos, mas de modo completamente satisfatório apenas o primeiro e os dois últimos.

Acaso isso soa como um homem que queria que eles fossem apenas "amigos"?

Foi nessa mesma carta que ele escreveu a frase que ela mencionou: *"Você insiste que é 'apenas Betty', sem amarras, sem emoção, sem sentimento por mim, mas com amável amizade, quando Dave, Van e Bunny todos me dizem: 'Betty realmente ama você'. Você acha que eu flertaria com você se tivesse a menor suspeita de que você está brincando comigo? Espero que você pense melhor de mim do que isso".*

Talvez, então, ela devesse esperar a reação obtusa que recebeu, mesmo se tratando de uma carta tão elaborada. *"Muito pouco comentário sobre minha epístola"*, escreveu ela em seu diário, algumas semanas depois, em 20 de dezembro, quando a carta dele chegou, *"exceto para chamá-la de 'insensatez exaltada', em sua maior parte"*. Ele disse que não conseguia entender bulhufas daquela carta.

17 de dezembro

Após duas semanas refletindo sobre sua carta, entendo menos do que quando comecei. Ainda me pego lendo duas ou três linhas repetidamente, balançando a cabeça, indagando. Na quinta-feira, sentei-me com dez folhas de caderno para lhe responder, para refutar e perturbar sua nova teoria. Depois de escrever quatro páginas, percebi que era impossível responder, pois mal entendo do que você está falando.

Ela percebera, mesmo enquanto esperava um retorno, que a espera em si era um teste de suas próprias teorias do amor. *"Nenhuma palavra de Jim há um* mês", escreveu ela em 10 de dezembro. *"Está tudo bem. Deus me dá um amor que não pede retorno — por Deus e por Jim."* Ela aguardava a carta do meu pai *"sobretudo com medo. Estou preparada para receber um adeus definitivo, se for assim que ele a receber".* Quando a resposta chegou, ela agiu com bravura: *"Passei um tempo com o Senhor esta tarde e recebi paz. 'Não terás permissão para tranquilamente entrar no céu, na companhia de Cristo, sem conflito e sem cruz'".*

Talvez, no entanto, a principal razão pela qual meu pai não estivesse inclinado, naquele momento, a se preocupar com questões tão profundas do coração era por causa de sua empolgação com outra novidade que havia surgido.

Ele estava se comunicando com o Dr. Tidmarsh.

> Desde a última vez que nos falamos, mantive correspondência detalhada com dois missionários a quem escrevi: um foi Wilfred Tidmarsh, do Equador (cuja esposa ficou gravemente ferida em uma tragédia de avião da *Mission Aviation Fellowship* [Fraternidade de Aviação Missionária] quando Nate Saint era piloto), que está tendo de sair de um trabalho estabelecido na selva entre os índios Quíchua, por causa da doença de sua esposa; o outro, Rowland H. C. Hill, de Bangalore, Índia. Ambos descrevem campos de grande interesse para mim e ambos estão muito ansiosos sobre qual direção receberei do Senhor.
>
> De uma perspectiva, os trabalhos são quase opostos, já que o trabalho equatoriano é numa instável tribo primitiva, enquanto o projeto na Índia é entre aristocratas hindus do ensino médio e do ensino superior que estudam inglês. O irmão Hill quer começar algum tipo de escola bíblica e está procurando alguém que se qualifique como professor de grego etc.
>
> Desde que comecei esta carta, recebi uma do Equador, perguntando definitivamente sobre minha decisão, já que o trabalho deve ser entregue a alguém em breve. Escreverei esta tarde, mas o que devo dizer? Como se decide quando o coração parece partir-se em partes iguais para os dois trabalhos e suas capacidades se encaixam em ambas as esferas? Para completar, Dave me escreveu

perguntando se eu poderia assumir seu cargo na FMF no próximo ano, sugerindo que seria um excelente treinamento para o campo. Mas que treinamento melhor que o próprio campo?

E quanto aos pensamentos dela sobre o amor, sobre o amor *deles*, sobre se eles *tinham* amor...

> Acho que você compreenderá minha situação e me perdoará se, de certo modo, eu pular o estudo reconhecidamente importante, mas laborioso, de seus ideais de amizade. Além disso, não vejo como poderíamos chegar a um acordo sobre esse assunto por meio de cartas. Deveríamos ter que conversar sobre isso pessoalmente, em uma situação na qual seja possível reagir de imediato. [...] Se você leu minha carta a Dave, sabe do meu sentimento sobre "amar na fé", e isso é o mais longe a que consegui chegar por meio de um raciocínio experimental, espiritual. As medidas e as qualidades desse amor são variáveis e pobres; no entanto, elas estão na fé, e é lá que devem crescer. Não quero dizer que você deva remover o assunto de suas cartas, mas só espero que entenda a ausência dele nas minhas.

Depois de ler isso, imagine as emoções de minha mãe quando, na sexta-feira anterior ao Natal, um pacote chegou a ela pelo correio. Era o retrato de si mesmo que ele havia feito para ela.

23 de dezembro: Subi as escadas e chorei.

É aqui que os deixamos no final de 1949. Ao ler as cartas daquele ano, não podemos deixar de detectar uma *tempestade* no relacionamento deles. Minha mãe insistia em mantê-los como "apenas amigos", por causa da falta de segurança de meu pai de que eles algum dia se casariam. A incerteza e o autoexame só podiam ser dolorosos, pois os dois se amavam. Mas minha mãe não podia expressá-lo como amor romântico, apenas como verdadeira amizade: uma amizade verdadeira que honra a Cristo, um encontro de mente e coração. Meu pai, no entanto, não conseguia aceitar isso. Ele queria ouvir que ela o desejava e o admirava. Ele esperava que ela pudesse ir além da harmonia de suas mentes, em direção a algo mais profundo. Intelectualmente, porém, ele sabia. Aquilo era apenas a carne dele falando. Foi por isso que, muitas vezes, ele confessou em seu diário como seu amor por Deus poderia ser dividido, faminto por mais expressões de minha mãe em relação a ele.

Ele escreveu a ela mais uma vez antes do final do ano, recordando com risadas *"as férias passadas aí com todos em 1947 — a festa de patinação, trenó em McHutchens, as festas à meia-noite"*. Ele também enviou votos tardios de um feliz aniversário.

27 de dezembro

Esqueci-me de mencionar seu aniversário na minha última carta — o vigésimo primeiro, se não me falha a memória. Não me lembro se alguma vez falamos sobre dar presentes ou não. [...] Mas, de alguma forma, parece uma coisa tão banal de se fazer — uma prática conformista demais para ter algum lugar em nosso relacionamento! Essa prática no Natal tornou-se de tal modo um embuste do comércio que ficarei sinceramente feliz quando todos os bons cristãos a abandonarem.

Ele encerrou com uma oração, pedindo *"para você um 1950 que seja ao mesmo tempo dirigido pela vontade de Cristo e executado por seu poder"*.

Ela replicou com uma carta escrita na véspera de Ano Novo.

31 de dezembro

Sua carta foi bem-vinda e fiquei feliz por você ter ficado satisfeito com a foto. [...] Saber que você [a] aceitou sem observações depreciativas já é o bastante. Quanto à sua, gostei muito e não acho que a tonalidade prejudique de modo algum. A família foi à loucura por causa disso, mas ela só me fez desejar ver aquele sorriso franco em carne e osso!

Sim, já discutimos o assunto dos presentes antes, e concordo totalmente com seus sentimentos a esse respeito. A primeira vez foi em uma colina gramada, não muito longe das trilhas de Roarin' Elgin. Você pensou que talvez eu ficaria triste se não me desse nenhum presente de formatura. Isso não passou sequer pela minha cabeça. Na verdade, tenho certeza de que ficaria decepcionada se você tivesse me dado alguma coisa. Ocasiões — por que devemos ser forçados pela ocasião? Talvez tenhamos sido "embalados nos costumes", mas devemos crescer em uma "vitrine"? Seja você mesmo, James — como sempre foi, acho — eu meio que gosto de você assim.

E *"para 1950, lembre-se disto"*, disse ela, citando o hino antigo:

O meu pastor é rei de amor,
bondade concedeu-me,
e nada faltará a mim,
ele é meu, e eu sou dele.[1]

---

1 N. T.: Henry Williams Baker, "The King of love my Shepherd is". Versão em português disponível em http://hinario.org/detail.php?id=604.

Uivantes ondas bravias
do amplo Azul se expandiam
ali em Falcon Head, além do seu relevo clivoso,
e em vão arremetiam
contra nossa gruta, onde morriam
no calmo Rio Sandy, com seu leito arenoso,
sob nossos pés.
Trementes, permanecemos ali
sem palavras para exprimir
o sentimento adequado à ocasião.
Mas, sem saber no que refletir,
falamos bobagem para o outro rir,
desfrutando de doce mútua comunhão.
Ombro a ombro recostados,
cada um sentia seu corpo mais gelado
e o que era palpável em sonho se desfazia.
Falso — cada fato por mim narrado.
Mentira — aquele seixo rolado.
Tudo o que *era* apenas *parecia*
como se conhecêssemos o amor.
— JIM ELLIOT

Senhor, que este amor seja puro, elevado,
tão limpo e vasto quanto teu céu exaltado.
Ó Deus, envolve-nos nas catadupas
do amor Inexorável — e nos oculta
sempre em teu secreto lugar
onde, como um só, possamos te contemplar.
Amamos com o amor que primeiro nos deste —
assim, faze-nos beber de tua presença celeste —
e nos faz refletir, com a face desvendada,
o amor de Jesus por sua noiva adornada.
— Elisabeth Howard

MOORESTOWN 1950 NOVA JERSEY

O amor se desprende

O ano de 1950, com seu agradável número redondo, posicionado bem no meio do século XX, foi suficiente para fazer a Assembleia dos Irmãos de meu pai pensar a respeito das profecias do fim dos tempos. Ele escreveu para minha mãe em 3 de janeiro, relatando uma recente reunião de oração em que outro rapaz *"me olhou bem nos olhos e disse: 'Estamos a quarenta anos do reino milenar de Jesus Cristo, e isso numa estimativa conservadora!' No jantar de hoje à noite, papai disse: 'Crianças nascidas hoje verão o encerramento desta era'"*.

Contudo, embora qualquer tentativa de marcar uma data para a volta de Cristo esteja certamente sujeita a equívocos, o imperativo de manter uma mentalidade vigilante não está.

> Considere isso, Bets, com calma e por um longo tempo de uma vez. Qual é a minha relação — na prática — com o fim dos tempos? [...] Ah, quão perdida é uma vida vivida sob qualquer outra luz!

Talvez por isso, no dia seguinte, em seu diário, seu coração se voltou filosoficamente aos *"efeitos cumulativos e extremamente perigosos das coisas terrenas"*.

> **4 de janeiro:** Pode-se ter um bom motivo, por exemplo, para querer uma esposa, e pode-se ter uma legitimamente. Com uma esposa, porém, vem o dilema proverbial de Pedro (o comedor de abóbora) — ele precisa encontrar um lugar onde mantê-la, e a maioria das esposas não aceitará ficar nos termos que Pedro propôs.

Então, uma esposa requer uma casa; uma casa, por sua vez, requer cortinas, tapetes, máquinas de lavar e assim por diante; uma casa com essas coisas logo deve tornar-se um lar, e filhos são o resultado pretendido. As necessidades se multiplicam à medida que são atendidas: um carro exige uma garagem; uma garagem, terreno; terreno, um jardim; um jardim, ferramentas; e ferramentas precisam ser afiadas! Ai, ai, ai do homem que vive uma vida desapegada no meu século. Segunda Timóteo 2.4 é impossível nos Estados Unidos, se alguém insistir em ter uma esposa.

Com isso, aprendo que a vida mais sábia é a mais simples, vivida apenas no atendimento aos requisitos básicos da vida: teto, comida, cobertura e cama. E mesmo essas coisas podem tornar-se fonte de outras necessidades, se não tomarmos cuidado. Fica alerta, ó minha alma, para não complicar teu meio ambiente de tal modo que não tenhas tempo nem espaço para crescer!

Esse é o típico Jim Elliot! Ele não podia tolerar o desejo americano por possessões. Ele estava certo ao dizer que elas vinham com "efeitos cumulativos e perigosos". Sei bem como é isso. O desejo de simplificar minha vida, livrando-me das "tralhas", é muitas vezes inspirado pelas lembranças de minha infância com os índios, que nunca pareciam sofrer com o descontentamento. Precisávamos de pouco e desejávamos pouco, estando tão longe das lojas ou das casas de outras pessoas, onde as mais finas comodidades estavam disponíveis. Com frequência, minha mãe ecoava o mesmo sentimento, ensinando que não devemos segurar com muita firmeza as dádivas de Deus, reconhecendo-as verdadeiramente como *dádivas*, e não como propriedades pessoais que acumulamos e às quais nos apegamos.

Mas meu pai não estava se referindo apenas a coisas materiais. Apesar de seu amor por minha mãe, ele permanecia desconfiado quanto ao casamento, às suas distrações e suas lealdades divididas. Ele ainda sentia como se o casamento fosse apenas complicar seu chamado para o campo missionário, cujos detalhes já se mostravam bastante complicados em si. Da perspectiva espiritual que ele tinha na ocasião, Deus estava lhe falando alto e consistentemente sobre a convicção de permanecer solteiro.

1950: O amor se desprende 165

A caligrafia precisa e artística de meu pai — ele adorava experimentar estilos diferentes!

7 de janeiro: Não sei dizer o que me levou a ler a lei de Moisés ontem, mas fui estranhamente afetado por um versículo que parecia sair de seu próprio contexto e se aplicar à minha atitude em relação ao casamento. Ultimamente, tenho me lembrado consideravelmente do princípio de Pedro, de que mil anos são como um dia, e de sua aplicação ao longo da história humana.

O terceiro dia fala do retorno de Cristo para reinar (veja as referências das Escrituras a "depois de dois dias"). [...] Êxodo 19.15 me falou, como disse, com sua própria força: "Estai prontos ao terceiro dia; e não vos chegueis a mulher". Isso — ao lado de Mateus 19.12, 1 Coríntios 7 e, tipologicamente, Apocalipse 14.4 — me apresenta um desafio que nunca ouvi de nenhum púlpito.

O tempo era simplesmente muito curto, acreditava ele, para ser sobrecarregado com prazeres e comprometimentos pessoais, ou sequer para realmente se planejar muito o futuro.

> Não devo achar estranho se Deus toma na juventude aqueles a quem eu manteria na terra até que fossem mais velhos. Deus está povoando a eternidade, e não devo limitá-lo a homens e mulheres idosos.

Não sei com certeza sobre quem ele estava escrevendo especificamente, mas ele tinha várias "premonições" de que sua própria vida seria curta, e ele preferiu ser "consumido por Deus" a desperdiçar suas paixões.

Tal era seu pensamento no início de 1950.

Agora, restabelecendo para você o quadro geral: meu pai estava morando em Portland, ensinando em uma escola cristã de ensino médio, liderando estudos bíblicos para adolescentes, além de ajudar em casa e na assembleia que seu pai liderava. Ele era frequentemente chamado a pregar, falar em várias reuniões e ministrar em vários locais. Quanto aos seus planos de curto prazo, em sua carta de 3 de janeiro, ele mencionou ter sido aceito no programa Wycliffe de verão, em Oklahoma.

> Sinto que o Senhor quer que eu aceite esse tempo lá — quer eu vá para a Índia ou para a América do Sul. O projeto da Guiana Britânica está se arrastando, então provavelmente passarei minha primavera aqui. Ore por mais oportunidades para a Palavra, sim? Oh, que Deus faça com que sua Palavra "se propague e seja glorificada"!
>
> A direção da escola cristã me confirmou uma vaga aberta para assumir por duas semanas suas reuniões do ensino médio. [...] Jamais fiz algo assim e me sinto bastante insuficiente para uma multidão de mentes ativas como haverá lá. Ore para que o Espírito Santo faça sua obra de anunciar, elevar e vivificar Cristo diante deles.

Enquanto isso, minha mãe ainda estava em casa, em Nova Jersey — ajudando seus pais na cozinha e na limpeza, ensinando na escola dominical da igreja e preparando-se para, em breve, ir para a Flórida, onde integraria o corpo docente da Hampden DuBose Academy pelo semestre seguinte, pelo menos. Uma noite, depois de terminar uma breve carta ao meu pai, ela escreveu em seu diário:

> **12 de janeiro:** Penso muito nele "quando o alvorecer arde no céu". Ele disse que pensa em mim sempre que olha para o Mount Hood, em sua cobertura de neve. Gostaria que ele pudesse visitar a HDA, mas não há perspectiva disso enquanto ele mantiver sua resolução.

Acredito que essa "resolução" era o compromisso deles de não se verem até o Senhor confirmar na mente de meu pai que o casamento era uma possibilidade mais clara. Eles oravam fervorosamente pela vontade de Deus, como fica evidente em seus diários e cadernos, mantendo-a em primeiro lugar em suas mentes. O desejo constante deles era buscá-lo, querendo certificar-se do caminho que ele havia escolhido para cada um deles.

Ela expressou isso claramente em sua carta de 12 de janeiro, na qual pediu: *"Jim, por favor, ore por mim enquanto eu estiver na HDA. Há certas coisas envolvidas que não posso escrever, mas que indicam a necessidade de eu me manter humilde diante de Deus"*. Ela não queria parecer arrogante, mas o corpo docente tinha uma opinião tão boa a seu respeito que ela reconhecia de antemão a tentação de se sentir *"cheia de si mesma"* ao adentrar de novo aquele ambiente familiar. Ela aprendera, por todos os escritos de Amy Carmichael (e pelas Escrituras, é claro), que deveria estar *"disposta a ser considerada ninguém"*.

> Não quero ser covarde, mas peço sua oração para que o Senhor aperfeiçoe em mim o desejo de seu coração. Não sei mais o que pedir além de "Seja feita a sua vontade" — em mim e nos da academia.
>
> Por um lado, Jim, acho que alguns deles têm a ideia de que, quando houverem me levado até lá e enfiarem suas garras em mim, ficarei permanentemente. Mas, se compreendo minimamente como Deus está me conduzindo, ele quer me enviar a regiões além. Então eu oro: "Eis-me aqui, envia-me a mim".

Ela encerrou a carta com uma sequência de imperativos bíblicos que havia redescoberto recentemente no Salmo 37, os quais ela havia registrado tanto em seu diário como em seu caderno de anotações, uma semana antes, e os quais reapareceriam em futuras cartas.

> Agrada-te...
> Entrega o teu caminho...
> Confia nele...
> Descansa!
> Betts

Era quase como um desafio pessoal para aquele ano de "resolução".

E, se ela e meu pai estavam realmente falando sério sobre se manterem separados um do outro, eles certamente conseguiram isso pelo contraste em suas condições de vida em meados de janeiro — um deles no Oregon e o outro na Flórida.

19 de janeiro

> Você não gostaria de Portland esta tarde, mas vibraria com o local amanhã de manhã. Na noite passada, uma chuva congelada atingiu a Garganta do Rio Colúmbia e despejou uma sólida crosta gelada sobre a neve existente. Hoje, durante todo o dia, a chuva ficou mais fina — quase como um vidro leitoso —, congelando apenas ao tocar a superfície. Agora, cada galho está inchado, com o dobro do tamanho, por causa do gelo acumulado.

As escolas estão fechadas; praticamente não há trânsito; o céu está todo cinzento. Pingentes de gelo se contorcem pelas calhas. Por incrível que pareça, há três ou quatro pálidos pintarroxos pulando pelo quintal, tremendo — juro.

Hoje à noite, a temperatura cairá consideravelmente e, pela manhã, todas as linhas telegráficas, galhos de árvores, postes de sinalização — qualquer coisa exposta — estalarão, pois se encontrarão cobertos por camadas de gelo bem maiores que seu próprio peso. E, então, virá o que aqui chamamos de Degelo Prateado. É um dos mais belos fenômenos que temos aqui no inverno (além do Mount Hood ao luar!) e um dos mais prejudiciais também. Papai, ocasionalmente, põe apenas a cabeça fora da porta da frente e lança um olhar interrogativo e apreensivo para nossas calhas derrubadas. Então, entra balançando a cabeça e fazendo aquele estalinho da língua nos dentes.

Uau! A escrita dele!
E a dela!

30 de janeiro

A luz do sol sobre o lago azul e comprido... Carvalhos envoltos em musgo espanhol... Multidões de azaleias, berrando em cor... Folhas de bambu e de banana farfalhando na brisa quente... Palmeiras de todas as variedades curvando-se e chacoalhando — assim é o HDA em janeiro, enquanto tempestades de gelo atravessam o norte!

Acabei de supervisionar e ajudar na limpeza de alguns dos gramados da frente. Faz calor ao sol, mas é agradável a doçura quente da cânfora e do pinheiro de agulhas longas; e o lago é uma visão refrescante à nossa frente. Desci até lá e, do píer, pus os pés na água e desejei poder mergulhar por completo!

No entanto, disse ela, seus dias estavam ocupados. *"Tenho duas sessões diárias de retórica e ainda ajudo com recreação, música (quartetos masculinos, trios femininos, coral, além de algumas aulas individuais), trabalho externo, supervisão da turma dos concluintes etc."*

Em suma, a coisa toda não poderia estar melhor. A oração do meu pai por ela, para que *"todas as suas apreensões se derretam em ações de graças"*, estava sendo de fato respondida afirmativamente, disse ela.

> Os medos que tive ao vir para cá foram dissipados e tudo está sendo maravilhoso. Deram-me uma ótima colega de quarto — minha professora favorita quando eu estava aqui como estudante. Moramos no quarto dos sonhos: paredes com flores azuis, móveis brancos, colchas e cortinas brancas com babados de organdi. Algum contraste com o PBI! Porém, Paulo aprendeu a ter tanto abundância como escassez.

Ela via a fidelidade e a bondade de Deus ao olhar em volta. E, ao olhar para o distante noroeste, orou para que a fidelidade e a bondade de Deus igualmente cobrissem todos os labores de meu pai.

> Jim, diga-me como foram as suas reuniões, as do ensino médio. Elas foram retomadas após a tempestade? Eu orei por você — e continuo orando para que você conheça a vontade de Deus, seja cheio de alegria e paz, e continue seguindo rumo à perfeição.
>
> Nele, o único que é totalmente amável, Betty

Contudo, além de estarem mais afastados geograficamente do que nunca, o atraso entre suas cartas também aumentaria. Em vez da distância mais habitual de uma semana a dez dias entre cada escrita, os períodos de silêncio ao longo de 1950 rotineiramente se estendiam por meses. Eles estavam fazendo o que tinham certeza de ser a vontade de Deus — buscando-o, aprendendo com ele, voluntariamente se dedicando a serem úteis ao seu serviço, enquanto ordenavam que seus sentimentos e desejos um pelo outro ficassem em segundo plano. *O amor estava se desprendendo.* Aquela seria uma época para perseguirem *um único* amor — agradando-se, entregando-se, confiando, descansando —, submetendo-se individualmente a serem moldados e aperfeiçoados pelo Senhor.

Eles estavam crendo na Palavra de Deus que diz: "Agrada-te do Senhor, e ele satisfará os desejos do teu coração" (Sl 37.4). "Buscai, pois, em primeiro lugar, o seu reino e a sua justiça, e todas estas coisas vos serão acrescentadas" (Mt

6.33). "Mas uma coisa faço: esquecendo-me das coisas que para trás ficam e avançando para as que diante de mim estão, prossigo para o alvo, para o prêmio da soberana vocação de Deus em Cristo Jesus" (Fp 3.13-14).

Como disse meu pai em uma carta do início de fevereiro — sua última até 1º de abril:

11 de fevereiro

> Terminei *Gold Cord* [um livro de Amy Carmichael] já com vontade de lê-lo de novo. Não se pode capturar tudo que ele tem de valioso em uma única leitura. Wilfred Tidmarsh, o irmão com quem me correspondo acerca do trabalho indígena no Equador, diz que é um ávido leitor das obras dela e que constantemente obtém delas gozo espiritual. É curioso que uma bênção tão disseminada possa fluir de uma única vida.
>
> Mas Deus faz isso para aqueles que o seguem completamente. Diz-se de Samuel que o Senhor não deixou cair em terra nenhuma de suas palavras. Que recompensa para aquele que ouve durante a noite e pede: "Fala, Senhor, porque o teu servo ouve".

Casa Hall na HDA. Lar do diretor e da diretora, bem como um dormitório feminino com salas de entretenimento formal. Minha mãe morou aqui como professora em 1950.

Uma das anotações do diário de minha mãe, do mesmo período, também fornece evidências sólidas dessa postura.

9 de fevereiro: Ao ler Lucas 12.1-3, encontro uma solene advertência contra a hipocrisia. Tudo será revelado. Nada permanecerá encoberto. Isso me leva a uma oração cada vez mais solene: "Afasta de mim o caminho da falsidade e favorece-me com a tua lei. Escolhi o caminho da fidelidade e decidi-me pelos teus juízos" (Sl 119.29-30).

Ontem também li em Deuteronômio 25 — "Terás peso integral e justo" — uma exortação à justiça, à equidade, à imparcialidade, à verdade absoluta. Senhor, que o próprio Cristo me encha de tal modo que não haja espaço para "coisas encobertas"!

Vou dizer a você por que essa seleção dela significa tanto para mim. Se havia UMA coisa sobre a qual eu tinha certeza em minha mãe, era a *sinceridade* dela. É claro, muitas outras características eram totalmente admiráveis nela, mas eu amava poder confiar em cada palavra sua. Eu sabia que ela queria dizer exatamente o que dizia e, se ela advertia sobre uma consequência para algum ato meu de desobediência, eu certamente podia esperá-la. Nada daquela bajulação com ameaças vazias que nunca se concretizam, o que deixa as crianças sem noção de limites seguros ou consequências para o pecado.

Ela falava com exatidão de detalhes e usava palavras apropriadas, de modo que qualquer pessoa que a ouvisse era instantaneamente cativada. Quando ela relatava uma conversa ou descrevia uma pessoa com seu aguçado poder de observação, eu podia visualizá-las perfeitamente. Ela também falava das Escrituras com autoridade, pois não apenas dedicava tempo à Palavra de Deus, como também vivia de acordo com ela.

Ela realmente gostava de "estar com a palavra". Sorrio ao vê-la confessando em seu diário que não gostaria de parecer tão dogmática ou autoritária, que precisava de um coração mais apto a ouvir, pois lembro-me claramente de ela me confessar as mesmas coisas. Ela se aflige, às vezes, por sua própria insensibilidade quando outras pessoas falavam com ela, e desejava tornar-se mais graciosa para com aqueles que eram tão hábeis com as palavras e com os fatos.

Mas, oh, o hábito da *correção* — *de* corrigir os outros! Receio que também o tenha herdado e, com frequência, me envergonho por colocá-lo em prática. Em alguns de seus livros, ela escreveu sobre como descobriu, à medida que foi amadurecendo em Cristo, que não precisava ter a última palavra em tudo e que nem sempre precisava endireitar as pessoas. Eu, porém, apreciava muito sua avaliação honesta e seu pensamento claro sobre quase tudo! A verdade da Bíblia e suas experiências da fidelidade de Deus eram os pontos altos de suas falas e revelavam sua prática particular em casa.

"Verdade absoluta?" Sim, de fato.

Sinto-me igualmente atraída pelo que ela escreveu nestes dois registros seguintes:

16 de fevereiro: "O Senhor é a força da minha vida" (Sl 27.1). Esta manhã, estava prestes a desanimar por causa da instabilidade e da pecaminosidade do meu coração. O futuro parecia escuro à minha frente e o passado assomava pesado aos meus olhos. Não há força em mim. Sou a mais fraca entre os fracos. Então, o Senhor, em graciosa revelação, me deu este versículo: "O Senhor é a força da minha vida". Aqui estão descanso e vitória, paz de coração e confiança de espírito.

3 de março: "O amado do Senhor habitará seguro com ele; todo o dia o Senhor o protegerá, e ele descansará nos seus braços" (Dt 33.12). Ah, que alegria, antes de tudo, simplesmente *por ser* "a amada do Senhor"; depois, na certeza de habitar *segura com ele*. Analogamente à sensação de segurança de estar perto de alguém a quem amamos, sinto esse descanso e paz de estar "com ele", segura da variedade de confusões em que Satanás tenta me lançar. As palavras "todo o dia" significam todo *este* dia — momento a momento. Não apenas de agora até as onze da manhã, mas até o aparecimento das estrelas. Poderia haver algum lugar de maior tranquilidade e amor do que "nos seus braços"? Agradeço-te, querido Senhor, por este versículo hoje.

Esses dois trechos tipificam a história de vida dela. Ela andou cuidadosamente com o Senhor, necessitando continuamente de sua força e paz. Quando eu era criança, ela me ofereceu a mesma segurança em seu próprio amor. Ela sempre apontou para mim quanto o Senhor nos ama, que não temos motivos para temer coisa alguma. Sempre que eu desanimava, ela me lembrava de que ele seria meu auxílio e de que eu podia depender dele completamente para tudo de que precisasse. Mesmo anos antes, na selva, ela nunca me deu motivo para ter medo. Por causa de sua confiança, eu raramente me preocupava com os perigos reais que nos cercavam.

Obviamente, ela vinha cultivando sua confiança no amor e na proteção de Deus havia muito tempo.

Finalmente, em março, ela escreveu novamente para meu pai.

10 de março
Sua carta de um mês atrás permanece em minha mesa, em meio a pilhas de trabalhos que tenho de corrigir, material do anuário e declamações. Por fim, chegou uma ocasião (que provavelmente será interrompida) em que eu pudesse tentar responder.

Pergunto-me se você ainda está ensinando na escola cristã...

Sim, ele estava. De fato, *"eles querem que eu ensine por um ano no ensino médio"*, escrevera recentemente em seu diário, e *"a diretoria quer que eu decida em breve sobre o que devo fazer no outono"*. O irmão de minha mãe, Dave, também estava ansioso em recrutá-lo como orador e líder de conferência na organização do ministério InterVarsity.

18 de fevereiro: Ó Deus, tantas curvas, tantos caminhos, tantos buracos! Ajuda-me, Senhor, a ver todo o teu caminho para mim — e a segui-lo sem considerar homem algum. Se eu recusar o trabalho na InterVarsity, ofendo Dave; se recusar o trabalho à diretoria da escola, eu os ofendo; se for para a Índia, desencorajo o irmão Tidmarsh no Equador. Como vou saber, meu Pai? Parece que devo tomar uma decisão em breve, mas não posso tomar nenhuma decisão a menos que te ouça falar, ó Senhor. Não te cales em relação a mim.

O tipo de trabalho que meu tio Dave estava propondo atraía meu pai, é claro. Ele certamente era hábil em exortar estudantes e jovens a levarem a sério o mandato de Cristo quanto às suas almas e ao seu futuro. Mas *"esse pular de um lugar para outro, uma noite aqui, um dia acolá, mostrou-se ineficaz no verão de 1948, carecendo da qualidade substancial de uma edificação bem estabelecida. Meu exercício* [uma palavra que ele costumava usar para descrever sua luta em oração, em busca da mente de Deus] *parece estar passando por intenso ataque agora mesmo".*

> **6 de março:** Na noite passada, experimentei de forma renovada a verdade da palavra de Paulo: "Como pregarão, se não forem enviados?". Ó Deus, eis-me aqui, *envia-me*. Não me deixes errar o caminho tentando passar na tua frente. Envia-me, ah, *envia-me para o campo!*

Também minha mãe, igualmente desejosa pelos campos estrangeiros, continuou fielmente no que tinha certeza de que seria seu *"trabalho temporário"*. Mas Deus estava trabalhando em seu coração, graciosamente permitindo que ela não descansasse muito naquele cômodo lugar que poderia dar espaço para a complacência. Ao fim de sua carta de 10 de março, ela disse:

> Este amor que ele me deu por esses alunos, ao lado da alegria e da paz neste trabalho temporário, é algo que eu não pensava ser possível.
>
> O Senhor me abriu novas avenidas de amor nos últimos anos — tão diferentes em seu escopo, mas tão reveladoras do amor de Deus! De fato, ele não "conhece bordas nem fundo". E, a fim de que eu não desanime ao medir minha porção dos frutos do Espírito, penso simplesmente nisto: tudo que eu deveria ser, Cristo é. E Cristo vive em mim. Isso basta? Isso basta.

Amém.

"Há momentos", escreveu ela em seu diário, *"nos quais gostaria de contar a alguém sobre Jim. Nem uma alma aqui sabe nada sobre isso, e eu não ousaria deixar*

a Sra. DuBose saber". Porém, embora longe de casa, e longe de ter certeza sobre os rumos definitivos de sua vida, ela descansava no conhecimento de que Deus estava presente, de que ela estava rendida à vontade dele, e... bem, as palavras dela ainda expressam melhor: *"Isso basta"*.

Se ao menos outras pessoas ficassem longe de sua vida particular...

"Sua carta estava cheia de alegria e bênção", escreveu meu pai em 1º de abril; contudo, a carta chegara ao Oregon pouco tempo depois de o irmão dela a visitar lá. Apesar de estar noivo, ocupado e seguindo em frente com sua vida, o tio Dave continuava se sentindo responsável por defender minha mãe contra o que considerava ser meu pai quase brincando com suas emoções.

1º de abril

Dave me provocou novamente a reconsiderar nosso relacionamento, e eu havia chegado a concordar com ele. Comecei a sentir, porém, que isso era como reabrir túmulos antigos. De alguma forma, não parece que eu deva me explicar a você novamente.

Dave e eu concordamos que, se você está "agarrada por um fio" (como ele diz, referindo-se a uma esperança obstinada pelo casamento), e se esse fio é nossa correspondência, devemos encerrá-la imediatamente. Dave ainda sente que esse é o caso; que você está se enganando, pensando que não tem expectativa, mas que suas ações negam isso. Essas ações a que ele se refere são os episódios nos quais você chorou ao receber minhas cartas — evidência, diz ele, de que você está se enganando. [...]

Betts, se esse é o caso, e se isso representa em você uma atitude que define nosso relacionamento mais profundamente do que o vínculo familiar que temos em Cristo, devo ouvi-lo e agir. (Dave diz que, se algo há de acontecer, a iniciativa deve ser minha, já que você não pode discernir seu próprio coração.) Você não pode ser mais para mim, agora, do que uma irmã amada. Qualquer coisa além disso [...] deve culminar em casamento e, quanto a isso, não tenho uma palavra, nem a expectativa de alguma palavra.

> myself to you again. Dave and I are both in agreement that if you are "clutching at any straw" (as he puts it, referring to an unsurrendered hope for marraige) and that straw is our correspondence, it must be dropped pronto. Dave feels still that it is so; that you are fooling yourself into thinking that you have no expectation, but that your actions deny it. These actions to which he refers are the weeping episodes you undergo upon receipt of my letters, evidence says he, that you are deceiving yourself. I had not heard of them and may not judge, but he verifies it by both your Mother's and Mrs. Cunningham's sentiments in the matter.

A julgar por alguns comentários posteriores, que veremos em breve, bem como de outros que já vimos, não acho que ela tenha sentido necessidade de remoer o assunto. Ela sabia em que posição estava o relacionamento deles, e ela conhecia seu próprio coração e sua própria mente melhor do que qualquer outra pessoa poderia fazê-lo. Posso imaginar um suspiro frustrado escapando de seus lábios enquanto ela lia esta advertência dele, quando disse:

> Se você está de alguma forma inquieta, distraída dos pensamentos que exaltariam a Cristo, abalada por alguma espécie de expectativas ocultas pela leitura de minhas cartas, então já não receberá mais cartas minhas.

Muito bem. Se era assim que precisava ser, ela não enviaria uma resposta explicando mais uma vez seu lado da questão. Ela já havia feito o suficiente — e estava satisfeita. O melhor uso de seu tempo, acreditava ela, era continuar esperando e lutando para tentar ouvir de Deus, o que ele disse que já estava fazendo.

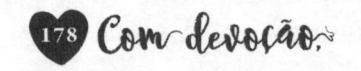

Estive novamente sob profundo exercício com respeito ao campo, mas não tenho nenhuma direção de Deus. Quem pode sondar as maravilhas de sua sabedoria; quem pode segui-lo em seus caminhos para com seus filhos? Certamente, porém, a luz surgirá nas trevas para aqueles que temem o seu nome. Na sua Palavra, está a minha confiança.

Sim, e assim continuaria a confiança dela também.

PRIMAVERA E VERÃO

Ainda assim, o caminho específico que meu pai seguiria no chamado missionário não estava mais definido quando a primavera chegou, e o calor a aproximar-se sugeria a iminência das decisões que precisavam ser tomadas para o verão.

19 de abril: Ao buscar uma promessa de que Deus aceitava minha confiança nele quanto à direção de que preciso para o próximo um mês e meio, recebi este incentivo de Isaías 42.16: "Guiarei os cegos por um caminho que não conhecem, fá-los-ei andar por veredas desconhecidas; tornarei as trevas em luz perante eles e os caminhos escabrosos, planos. Estas coisas lhes farei e jamais os desampararei".

Então, eu o imagino sentado com sua Bíblia, talvez sorrindo para si mesmo, antes de escrever esta preciosa oração e lembrete:

Desta vez eu cumpro os requisitos, Senhor. Eu certamente sou cego.

Sim, ele estava aprendendo que nem mesmo a cegueira era sinônimo de não ter direção. Como ele escreveu em seu diário no dia seguinte: *"Ontem à noite, pedi sinceramente que algum sinal de orientação me fosse mostrado hoje com respeito à minha ida ao Wycliffe. Não recebi nenhum".* Contudo...

20 de abril: Compreendo que Deus me dará orientação específica, não quando eu a pedir, mas quando eu precisar dela, e não antes disso.

O que Deus *estava* lhe dando, entretanto, eram alguns princípios gerais a serem estabelecidos no seu íntimo quando ele pensava além do Wycliffe, além do verão, olhando mais amplamente o ponto ao qual o Senhor o estava conduzindo. Entre os principais, estavam estes:

> Primeiro, lembre-se sempre de que Deus lhe ensinou a importância de um ministério de *edificação*. Permanecer em um único grupo por algum período, ressaltando as ênfases consistentemente, é a melhor maneira de realizar um trabalho duradouro para Deus.
>
> Segundo, não se coloque numa posição em que algum *homem ou grupo*, e não você, determine as diretrizes que você sabe que devem ser estabelecidas mediante o exercício individual diante de Deus. Nunca permita que organização alguma dite a vontade de Deus.

Mais tarde naquele dia, um terceiro princípio pareceu coalescer em sua mente como proveniente do Senhor — não de natureza tão genérica quanto os dois primeiros, porém mais direcionado a meu pai pessoalmente.

> Terceiro, sempre que a escolha for entre realizar um trabalho espiritual (de qualquer tipo) ou um trabalho secular (novamente, de qualquer tipo), a escolha para mim deve ser a primeira, independentemente das condições financeiras.

Portanto, com essa diretriz em mãos, ele se sentiu seguro de pelo menos uma ramificação específica:

> Recusei a oferta da diretoria da escola em Vancouver para concluir o ano letivo como professor do sétimo e do oitavo anos. Tive alguma dificuldade em discernir a vontade do Senhor, mas creio que ele me guiou. É fácil hesitar entre questões menores (ou mesmo por questões mais importantes) ao tomar decisões, quando não se pode recorrer a *princípios* de orientação.

Quando o verão chegou, ele já tinha a certeza. O caminho que Deus havia traçado para ele, por meio desses princípios e da Palavra, o conduzia ao

Wycliffe. E, se ele obedecesse diligentemente ao que sentia em seu espírito ser a vontade de Deus — assim como aos ensinamentos das Escrituras que ele *sabia* serem a vontade de Deus —, estava certo de que permaneceria exatamente no lugar onde o Senhor poderia continuar falando com ele e o usando.

> **2 de junho:** Impressionado com Efésios 5.17 — "procurai compreender qual a vontade do Senhor" — e Romanos 12.2 — "para que experimenteis qual seja a [...] vontade de Deus". A todo momento posso estar consciente e me alegrar com o conhecimento da vontade de Deus. A obediência a todos os mandamentos me coloca nesse caminho e me mantém nele.
>
> Decisões, é claro, devem ser tomadas. Assim como é na ferrovia, porém, deve ser na vida. Um sinal de bloqueio — uma crise — se acende apenas quando há necessidade especial. Talvez eu nem sempre veja adiante uma luz de "Siga", mas, permanecendo nos trilhos, serei levado até o próximo sinal. Entender a vontade do Senhor é crer nele; é crer que, em todas as situações nas quais eu obedecer ao Senhor, ele fará desse caminho seu próprio caminho, eficaz para a eternidade.

Quão maravilhoso, porém, é quando os caminhos de Deus que são "eficazes para a eternidade" também podem ser desfrutados no momento. Foi o que aconteceu quando, em 1º de julho, as jornadas de meus pais os uniram novamente, em Wheaton, por ocasião do casamento de meu tio Dave com Phyl Gibson ("Gibby"), a antiga colega de quarto da minha mãe no PBI.

Eles não ficaram juntos por muito tempo. Apenas alguns dias. E, obviamente, as festividades do casamento ocuparam a maior parte do tempo, impedindo-os de qualquer conversa particular mais prolongada, como as que eles haviam compartilhado em Portland, no verão anterior. Porém, o fato de estarem perto um do outro era precioso da mesma forma. *"Vi Betty novamente, com alegria e refrigério"*, observou ele em seu diário de 1º de julho. *"Estou muito grato a ti por ela, Senhor Jesus."* Seus comentários foram quase tão breves quanto o encontro deles.

O relato mais longo veio da carta de minha mãe para ele, escrita na quietude da casa de sua família em Moorestown e enviada a ele em Oklahoma.

8 de julho

Mal sonhava, quando escrevi pela última vez, que o veria antes de voltar a escrever! Não fazia ideia, é claro, de que haveria um intervalo tão longo; além do mais, certamente não esperava vê-lo no casamento, pois você me disse em fevereiro que iria para Wycliffe. Mais uma vez, porém, a direção do Senhor foi inequívoca.

Ontem à noite, estava lendo o Salmo 71, e aquilo pareceu tão apropriado a várias coisas que Deus me tem mostrado. Jim, gostaria de poder lhe contar quão maravilhosamente o Senhor tem me dado descanso e confiança absolutos em si mesmo. Embora ele não tenha mostrado o próximo passo, acho impossível "inquietar-me com o dia de amanhã" ou ficar ansiosa. Isso, para mim, é milagroso. [...] Acaso o verso 7 traz consolo à sua alma como traz à minha, Jim?!

A carta como um todo, que não foi muito longa, revela uma maturidade que excedia até mesmo o caráter altamente maduro já presente nas cartas anteriores. Esta era confiante, focada, visivelmente exaltada e refletia o comentário que meu pai fizera um dia depois de vê-la — *"O Senhor está trabalhando nela"*. Em vez de lamentar a brevidade da visita ou de ser afetadamente sentimental por causa dela, ela estava muito mais interessada em celebrar o que Deus estava realizando em seu coração.

A última vez que ela tivera notícias dele, você deve se lembrar, fora a carta de abril, na qual ele sentira necessidade de afirmar o status descompromissado e não vinculante do relacionamento deles. Mas a primavera fora incrivelmente atarefada na HDA, e ela não havia encontrado tempo (nem tivera o desejo) de responder a ela.

"É um pouco tarde para responder à sua carta de 1º de abril", disse ela, *"mas eu a tenho diante de mim agora, e ela me abençoou e me irritou ao relê-la"*. Ela havia sido "abençoada" por seu relato do favor de Deus sobre a pregação dele e os

efeitos que o Senhor estava produzindo na alma das pessoas, como resultado. Ela estava "irritada", no entanto, pela insistência bastante humilhante de que seu coração precisava de carinho e afago constantes. Afinal de contas...

"Bem, nós já discutimos isso", disse ela, secamente. *"Deixe as pessoas pensarem que somos loucos. Temos confiado e, penso eu, sido obedientes."* Ela esperava acabar de uma vez por todas com aquele excesso de cautela quanto aos seus sentimentos.

Embora parecesse que ninguém entendia por que eles não estavam noivos e fazendo planos para irem juntos para o campo missionário — ou, do contrário, por que simplesmente não deixavam um ao outro em paz —, ela sabia que havia colocado Deus em primeiro lugar e que meu pai estava tentando fazer o mesmo (talvez com um pouco mais de frustração do que ela). E, enquanto a vontade de Deus predominasse em cada um de seus corações, eles não tinham a obrigação de se explicar a ninguém nem de expor todos os detalhes de sua vida de oração e a dinâmica de seu relacionamento. "Deixe as pessoas pensarem que somos loucos", então — enquanto ela e meu pai seguiam sozinhos, buscando expandir o reino de Deus como suas testemunhas, até os confins da terra.

Era *isso* que "definia o relacionamento deles", se tais definições eram necessárias. Simplesmente havia muito mais no que pensar além de em si mesmos, como minha mãe dissera...

> Ah! Enquanto escrevo, há tantas coisas que lotam minha mente sobre as quais eu gostaria que tivéssemos conversado. Mas o que são duas breves noites? Louvo a Deus por elas, contudo. Acho que, na noite de sábado, tive a percepção de uma comunhão mais feliz do que nunca.

Não é lindo ouvir isso? Depois de tudo o que eles passaram? O amor havia se desprendido. E Deus lhes dera, em troca, uma amizade ainda mais especial.

Meu pai respondeu rapidamente à carta dela, também agradecido *"pelo tempo juntos, duas semanas atrás. Mal consigo me lembrar de duas frases seguidas de nossa conversa naquela noite de sábado, mas sou tomado pela mais agradável sensação ao lembrá-la".*

(Parte dessa "agradável sensação", para ser franca, pode ter vindo da transportadora fragrância do perfume dela, que emanava do envelope ao ser aberto. *"O Tweed estava delicioso"*, disse ele ao assinar. *"Manda mais?"*)

Mais importante, porém, ele estava escrevendo para compartilhar com ela um desenvolvimento monumental em seu chamado ao campo missionário. [Observe, no trecho a seguir, que "Bill" é Bill Lathers; "Bob" é Bob Weeber, colega de quarto no Wycliffe.]

16 de julho

> Agora, preciso lhe contar sobre o período de dez dias que Bill, Bob e eu passamos orando a respeito da estação abandonada [Shandia] no leste do Equador, entre os índios Quíchua. No dia 4 de julho, estávamos jantando quando um irmão da região começou a falar casualmente sobre a obra. Ficamos tão impressionados que subimos ao quarto para orar e fazer um pacto, a fim de separarmos dez dias para buscar a mente de Deus com respeito a irmos para esse campo.

Ele estava falando cada vez mais seriamente sobre o Equador e a obra em Shandia. Mas, além do acordo de continuarem orando, ele e seus amigos não sentiram nada mais definitivo naquela noite. A única conexão da qual eles tomaram conhecimento, além da direção que sentiram na mesa de jantar, foi que, no outono anterior, *"sem o conhecimento um do outro"*, Bill e meu pai se haviam comunicado com o Dr. Tidmarsh sobre as possibilidades de irem para lá e continuarem o trabalho dele.

"Bem, para encerrar a história nesta página", disse ele em sua carta à minha mãe, *"nos encontramos ontem de manhã"* — o décimo dia. Porém, em seu diário de alguns dias antes, ele deu mais detalhes sobre tudo que se passara entre ele e o Senhor, pouco antes do encontro daquela manhã.

> **14 de julho:** Eu estava lendo casualmente Êxodo 23 quando os versículos 20 e 21 se sobressaíram vividamente: "Eis que eu envio um Anjo adiante de ti, para que te guarde pelo caminho e te leve ao lugar que tenho preparado. Guarda-te diante dele [...]".

Com devoção

Da forma como veio (claramente fora de contexto), com aqueles sentimentos prévios e com aquela simples fé em busca de alguma promessa, considero isso uma direção de Deus para que eu escreva a Tidmarsh, dizendo-lhe que devo ir ao Equador pela vontade de Deus.

Bob, disse ele, não teve a mesma direção, mas Bill, sim. *"Então, na vontade de Deus, este é o destino: Shandia daqui em diante."* Nada disso foi resultado de quaisquer *"visões mentais"*, mas simplesmente *"uma confiança tranquila de que uma porta está aberta, a qual ninguém pode fechar"*.

Cinge-me, põe-me em posição,
destemido, batalhando ao lado teu,
beberia sangue, tal seria meu quinhão;
junto aos valentes andaria eu...

"Shandia daqui em diante". 16 de julho de 1950.

Ele havia esperado fielmente.
E Deus havia fielmente respondido.
O Senhor havia escolhido para ele — o Equador.
Minha mãe ficou exultante com a notícia. Escreveu em seu diário:

> **20 de julho:** Deus seja louvado — ele respondeu às muitas orações por J. para que ele fosse guiado a um campo missionário. Recebi uma carta dele dizendo que ele e Bill Cathers estão voltados para o Equador, para ocupar uma posição entre os índios Quíchua que teve de ser abandonada. Eles escreveram aos presbíteros de Portland e Wheaton, respectivamente, pedindo conselhos ou recomendações para o próximo outono. Como estou tão feliz por ouvir isso! "Deus é fiel."

Novamente, dois dias depois, ainda radiante de empolgação espiritual:

> **22 de julho:** Quanto mais penso na decisão que Jim tomou, mais feliz fico. O Senhor mantém sua palavra sem falhar, embora às vezes esperemos o que parece um longo tempo.

Em meio a tudo isso, é claro, em meio a todas as orações e espera, ela permanecia bastante apaixonada por ele. Mas ela o entregara a Deus e estava verdadeiramente grata pela maneira como o Senhor o conduzira tão especificamente a um foco missionário.

Quanto a si mesma, ela ainda não havia recebido uma direção tão clara em relação ao campo missionário. Mas, apesar das áreas em sua vida que ainda considerava carentes de santificação — *"tendência a uma demasiada casualidade"*, por exemplo, *"e a uma espécie de atitude displicente"* —, ela mantinha absoluta confiança no amor de Deus e na obra que ele estava fazendo no coração dela. Ele a havia conduzido *"a um novo senso de proximidade, descanso e intimidade com ele"*. Oh, que ele a conduzisse a uma *"reverência ainda maior por ti, meu querido Pai, e a uma gratidão mais profunda por eu te conhecer como Senhor e Mestre"*. Seu espírito estava disposto. Disposto a esperar.

Como sempre, porém, não seria fácil. Esperar raramente é. De volta para casa, em Moorestown, à medida que o outono ia se aproximando, ela muitas vezes se perguntava o que meu pai estava fazendo lá fora, sabendo que ele estava com os olhos totalmente voltados para a América do Sul.

> **26 de agosto:** Nenhuma palavra de Jim desde 19 de julho. Suponho que o Wycliffe já tenha terminado. Pergunto-me: onde ele está? Qual foi o conselho dos presbíteros de Portland?

O que ela, de fato, não podia saber, até a próxima carta dele chegar, era que meu pai — mesmo com o Equador tão abundante em sua mente — também se perguntava sobre ela com frequência.

> **31 de agosto**
> Tenho pensado muito em seu nome ultimamente, e pedi a Deus que a fortalecesse e lhe demonstrasse claramente uma direção neste outono. Presumo que você esteja de volta a Birdsong agora, ou ao menos chegará em breve. Tenho me perguntado se o Senhor lhe deu mais direção sobre o trabalho na Filadélfia e, talvez, sobre se familiarizar com alguma assembleia lá. Da última vez que conversamos, isso me parecia o melhor, mas talvez sua maneira de desvendar segredos a tenha conduzido a algo melhor.

Sim, "a algo melhor" — a ser revelado pela maneira do Senhor de "desvendar segredos". Tenho certeza de que ela ficou empolgada ao saber que meu pai estava orando nesse sentido por ela, exatamente como ela estava fazendo fielmente e continuaria a fazer por ele. Nada neste mundo, nada nesta vida — nada, absolutamente coisa nenhuma —, pode ser "algo melhor" do que isso.

OUTONO

Setembro chegou, erguendo-se sobre meu pai ao final de dez semanas de estudos linguísticos. No entanto, mesmo assim, *"Bill e eu sentimos que a coluna de nuvem não estava se levantando para nós, então vamos continuar aqui"*, disse ele na carta de 31 de agosto que escreveu para ela. *"Há oportunidades abundantes de ministrar na área — adolescentes do ensino médio em Norman, gente carente do campo por toda parte, acolhida na assembleia de Oklahoma City, e, quando começar o ano letivo, trabalho no campus da Universidade."* Nesse ínterim, o plano deles era encontrar trabalho remunerado como biscates, ao mesmo tempo que buscavam o Senhor pedindo-lhe portas abertas para perseguir sua verdadeira missão, seu primeiro amor: evangelizar os perdidos e discipular com ousadia os crentes.

Era uma boa maneira de se manterem ocupados em meio a um padrão inevitável de espera.

> Bill ainda não recebeu retorno dos irmãos em Wheaton sobre a recomendação, embora tenha escrito semanas atrás. Eles podem recusar-se a recomendá-lo por não o conhecerem suficientemente bem. Descansamos no Senhor quanto ao resultado desse exercício.

No entanto, pelo lado bom...

> Os irmãos em Portland me escreveram uma carta de recomendação muito encorajadora e parecem muito felizes em me deixar ir. Todos concordam que devemos ir juntos. O irmão Tidmarsh esperava sair de licença no próximo mês de novembro, mas está pronto para suspender seus planos se pudermos chegar lá a tempo de ele nos apresentar ao trabalho.

Assim, aparentemente, mesmo na espera, as coisas estavam ganhando velocidade. *"Se for a vontade de Deus",* disse ele, *"partiremos assim que conseguirmos os passaportes e visitarmos a família mais uma vez".* Para esse fim, havia vários assuntos correlatos a tratar, outros documentos oficiais a serem reunidos, assim como *"alguns suprimentos a serem coletados".* Mas nada significativo. Nada extraordinário. Na verdade (naturalmente, ele não conseguia evitar dizer isto):

> ...nada do que é necessário para a maioria dos casados.

Aí está, mais uma vez — a liberdade missionária de não estar sobrecarregado pelo casamento. Parece que as três resoluções que ele havia tomado no final de 1948 estavam se cumprindo na vida real: (1) trabalho entre as tribos na América do Sul, (2) um verão no Wycliffe e, agora, (3) *"trabalho na selva, solteiro"*. De que outra forma, a menos que fosse solteiro, ele poderia buscar uma entrada no Equador *"trabalhando em um projeto que nos levaria até lá como meros tripulantes de um banana boat"*?

Ser solteiro nesse momento crucial de sua vida significava que, por mais perigoso que fosse o desafio ou mais elevado o custo, ele não precisava preocupar-se com a segurança ou o bem-estar de ninguém, além do seu próprio — o que significava, por ele estar disposto a fazer absolutamente qualquer coisa a fim de proclamar o evangelho, que ele estava livre para seguir em frente sem a menor preocupação.

Não é de admirar que seu exemplo destemido tenha inspirado o zelo de tantas pessoas por levar Cristo às nações.

No entanto, por mais genuinamente grata que minha mãe se sentisse ao saber dessas emocionantes atividades na vida de meu pai, tenho certeza de que todas as incessantes novidades a deixaram pelo menos um pouco invejosa, assim como solitária e desejosa de estar em sua companhia — alguém com quem ela compartilhava a mesma dedicação à comissão do evangelho.

Certa vez, ela pensou consigo mesma, sonhando acordada com o trabalho em terra estrangeira que desejava fazer: *"Esse 'amor pela aventura' é um mero desejo de fazer algo difícil? É algo errado?"*. Não, não era errado. Mas, como tudo no reino de Deus, deve ser feito na força dele, no tempo dele e em resposta à direção que vem de suas mãos — o resultado de esperar, descansar e confiar. No entanto, para o seguidor paciente e vigilante de Cristo, isso ainda pode ser um tempo abençoado, mesmo diante dos clamores por comparação.

> **4 de setembro:** As últimas semanas foram quase uma agonia de espera, perguntando-me o que o Senhor gostaria que eu fizesse neste inverno. E a espera não tem sido sem suas múltiplas tentações de dúvida e desânimo.
>
> Mas é em momentos como este que nosso querido Pai fala ao coração de maneira mais abençoada, renovando as certezas e dando novas promessas, quase acariciando seu filho com "excesso de amor".

Oh, que alegria tenho recebido ao saber que estou unida a Cristo... Oh, o maravilhoso e indizível intercâmbio de alegria — ele é minha alegria, eu sou a alegria dele, ele é minha satisfação, eu sou sua satisfação. Pois eu sou aceita no Amado. Agora mesmo, estou tão apta a me apresentar diante de sua luz eterna quanto jamais estarei, pois estou vestida com o manto *perfeito* da justiça de Cristo. Eu estou em *Cristo* — que ele seja visto em mim.

O próximo registro sobre o assunto em seu diário, embora extenso, merece ser reimpresso na íntegra. Talvez você esteja em um daqueles lugares em que esses pensamentos dela falarão à sua vida com sabedoria perfeitamente cronometrada.

7 de setembro: Para alguns, os passos "ordenados pelo Senhor" são iluminados com uma luz tão brilhante que se tornam visíveis até mesmo aos outros. Parece haver uma grande e maravilhosa série de "milagres", "surpresas", "portas abertas", "coincidências" — uma coisa após a outra, numa sequência rápida e emocionante. Aqueles que observam dizem: "Tal homem está sendo verdadeiramente guiado por Deus". E, de fato, tal homem verdadeiramente está.

Mas "ele chama pelo nome suas próprias ovelhas e as conduz para fora". Assim, a sua misericordiosa e miraculosa direção é individual — "Recordar-te-ás (no singular) de todo o caminho pelo qual o Senhor, teu Deus, te guiou". É grande a tentação de imitar ou esperar o mesmo modo de direção que Deus concedeu a outrem. "Que te importa? Quanto a ti, segue-me". Sua Palavra está repleta de exemplos de como ele conduz suas ovelhas individualmente.

Para mim, ele não escolheu dar aqueles sinais que pode manifestar a outrem. Ele não me guiou de nenhum modo espetacular, ou por passos que pudessem servir de evidências a outras pessoas. Em vez disso, meu Pai abriu silenciosamente o caminho, tantas vezes depois de sua filha ficar muito tempo "sentada e calada"; de repetidas decepções; de "esperanças adiadas"; e, finalmente, vinha a revelação de algum plano que de modo nenhum correspondia às minhas expectativas.

Mas, oh, os pensamentos dele não são os meus! E ele é quem sabe os pensamentos que tem a meu respeito — pensamentos "de paz, e não de mal". Enquanto isso, enquanto espero, vigio, oro, ele concede quietude e paz. Ele nunca permitirá que eu seja tentada além das minhas forças. (E é ele, não eu, quem sabe quais são as minhas forças!) "Prossigo não sabendo, senão vou desistir; melhor andar com meu Deus, sem ver, do que, vendo, andar a sós."

Repetidas vezes, sou tomada pela importância de andar sozinha com ele, seguindo-o a despeito de tudo o mais, sem me preocupar com os caminhos pelos quais ele conduz os outros. "Tu *me* farás ver os caminhos da vida." "Ele endireitará as *tuas* veredas." Amém, Senhor.

Ao concluir, ela selou em uma apropriada oração final toda essa meditação sobre como os pensamentos de Deus são absolutamente sábios e individualmente direcionados a cada um de seus filhos.

Aceito que teu caminho para mim é bom, agradável e perfeito. Tu conheces todos os pensamentos e desejos do meu coração. Eles não estão escondidos de ti. E tu bem sabes que meus caminhos não têm sido os teus — nem meus planos, os que tinhas tão sabiamente planejado. Então, mais uma vez, reconheço que "eu estava embrutecida e ignorante; era como um irracional à tua presença. Todavia, estou sempre contigo, tu me seguras pela minha mão direita. Tu me guias com o teu conselho e depois me recebes na glória. Ainda que a minha carne e o meu coração desfaleçam, Deus é a fortaleza do meu coração e a minha herança para sempre".

Eu te louvo e te agradeço, bendito Senhor, meu Pai. Tudo tens feito esplendidamente bem.

Embora ela fosse uma moça muito jovem quando escreveu aquilo (apenas 23 anos), essa prática de estar a sós com Deus — esperando, confiando, conhecendo o coração de seu pastor para com ela — foi a jornada de sua vida inteira. As pessoas costumavam dizer a seu respeito: "Ela parece tão serena e pacífica". Mas somente pela leitura sincera das Escrituras e pela contínua entrega de seu coração em confiança a Deus foi que ela conseguiu manter essa paz, mesmo quando entrou em demência, no início dos anos 2000. Ela realmente viveu de acordo com a profunda e sólida beleza dessas palavras que escreveu, dando testemunho, como disse, de que ele faz tudo "esplendidamente bem".

Também meu pai, nesse período de espera ativa, estava aprendendo com o Senhor algumas dessas máximas pelas quais seria tão lembrado:

24 de setembro

1. Atenda ao Timoneiro, ou atenderá às rochas.
2. Onde quer que você esteja, esteja plenamente lá. Viva plenamente todas as situações que você acredita serem a vontade de Deus.
3. A determinação, e não o desejo, determina o destino.

E esta aqui:

25 de setembro: Aquele que faz da comodidade o seu deus; da subsistência, seu altar; do prazer, seu sacerdote; e do tempo, sua oferta, este não sabe para que nasceu o homem.

Ele estava confiante, como diz o Salmo 31.15, de que "nas tuas mãos, estão os meus dias". Ou, como o Salmo 139.16: "No teu livro foram escritos todos os meus dias, cada um deles escrito e determinado". Aqueles eram *"dias determinados"*, então ele assim os considerava...

...quer os passemos esperando, trabalhando, ou outra coisa qualquer. Pedimos direção, fomos obedientes naquilo que entendemos que deveria ser feito e, agora, aguardamos uma palavra acerca do próximo passo.

Enquanto isso, nenhuma carta circulou entre eles até minha mãe escrever em 2 de outubro, dizendo que seu irmão Phil havia recebido *"um cartão de Bill, e parece que ele disse que vocês dois não poderiam partir para o campo por mais ou menos um ano. Não sabia se isso se aplicava apenas a Bill ou a você também"*, mas... de qualquer forma, a carta que ela lhe escreveu naquela situação era, ao mesmo tempo, desafiadora e abençoadora.

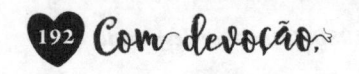

2 de outubro

Jim, você e eu temos recebido tamanha porção da Palavra, com tanta comunhão com aqueles que conhecem a Cristo e tanto conhecimento — oh, que possamos conhecer aquele que é Totalmente Amável, para que sua vida possa literalmente se manifestar em nós. [...]

Tenho uma percepção renovada de quão desesperadamente pouco de Cristo se pode ver em mim atualmente, mas de fato tenho aprendido a amá-lo e adorá-lo como nunca. Isso, é claro, me faz desejar mais ardentemente que a paz e a alegria no íntimo, que provêm de seu Espírito, possam manifestar-se diariamente e a cada hora, de modo que minha vida esteja oculta juntamente com Cristo em Deus.

E, decerto, se eu peço isso a meu Pai para mim mesma, não posso também pedir que você, ao se preparar para a obra especial que ele lhe reserva no Equador, torne-se verdadeiramente *semelhante a Cristo*?

Tenho orado fervorosamente para que você conheça a voz do Pastor, e nenhuma outra. Confio que você não deixará nada enganá-lo quanto aos detalhes de sua partida — nem o senso comum, a experiência, os conselhos, a ambição por ganhar almas acima da adoração a Cristo, ou qualquer outra voz que não seja a do Deus vivo, cuja fidelidade *nunca falhará*.

Tudo aquilo que Deus vinha lhe mostrando e fazendo dentro dela naquele ano — tudo o que ela mesma gostaria de ouvir se estivesse no lugar de meu pai —, ela compartilhou por meio da tinta nessa carta.

Porém, ao reler o parágrafo anterior — aquele que o aconselhava a não confiar em ninguém, a não ser na "voz do Pastor", tendo o cuidado de não passar à frente de Deus em "sua partida" —, ocorreu-lhe um pensamento. Ele poderia interpretar mal o motivo por trás das palavras dela. *"Você pode pensar que estou preocupada por razões egoístas. Mas tenho certeza de que nada dessa natureza tem parte nisso. Na verdade, fiquei desapontada ao ouvir que sua partida seria adiada."*

No entanto, talvez o fato de ela ter-se contido e questionado como suas palavras seriam recebidas fosse um tanto revelador. Eu diria que ela não conseguiu escapar completamente da decepção que qualquer pessoa sentiria ao

1950: O amor se desprende

deparar com seu desejo por alguém — um desejo que, agora, parecia altamente improvável de conduzi-la aonde ela outrora ousara imaginar. Ainda dez dias antes, ela escrevera em seu diário: *"Sonhei ontem à noite que estava com J. novamente. Sinto uma saudade indescritível dele".*

Mas aqui estava a verdade, tão claramente quanto ela poderia dizer:

> Você é para mim, agora, apenas um irmão. Entendo o que você tem sentido ao me chamar de "irmã" e a liberdade com que você se aproxima de outras garotas. Tenho sido, em parte, cega pelo sentimento. Confio que não será mais assim.

Ela encerrou, de forma simples e inclusiva:

> Diga olá ao irmão Bill por mim. Que o Senhor fortaleça cada um de vocês com poder, pelo seu Espírito, e os faça conhecerem a Cristo como nunca sonharam ser possível. Pois quem pode conhecê-lo e não o amar?
>
> [Assinado] Sua irmã, pois somos "juntamente edificados para a habitação de Deus no Espírito",
>
> Betty

Ed McCully com meu pai.
Eles eram melhores amigos em Wheaton e depois disso.

Ser "apenas uma irmã" de meu pai era agora o objetivo dela, embora seus sentimentos ainda nutrissem a esperança de um dia futuro no qual ela tivesse mais certeza de que Deus os conduziria juntamente. Por ora, porém, ela certamente não queria interferir no desejo dele de ir ao Equador. E acredito que ela não o fez... Embora meu pai, talvez lendo nas entrelinhas, tenha captado um vestígio de dor e decepção amorosa que ela talvez estivesse sentindo. Acho que você o verá fazendo isso em sua próxima carta, enviada um mês depois, da casa de um velho amigo dos tempos em Wheaton, Ed McCully, em Milwaukee, Wisconsin.

Essa carta requer um pouco de contexto. No final de setembro, ele recebera a notícia de que Ed estava pensando em deixar a escola e começar a procurar *"portas abertas para uma vida de entrega total"*. Ele estava intensificando seu interesse em partir para o campo missionário. *"Como louvei a Deus ao ouvir isso!"*, escreveu meu pai em seu diário da época; *"até chorei ao ler sobre o agir do Senhor"* para com seu velho amigo.

> Pergunto-me se ele não será o homem que Deus há de enviar comigo e Bill para o Equador. Tenho orado por mais um companheiro de trabalho, e talvez essa seja a resposta de Deus. Ficarei grato se for assim, Senhor, muito grato.

Algumas semanas depois, quando novos desenvolvimentos surgiram no cronograma deles, meu pai se sentiu *"constrangido a ir a Milwaukee em busca de Ed McCully, assim como Barnabé foi a Tarso em busca de Saulo, muito tempo atrás"*. Em um bilhete para minha mãe, ele descreveu melhor a situação atual de seus planos missionários.

4 de novembro

> Chegou uma carta de Tidmarsh nesta semana, informando-nos de que ele pretende partir para a Inglaterra em novembro, planejando retornar aos Estados Unidos na próxima primavera. Se ele for para o Equador no outono de 1951, como agora planeja, Bill e eu provavelmente voltaremos com ele.

Após essa novidade, ele prosseguiu com uma segunda onda de notícias, insinuando como elas se relacionavam com ele e minha mãe.

> Bill escreve que pretende se casar assim que Irene concluir o curso de enfermagem — em 6 de setembro de 1951 — e que eles irão juntos para o campo. Eu não compartilho com ele da mesma liberdade nesse assunto, por razões operacionais, mas deixarei nas mãos de Deus. Meu exercício pessoal quanto a toda essa questão do casamento permanece o mesmo, tal como era na convenção da IVCF-FMF, no inverno de 1948-1949. Você deve se lembrar da carta que enviei de lá.

(Ela certamente lembrava.)

Agora, chegamos ao ponto em que ele reagiu diretamente ao que ela havia escrito em outubro. Ele começou este parágrafo de sua carta com palavras que soavam bastante ameaçadoras. Elas certamente foram provocadas pela perturbação que ele sentia estar sendo criada pela mudança nos planos de casamento de Bill. Imagine os pensamentos de minha mãe ao ler *isto*:

> Você ainda é um problema para mim.

O que *aquilo* significava? Penso que o "problema" era que, ao finalmente bater o martelo quanto às coordenadas de sua empreitada missionária, ele havia fechado a porta para o casamento de uma vez. Acredito que, na sua cabeça, ele havia seguido em frente. E penso que, ao ler a carta de minha mãe e suas tentativas de explicar o que queria dizer, ele viu alguém se esforçando demais para impedir que seus sentimentos viessem à tona. Ela não se havia desprendido completamente, pensou ele. E, embora, de fato, *não quisesse desviar a atenção de seus entusiasmados esforços para com o Equador, ele sentiu mais uma vez a indesejada pressão de se desculpar por um dia ter começado com ela algo que o Senhor se recusava a permitir que ele levasse a cabo.*

Ele fez isso de maneira muito desajeitada dessa vez.

> Minhas afeições oscilantes e descuidadas me fazem pensar, com frequência, se eu cheguei a amar um dia. Mas a ousadia com que

despertei afeição em você me faz corar de vergonha e, por sua causa, eu desejaria que isso tivesse resultado em algo mais cedo. Não quero reabrir velhas feridas. Alegro-me com sua observação a respeito da predominância do sentimento *familiar* entre nós, como irmão e irmã, pois isso é tudo a que posso recorrer agora como base para nossa comunhão. Mas isso basta.

Tradução: quando você disse: "Agora, você é para mim apenas um irmão", espero que tenha falado sério.

E acredito que sim, especialmente a julgar pela reação inicial expressa em sua próxima carta, enviada duas semanas depois. Ela abriu com uma seleção de versículos bíblicos que havia encontrado recentemente. (*"Leia estas palavras várias vezes, Jim — eu me pergunto quais delas se destacam especialmente para você".*) Ela brincou com ele por escrever tão raramente. (*"Obrigado por quebrar o gelo e me deixar saber onde você estava"*!) Ela o desafiou a pegar leve com Ed, a não forçar sua própria vontade sobre ele. (*"Sei que você está confiante de que o Senhor guiará Ed, e que você não o está pressionando a fazer o que parece bom aos seus olhos"*.)

Em outras palavras, ela estava escrevendo como uma irmã mais velha, no Senhor, escreveria a um irmão mais novo.

19 de novembro

Ah, e peço que você de fato descanse em relação ao nosso relacionamento. Você diz: "Você ainda é um problema para mim". Que não seja assim! *Eu* estou na vontade de Deus; você está na vontade de Deus. Portanto, não há problema. O amanhã não nos preocupa. Ele pertence a nosso Pai.

Você fala de "afeições descuidadas". Se foi isso que criou o "problema" ou qualquer confusão de mente, pare de se questionar. Não somos criaturas do tempo e do espaço? Acaso a natureza nos fez constantes? Não — o que há de firmeza em nós é o próprio Cristo. Não devemos nos debater em busca de autocontrole ou para firmar a nós mesmos. O que nos cabe é entregar nosso pobre ser àquele que é todo firmeza, verdade e amor. Então, que ele faça conosco,

1950: O amor se desprende

hoje, como desejar — talvez como, ontem, seríamos incapazes de prever que ele faria! [...]

Ela, então, retornou a um tema recorrente desde o início do ano.

Assim, "agrada-te... Entrega... Descansa". É o único caminho. Ao pensar em você, tenho orado a oração do salmista: "Não sejam envergonhados por minha causa os que esperam em ti". Não se preocupe comigo, Jim. Somente ele me basta. E ele jamais tem falhado conosco. "Faltou-vos, porventura, alguma coisa?" E eles disseram: "Nada".

Eu me alegro, sim, eu me alegro — e você, faça o mesmo. Não gosto de pensar em você preocupado com tudo o que se passou nesses dois anos e meio. Você sabe que não há necessidade de nenhum sentimento de tensão entre nós.

Para encerrar, ela brincou novamente sobre o trabalho que ele disse estar fazendo enquanto se hospedava com os McCully — pintando a casa deles.

Se acontecer de você vir mais ao leste em sua "jornada missionária", será sempre bem-vindo aqui — na verdade, estou pintando algumas paredes, então qualquer trabalhador disposto seria mais que bem-vindo! [...]

Diga olá a Ed, se estiver com ele, ou para sua tia Eileen *[em Chicago]*, se estiver lá quando receber isto. Confie que o nosso Dia de Ação de Graças será um dia de ação de graças.

Com gratidão, Betty

Perceba, eu acho que ela realmente se havia desprendido — por causa de um amor fraternal por ele, por causa de um amor de criança por Cristo.

A última carta dele em 1950 veio de Huntington, Indiana, lar dos pais de Bill Cathers. Ele estava remindo o tempo, liderando várias famílias em estudos bíblicos sobre os princípios básicos da fé, bem como em discussões robustas sobre os temas teológicos mais controversos daquele momento. Ele havia chegado lá alguns dias antes do Dia de Ação de Graças, e agora já se aproximava o Natal.

19 de dezembro

Na semana passada, Ed e eu nos encontramos em Chicago para espionar uma pequena cidade (de cinco a seis mil habitantes) chamada Chester, no sul de Illinois. Há um potencial tão grande no rádio e na distribuição de literatura que sentimos que Deus nos quer lá, encarando juntos uma situação pioneira e confiando em Deus para aquela demonstração de seu poder que Paulo experimentou nos primeiros dias. [...] Após a virada do ano, voltaremos lá e, então, poderei descrever melhor o trabalho, para que você possa orar por nós.

Talvez Billy volte para casa na próxima semana, para passar alguns dias. Recentemente ouvimos que ele pensa em se casar logo — talvez em março. Tidmarsh está agora de licença na Inglaterra e, na primavera, voltará aos EUA para pregar, com a intenção de retornar ao Equador no outono, se Deus quiser, e nós com ele.

Aqueles foram os destaques de suas últimas notícias. Porém, a melhor e mais satisfatória notícia parecia ser o que Deus havia feito no relacionamento deles ao longo daquele ano, no qual estiveram inteiramente separados, exceto por dois dias. Acho que ele finalmente acreditou nela, que ela não estava escondendo algo ou fingindo. Eles estavam descobrindo a verdadeira alegria de simplesmente serem eles mesmos, o resultado de serem plenamente do Senhor.

De alguma forma, tenho um descanso renovado ao pensar em você agora. Longe de me incomodar, pensar em você traz gratidão pela firmeza que Cristo tem operado em você. Confio em você de uma maneira que não posso explicar. Não no sentido em que costumamos usar essa palavra entre homem e mulher, como se você fosse fiel a mim. (Isso agora não tem lugar em nosso pensamento.) Mas no sentido de que não tenho medo de ofendê-la. Confio que você me compreende — uma compreensão forjada na fornalha da distância e dos longos silêncios. O teste da separação nos tornou um, de uma maneira que o prazer de estarmos juntos jamais poderia ter feito.

Assim, o ano de 1950 termina em seus escritos com os dois profundamente comprometidos com a obra de Deus e com seu plano para cada um deles. Mesmo que isso não significasse novos encontros, eles estavam dispostos a renunciar àquilo, contanto que Cristo fosse engrandecido ainda mais. Acho que minha mãe captou bem os sentimentos de ambos, no seguinte registro no dia de seu aniversário:

21 de dezembro: Por vinte e quatro anos, o Senhor tem me guiado e me preservado, tem me ensinado e me amado (sim, ele me amou desde antes da fundação do mundo), tem sido misericordioso e gracioso e, de mil maneiras, tem mostrado a sua benignidade. Que darei ao Senhor por todos os seus benefícios para comigo? Não há nada, nada que eu possa dar, exceto a própria vida por cuja redenção ele morreu, a mesma vida na qual ele planeja habitar! [...]

Senhor, reconheço mais uma vez, com todo o meu coração, que sou tua. Não tenho nenhuma reivindicação sobre esta vida — passada, presente ou futura. Sou tua, completamente tua. [...] Portanto, ó querido Senhor e mestre, redentor, amante, amigo, amado, faz tua completa vontade em minha vida daqui por diante, a qualquer custo, no tempo que me resta nesta terra. Quão curto isso será, não faço ideia!

Mas eu confio em ti.

O meu amor, Filho, sobre ti coloquei;
ainda longe estavas quando te reconheci;
andavas louco, errante, e por ti chorei,
ansiava pelo dia de tua oração ouvir.
Membro de uma turba rebelde e odiosa,
firme em teu desejo de pecar,
uma alma furtiva, instável, impetuosa —
eu te amei e te mandei entrar,
despojei-te de teu orgulho sombrio,
de tua penúria secreta te despi;
pobre indigente de caminhos vazios,
enviei meu Espírito a te perseguir.
Agora, filho do deserto, faze a escolha benfazeja;
e assim bebamos da divina fonte —
o amor de Jesus por sua igreja.
— JIM ELLIOT

Beija-me de manhã, ó celeste Amante.
Sê tu o primeiro a adoçar
o palavrório de todo este dia
com aquele caloroso e açucarado toque
do teu afago.
E com ternura, enquanto os olhos
permanecem ainda desacordados,
vem suavemente e lhes concede,
para a hora longa do dia, um cenário celestial
para que eu veja tudo ao redor
como pelos olhos de um amante,
mediante o suave afago dos lábios
daquele que habita o Paraíso.
Beija-me, Cristo de toda beleza, nós dois
aqui sozinhos, enquanto o alvorecer
invade as encostas e
desperta o olhar reluzente do dia para sorrir sobre mim.
Que as suas seduções não me arranquem a percepção
de que pertenço àquele
cujo primeiro abraço arrebata completamente
aquele que beijou o filho.
— Jim Elliot

Portland, 1951 Oregon

O amor anseia

A prosa de meu pai era tão poética quanto seus poemas. Alegro-me com ele na próxima seleção, de meados de janeiro de 1951, na qual ele celebra a visão da luz do entardecer e a percepção da presença e da beleza de Deus ao seu redor. Compartilho o mesmo deslumbramento quando admiro a glória e o esplendor da criação, mas não tenho a sua capacidade de expressar isso.

> Por todo o dia, o sol gotejou pistas da primavera e, no crepúsculo, ao voltar da oficina, exultei na distinta muralha púrpura — as encostas do planalto Ozark — vigiada bem de perto por uma Vênus que não tosquenejava. A noite se espalhou negra e floresceu reluzente de estrelas.
>
> Acabei de sair pela colina a caminhar. É exaltante, delicioso. Ser abraçado pelas sombras de uma árvore amiga, com o vento puxando seu casaco e os céus aclamando seu coração, contemplar, glorificar e se entregar de novo a Deus — o que mais um homem poderia pedir? Oh, a plenitude, o prazer, a pura excitação de conhecer Deus na terra! Não me importo se nunca mais puder erguer minha voz a ele, contanto que eu possa amá-lo, agradá-lo.

Porém, o modo como ele encerrou esse trecho me faz louvar ainda mais profundamente nosso Criador.

Talvez, por misericórdia, ele me dê um monte de filhos, para que eu os conduza pelos vastos campos estelares, a explorar seus finos manjares, os quais pelas pontas de seus dedos ele faz brilhar. Mas, se não for assim, se apenas puder vê-lo, sentir o cheiro de suas vestes e sorrir aos olhos do meu Amado... Ah, então, nem estrelas nem filhos importarão — somente ele próprio.

Deus lhe deu apenas uma filha — eu — e, ainda assim, deu a mim e a meu marido oito filhos, estando uma pequenina já no céu, chamada Joy, a quem espero que ele tenha encontrado lá. Cada um deles conhece Deus como o amante de suas almas, o doador de todas as boas dádivas. Eles são, como os filhos em geral, uma das bênçãos que Deus nos dá por herança, e igualmente fazem parte da herança de Jim Elliot.

Mas é claro que ele ainda não sabia de tudo isso em 1951. Nem podia saber, exceto em sua mente afiada, dos muitos desafios e aventuras que o aguardavam a centenas de quilômetros mais perto da linha do Equador, na América do Sul, onde ele tanto desejava estar. Sua vida missionária, por enquanto, tinha mais a ver com fazer a obra de Jesus na pequena cidade de Chester, às margens do rio Mississippi, na divisa entre Illinois e o Missouri, oitenta quilômetros a sudeste de St. Louis.

11 de janeiro

Ed e eu compramos um Chevy 1938 e viemos para cá depois do Ano Novo. Alugamos por quarenta dólares um apartamento tipo estúdio (seja lá o que *isso* signifique). Estou cozinhando. Aceitamos de bom grado quaisquer daqueles conselhos domésticos que dois solteirões costumam achar úteis. Conseguimos trabalho como vendedores de carregadeiras para alimentar usinas — até agora, não vendemos nada. Se o pior acontecer, talvez eu precise voltar a pintar paredes.

Hoje, contatamos o dono da estação de rádio e o encontraremos amanhã para assinar um contrato DV [*Deo volente*: "Se Deus quiser"]. Teremos um programa de quinze minutos nas manhãs de sexta-feira e um programa de meia hora, nas tardes de domingo.

Não seria fácil, como ele observou na mesma carta de janeiro.

> Escrevo para que você ore por isso. Ed e eu estamos gostando do trabalho aqui, embora a adaptação à mentalidade de uma cidade pequena seja diferente do que eu supunha. Não há nenhum compromisso com Deus na cidade — muito formalismo e membresia de igreja, mas nenhuma vida na plenitude, riqueza, profundidade e realidade que encontramos em Cristo. É como nos dias de Samuel — a palavra do Senhor é rara, preciosa. Ore para que ela possa fluir em nós e ser glorificada.
>
> Ed tem desfrutado uma breve introdução à nossa querida AC. É maravilhoso ver quantos despertam e vibram com "Make Me Thy Fuel" ["Faze-me tua lenha"] ou "Nast Thou No Scar?" ["Não tens nenhuma cicatriz?"]. Deus seja louvado por essa doce dádiva à sua igreja.
>
> É quase meia-noite. Boa noite, Betts,
>
> Jim

Com o passar do mês, porém, ele e Ed estavam ficando sem forças. Uma semana depois, ele escreveu em seu diário:

> **18 de janeiro:** Até agora, nenhuma venda ou lucro; apenas drenando recursos, e estes não durarão mais que uma semana. Eu tinha esperança de conseguir algum dinheiro para o campo, mas as vendas não trarão esse resultado no ritmo atual. Desejava participar da obra de financiar a emissora de rádio aqui e outros esforços evangélicos alhures, mas Deus me encurralou num nada, para que eu não tenha nada, não faça nada, não queira nada, senão a ele mesmo.

Seu desejo de ser "nada" me faz lembrar de Paulo, que disse que considerava tudo "como perda, por causa da sublimidade do conhecimento de Cristo Jesus, meu Senhor" (Fp 3.8).

Ele escreveu este poema, também em janeiro:

> Jesus, tu és agora o meu fim;
> meu princípio também tens sido.
> Oh, sê tu meu presente amigo,
> para que eu caminhe e repouse em ti.

Enquanto isso, minha mãe, ainda em casa, dava aulas particulares a duas garotas do ensino médio, liderava a escola dominical infantil e os clubes bíblicos da tarde, assim como trabalhava por meio período como vendedora em uma loja de departamento feminino na Filadélfia. Embora aquilo não fosse exatamente o lugar no qual imaginava estar — ainda ávida pelo autossacrifício das missões estrangeiras —, ela recebeu aquelas tarefas como oportunidades abençoadas da mão de Deus. No outono anterior, ela escrevera:

Ela temia que esta foto *"simplesmente me retratasse como eu sou — e então, é claro, eu não lhe enviaria uma!"*.

> O Senhor, fiel à sua Palavra, tem me guiado mais uma vez, quando falham todas as possibilidades que eu podia enxergar. Quando somos incapazes de conjecturar o que ele há de fazer, então ele expõe seu plano da maneira mais emocionante — e excede com abundância nossas expectativas! Não que eu possa apresentar aos outros algo muito incomum da liderança divina. Mas a alma sabe. As aparentes decepções são suas novas oportunidades de nos amar e nos sustentar por sua destra.

Após, finalmente, haver preenchido todas as páginas de seu pequeno diário quinquenal, ela passou a manter *"uma série de anotações, talvez como um caderno de notas, para que eu possa registrar apenas aqueles dias ou pensamentos que pareçam dignos de lembrança"*. Entre os primeiros do ano, estava este:

> **19 de janeiro:** Desde a última vez que escrevi, li a biografia de Frances Ridley Havergal. Ele fez o que outras biografias cristãs fazem: aprofundou minha fome por conhecer a Cristo em sua plenitude, por viver inteiramente "para aquele que por nós morreu". Sempre que

leio sobre alguém que viveu uma vida santa, sou tomada pela seguinte reflexão: "O que seria escrito de mim, se eu morresse hoje?".

Só Deus sabe quão pouco, pouquíssimo, eu conheço da *verdadeira* santidade, da semelhança a Cristo, do amor do Calvário. Meus amigos mais próximos sabem que há muito pouco a ser dito com sinceridade sobre meu "caráter cristão". Mas, oh, permita-me tirar os olhos de mim mesma, para contemplar a beleza do Senhor, para meditar no tabernáculo. Pois Cristo é a minha justiça. *Ele* é minha alegria, minha paz, minha salvação. Ele é eterna, imutável e *totalmente amável*. Louvor a ele! Confiarei nele de todo o meu coração. Ele me conduzirá, por seu Espírito, a toda a verdade. Ele fará tudo aquilo que sua benignidade determinar.

Com esse coração humilde e espiritualmente afinado, ela redigiu a primeira carta do ano para meu pai. Essa carta continha, mais uma vez, um tom e uma mensagem fraternais.

1º de fevereiro
Finalmente, tornei a perceber de fato que você ainda é uma pessoa, não apenas uma carta que chega todo mês. Entende o sentimento? Especialmente quando passa muito de um mês, como é comum ocorrer hoje em dia, é difícil manter fresca a memória da pessoa real.

Como antes, ela pareceu cair em si nesse momento, acrescentando: "*Percebo que isso é verdade com todo mundo — não apenas com você, Jim!*". Acho que ela não queria dar uma impressão melancólica, como se estivesse ansiosa por ele, mas queria simplesmente dizer...

Quão bom é ouvir a seu respeito! O Senhor tem respondido às orações, guiando-o pelo caminho *reto*. (Não é maravilhoso saber que, quaisquer que sejam os demais adjetivos passíveis de aplicação ao caminho apontado para nós, este sempre se encaixa perfeitamente, pois estamos nas mãos daquele cujos caminhos são sempre *retos*!) E eu sou grata.

Ela escreveu livre e fluentemente. Retomou uma linha de pensamento que começara em sua carta anterior, acerca da importância de buscar a Palavra de Deus em vez de buscar a palavra do homem. *"Parece que nós, você e eu, agora começamos a considerar isso primordial"*, disse ela, comentando que essa era outra daquelas situações nas quais eles estavam sendo atraídos para uma mesma ênfase espiritual, ao mesmo tempo.

Ela fez outras observações sobre os eventos de então, particularmente sobre a sensação bastante apocalíptica da guerra em ascensão na Coreia, seguindo tão de perto o encalço da Segunda Guerra Mundial. Meu pai tinha classificação 4E no alistamento militar — objetor de consciência, por motivos religiosos —, o que tornava incerto o que o Serviço Militar exigiria dele. Como ele descreveu: *"Nestes dias, esperar é viver"*.

Ela também disse que estava *"feliz por você se sentir em paz em relação a mim, Jim"*, referindo-se ao que ele escrevera em dezembro sobre seus sentimentos confortáveis e confiantes para com ela. Pode-se notar em sua carta que ela estava apenas desfrutando uma conversa com ele, triste apenas *por se sentir "limitada pelo uso de palavras — ainda mais por ter de condensá-las para fazê-las caber num papel de carta tão pequeno!"*.

> Mas haverá um tempo em que você e eu não precisaremos de palavras, pois creio que, no Paraíso, expressaremos exatamente o que sentimos, sem esforço e com perfeição. Como poderíamos fazer isso com palavras? Bem, é divertido tentar, de qualquer maneira. E é sempre bom compartilhar o que somos capazes de compartilhar.

Algo sobre a então situação dele, contudo, estava realmente despertando a curiosidade dela.

> Tenho me perguntado especialmente sobre como vai o trabalho da rádio. Como isso deve ser difícil — ter sempre em mente, quando não há audiência visível, que "o reino de Deus consiste não em palavra, mas em poder" (1Co 4.20).

Esse ministério de rádio era um enigma para meus pais. Era um meio tão novo e inóspito de transmissão religiosa. Quem era a sua audiência? Como você poderia saber quem estava ouvindo? O que fazer com aqueles que já eram crentes para conseguir um tempo para sintonizar? E quem, dentre os incrédulos, faria questão de ouvir ou se sentiria compelido a responder pelo correio? Interessante ler o comentário cômico dela em retrospectiva, tendo em vista como seu próprio ministério de rádio ocuparia preciosos quinze minutos de cada dia da semana de milhares de ouvintes do *Gateway to Joy* [Portal para a Alegria] durante doze prósperos anos — e hoje ainda exibido nas estações da Bible Broadcasting Network.

"Ensine os crentes, querida." Foi a última coisa que meu pai lhe disse, ao entrar com Nate Saint no avião para a praia na qual seria morto. Quando ela perguntou: "O que devo fazer se você não voltar?", ele respondeu: "Ensine os crentes, querida, ensine os crentes". Sim, e é o que ela está fazendo, ainda hoje!

(Por falar em sua curiosidade, ela também mencionou nessa carta *"um gosto perfeitamente enlouquecedor pelo estudo da física nuclear, estimulado por um amigo nosso que é Ph.D. e que me apresentou seu laboratório na Rutgers University. Passei o último final de semana com ele e sua esposa"*. Um mês depois, ela falava sobre uma clínica gratuita que visitara no centro da cidade, patrocinada pela Christian Medical Society [Sociedade Médica Cristã]. *"Se eu tivesse o controle da minha vida"*, disse ela, *"certamente teria sido médica"*. Ela era, por natureza, avidamente curiosa a respeito de tudo. E ela amaria saber que sua neta mais nova, Sarah, está atualmente na faculdade de medicina.)

Mas nada atraía sua atenção mais completamente do que a realidade presente e eterna da vida com Deus. Escrevendo em seu caderno de notas, ela disse:

11 de fevereiro: Enquanto estivermos na carne, acho que nunca seremos libertos das coisas temporais. Claro que não seremos. Do contrário, como aprenderíamos a ser "vencedores"? Esse pensamento me veio à mente quando cheguei ao meu quarto para buscar a face do Senhor e, ao me sentar à mesa, vi-me lendo uma das cartas de J. — como se não bastasse, uma de 1948! Oh, a alegria em sua forma mais pura nunca será encontrada ali! Só a comunhão com Cristo aquieta o coração, apaga os desejos terrenos, "farta a alma sedenta".

Observar esses pensamentos se cristalizarem em sua mente, enquanto ela continuava se desprendendo das afeições por meu pai, agita em meu íntimo a lembrança de minha própria "paixão" adolescente. Lembro-me dela me dizendo como os sentimentos vêm e vão, que eu provavelmente era jovem demais para ter certeza absoluta de que aquela era a pessoa com quem me casaria, e que eu precisava confiar em Deus, em seu tempo e em sua direção.

Mas é claro que eu pensava já conhecer a mente dele. Eu sabia que Deus nos havia unido. Ali estava um rapaz com quem eu partilhava muitas risadas e que eu pensava ser muito divertido. Eu tinha certeza de que ele devia ser a pessoa certa. Mas o sábio conselho dela se mostrou verdadeiro. Eu enxerguei esse jovem sob uma nova luz quando entramos na mesma faculdade. Percebi que não tinha pensado com seriedade o bastante sobre o significado de esperar e confiar que o Senhor me conduziria ao marido que havia escolhido para mim.

Lendo agora seus pensamentos no papel, a essa distância, vejo uma jovem que estivera na fornalha da espera por muito mais tempo do que eu jamais imaginei ser possível. Sim, minha mãe tinha suas dúvidas; sim, também tinha seus anseios. Mas seu desejo sincero era seguir apenas a direção que o Senhor quisesse e apenas se casar se ele houvesse escolhido alguém para ela.

Concluindo o pensamento, ela citou uma estrofe do hino "My Faith Looks Up to Thee" ["Minha fé olha para ti"]:

> Faze meu amor por ti
> puro e firme enfim,
> um fogo em mim.

O amor dela por Deus, possibilitado pelo imutável amor de Deus por ela, era a única razão para esperar e confiar. E continua a ser nossa única razão também. O silêncio da espera é o crisol de nossa fé.

E, em fevereiro de 1951, o crisol estava tão aceso em Chester, Illinois, quanto em Moorestown, Nova Jersey. A próxima carta do meu pai:

> **22 de fevereiro**
> As coisas não estão nem um pouco mais fáceis aqui. O desânimo nos cercou fortemente na semana passada, pois, embora não nos falte nada que seja exterior, sentimos fortemente que não temos pelejado com a ousadia devida. Ed fica deprimido com mais facilidade que eu, e não tem sido fácil encarar a escassez de bênçãos por aqui. Ontem, ele disse: "Irmão, tudo o que estou realizando aqui é como fazer o teste da lã; se almas não são salvas e este não é meu chamado, não vejo sentido em colocar minha vida nele". Por alguma razão, eu não soube o que dizer, e seguiu-se um longo silêncio.
>
> O trabalho na rádio, uma alegria em si, rendeu apenas uma carta de encorajamento, e ela veio de crentes. Pedimos, e continuamos pedindo, por um testemunho que divida a cidade inteira em torno da VERDADEIRA QUESTÃO. Mas, até aqui, não há sinal algum. [...]
>
> Há uma solidão desesperadora à espreita nestes dias, e quase posso ouvir as ruas e os edifícios eriçados com a nota que assombrava Davi: "Onde está o teu Deus?". Não quero parecer lúgubre, mas há certa desolação num lugar como este, onde nenhuma verdade libertadora está ressoando. As "sinagogas" estão cheias, mas ainda vazias por causa da irrealidade. Oh, Bett, se os tons mais brilhantes da terra são tão sombrios, como serão os mais densos? Sou grato a Deus por aquele sentimento de "aguardar a cidade que tem fundamentos", o qual prevalece quando se veem os alicerces destas outras.

Como se os tempos de vacas magras no ministério não fossem cansativos o suficiente, ele estava descobrindo que o mundo dos negócios era *"cruel, quase selvagem em certos aspectos, e afetava poderosamente um novato, como me considero. O próprio princípio de ganhar dinheiro vendendo coisas com lucro me parece repugnante às vezes, mas este parece ser meu trabalho por enquanto".*

Uma das maneiras pelas quais ele procurava enfrentar tanto o desânimo como os deveres como fazedor de tendas foi entrar sem medo nos guetos, numa noite de segunda-feira, para declarar o evangelho.

> Nada fácil, mas foi reconfortante estar entre aqueles pobres abençoados — foi como estar com Jesus, de uma maneira que não estamos quando entre os autossuficientes. Devemos voltar lá em breve. Isso faz com que alguém desprezoa vaidade e não ame muito a vida, especialmente esta vida de bancos, contas, taxas e porcentagens.

Além disso, desesperados por alguma maneira eficaz de compartilhar Jesus, eles conseguiram acesso a uma pequena frente de loja junto ao rio.

> Esperamos usá-la para reuniões de crianças, mas é preciso fazer alguma obra no local antes. Está em um estado terrível e provavelmente levará algum tempo para reformar. Há muitos "maltrapilhos" por perto, os quais confiamos que serão nossos primeiros frutos em Chester.

Meu pai não estava desistindo, obviamente. Mas ele estava incomumente deprimido. Ele mencionou que os pais de Ed haviam passado um ou dois dias por lá. Eles haviam sido um incentivo, disse ele. Mas, como admitiu, resignado, logo em seguida, *"praticamente qualquer pessoa de fora o seria agora"*.

> Integridade e simplicidade têm sido nossos guias sob Deus e, agora, são nossa defesa diante dele. Esta Jericó deve cair, ou serei incapaz de prosseguir no caminho da fé. Ore por nós, como Jesus fez por Pedro, para que nossa fé não desfaleça.

O que vejo a seguir é um indicador, um ponto de virada no desenvolvimento da história de meus pais. Ele nunca havia realmente precisado de encorajamento. Mesmo durante sua "Renascença", quando minha mãe o repreendeu com veemência, tanto por escrito como pessoalmente, ele recebeu a repreensão, lidou com ela e seguiu adiante. Ele não havia deixado aquilo desacelerá-lo muito. Mas as rodas estavam realmente rangendo naquele momento. Sua fé, embora ainda incrivelmente forte, estava sendo submetida a um teste extremo. Algumas das dúvidas que Ed expressara em voz alta agora apareciam com mais frequência no diário de meu pai, na voz de meu pai.

> **24 de fevereiro:** Fiquei muito abatido de espírito na noite passada. Ed e eu estamos aqui em Chester há seis semanas, com tão pouca evidência da bênção de Deus.
>
> **5 de março:** Noite. Fraco demais até para demonstrar fraqueza. Cheguei a um ponto em que tenho de desejar ter desejo! As lágrimas do meu coração estão congeladas no frio do meu intelecto.
>
> **17 de março:** Dias estéreis. Os últimos dias foram muito penosos e difíceis. [...] Realizamos trinta e duas noites de "Campanhas da Juventude" em Sparta, com cinquenta a sessenta e cinco pessoas no ginásio da escola pública. Há pouco interesse, e pouquíssimos jovens são alcançados dessa maneira. [...]
>
> Um sentimento de desânimo e dúvida tem tomado conta de mim em meio a tudo isso. Eu orei com simplicidade, sinceridade e fé, tanto quanto pude, e não recebi o que pedi, a saber, 150 pessoas e seis conversões. Conheço todas as velhas razões para não ser ouvido, para obter melhores respostas e assim por diante, mas nada disso resolve esta dificuldade.

Até agora, em toda a sua correspondência com minha mãe, ele costumava ser o forte, o que se sentia chamado a reanimar o espírito dela, exortando-a a navegar sob os ventos dos ideais do reino — *com* ele ou *sem* ele. Mas agora, como uma verdadeira irmã, foi minha mãe quem de fato se ergueu para lhe proporcionar a medida exata de ânimo e instrução. Ao vê-lo nesse estado, acho que ela o entendeu melhor do que nunca. Ela sabia o que ele realmente precisava da parte dela. E, como o Senhor a havia visitado tão ricamente nos últimos dias, ela queria que meu pai bebesse do mesmo poço da suficiência divina pelo qual ela também estava sobrevivendo.

Ela não parou até ter escrito *"um parágrafo de três páginas! Sinto que agora mesmo poderia escrever um livro. Perdoe-me"*. (Para o nosso bem, inserirei algumas quebras de parágrafos, com vistas a não cansarmos no meio do caminho!)

15 de março

Não foi difícil detectar o desânimo em sua última carta — ele parecia arrastar consigo cada palavra. Em uma carta de sua mãe, ela diz ter sentido o mesmo em suas cartas para casa. *[Sim, a pedido de meu pai, ela começara a escrever para minha avó novamente, dessa vez com melhores resultados!]*

Jim, querido irmão, é justamente aqui que a natureza de sua consagração — que é o mesmo que dizer: a natureza de seu amor a Deus — é testada. As decisões tomadas em "pastos verdejantes" são testadas (uma boa palavra, não é? Pense nos testes nos tubos de ensaio em um laboratório etc.) no "vale da sombra", pois é aqui que Deus está mais vitalmente conosco, se posso assim dizer, embora ele esteja sempre e igualmente "conosco", uma vez que ele habita *dentro* de nós.

Você diz: "Esta Jericó deve cair, ou serei incapaz de prosseguir no caminho da fé". Certamente você não estava raciocinando quando fez essa afirmação. O próprio princípio da fé exclui toda e qualquer necessidade de dependermos de *qualquer coisa* que não seja o próprio Deus. [...] Você ama a Deus só por causa dele mesmo? Ou você o ama por suas dádivas, sua presença consciente, seu amor por você, a evidência de sua bênção sobre o que você faz etc.?

Esta próxima parte dificilmente poderia estar em maior contraste com as expectativas espirituais da maioria das pessoas em nossos dias e, justamente por isso (se não houvesse qualquer outro motivo), deve ser claramente expressa e declarada.

Jim, realmente creio há um momento, no progresso da alma que de fato deseja conformar-se à imagem de Cristo, em que Deus arranca dela não apenas os aderecos terrenos — na forma de amigos, possessões, talentos ou seja lá o que ela tenha *fora* de Deus —, mas no qual o onisciente e todo-amoroso Pai arranca dessa alma até mesmo a consciência e a evidência de suas próprias bênçãos e dons. (Isso pode incluir uma variedade infinita de formas — alegria, senso da proximidade divina, consciência da graça na oração, frutos que possam ser vistos ou claramente enumerados etc.) Esse processo, por mais devastador que pareça, deve ser reconhecido como uma *providência* ulterior. Outra graciosa resposta ao nosso sincero clamor de fé: "Seja feita a tua vontade". [...]

Quando pedimos, com toda a honestidade de nosso coração, para nos tornar semelhantes a Cristo, geralmente pedimos com algumas ideias mais ou menos vagas sobre o que isso significa. Mas Cristo leva sua palavra a sério — de fato, não poderia ser diferente, pois foi ele quem inspirou essa mesma oração em nossos corações — e faz infinitamente mais do que tudo quanto pedimos ou pensamos. Seu propósito é que seu filho seja santo — nada menos que isso. Assim, ele se propõe a produzir exatamente isso em nós, por seus próprios métodos. [...]

O dever do cristão é receber. Ele recebe o passo inicial de salvação, que obviamente inclui a verdade bíblica da santificação imediata, mas tão certamente recebe também cada novo passo em seu progresso na conformidade com Cristo. É maravilhoso saber que não é apenas requerido que amemos a Deus de coração puro, mas também que isso é possível. A alma que ama a Deus só por causa dele mesmo, independentemente de suas dádivas, conhece uma paz indizível.

Ela encerrou com um espírito animador, compartilhando as lutas dele.

O Senhor tem sido tão misericordioso em me guiar, em me ensinar a confiar de uma maneira que nunca sonhei ser possível. Quero que você confie totalmente nele, Jim, pois a vontade dele se cumprirá em você aí em Chester. Ele será glorificado — apenas creia.

Estou confiante em você e Ed. Talvez o Senhor não pretenda que você veja "resultado" — (oh, palavra terrena! Não está nas Escrituras!) — para que você possa enxergar com mais clareza aquele que é "antes de todas as coisas". Enquanto o *objeto* de sua fé não falhar, *sua* fé não há de falhar. Se esse objeto, no entanto, forem os dons visíveis de Deus, ela pode falhar. Se o objeto for o próprio Deus, ela nunca falhará!

Agradeço a Deus por sua amizade e o louvo mais e mais pela maneira como ele tem dirigido nossos caminhos e nosso relacionamento. Não consigo parar de pensar em quão sábio, amoroso, misericordioso e paternal ele tem sido!

Por causa do Senhor, Betty

Adoro ler isso de novo. Fechando os olhos, posso imaginar os lábios dela formando cada sílaba. E, ao que parece, meu pai recebeu a carta com igual e humilde apreciação.

16 de abril
Sua última carta foi como a de Paulo aos coríntios, ao mesmo tempo repreendendo e confortando, e sou grato por isso.

Ele, então, resumiu com suas próprias palavras o que ela havia dito.

Pedro diz que esta prova da fé, um drama de tribunal constantemente em cartaz para os crentes, é mais preciosa que ouro. Tem sido assim aqui. A fé tem passado pelo fogo — acho que Cristo é a Fonte dele — e tem sido fortalecida e se provado preciosa. Novos problemas surgiram e, combinados com alguns que ainda não foram resolvidos, são suficientes para me desanimar; mas Deus é fiel e as orações de seu Filho são eficazes, quando ele ora para que minha fé não desfaleça.

Porém, mesmo com os desafios em curso, ele tinha muitas novidades intrigantes para contar. *"Esta carta está congelada há algumas semanas no cilindro da minha caneta"*, declarou. A escrita dele às vezes me espanta com sua criatividade desenfreada para imagens e metáforas. Eu amo isso!

Primeiro item: casamento à vista?

Ed fez duas longas viagens pelo caminho do Michigan para ver Marilou Holboth, diretora de juventude e de música da igreja Batista de Robert Savage. Cá entre nós, Betts, não se surpreenda ao ouvir sobre o velho Ed dando um anel em breve. Ainda não é oficial, mas aquele graduado da Moody certamente tem empilhado cartas na caixa do correio, pelo menos uma por dia! Ele está "pior" do que nunca.

Segundo item: Tidmarsh?

Notícia de que o Dr. Tidmarsh e a esposa estão chegando a Nova York esta semana. Eles deveriam partir da Inglaterra no dia onze. Eu

> esperava que você tivesse a oportunidade de conhecê-los, mas só agora tive uma ideia de onde você poderia contatá-los. [...] Tenho certeza de que você seria encorajada por estar com eles. Você os conhecerá antes de mim, se os vir agora, e eu não lhes contei nada sobre você, mas seu contato com eles agora pode ser útil em referências futuras.

"Referências futuras"? Seria uma pista de um pedido de oração não mencionado? Ou seria apenas um prenúncio não intencional?

Terceiro item: Equador? Em breve?

> Solicitei meu passaporte para o Equador na semana passada. O irmão Dave Cooper, sobre quem penso ter falado em minhas cartas para voce do Wycliffe, afogou-se três semanas atrás. [...] Ele saiu para nadar no mar, num fim de tarde, e nunca mais voltou. [...] Seu trabalho e sua visão para as pequenas tribos não alcançadas do Equador precisam ser levados adiante. Eu me entreguei ao Senhor para fazer isso, se ele quiser.

Até o momento, porém, ele ainda não sabia o que os próximos meses (ou anos?) de fato reservavam.

> Todos estão considerando casarem-se em julho, mas ninguém divulgou ainda. Bill C., Bob W. e Ed Mc., todos, de certa forma, estão me convencendo a ficar no Centro-Oeste até então, mas não vou lhes dar certeza até que eu tenha as datas oficiais. Eu esperava estar em casa em julho, mas não sei o que decidirei nas próximas semanas.

Ele começava a sentir que chamava a atenção sua solteirice — provocada, é claro, pelo rígido padrão que impusera a si mesmo na faculdade, padrão que ele manteve firmemente até os 25 anos. Mas agora, pelo constante contato com seus melhores amigos que estavam se casando ou ficando noivos, ele sentia o fardo de suas próprias escolhas.

Por isso, talvez, ele encerrou esta carta com uma saudação final que não usava havia muito tempo.

> Com amor, Jim

Acho que ele simplesmente não conseguiu conter-se em sua impulsividade. É algo que raramente vimos e não voltaremos a ver com muita frequência em seu futuro ainda indefinido. Mas...

"Com amor, Jim."

Tenho certeza de que ela notou isso de imediato.

E tenho certeza de que isso trouxe uma mistura de agonia, esperança e consternação para minha querida mãe.

PRIMAVERA E VERÃO

No meio do ano, veio uma direção mais específica de Deus, com grande encorajamento, enquanto ela esperava uma condução mais clara em seu propósito missionário. E o resto do ano ainda lhe traria mais.

> **2 de maio:** Nova orientação do meu Pastor — louvado seja! A Srta. Haines me ligou ontem à noite e me convidou para novamente ser pianista na conferência da InterVarsity em Keswick *[um local de retiro na região]*, em junho. Embora isso ilumine apenas uma semana do verão, é alguma *luz!* E preciso conhecer apenas um passo de cada vez. Quantas vezes, desde a conclusão da faculdade, Deus tem julgado apropriado me ensinar isso!
>
> Além disso, ofereceram-me o trabalho de pianista na Conferência Hepzibah Heights, em Berkshires, Massachusetts, em julho e agosto. Ainda não tenho certeza da vontade de Deus quanto a isso. Ele me mostrará.

Aproveito esta oportunidade para falar do amor de minha mãe pela música — não apenas pela música, mas por todos os tipos de arte. Ela sabia que Deus era o Criador de toda a beleza e, portanto, admirava aquelas extensões de sua criação na arte e na música clássicas, muitas vezes desejando ser mais hábil em todas elas.

Mas ela era, sim, "habilidosa", tanto no piano como no canto. Tinha uma bela voz soprano e me ensinou a cantar desde que eu era bem pequena. Era uma verdadeira alegria quando, ao me pôr para dormir, ela recitava orações e cantava os grandes hinos que gostaria que eu aprendesse; e isso foi determinante para estabelecer em mim, desde cedo, um fundamento para minha fé. Como ela costumava dizer a milhares de ouvintes, grande parte da teologia que ela aprendeu na vida veio das centenas de hinos que sua família cantava enquanto ela crescia.

Ela também sabia, contudo, da necessidade de ser muito cuidadosa com os elogios que recebia de outras pessoas por seus talentos. Num registro de diário no inverno (novamente, após um dia em Keswick), ela escreveu:

> Oh, às vezes me pergunto se não devo me abster de cantar até ter certeza de que Cristo é meu único motivo. Realmente desejo que minha voz, assim como minha vida e minha vontade, seja totalmente entregue ao seu louvor. Mas a carne está sempre comigo — às vezes se manifesta das formas mais estranhas. Percebo que até a abnegação, ao brotar de motivos inteiramente egoístas, macula minhas mais elevadas aspirações de agir para a glória de Deus. Por isso, sou mais uma vez conduzida para fora de mim mesma, pois sou totalmente inútil. [...] Sou apenas um ramo e, sem ti, nada posso fazer.

Uma boa palavra para todos os que se destacam nas artes criativas.

Meu pai escreveu de Chester, em 12 de maio, parecendo mais encorajado do que antes. De fato, minha mãe havia mencionado que até sua carta de abril estava *"mais animada que a anterior, e fiquei feliz por isso"*. Além de conseguir agendar sua primeira visita presencial com o Dr. Tidmarsh, em Wheaton, para a segunda-feira seguinte, ele e Ed McCully estavam concluindo os preparativos para uma campanha de pregação ao ar livre que planejavam realizar nas semanas que viriam. Para ele, divulgar o evangelho era uma paixão enorme.

12 de maio

O Senhor nos ouviu esta semana e nos proporcionou uma tenda para as reuniões; começaremos no dia 19 de maio, sábado, daqui a apenas uma semana. Por favor, Betts, ore por nós. Serei responsável pela maior parte da pregação, e essas reuniões todas as noites sugam o poder espiritual, especialmente quando se passa metade do dia trabalhando com vendas. Tivemos uma resposta razoável nas campanhas do ensino médio há duas semanas, mas sobretudo de pessoas já "igrejadas". Orando por um despertar entre os homens de negócios e a classe operária.

Ele também descreveu em mais detalhes o trabalho que estavam fazendo com adolescentes à margem do rio — sua escola dominical "River Rat", para a qual haviam cunhado o termo "Clube 66". (Minha mãe, ao ouvir apenas o nome, ironizou: *"Mas que raio é esse 'Clube 66'? Parece uma boate, mas acho que você e Ed ainda não estão gerenciando uma"*. Se bem que, acrescentou ela, *"seria preciso mais do que isso para me surpreender a esta altura"*.)

O "66" se refere ao número de livros da Bíblia, e é também o número de tópicos exigidos de um membro de primeira classe. Todas as manhãs do Dia do Senhor, temos constantemente uma turma de trinta alunos. [...] É a coisa mais encorajadora por aqui. Ore por vários garotos que demonstram nítido interesse e algum entendimento.

Suas reuniões evangelísticas se estenderiam até meados de junho. Como em todos os esforços de ministério, era *"impossível contabilizar o bem que Deus fez em Chester"*, disse ele. Mas pelo menos *"agora enxergo várias razões para vir que não enxergava em janeiro. Certamente o Senhor estava à frente"*, embora não tenha acontecido *"nada grande ou extraordinário"*.

Ou talvez tivesse, sim, acontecido. Bill Cathers viera na última semana de maio e permaneceu para pregar por alguns dias no avivamento evangelístico.

23 de maio: Eu, Ed e ele desfrutamos juntos a comunhão pela primeira vez. Agora creio que Deus nos levará para trabalhar juntos no Equador, e confio que sua graça nos unirá e nos tornará compatíveis. O Senhor respondeu — aliás, está respondendo — à minha oração de 9 de agosto de 1950, quando pedi por mais um homem.

Pai, preserva Ed e Marilou; preserva Bill e Irene; preserva-me e prepara-nos todos para a tua obra no Equador. Muito, muito obrigado por nos dirigir até este momento. Dirige-nos, ó Rei Eterno.

Certamente, o entendimento de meus pais quanto a esperar, vigiar e buscar a vontade do Senhor é um exemplo para todos que estejam à procura do que Deus deseja para eles, independentemente da idade ou da situação de vida. Minha mãe, é claro, como meu pai, estava tão ávida quanto paciente em busca de direção. Ela aceitara um convite para falar em uma reunião missionária de mulheres na Filadélfia, com grande esperança de que isso pudesse lançar luz sobre seu futuro.

22 de maio: Durante todo o inverno, senti que talvez Deus, por meio de alguém na conferência, abriria um caminho para eu seguir para o campo, mas ele se agradou de manter a "nuvem repousando sobre o tabernáculo". Ela ainda não se levantou.

Então, ao ouvir o desejo de Sir John Anthony Clark em me conhecer, fiquei eufórica de novo, pensando que ele poderia ser o canal de Deus dessa vez. Ele é um veterano de muitos anos de obra missionária no Congo e fez muitos trabalhos de tradução. [...] Tive uma ótima conversa com o Sr. Clark, mas ainda não me senti impelida a nenhum lugar específico.

Deus tem suas razões para reter essa luz tão procurada, e confio nele por completo. Havendo pedido repetidas vezes que ele revelasse algum pecado ou falta que pudesse representar um obstáculo para mostrar o caminho, confio que ele o fará. Nada, até onde sei, está entre minha alma e meu mestre, então descanso na paz que excede.

Ela parecia ter uma capacidade incomum de fazer sua mente *descansar* e *esperar*, embora ela também tenha dito publicamente, muitas vezes, que era uma "ansiosa de primeira linha". Assim, minha mãe tinha tal batalha a travar, sabendo como Deus nos ordena a não andarmos ansiosos. Nossa tendência natural é tentar compreender tudo, pensando que Deus nos deu um cérebro capaz de fazer isso. Mas, como ela costumava me dizer: "É uma questão de VONTADE; você faz uma ESCOLHA", enfatizando as palavras "vontade" e "escolha" — "de não se preocupar ou se perturbar". Devemos escolher obedecer, ponto-final.

Oh, que eu tenha tamanha devoção e coragem de aço!

Oh, depender somente de Cristo para a nossa paz.

Ela escreveu ao meu pai apenas mais uma vez antes de a primavera desaguar no verão, encontrando tempo para escrever enquanto estava na Flórida, para a formatura de sua irmã mais nova, na HDA. *"Ao escrever a data [31 de maio], lembro-me de três anos atrás. Tudo parece remoto e distante do meu ambiente atual."* Toda essa visita, na verdade, golpeara com uma força surpreendente suas emoções, o que ela tentou expressar em seu diário alguns dias antes.

> **28 de maio:** Para mim, a HDA é o cenário dos maiores deleites, em termos emocionais e sensoriais. É também o palco de agonizantes conflitos de espírito, de medos devastadores. É o palco do mais terno amor pelos jovens postos sob minha responsabilidade durante o curto período de ensino. Agora, é um lugar de indescritíveis anseios e solidão, em certo sentido. Não sei exatamente o porquê.

Mas ela ocultou esses episódios privados de conflito, saudando meu pai com os pontos altos e as lembranças alegres de sua viagem:

"Não se torne um organizador profissional, irmão!"

31 de maio

> De muitas maneiras, queria que você estivesse aqui para a formatura. Percebo que minha atitude em relação à escola é muito diferente daquela de sete anos atrás. Gostaria de conhecer sua reação. Sei muitas coisas das quais você não gostaria. Também sei coisas sobre *você* de que *eles* não gostariam. Então, talvez seja bom que você não esteja aqui.

Ela também não conseguiu esconder uma risada da "irmã mais velha" ao ouvir seus esforços multidisciplinares — pregação ao ar livre, evangelização de crianças, liderança de estudos bíblicos e muito mais.

> Agora você parece um autêntico líder da Youth for Christ [Juventude por Cristo] — conferências, retiros, agendas etc. Não se torne um organizador profissional, irmão!

Dentro de algumas semanas, porém, ela própria também estaria no modo de organizadora, domando uma barraca cheia de meninos no Pioneer Camp, em Port Sydney, Ontário.

Tive o "privilégio" (?) de passar duas semanas nesse acampamento quando tinha dez anos. Nunca havia ficado longe de minha mãe por tanto tempo e nunca senti tanta saudade na minha vida. Tenho certeza de que lá estava cercada de muita beleza e ensinamento espiritual, mas as únicas coisas de que realmente me lembro bem são a água gelada do lago; ser reprovada no teste de natação; ser reprovada no teste de canoa; e cantar "We gather together to ask the Lord's blessing" ["Reunimo-nos para rogar a bênção do Senhor"] antes de cada refeição. A única parte boa era minha conselheira, uma doce garota chamada Trish. Lembro-me mais de suas palavras de conforto do que de seu ensino.

Segundo o relato de minha mãe, tanto em seu diário como em uma única carta enviada a meu pai em 29 de julho, o lugar não estava muito diferente em 1951. Mas, por cerca de seis semanas, disse ela, confiando que Deus *"me guiará ao campo em seu próprio tempo"*, aquele acampamento se tornou seu campo missionário — *"a esfera de atuação que ele escolheu para mim"*.

Enquanto isso, meu pai havia voltado para casa, após o casamento de Bill e Irene, em Wichita, Kansas, assim como o de Ed e Marilou, em Pontiac, Michigan. *("O seu de fato parece mais iminente a cada hora!"*, escreveu.) Nem mesmo voltar para casa, porém, serviu muito para tranquilizá-lo. Entre as anotações em seu diário daqueles dias, havia uma que dizia:

> **12 de julho:** Agora, faltam recursos à mão para comprar equipamentos. Meus pais não apoiam sem reservas minha ida ao Equador. Querem que eu seja um pregador nos Estados Unidos, receio, ou que me junte a Bert no Peru.

Ele não tornou a aparecer no radar de minha mãe até que uma carta escrita por ele do estado de Washington chegou enquanto ela passava férias com a família em seu encontro anual de verão, nas Montanhas Brancas, ao norte de New Hampshire. Ele pediu desculpas por *"essa maldita esferográfica"*, comentando que se esquecera de encher a caneta-tinteiro ao sair de casa para suas próprias férias de família.

> **21 de agosto**
> Você já estará em Gale Cottage agora, com a bendita memória da experiência no Pioneer Camp. Senti inveja de sua temporada lá, pois, embora aqui a natureza cante em alta voz, é preciso solitude para ouvi-la, e tive pouco disso desde que voltei para casa. [...]
> Viemos passar alguns dias num pequeno chalé. [...] Aqui, há uma longa península com vinte quilômetros de praia, belos leitos de mariscos e nenhuma foz de rio ou cume de montanha para interromper o mar em todo o seu comprimento. A estrada é de exaltar o espírito, mas não tão deslumbrante quanto a costa mais acidentada do Oregon. Nunca penso nela sem me lembrar de Short Sand Beach com você. Não estive lá desde então, e agora não sei se gostaria de ir — sozinho.

Meu primeiro pensamento ao ler essa porção é imaginá-los juntos dois anos antes, na costa do Oregon, mostrando um ao outro as anêmonas ou a maneira como a água fluía sobre as rochas. Ela costumava fazer isso comigo, sempre exaltando os detalhes e os desígnios da criação.

Meu segundo pensamento é o anseio bem perceptível naquela linha final (palavra final, na verdade) do parágrafo: "agora *não sei se gostaria de ir — sozinho*".

Talvez fosse porque, recentemente, tivera de ficar de pé duas vezes no casamento de seus amigos. Talvez fosse por já não se sentir mais tão à vontade perto de sua família e de seus antigos tormentos familiares, como, outrora, estivera tão acostumado. Talvez fosse a mesma torturante solidão que minha mãe admitira sentir, do nada, em sua breve visita à HDA, uma solidão que agora o agarrava da mesma maneira no lado oposto do país.

Ou talvez fosse porque, com sua data de partida provisoriamente marcada para 1º de dezembro — partida *"provavelmente a partir de Los Angeles"*, disse —, ele já havia delineado determinado negócio que precisava resolver antes de partir para a América do Sul. *"Antes disso, irei para o leste."*

Meu pai e Pete Fleming, à direita.

> Bill e eu temos uma reunião agendada na área de Jersey-Nova York, de 21 de setembro a 12 de outubro. Alguma ministração, algum trabalho missionário, mas sobretudo para conhecermos os crentes. Tenho alguns dias livres numa agenda complicada e certamente gostaria de vê-la se o Senhor assim desejar. Você estará em Birdsong?

Ele havia mencionado essa perspectiva, meio de improviso, em sua última carta, dois meses antes (27 de junho), ao discutir os possíveis planos para seu embarque.

> Há uma grande possibilidade de eu partir de Nova York, e estou tentando me planejar para passar algumas semanas na região metropolitana por volta de 1º de outubro. Isso traz esperanças de que eu possa vê-la novamente, se você estiver em casa. [...] Garanto que a visitarei se você estiver lá.

Mas quem poderia saber? Os planos dele eram sempre muito indefinidos. Se ela considerasse provável a visita dele, acho que teria escrito a respeito, fosse com empolgação ou nervosismo — certamente com espírito de oração —, o que ela fez poucas horas depois desse pronunciamento mais definido em agosto. *"Ontem, chegaram novidades de duas fontes bem diferentes (significativamente diferentes)"*, escreveu quase de imediato em seu diário.

Ela aludira à primeira em seu registro de uma semana antes, enquanto ainda estava em New Hampshire.

> **19 de agosto:** O Senhor parece estar direcionando meus pensamentos para o trabalho do Dr. Northcote Dick, nas Ilhas Salomão. Eu o encontrei algumas semanas atrás, quando estava no Campus-in-the-Woods, e ele foi muito encorajador. Escrevi para lhe pedir literatura e estou pedindo a Deus que abra ou feche esta porta, como lhe aprouver.

O pacote de informações solicitado, detalhando o trabalho e as oportunidades de serviço entre a South Seas Evangelical Mission [Missão Evangélica dos Mares do Sul], aparentemente chegou no mesmo dia da carta de meu pai, que representava a segunda "novidade", pois ela acrescentou: *"Jim também escreveu, dizendo que está vindo ao leste em 21 de setembro"*. O que significava o fato de essas duas coisas convergirem na vida dela, de uma só vez?

> **26 de agosto:** "Confia no *Senhor* de todo o teu coração e não te estribes no *teu próprio* entendimento. Reconhece-o em todos os *teus* caminhos, e ele endireitará as tuas veredas." Nisso eu creio. Como sou grata por não pertencer a mim mesma! Porque sou do Senhor, ele me mostrará o caminho. Sei que nunca poderia tomar as importantes decisões com que agora me defronto. Se o Senhor me dirige ao S.S.E.M., isso significa renúncia total, e somente ele é suficiente para isso.

"Renúncia total." Que palavras pesadas! Embora, havia muito, soubesse que esse dia chegaria, ela agora sentia que definitivamente não compartilharia a vida com meu pai. Era uma janela da qual ela já se afastara, permitindo que se fechasse, embora imaginando ainda haver uma chance de que ela pudesse se abrir, de alguma forma, mais uma vez. Agora, no entanto, as escolhas diante dela tornavam a "renúncia total" quase inevitável. Mesmo assim, sua fé triunfava sobre seus desejos e sentimentos.

As lutas que meus pais experimentaram em seu relacionamento foram intensas e dilacerantes. A sombra daquela cruz que se formava entre eles — o símbolo de sua própria morte para o ego — fora muito difícil, uma consternação. Mas, assim como meu pai também fizera, ela estava disposta a dizer: *"Minha vida é tua, querido Senhor, faze dela o que quiseres"*.

Ela conhecia a história de como Amy Carmichael deixara sua querida família pelo resto da vida, ao seguir para o além-mar. Ela também se lembrava de ter conhecido Betty Scott Stam apenas para, poucos anos depois, ouvir como ela e o marido haviam sido decapitados na China. Cada um desses exemplos e muitos outros lhe serviam de indicadores, declarando o alto risco de seguir a verdade, o alto custo do discipulado.

Ela não escreveu de volta ao meu pai imediatamente. Na verdade, ela não estava pensando tanto na alegria de vê-lo, mas na tortura de saber que logo estaria se despedindo dele — outra vez.

27 de agosto: Ontem à noite, já estava começando a me apavorar com a separação que deve ocorrer quando J. partir. Até agora, houve quatro despedidas — cada uma delas muito difícil; mas esta, ao que parece, deve ser a última. Pensei comigo mesma que não aguentaria passar por outra — melhor não vê-lo nunca mais do que me encontrar apenas em parte. Mas que tolice minha esperar a graça antes do tempo!

A tristeza de se despedir de alguém tão querido, estando agora mais certa do que nunca de que não haveria um casamento no futuro, seria mais do que desoladora se ela não possuísse uma comunhão tão séria e íntima com Deus. Sinceramente, acho que há *pouquíssimas* pessoas que, voluntariamente, se submeteriam ao que ela estava se preparando para fazer, sabendo que, com uma palavra de seus lábios, ela talvez fosse capaz de evitar um fim definitivo. Inúmeras pessoas, ao longo dos anos, têm admirado a coragem de meus pais em prosseguir estoicamente, além do que a vontade ou a escolha humana jamais fariam. Conte-me, a filha deles, entre aqueles que também os admiram muito, por tão voluntariamente entregarem ao Senhor todos os seus cuidados, assim como um ao outro.

No fim do verão de 1951, enquanto cada dia escoava e se aproximavam o 21 de setembro e a visita de meu pai, minha mãe escrevia com mais frequência, seus pensamentos pesados e substanciosos demais para que ficassem guardados.

Em um registro no diário, ela escreveu:

9 de setembro: Hoje pedi novamente que o Senhor me impedisse de cometer erros ao discernir sua vontade. Oh, é bem possível enganar-se terrivelmente pelos próprios caprichos, mas eu nem isso temerei; afinal, ele não prometeu: "Instruir-te-ei e te ensinarei o caminho que deves seguir; e, sob as minhas vistas, te darei conselho"? [...]

> Ó Senhor, se tua presença não vai comigo, não me leves adiante. Pois tenho te pedido e me apegado à segurança de tua direção. Não permitas que eu desça aos Mares do Sul (Egito) e confie no Dr. Dick ou em qualquer outro, de modo que, se eu puser minha fé nele, e não em ti, até se tornaria um Faraó para mim.

Em outro:

> **10 de setembro:** Hoje à noite, há coisas no meu coração que até eu dificilmente entendo — medos, dúvidas, devaneios, grandes questionamentos. E, em vez de me preocupar com eles, ou de buscar ansiosamente uma solução imediata para essas coisas, eu simplesmente as abandono nas mãos daquele que é perfeito em conhecimento. Oh, eu confio nele — como é maravilhoso simplesmente confiar!

Mas, apesar desses registros quase diários na escrita particular, ela aparentemente não sabia como dar uma resposta direta ao meu pai sobre sua visita iminente. Na verdade, ao tempo em que ele saiu de casa em sua longa viagem de trem pelo país, nenhuma carta dela havia chegado. Nada. Nenhuma palavra. Posso imaginá-lo viajando, quilômetro a quilômetro, rabiscando sozinho os vários planos que precisava executar ao chegar à Costa Leste — lugares aonde ir, pessoas a conhecer, tópicos para seus vários compromissos de pregação. O tempo seria curto. Ele precisaria aproveitar ao máximo.

No entanto, talvez ele ocasionalmente erguesse os olhos de seus escritos, olhando pela janela enquanto o cenário desfocado passava correndo, imaginando — por que o silêncio dela? O que isso significava? Será que ele teria forçado demais o relacionamento fraternal? Será que havia distanciado o coração dela, ao ser tão radical em sua independência, tão determinado a não precisar dela? Se, de fato, ele se permitira sonhar reacender a proximidade deles nessa viagem — não sei se era o caso —, pergunto-me se e quanta decepção ele sentia enquanto viajava para o leste, e quanto isso deve ter disputado o foco de atenção que ele estava tentando manter.

Sei que, ao chegar à casa de sua tia, nos subúrbios de Chicago, a última carta de minha mãe — a qual, por pouco, não o alcançara em Portland — lhe havia sido encaminhada, e *ele "leu-a com alegria"*, admitindo que estava *"um pouco preocupado por não ter notícias suas antes de sair de casa e me perguntava se deveria me atrever a visitar Birdsong sem um convite"*.

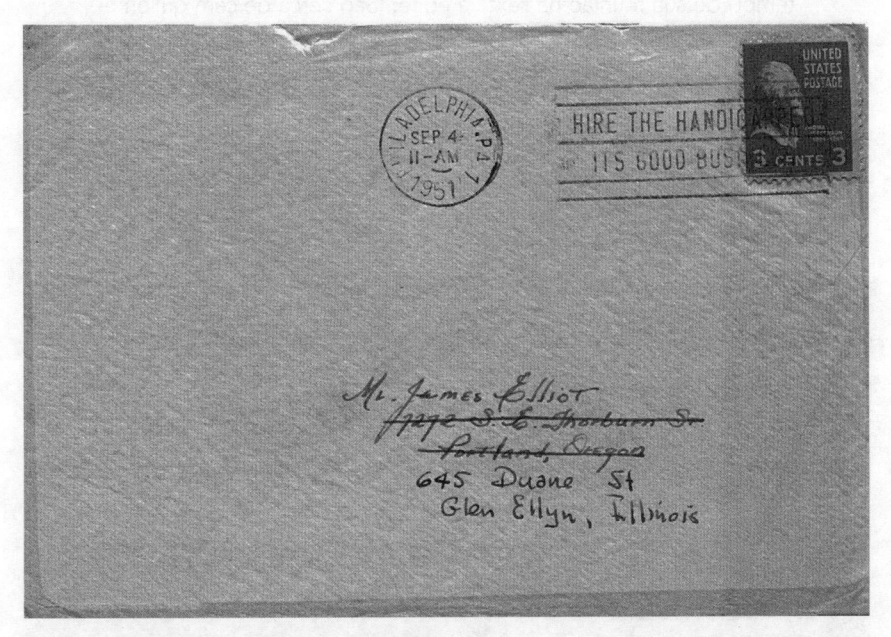

A carta dela, finalmente em mãos, deixou claro que ele seria bem-vindo. Era breve, dizendo que ela estava feliz em saber que ele estava vindo e esperava que sua agenda não estivesse completamente cheia.

Muito a dizer — mas por que escrever quando podemos conversar?!

Sim, *"há muito o que falar"*, concordou ele, na carta que saiu correndo de Chicago, em 13 de setembro, a qual ela se apressou a responder de imediato, para que ele a recebesse antes de seguir viagem.

15 de setembro

Sua carta chegou esta manhã e certamente parece estranho responder no mesmo dia, agora que nos acostumamos a intervalos de semanas! [...]

Você diz que planeja sair na quarta-feira; isso significa que, a menos que esteja a pé, não deve levar mais de trinta horas. Então, por que você não vem direto à Filadélfia de ônibus, chegando provavelmente na quinta-feira à noite? Eu poderia encontrá-lo lá, você poderia ficar aqui naquela noite e, então, poderíamos dirigir até Plainfield a tempo de sua reunião na sexta à noite. (São cerca de cem quilômetros, acho.) Mesmo que você não chegue à Filadélfia até sexta-feira de manhã, seria mais fácil encontrá-lo assim do que tarde da noite, na sexta-feira. Mamãe diz que não precisará do carro nesse dia. Se esse plano funcionar, por favor, avise-me a hora de sua chegada.

Ela acrescentou que Bill e Irene também eram bem-vindos, se os dois estivessem vindo. Ela disse que seu irmão Phil também estava ansioso pela visita. Todos estavam realmente empolgados com o retorno de Jim Elliot à casa dos Howard, como naquele Natal de 1947.

E eu também.

Betty

> Bill and Irene are most welcome to stay here — I hope Irene can come. Phil is looking forward to seeing you and Bill. And so am I —
>
> — Betty

OUTONO

Com essa visita surpresa se aproximando, penso que vale a pena dedicar um momento para reconectar os pequenos momentos que eles realmente passaram juntos desde a primavera de 1948. Aquelas três últimas semanas do último ano de faculdade da minha mãe (quando, pela primeira vez, perceberam que os sentimentos de um pelo outro eram recíprocos) haviam sido o período mais extenso que passaram juntos, embora permeado por exames finais e solenidades de formatura. Depois, ela o encontrara por alguns dias em setembro daquele mesmo ano, você deve se lembrar, passando por Wheaton a caminho do PBI, no Canadá. Eles passaram uma semana na casa dele em Portland, perto do final do verão seguinte (1949). E eles haviam conseguido arranjar uma ou duas conversas particulares quando as obrigações familiares e de amizade os uniram no casamento de meu tio Dave, em julho de 1950.

Tudo isso somava praticamente um mês — quatro semanas e alguns dias — num intervalo total de quase três anos e meio. Desses escassos, porém sagrados, momentos de exposição face a face, veio toda a intensidade dessa história e do relacionamento deles.

Certamente eles desejavam que houvesse sido mais. Ou, vendo como se haviam conformado em ser apenas amigos próximos, eles talvez desejassem que houvesse sido *menos*, que tudo houvesse passado em branco, em vez de tomar-lhes tanta atenção e energia ao longo dos anos. Porém, fosse esse o caso, aquele outono de 1951 nunca teria acontecido. E, como atestam as cartas e os diários a seguir, nenhum deles (e nenhuma de nós) gostaria de ter perdido aquilo.

Anteriormente, eu disse não ter certeza se meu pai tinha muitas esperanças românticas em sua jornada para o leste. Mas vou dizer agora — acho que ele tinha. Caso contrário, é difícil explicar estas súbitas palavras, as primeiras registradas depois de ele voltar a vê-la.

> **20 de setembro:** Cheguei em Moorestown, Nova Jersey. Obtive resoluta tranquilidade quanto a Betty. Eu a amo. O problema de agora em diante não é: "Com quem devo me casar?", mas: "Devo me casar?".

Isso não significava, é claro, que seu renovado senso de amor e atração tornasse a vida um pouco menos complicada.

> Agora, estou mais perto dela do que nunca, mas ainda mais confiante de que Deus está me levando para longe dela, para o Equador, com Pete, e ela para os Mares do Sul.

("Pete", aliás, era Pete Fleming, um velho amigo que viajava com ele nessa turnê de compromissos de pregação e construção de relacionamentos, o qual, posteriormente, estaria entre os cinco missionários mortos.)

Estou um pouco menos certa das esperanças de minha *mãe* quanto a essa visita. Essa desconfiança é corroborada pelo meu pai, ao dizer que, enquanto conversavam nos *"campos atrás de Birdsong"*, no sábado, sucedeu entre eles algo *"terrivelmente perturbador para ela"*. Provavelmente "esmagador" fosse uma palavra melhor. Foi algo "perturbador" apenas na maneira como afetou suas vidas no futuro. De qualquer forma, ela, assim como ele, ficou impressionada com a importância de tudo aquilo e com o que ela estava sentindo. Vou deixar as palavras dela assumirem daqui em diante...

21 de setembro: Caminhamos e conversamos sobre muitas coisas, inclusive sobre nosso relacionamento. O Senhor nos provou dolorosamente, e eu oro e confio que, "quando ele nos provar, sairemos como o ouro".

Suponho que não haja questão mais importante na vida de um jovem do que o amor. Mas Jim e eu há muito tempo estamos resolvidos, estamos inteiramente à disposição do Senhor, a qualquer custo, agora e sempre.

Jim diz que me ama. Não há mais dúvida no meu coração — eu o amo. Eu o amo como nunca pensei que pudesse amar alguém. O pensamento de continuar sem ele quase me dá calafrio.

Mesmo assim...

Jim tem certeza de que Deus o quer no campo como um homem solteiro. Que o Deus de toda graça lhe conceda a imensa graça que será necessária, a força para suportar as tentações que abundam em tamanha fortaleza de Satanás!

Peço a Deus que te abençoe e te guarde
em cada momento de alegria ou pesar.
Rogo-lhe que ternamente te abrace,
nestes anos volúveis a te guiar.

Tal experiência serve para afastar nossos corações do que é terreno. Somos peregrinos e estrangeiros, e a vida é apenas uma curta jornada para o Lar. Como será estar com aquele que é nosso Bem-amado, o mais formoso entre os dez mil? Se não fosse pela esperança de sua vinda — o Alvorecer no qual todas as sombras se dissiparão —, ninguém poderia prosseguir. Mas eu o amo, confio nele e o louvo, e peço apenas que possa me certificar de fazer sua bendita vontade. Nada mais importa.

Depois das coisas que me foram mostradas nos últimos dois dias, ouso orar: "Pai, se for possível... Contudo, não se faça a minha vontade, e sim a tua". E peço também que minha vontade seja uma com a dele. [...]

Quero andar com meu Mestre, humilde e submissa, atenta apenas aos seus desejos, sem me agitar ou andar ansiosa com os meus. Ao confiar inteiramente na benignidade de seu Pai, o filho aguarda com expectativa o próximo passo, disposto a esperar até que fique claro, sem pular e saltar à frente dele, com medo de que ele deixe de perceber algo se o filho não mantiver abertos os olhos dele. "Somente em Deus, ó minha alma, espera silenciosa, porque dele vem a minha esperança."

Tudo isso aconteceu, como ela disse, em apenas dois dias. Felizmente, porém, o tempo deles juntos não terminou tão rapidamente. Ele voltava para a casa dela sempre que ficava livre de suas outras responsabilidades. Essas oportunidades de conversação contínua os levaram a algumas decisões monumentais — não tomadas de modo impulsivo, é claro, muito embora tomadas em rápida sequência. Como sabemos, essas decisões eram o resultado de longos testes quanto à pureza de seus motivos e à comprovada devoção de sua entrega. E a cada uma delas — como muitas vezes sucede sob o favor da direção divina — vinha uma sensação quase tangível da paz de Deus.

29 de setembro: Meu coração está em paz, mais do que tenho conhecido, quanto a Jim. Eu o amo de todo o coração, e parece que Deus, mais uma vez, nos guiou retamente.

Ontem à noite, falamos sobre a possibilidade de noivarmos antes de ele ir para o campo, mas ainda não é o tempo do Senhor. Cada um de nós sente, no íntimo de nossos corações, que, cedo ou tarde, Deus nos unirá — e é em si mesmo algo espantoso que sintamos isso e tenhamos liberdade para falar um com o outro a esse respeito —, mas ainda parece melhor a Jim que ele vá totalmente sem compromisso, a fim de poder dedicar-se inteiramente ao trabalho de orientação no campo.

Em seu álbum, minha mãe escreveu: *"Apenas amigos"*. Visita a Nova Jersey, outono de 1951.

"A possibilidade de noivarmos." A crença de que, "cedo ou tarde, Deus nos unirá". Aqueles eram desenvolvimentos importantes. *"Além disso"*, acrescentou ela:

> A vontade de Deus para mim parece dirigir-se a algum campo latino. Apenas ele sabe quão desesperadamente quero fazer só a sua vontade; então, sei que ele não me permitirá cometer um erro nisso.

Aquilo era algo obviamente importante, já que sua última inclinação fora em direção ao Pacífico Sul, embora ela ainda não tivesse clareza a respeito.

Nem mesmo essas áreas de concordância, porém, compreendiam a totalidade do que Deus estava fazendo para surpreendê-la. Houve também o seguinte: *"Os pais de Jim chegaram hoje para passar o fim de semana — mais uma circunstância interessante, o fato de eles estarem aqui justamente agora"*. (Eles haviam levado Jane, a filha caçula, a Wheaton e, em seguida, adicionaram um longo desvio para o leste em sua viagem.) *"A atitude deles em relação a mim parece ser amigável, diferente do que senti enquanto visitei a casa deles."* Aquilo representava uma grande mudança, que, com base naquela crítica carta de dois anos atrás, ninguém poderia ter previsto.

Somente Deus poderia orquestrar todos esses eventos, pensou ela. E observar seu agir lhe trouxe um alívio quase indescritível... quanto a tudo.

> Finalmente, sinto quanto à nossa situação um desembaraço e um descanso que me são novos. Ontem à noite, quando ficamos a sós, houve um novo senso de quietude, de libertação das confusas dúvidas e medos. Posso olhar em retrospectiva para todos esses anos de nosso relacionamento e ver um desenvolvimento bastante acentuado. Agora, em mente e espírito, somos um.

Sim, finalmente, "somos um". Agora, minha querida mãe podia entender e acreditar que, embora meu pai ainda precisasse seguir sozinho para o Equador, Deus, em sua bondade, os reuniria novamente naquele momento, com a esperança adicional de, eventualmente, levá-los ao casamento. Ela encontrara descanso — um descanso profundo que desfazia toda preocupação e todo medo — e podia esperar com paciência até o momento exato em que talvez pudessem tornar-se ainda *mais* "um". Ao escrever uma breve nota ao meu pai, em 30 de setembro, e endereçá-la a Nova Iorque, onde ele passaria a semana, ela disse:

> Saiba disto — que encontrei descanso, e sei que você também — na vontade revelada de Deus a esse respeito. Ele trouxe luz às trevas. "Amar-me-ás, confiarás em mim, louvar-me-ás?" Sim, Senhor — para sempre.

> Saturday night —
> Jim, I have just read Vine's chapter on marriage. My heart responds wholly. I thank God for the grace of continuance, the steadfastness of purpose which He has wrought in you by Jesus Christ. Know this — that I am at rest, as I know you are — in the revealed will of God in this regard. He has given light in darkness. "Will love Me, trust Me, praise Me?" Yea, Lord — forever.

Ele logo respondeu, afirmativamente.

2 de outubro

Hoje à noite, a vontade de Deus é doce, completamente "boa, agradável e perfeita". O gentil amor do Senhor Jesus por nós agora parece algo benigno. Eu sei que sempre foi, mas, de alguma forma, eu não conseguia ver quanto ele era sábio enquanto não me parecia ser benigno [...]. Lembre-me disso quando, em algum momento, eu não puder enxergar o amor dele como gentil.

Ele, então, compartilhou uma história que minha mãe incluiu em sua biografia sobre a vida de meu pai, mas que permanece tão comovente que não posso deixar de republicá-la.

> Passei a noite com um irmão no Queens que cultiva crisântemos como passatempo. Ele estava me dizendo que eles não florescem até que todas as outras flores caiam ou estejam caindo com o frio congelante. Suspeitei que talvez fosse o gelo que os levasse a florescer, mas ele disse: "Não, são as noites mais longas". Ele descreveu um processo de encobri-los antes do pôr do sol e deixá-los cobertos até depois do amanhecer, para acelerar a floração. De fato, eu nunca havia entendido este ensino de Rutherford: "Mas as flores precisam da escuridão" — não apenas para descansar, o que é evidente, mas também para florescer. Preciso alegorizar?

Não, o discernimento dele foi perfeito. Ambos viram a mão do Senhor os unindo, mesmo enquanto ele os mantinha separados durante "as noites mais longas". Com o tempo, eles observariam muitos outros sinais da condução e da misericórdia de seu Pastor. Eles sabiam que o mesmo criador que faz os crisântemos florescerem na escuridão os guiaria, assim como ele faz em relação a todos os seus filhos, em meio a dias sem sol.

Naquele exato momento, minha mãe devia estar pensando. Se Deus realmente a estava preparando para um destino latino-americano, *"estou perplexa"*, disse ela, *"quanto a qual será o meu próximo passo"*.

> **2 de outubro:** Devo escrever a Dorothy Jones, uma moça que pretende ir ao Equador e precisa de uma mulher solteira para acompanhá-la? Devo ir a Nova Iorque e visitar a sede de Voices from the Vineyard [Vozes da Videira]? Devo tomar a iniciativa de ir logo a algum país hispânico, a fim de começar a trabalhar no espanhol?

Meu pai estava sendo pródigo em conselhos:

> Há várias coisas que devem ser lembradas quanto à preparação para o Equador. (1) Espanhol, custe o que custar. (2) Um diploma de professor, muito valioso, se possível. (3) Treinamento médico.

Sim, havia muito a contemplar e priorizar, mas um único local para dar início — em oração. Ela encerrou seu registro no diário de 2 de outubro com as seguintes palavras: *"Senhor, todas estas questões te são conhecidas. Dá a tua resposta. 'Eu não daria um único passo à parte de ti.' E, Senhor, mantém-me sempre em total dependência de ti"*. Então, como ocasionalmente fazia em seu diário, ela registrou este próximo trecho de um hino em letra de forma, em vez de cursiva, com repetidos traços grossos de caneta: *"Tua vontade faze, ó meu Pai! Por ela o crente vive e não cai"*, o que realmente refletia o coração dela — e do meu pai, que a encorajou dizendo: *"O Senhor não permitirá que você cometa erros"*.

Oh, mas quão lindamente Deus lhes permitiu ter aquele tempo para si mesmos — momentos saborosos ao longo daquelas cinco semanas cheias de luz!

Seu encontro seguinte incluiu um pouco de drama inesperado. Minha mãe viajou com seu irmão Phil e a esposa dele, Margaret, para Hackensack, Nova Jersey, para ouvir meu pai falar. Mas...

> **12 de outubro:** A chuva e o trânsito pesado nos atrasaram, de modo que não conseguimos chegar antes que a reunião houvesse terminado. Conseguimos enviar pela polícia uma mensagem do local em que Jim estava, dizendo-lhe que estávamos a caminho e que ele deveria esperar!
>
> Foi tão bom estar com ele novamente. Na segunda-feira, passamos o dia inteiro juntos — a primeira vez desde que ele está no leste. Fomos ao Lago Oswego, depois descemos para a costa e, então, para Keswick, onde fizemos um piquenique enquanto o sol se punha à beira do lago.

Duas semanas depois, em vez de um drama inesperado, houve deleite absoluto.

> **25 de outubro:** Tivemos quatro dias perfeitos juntos. Ele e Pete Fleming, o companheiro com quem está indo para o Equador, Phil, Margaret e eu deixamos a cidade de Nova York no domingo à noite, depois das reuniões de Jim e Pete, e viajamos a noite toda, chegando *[à sua casa de férias, na Francônia]* por volta das 9h. Estava bem frio e o chalé era todo coberto de tábuas, muito gélido.

Porém, estar ali com Jim — era algo além da imaginação. Na segunda-feira à tarde, todos escalamos Bald Mountain e depois fizemos uma trilha em Artist's Bluff. Na terça, fizemos uma trilha pelo Flume e depois seguimos até Lonesome Lake. Na quarta, um dia cinzento, pegamos a Trilha Ammonoosuc até o Lago das Nuvens, no Monte Washington. Desfrutar da natureza — toda a formosura que nosso Pai fez com as mãos — é uma alegria redobrada ao lado de Jim. Nossas mentes funcionam de modo semelhante — complementando-se, combinando-se e encontrando-se.

Ontem à noite, ele me levou para Littleton, onde jantamos no Thayer's Hotel, depois fomos de carro até o "Noth" [*o modo como os naturais da Nova Inglaterra pronunciam*], onde nos sentamos no carro perto do Echo Lake, sob copiosa chuva e tempestade de vento. O simples fato de estar com ele é paz — paz.

O que me ocorre, repetidas vezes, é que cada verdade celestial tem sua contrapartida terrena, e o amor humano reflete muito do amor divino, é claro, já que vem de Deus. "Aquele que permanece no amor permanece em Deus." É realmente maravilhoso — e nosso querido Pai celestial planejou tudo para nós com amor e perfeição.

"Há três coisas", disse o escritor de Provérbios 30, "que são maravilhosas demais para mim, sim, há quatro que não entendo: o caminho da águia no céu, o caminho da cobra na penha, o caminho do navio no meio do mar e o caminho do homem com uma donzela" (Pv 30.18-19). O amor genuíno e puro entre um homem e uma mulher, especialmente quando cada um procura o melhor para o outro, é realmente uma maravilhosa dádiva de Deus. Só ele poderia ter pensado nisso! *"E ele nos deu esse amor"*, disse-me minha mãe pessoalmente sobre ela e meu pai — um amor que tinha tanta semelhança com o amor de Deus por eles.

Nosso amor é o amor *dele*, que se manifesta em nós, um para com o outro. Nossas paixões e afeições naturais são despertadas, vivificadas, canalizadas pelo amor de Deus.

"Deus é amor." E, durante cinco semanas de outono no nordeste, tendo o privilégio de passarem ao menos parte do tempo juntos, o amor deles os encheu de renovada admiração, percepção e segurança.

Com devoção.

No dia seguinte, encheu-os de outra coisa: saudades.

26 de outubro: Sozinha. A palavra nunca teve tanto significado. Jim se foi — e, com ele, minha própria alma e meu coração. [...] Ao pensar nessas cinco semanas desde que Jim veio para o leste, fico admirada e impressionada. O que foi isso que Deus operou? É verdade que nos amamos há três anos — quase quatro. Mas nunca houve nenhuma perspectiva de casamento e, consequentemente, nosso relacionamento tem sido cauteloso e de expressão limitada.

Agora, parece que Deus pretende que nos casemos, [mas] não podemos noivar oficialmente, por causa da incerteza em relação às exigências da vida na selva. Não sabemos quanto tempo o trabalho pode exigir de homens solteiros. Pete e Jim estão prontos para o que o Senhor indicar. [...]

Mas, oh, minha carne e meu coração desfalecem! Sinto-me absolutamente vazia, oca, doendo de solidão. Eu quero Jim. Eu o amo fortemente, profundamente, poderosamente. Ele é a minha vida.

"*Com devoção*, Mamãe". Bilhete para mamãe, escrito pela mãe dela, minha avó Howard (Katherine Gillingham Howard). Ela estava triste por eles diante da partida de meu pai.

Meu pai, afastando-se dela num turbulento vagão de trem — turbulento o suficiente para ele se desculpar pela escrita trêmula —, estava igualmente devastado.

29 de outubro
Durante todo esse tempo, tenho sido incapaz de pensar por cinco minutos sem ser interrompido por pensamentos a seu respeito. Sua face se desvaneceu de minha consciência quando adormeci, mas, então, ressurgiu quando acordei. Imagens, atitudes, expressões, olhares, abraços me aclamaram nas últimas semanas, e quase sucumbi ao pensar que talvez isso não ocorra por anos. Durante todo o dia de sábado, meu peito sentia uma pressão que me fazia desviar o olhar para o céu e suspirar, significando sei lá o quê.

Nesta manhã, estou mais perto das lágrimas do que estive durante todo o fim de semana. Com o alvorecer, ao acordar, veio-me a lembrança do que você disse sobre sentir saudades de mim, e pensei em você ali, numa cama quente, com seus braços esbeltos, alvos e vazios...

Pode ser só uma fase — da qual Pete me desejou rápida recuperação. Num sentido, espero que assim seja, mas por enquanto ela só se intensifica e não mostra sinais de abrandamento. Não há mais o que questionar. Eu a amo, Betty, e sinto isso intensamente esta manhã.

Mas o que parecia ser a conclusão de seus pensamentos apenas suscitou mais memórias, com a recordação de seu último encontro.

Não me esquecerei de seus olhos claros e arregalados desaparecendo na estação, no sábado. O insensível lacaio que me puxou na plataforma, gritou: "Cuidado com as escadas" e bateu a porta, sim, ele me arrancou um prazer, o de ver seus olhos ficando cada vez menores até desaparecerem. Fiquei sem lágrimas. Depois de alguns minutos de silêncio engasgado, começamos lentamente uma conversa, e logo eu estava aos prantos falando com Pete.

"Sim", **escreveu ela em resposta, lembrando o momento exato:**

31 de outubro

Também fiquei triste ao vê-lo desaparecer tão abruptamente no sábado. Fiquei lá até o último vagão fazer a curva, depois me vi completamente sozinha na plataforma, com os portões fechados e nenhuma viva alma presente! Mas eu também fui, incrivelmente, impedida de chorar naquele momento. Fiquei feliz. Foi só depois, quando fiquei sozinha no meu quarto após o almoço, que pude desabafar.

Jim, continuo espantada com toda essa maravilha — o planejamento perfeito do Senhor para nós, trazendo-o aqui exatamente nesta situação, na qual eu não fazia ideia de para onde me voltar (ou, devo dizer, quando qualquer atraso adicional teria precipitado minha saída para os Mares do Sul). Ele conhecia todos os pensamentos, intenções e necessidades de nosso coração, e atendeu a cada uma dessas necessidades.

E o infinitamente mais (não, o trem não está balançando — é apenas o meu coração) foi a viagem a Francônia. "Ó Deus das estrelas e das flores, perdoa nossa cegueira; nenhum sonho noturno jamais pôde imaginar isto que fizeste!" Não deixemos de admirar as maravilhas que nosso Deus opera. Mantenhamos sempre aquele alegre espanto das crianças.

E, quanto ao amanhã — aqueles "anos" dos quais você fala, nos quais não consigo pensar com serenidade —, é apenas um dia de separação por vez. O Senhor esteve comigo hoje, assim como esteve com você. Ele nos sustentou e guiou, como sempre fez. E, se nunca lhe aprouver nos unir, pertencemos a ele; ainda somos amados por ele. "Ele nos susterá." A graça para amanhã nunca é dada hoje. Lembra-se do maná? Muito menos ele concede graça para nossas imaginações.

Ela encerrou com uma estrofe de "The Eternal Goodness" ["A bondade eterna"], de Whittier.

> E assim, junto ao mar silente, espero o remo abafado;
> nenhum dano ele me fará, no seco ou no molhado.
> Não sei quando avistarei suas ilhas de palmas frondosas;
> só sei que nunca me afastarei de sua proteção amorosa.

Oh, foi maravilhoso, Jim... simplesmente estar com você. Agradeço ao meu Deus a *cada lembrança*.

Com gratidão, Betty

Ainda me espanto com o pouco contato físico que eles haviam realmente experimentado. Tudo o que se haviam permitido foram alguns abraços, mãos dadas, possivelmente um beijo na face. Mas como é importante aprender com meus pais maravilhosos que a prioridade absoluta deles era o amor de Deus, a dependência de Deus e a oração contínua por sua direção!

Alguém pode perguntar: "Deus é suficiente para mim, para satisfazer todos os meus anseios, mesmo que eu não receba o romance com o qual sonhei? Ele me ajudará nessas 'longas noites' de solidão? Ele deterá meus desejos quando não houver demonstrado claramente sua bênção sobre o relacionamento?". A experiência de meus pais diria, definitivamente, que vale a pena esperar nele! Seus mais de quatro anos de espera produziram imenso peso de piedade neles. Construiu no caráter deles o que era necessário para se contentarem somente com Deus: uma determinação de amá-lo sobre todas as coisas, assim como de usar aquele tempo de espera para conhecê-lo em profunda intimidade.

E eles precisariam de tudo aquilo, pois, de várias formas, o verdadeiro teste de sua fé estava apenas começando.

3 de novembro

Embora eu não possa enviar esta carta até segunda-feira, sinto vontade de falar com você, Jim, e por isso não há melhor momento para escrever. [...] Hoje, faz apenas uma semana (desculpe-me, estou soando "uma doentia sentimental"!) desde que nos despedimos. Quão bem conheço a "pressão" de que você fala, a qual nos faz suspirar ao olhar para o horizonte distante! Quantos desses suspiros me foram arrancados nesta última semana — e foi uma longa semana, acredite!

Para você, imagino que o tempo esteja voando, com todas as suas viagens, reuniões, contatos etc. Descobri algo sutil em mim esta semana — percebi que estou abraçando *qualquer* atividade, qualquer interação social, qualquer lugar para ir, não pela coisa em si, mas apenas por um desejo impaciente e indisciplinado de *matar o tempo*. Isso indica uma alma que não está descansando plenamente no Senhor.

"Oh, tempo! Tempo!", penso comigo mesma: "Desapareça! Vamos apenas pular os próximos anos, de qualquer maneira — descuidada, desleixada, contanto que seja rápido!". Contudo, gentil e silenciosamente, o Pastor me leva para junto das águas de descanso e me faz *repousar*. E me vêm à mente as adoráveis palavras antigas do Salmo 33:

> Nossa alma (observe o pronome no plural, o substantivo no singular) espera no Senhor, nosso auxílio e escudo. Nele, nosso coração (outra vez) se alegra, pois confiamos no seu santo nome. Seja sobre nós, Senhor, a tua misericórdia, como de ti esperamos.

> E ele está respondendo — ensinando-me a descansar em seus braços eternos, inconsciente de tudo exceto de si mesmo e de sua feliz vontade.

> E isso, Jim, também teve sua contraparte. Quando lembro daquelas noites ao redor da fogueira em Francônia, o corre-corre em Nova York, ou apenas nós aqui em casa, quase desfaleço de ternura.

"Quase desfaleço." Talvez ele estivesse se sentindo da mesma forma.

Na verdade, o que *o* estava fazendo desfalecer era o fato de que as cartas dela não o estavam alcançando ao longo da estrada. Minha mãe suspeitou disso e lamentou seu descuido. *"Eu havia levado minha mala de trem para gravar nela minhas iniciais. Ontem, ao ir buscá-la, aparentemente o recibo que entreguei era o pedaço de papel em que havia escrito seu endereço em Oklahoma City. Sinto muito, Jim — queria que esta carta chegasse a você neste fim de semana."*

Mas isso não aconteceu. Nenhuma delas chegou.

5 de novembro

Fiquei desapontado ao não encontrar nenhuma carta sua em Oklahoma City. Quando vi que nenhuma me esperava em Sparta, tive certeza de que teria uma palavra sua no sábado, em Jones. Atravessamos um belo cenário de tons outonais até chegarmos a Oklahoma City e, então... Nenhuma palavra.

Pete tinha uma carta de Olive o esperando. Foi difícil esconder a decepção e sorrir. Foi engraçado ver como cada pequena acusação contra você, em minha mente, era imediatamente refutada por escusas e explicações.

Foi pior ter que ir embora, hoje de manhã, antes da hora do correio. Inclusive, cheguei a ir à agência postal tentar interceptar alguma coisa, mas o entregador já havia saído. Significa mais uma semana inteira sem nenhuma palavra, Betty, e eu não consigo fingir — não é nada fácil! [...]

Amanhã, Pete e eu iremos para as Cavernas de Carlsbad, e o pessoal nos alcançará um pouco mais tarde. El Paso amanhã à noite. Em seguida, Phoenix, depois Los Angeles e, estou confiante, enfim terei notícias suas! Duas semanas! Duas semanas de silêncio depois daqueles dias tão próximos em Francônia!

Outro teste para minha paciência ocorreu ontem, quando estava rebobinando minha câmera. Pensei que já havia deixado o filme pronto para ser retirado, então abri a tampa — apenas para encontrar o enrolador preso e queimar meia dúzia de fotos. E quase todas eram suas. Ainda não sei quais, é claro — mas isso com certeza me deixou nervoso.

Pete acabou de comentar que tem se sentido sem vigor estes dias. Eu também. É sobretudo por causa do ritmo — não há tempo para a consagração em oração e a espera em Deus. Ore para que não desperdicemos esses contatos por causa disso. É difícil estar atento à mente de Deus quando se está fastidioso e sonolento. E é assim que estamos desde Washington, DC. Esse é o problema agora.

Gostaria de estar em melhores condições para redigir uma carta à mulher a quem tenho em tão alta conta. De toda sorte, isso é tudo por hoje à noite.

Jim

Coitado! Sem cartas, sem fotos, sem tempo para descansar ou orar sem pressa. Um de seus poucos consolos foi o encontro improvisado com

uma jovem em Oklahoma City — uma *"pianista ruiva"* que *"se lembrava de você"* — da faculdade, presumo, ou do verão que minha mãe passara em Oklahoma.

> Sem que eu a incitasse, ela voluntariamente disse: "Oh, ela é alta e graciosa. Sempre a admirei — a maneira como ela se portava". Ela acha que você deve ser muito esperta por ter me fisgado — todo mundo parece ter a impressão de que eu era meio inconquistável. Acho deslumbrante iniciar uma conversa com velhos amigos — poder começar dizendo: "Encontrei a garota com quem vou me casar". Isso causa bastante alvoroço, se me permite dizer.

Sim, minha mãe tinha certeza que sim. Porém, apesar do entusiasmo dela ao saber como ele se sentia a seu respeito, e apesar da emoção de ouvir tanta alegria na voz dele ao pensar nela, ela provavelmente poderia ter ficado um tempo sem ouvir isso. A notícia de que ele falava tão livremente com os outros sobre o relacionamento deles veio na mesma semana em que ela estava orando as seguintes palavras: *"Se, na perfeição do teu próprio tempo, tu te agradas de unir-me a Jim, para trabalharmos para ti como marido e esposa, prepara-nos para tal evento. Porém, que sempre fixemos em ti mesmo nossa mente e nosso coração!"*. Você consegue ouvir a entrega total? A ausência de qualquer presunção?

Então, embora ela tenha respondido à carta com muito menos verve do que, digamos, sua refutação à Renascença, ela gentilmente o fez saber que, de novo, ele estava ultrapassando os limites.

13 de novembro

> Outra coisa sobre a qual sinto que devo falar — você diz a seus amigos: "Encontrei a garota com quem vou me casar". Isso, você sabe tão bem quanto eu, não é estritamente verdade no sentido que os outros entenderão. Eu não ousaria dizer isso às minhas amigas. Portanto, até que seja mútuo, até o Senhor deixar claro que haveremos de nos casar, Jim, por minha causa, se não for por qualquer outra razão, não espalhe isso.

Para mim, não há nada mais desagradável do que rumores e, sem dúvida, os rumores estão voando. "Eles estão noivos." "Oh, não, é um arranjo meio estranho — não exatamente um noivado." "Sim, mas eles podem muito bem estar" etc. Então, se alguma vez ficarmos realmente noivos, toda a alegria do anúncio terá sido tirada, pois a reação de todos será: "Já não era sem tempo!". "Pensei que estavam noivos há muito tempo." Você entende, Jim? Espero que sim.

Chame isso de bobo, se quiser; mas, para mim, essas coisas são elevadas e santas, não devem ser mencionadas com leviandade; e, por enquanto, no tocante ao nosso relacionamento, ele não é nosso para ficarmos de brincadeira, mas é inteiramente do Senhor e está nas mãos dele, até que ele se agrade de nos entregar um ao outro. Então, e somente então, poderemos nos sentir livres para falar sobre isso com alguém, sem medo de mal-entendidos.

Meu pai era um pouco livre e impulsivo demais com sua língua, arrependendo-se disso com frequência em seus diários. Minha mãe, em contraste, era muito rigorosa consigo mesma e escolhia suas palavras com cuidado, pensando nas possíveis maneiras em que poderia ser mal interpretada. Ela não desejava que o relacionamento deles fosse divulgado, pois eles ainda não haviam sido completamente entregues um ao outro. Ela sentia que a reivindicação que eles poderiam querer ter um sobre o outro ainda estava no misterioso futuro do plano de Deus. Divulgá-lo, na opinião dela, confirmava o relacionamento na mente de outras pessoas e minimizava a importância daquilo sobre o que eles se haviam comprometido a orar.

Admiro a personalidade de ambos. Admiro a intrepidez do meu pai, como ele não tinha medo da conotação que outras pessoas poderiam dar às suas palavras. Mas também admiro o pedido dela para que ele não falasse a seu respeito como "a garota com quem vou me casar". O fato de ela estar apaixonada pelo homem que Deus havia designado para ela era algo que ela considerava um assunto "elevado e santo", algo que eles deveriam considerar sagrado e que deveriam guardar para si.

Compreendo a ânsia de meu pai em conversar a esse respeito. Receio ter herdado mais de sua espontaneidade e precipitação para falar — a língua solta — do que o compromisso de manter as coisas secretas e ocultas até o tempo em que o Senhor está pronto a revelar suas respostas. Contudo, quão poucas mulheres hoje têm tal controle sobre sua língua ou suas emoções, como minha mãe, ponderando coisas sagradas em seu coração sem tagarelar, sem contar às "trezentas melhores amigas"! Hoje, nós compartilhamos demais, mais do que as pessoas precisam saber, sem discernir as coisas que deveríamos corretamente considerar preciosas e santas diante de Deus.

A favor do meu pai, ele recebeu a gentil repreensão dela com humilde contrição e consideração.

19 de novembro
Sinceramente, Betts, desculpe-me se criei rumores pela minha conversa descuidada. Eu realmente não sinto que tenha sido leviano ou impróprio ao falar de nosso relacionamento. Ainda assim, sou conhecido por ser imprudente. Quero dar-lhe todos os privilégios de anunciar um noivado. E, quanto àqueles com quem comentei, eu os adverti em seu favor. Dave lhe dirá que pedi a ele que ficasse quieto nessa questão, e tentei ser consistente ao dar esse mesmo recado a todos. Quanto ao que foi feito, você terá de perdoar minha estupidez e entregá-la a Deus.

Aquele era apenas um homem apaixonado, apanhado na empolgação do amor — surpreendendo até a si mesmo com a nova *"constância"* de seu amor, algo que ele outrora se considerava incapaz de sentir, muito menos de dar. Como disse em uma carta que escrevera para ela cerca de uma semana antes:

10 de novembro
Amar você é algo bom — algo bom, poderoso e revigorante —, exatamente o que o nosso Deus poderia fazer por mim antes da minha partida. [...]

Desejo você *em todos os lugares*. Quero você *sempre* comigo. Se estou caminhando de madrugada, muito antes do alvorecer, então ouço-a respirar em algum lugar perto do meu rosto, chegando rápida e ruidosa, depois inspirando rapidamente e expirando lentamente. Se estou contemplando a paisagem — as árvores do Texas que não têm troncos, mas crescem como ramos desde o chão; as assustadoras profundezas e fantasias de Carlsbad; os esqueletos de árvores mortas selvagemente retorcidos na borda do Grand Canyon —, quero apontar e descrever tudo para você. A cada lugar que visito, avalio se é um local adequado para uma lua de mel.

Nesta manhã, mais uma vez, acordei cedo e dividi minhas devoções com sonhos a seu respeito. Incomoda-me um pouco que você esteja em minha mente quando eu deveria estar orando, e é preciso ter disciplina para não ceder e pensar demais em você. Não que eu sinta um conflito — tenho certeza de que amar você agora faz parte da minha vida, tão importante quanto comer, e Deus sabe que preciso disso.

Estar apaixonado, disse-lhe ele em outra carta, era como "redescobrir" o mundo inteiro ao seu redor.

17 de novembro

O amor me fez adentrar uma área totalmente nova da poesia. Desde os tempos do ensino médio, passei a considerar os versos de amor com certo desdém, e é por isso que digo redescoberta. Eu os estudara academicamente, agora o faço empaticamente. É estranho quanto o amor é universal — posso escolher um trecho de praticamente qualquer obra e dizer: "Isso nos pertence".

Em especial, fiquei emocionado com "First Time He Kissed Me" *["A primeira vez que ele me beijou", um soneto de Elizabeth Barrett Browning]*. Imediatamente relacionei aquele poema à nossa ida à Francônia naquele domingo à noite. Poderei esquecer como, fingindo sonolência, segurei você contra as roupas penduradas na porta; como seu corpo se enrijeceu quando minha mão fez seu caminho por entre seus dedos; como todo o seu ser suavizou e como meus dedos pressionaram seus lábios? Poderei esquecer? Não tão cedo. Perdoe essa indulgência.

Agradeço ao meu Deus. A vida se tornou muito mais plena por ele me dar você. Hoje, enquanto percorríamos os últimos quinhentos quilômetros em direção a Klamath Falls, eu mencionava como Deus tornou tão rica, tão plena (não consigo encontrar uma palavra melhor!) a minha vida. É como o mar, mas sem a oscilação da maré. Natureza, corpo, alma, amizade, família — tudo isso é pleno para mim e, ainda, aquilo que muitos não têm a capacidade de desfrutar. "E disse ele: 'Faltou-vos, porventura, alguma coisa?'. 'Nada', disseram eles." Faltava uma parte de mim até agora — ah, eu precisava de você, nenhum de nós sabia quão dolorosamente! E, mesmo agora, embora eu não tenha você no sentido pleno, ainda a tenho — de um modo que não a terei quando conhecermos um ao outro.

Fico feliz que o final ainda esteja adiante. Ainda bem que não estou entediado de noites na cama com você. [...] Ainda bem que ainda não consigo tirar minhas mãos de você — ainda preciso ser advertido para não "defraudar você". Agora, eu a tenho ainda intocada, e é bem assim que preciso de você agora. O noviço dentro de mim ainda se admira e fica desajeitado. A experiência ainda não removeu as tensões. Suponho que vamos nos acostumar um ao outro, com a sensação, o cheiro e a aparência um do outro, mas fico feliz que ainda não seja o caso. Como nunca senti antes, sinto agora que devo me guardar para você. Deus sabe que é uma luta pela pureza, e ele sabe quantos ataques à pureza esperam à frente. [...]

Eu gostaria de poder encostar sua face na minha para me despedir de novo. Mas isso não vai acontecer por enquanto. Fico feliz que tenha ocorrido uma vez, e ocorrerá novamente, se Deus quiser.

Seu Jim

Isso é amor verdadeiro. Em alta honra. Como o coração bate mais rápido ao ouvi-lo expresso em uma pureza tão forte e inocente! E como sou feliz por eles terem permanecido puros como um testemunho do poder de Cristo e do controle do Espírito sobre o relacionamento deles! Algumas dessas restrições o incomodavam, por razões óbvias, e ela também queria render-se ao desejo

físico. Mas eles sabiam que cada um pertencia somente a Deus e que, por ora, poderiam dar um ao outro apenas uma parte de seus corações, até o tempo planejado por Deus para eles se casarem. O versículo que eles, mais tarde, escolheriam para a cerimônia de casamento (Is 25.9) já estava falando com eles: "Eis que este é o nosso Deus, em quem esperávamos".

O outono de 1951 ainda era o tempo da espera deles.

No Dia de Ação de Graças, cada um estava em sua casa, comemorando com a família e os convidados, pensando ansiosamente um no outro e considerando o futuro com renovada clareza.

22 de novembro

Pete acabou de passar a caminho de Seattle. Eu o encontrei na estação de ônibus e lhe entreguei algumas bagagens que trouxemos no carro. As notícias de Tidmarsh dizem que um ministro do governo favorável a nós deve deixar seu cargo em 7 de dezembro e que nossas autorizações de entrada devem passar por ele. [...] Então, agora esperamos notícias quanto a uma data de partida em janeiro. O Senhor tem uma dignidade lenta em seus movimentos, a qual constantemente envergonha minha incredulidade inquietante. Ele nos levará ao Equador em seu próprio tempo e não será tarde nem cedo, a despeito do que nós esperamos ou planejamos.

Não pretendia escrever um noticiário. O objetivo era ser um bate-papo leve; provavelmente não o enviarei até ouvir de você primeiro. Mas, nesta manhã, eu precisava pelo menos ter alguma impressão de estar em contato com você, e escrever é uma ajuda.

Precisei de você ontem — queria você mais do que já tenho querido há tantos dias. Os suspiros estavam voltando mais uma vez, os pequenos gritos silenciosos que sinto por dentro quando tudo e todos parecem tão alheios a você — não havia ninguém com quem conversar a seu respeito, nada que trouxesse uma forte lembrança em um contexto amplo.

Meus Kodachromes *[uma das primeiras linhas de filmes fotográficos da Kodak]* são de pouca ajuda. Aquela foto que Pete tirou de nós na praia, ele se mexeu e, embora pareça uma bela composição, está irremediavelmente desfocada. Naquela sua, em Great Bay, deitada na areia, você está de olhos fechados. A outra, com você em pé no pequeno banco de areia com as salinas atrás, ficou superexposta. Eu me insulto impiedosamente por não haver tirado mais fotos suas. Aliás, não tenho nenhuma apropriada para levar comigo como demonstração e lembrança. Talvez a sua mãe tenha piedade e tire algumas fotos suas com aquele terninho verde — aquele que você usou quando eu a vi pela última vez. [...]

Deixe-me dizer honestamente, Betty, eu amo sua aparência. Minha foto preferida sua, agora, é um retrato pequeno do Tower [o anuário do Wheaton College]. Você está em um terno escuro, tem um babado branco no pescoço e olha diretamente para mim. No retrato maior, do anuário de 1949, você está olhando para o lado.

Indago-me se você estava consciente de desviar os olhos em muitos daqueles momentos apaixonantes em Francônia, enquanto eu olhava diretamente para eles. Lembro-me de certa ocasião em especial, quando você virou o rosto totalmente para a fogueira, quando eu queria olhar nos seus olhos. Por favor, não se sinta assim. Eu gosto da sua aparência! Fico feliz porque amo em você mais do que o exterior, de modo que, se ficasse cego, ainda teria amor. Mas sua aparência não está desconectada dele.

Amo-a apenas por causa do amor? Não exatamente. Pelo amor, sim, mas também por dezenas de outras coisas e, não menos importante, por cada terna lembrança de seu rosto. A graciosidade de sua fronte, a clareza de seus olhos. "Mas, oh, aquela boca esculpida com toda a sua intensidade de desejo."

Sempre, Jim

Eu não acho que ele sabia o que fazer de si mesmo naqueles dias. Impetuoso e ousado para com o Equador, porém fraco, de joelhos, pela minha mãe. *"Como isso pôde acontecer?"*, indagava-se abertamente em seu diário. *"Comigo? Jim Elliot?"*

20 de novembro: Assombra-me pensar em finalmente transpor todas as velhas barreiras que levantei contra o casamento. Há de ser, afinal, aquela vida convencional de tapetes, eletrodomésticos e bebês? Será que o exemplo de Paulo, em sua intensidade solteira, está além do meu alcance? Será, enfim, que não estou entre aqueles que se tornam eunucos por causa do reino?

Não sinto amargura, mas um sentimento de pesar por perder todas as boas liberdades que Deus me permitiu até agora, caso faça a promessa. Não há uma resolução em minha mente, num ou noutro sentido, embora eu sinta fortemente que, em prol de minha própria estabilidade, para o alívio de Betty e para a língua de muitos, eu deveria comprar um anel.

Senhor, qual é o caminho? "Senhor, tu ouviste os desejos dos mansos; confortarás os seus corações" (Sl 10.17, ACF). O que direi acerca de toda a liberdade que me foi dada para pregar a adesão ao método paulino — até mesmo aos homens solteiros que trabalham no campo, ilustrando-a com minha própria intenção e a de Pete? Em vez disso, o que pensarão os homens que me ouviram dizer: "Vou solteiro, na vontade de Deus", quando, se eu realmente ficar noivo, meus planos forem de outra maneira?

Bem, está nas mãos de Deus. Ele me dirigiu a falar daquela maneira. E, além do mais, um homem noivo ainda *está* solteiro, mas com a intenção de se casar. E Paulo queria que eu estivesse livre de preocupações. Será que, alguma vez, ele amou uma mulher?

Ou sequer cobiçou uma mulher? Não vamos fingir que meu pai estivesse acima da tentação. Contudo, em resposta a ela, ele fez o que todos os homens (e mulheres) piedosos devem fazer quando se veem atacados por fortes pensamentos profanos. Ele os expôs, declarou-lhes guerra e fez veementes apelos para que Deus fosse sua força para suportar.

21 de novembro: Meu Deus do céu, como é a minha natureza! Oh, que eu jamais houvesse provado uma mulher, de modo que a sede por ela agora não fosse tão intensa, ao me lembrar. Não é bom que o homem esteja só — não este homem, de maneira alguma.

Assustadoramente deprimido durante todo o dia, sentindo a culpa interior de sucumbir aos pensamentos lascivos que faziam guerra contra a alma. Um dia em que as coisas não correram bem — tudo parecia me trair, e nada parecia satisfazer-me — um dia na presença de demônios, demônios astutos e cruéis que lutam sob camuflagem. Deus me livre! Oh, peço-te para me conduzir às tuas rotas de fuga!

Muito daquilo — pelo menos naquela intensidade — era novo para ele. Com minha mãe despontando com proeminência cada vez maior em seu futuro, a proximidade do desconhecido tornava-se cada vez mais difícil de contemplar.

23 de novembro: Agora, sinto como se ainda houvesse cinco anos de solteirice — mais cinco anos de resiliência, anos nos quais eu a desejarei e precisarei dela sobremaneira, e estarei mais bem capacitado a satisfazê-la. Estes anos, que agora vejo nos desígnios, devem ser passados sozinhos. [...] Talvez eu esteja errado em planejar em termos de anos, mas um homem não pode sentir a "luxúria de seus jovens poderes" avolumar-se e crescer dentro de si e não ser afetado ao ter de restringi-la. Pode ser que Deus não tenha planejado nos fazer esperar cinco anos, mas, da perspectiva atual, certamente parece impossível ser menos que isso.

6 de dezembro: Como será no Equador? Deus, faz-me esquecer! As lembranças são vívidas demais para que eu suporte pensar em retrospecto. A paixão, à beira do frenesi, às vezes se apodera de mim — nem sempre, graças a Deus, mas com frequência o bastante para fazer com que o pensamento de recusá-la por causa da obra seja algo muito real e pungente.

Neste exato momento, sinto mais do que nunca a exigência do Senhor Jesus: "Todo aquele que dentre vós não renuncia...". Bem, graças a Deus pelo privilégio de abrir mão de tudo por sua causa. Mas eu sei, desse sentimento atual de necessidade, que não posso fazer isso para sempre. Ou, talvez, se me exigir isso, ele me ensinará a disciplinar o desejo, algo com o que não estou familiarizado agora.

Contudo, quando atormentado por sentimentos conflitantes — por lutas dentro de si mesmo e por expectativas que outras pessoas colocavam sobre ele —, ele, como sempre, voltava-se para a segura Palavra de Deus.

> **29 de novembro:** Meu refúgio está em Jeová, a quem pedi que me preservasse. Agora e para sempre, ele "é a porção da minha herança e o meu cálice; tu és o arrimo da minha sorte". [...] Minha ida ao Equador está nas mãos de Deus, assim como minha separação de Betty e minha recusa em atender ao conselho de todos que insistem em que eu deva ficar e despertar os crentes nos EUA. E como sei que está em suas mãos? "Até durante a noite o meu coração me ensina." Oh, que bom, pois tenho aprendido isto: meu coração falando comigo em nome de Deus! [...]
>
> E, portanto, sinto que compartilho das palavras de Cristo: "Diante de mim via sempre o Senhor, porque está à minha direita, para que eu não seja abalado" (At 2.25). Nada abalado? Com toda a terrível pressão do desejo interior impelindo-me à cobiça? Nada abalado. Com todo o ódio demoníaco impelindo-me ao medo e à dúvida? Nada abalado.

"Nada abalado." E minha mãe, com os olhos igualmente fixos em seguir a Deus e seguir em frente, também não seria abalada. Com coragem, ela entrou na primeira porta aberta que Deus lhe apresentou, em preparação para ir para a América Latina — um trabalho de curto prazo com uma igreja de fala espanhola na cidade de Nova York.

Meu pai havia feito a conexão — Luis Montalvo, um irmão espanhol que era líder entre os irmãos de lá. *"Eles têm um apartamento pronto para mim"*, escreveu minha mãe em 25 de novembro, *"e Montalvo vai me ensinar espanhol"* enquanto ela trabalharia no escritório de seu ministério, conhecido como Voices from the Vineyard [Vozes da Videira].

Uma semana após o Dia de Ação de Graças, ela estava a postos para esse novo capítulo de sua vida.

28 de novembro: Imagine — eu morando em um cortiço no Brooklyn! Mais diversão! Mas aqui estou eu, na cama, sozinha em um pequeno apartamento na seção espanhola. O Senhor está aqui, e eu estou feliz. Mamãe me trouxe e nós passamos a noite passada com Anne, no Shelton. As lembranças ali simplesmente me despedaçaram. Oh, como sinto falta de J.! Tivemos três dias tão *perfeitos* juntos (oh, aquela palavra — *juntos*) ali, e eu não parava de vê-lo em "todos os velhos lugares familiares". [...]

Hoje à noite, fui jantar na casa dos Montalvo (arroz, feijão, canja de galinha, milho e um tipo de frango cozido em uma espécie de mistura de tomate — tudo com um vago sabor de alho!). E, em seguida, fui ao templo batista para a reunião de oração.

Ó Senhor, uma nova fase da minha vida. Tenha controle total. Tenho orado: "Se a tua presença não vai comigo, não me faças subir deste lugar". Mas tu tens me feito subir até aqui, então sei que estás comigo. Não me deixes perder nem uma lição ou uma bênção que tenhas para mim aqui.

A primeira lição foi a solidão. E o choque cultural.

29 de novembro: Solitária. O que fazem os missionários que vão sozinhos para um campo estrangeiro? Aqui tenho amigos por perto, mas me sinto muito sozinha. A atmosfera aqui não é propícia a espíritos alegres. Tenho sentido frio desde que cheguei aqui, exceto por alguns minutos numa banheira quente (água aquecida no fogão) esta tarde. Agora, estou com meu casaco de inverno e me sinto bem, exceto pelo frio nos pés.

O lugar também é imundo. Tentei limpar, mas, até agora, só terminei a cozinha e a banheira. Esta manhã, tive aula de espanhol com um tal Sr. Johnson, vindo da Venezuela, que estava hospedado com Don Luis. Almocei lá — Don Luis cozinhou — e lavei a louça suja. Voltei para casa e estudei um pouco. Muito pouco. Não tenho tido coragem para me dedicar. Ó Senhor, não fiques longe de mim! Apressa-te em socorrer-me!

As cartas do meu pai para ela tornaram-se suas verdadeiras cordas de salvamento. Nesta carta de dezembro que escreveu do Brooklyn, ela descreveu sua sede por elas.

5 de dezembro

Poucas de suas cartas foram abertas com tanta avidez quanto a sua última, Jim. Estava trabalhando no escritório do Voices quando Don Luis ligou, perguntando onde eu estava e me dizendo que havia uma carta à minha espera desde sexta-feira. (Era segunda à tarde e eu estivera ausente por todo o fim de semana.) Então, tive de esperar o resto da tarde, depois a longa e escura viagem de metrô e de trem elevado, depois tive que correr para uma reunião sem tempo de primeiro passar nos Montalvo. Finalmente, eu a peguei, e minhas esperanças se cumpriram — era sua.

Bem, sentada sozinha na minha pequena sala de estar, entreguei-me à sua carta. Estava com você mais uma vez, em paz, consciente do seu amor, que grande maravilha! Não nego que às vezes estou sozinha aqui, inteiramente cercada por estrangeiros, sem sequer uma árvore para aliviar a opressão das paredes imundas. Mas o Senhor tem concedido muitos tipos de bálsamo, dentre os quais seu amor não é o menos importante, seu amor, que agora me parece tão firme e maduro.

De fato, seu amor se tornara assim. Tornara-se mais profundo e mais altruísta, se isso fosse possível quando duas pessoas se desejam tanto assim, como eles se desejavam. Até seu tom de voz havia mudado. No início da correspondência deles, ele geralmente escrevia com exortação e repreensão. Ele falava com ela do mesmo modo como falava com todos em Wheaton, onde era conhecido por desafiar firmemente os outros a persistirem no caminho e

1951: O amor anseia 261

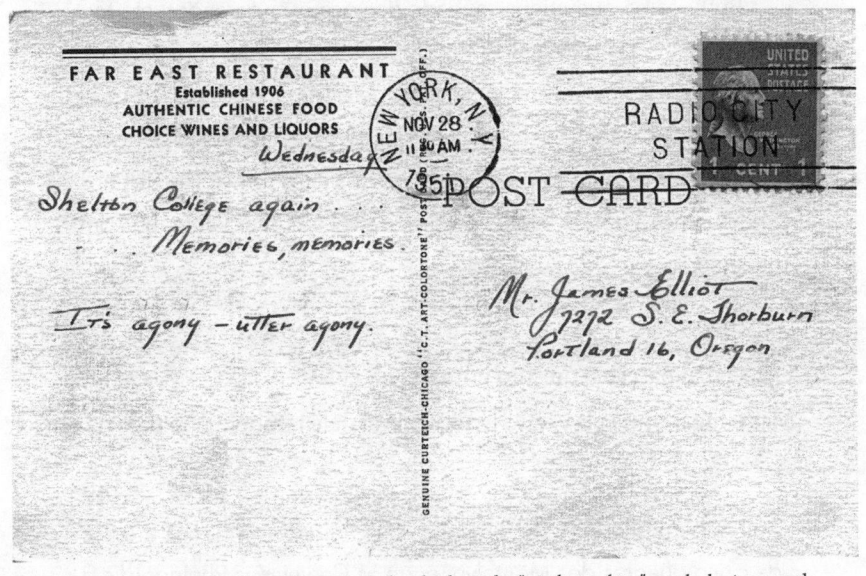

Enquanto minha mãe comia neste restaurante, ela se lembrava dos *"três dias perfeitos"* que eles haviam passado juntos no Shelton College, um instituto bíblico na cidade de Nova York.

a buscarem o reino em primeiro lugar, bem como a abandonarem as preocupações mundanas do homem natural. Agora, porém, suas palavras eram ternas e amorosas. Graciosamente expressas. Se outrora ele havia zombado de sua "moralidade militante", agora lhe agradecia por *"ter-me refreado de intimidades que você sabiamente me negou"*. Se outrora ele se sentira obrigado a esmiuçar as críticas iniciais de seus pais sobre o caráter e a aparência dela, agora ele se envergonhava de quão cruel tinha sido ao transmitir as opiniões deles de uma forma tão insensível.

28 de novembro

Hoje, mais uma vez, folheei cartas antigas por alguns minutos. Suas cartas do outono de 1949 — particularmente aquela escrita depois de você estar aqui — parecem tão distantes! Que insensível deve ter sido a minha carta, descrevendo-lhe a reação dos meus pais! Realmente me espanto por ter sido capaz de escrever aquilo. Acho que não poderia fazê-lo agora, mesmo que a ocasião exigisse. [...]

Betty, saiba que minha saudade de você está gerando uma ternura que me faz pensar que nunca poderia ser cruel com você ou falar-lhe de forma severa. Incomoda-me ouvir as discussões bobas de pessoas casadas e me pergunto se elas conhecem o que agora eu sei sobre ternura. Lembre-me disso nos anos por vir (se eles nos forem concedidos) e lembre-se de que você tem sido amada com um amor que é todo suavidade.

Jim

Quase não parece o mesmo homem, não é?
Mas o lugar onde ela estava lendo a carta dele também não parecia um lar.

5 de dezembro

Aqui é bem diferente de Birdsong. [...] O apartamento fica a cerca de cinco quadras dos Montalvo, entre as Cervejarias Rheingold e a Hungarian Pickle Works! Tudo ao redor são os cortiços típicos da Zona Leste, com suas escadas de incêndio enferrujadas, degraus de pedra quebrados, lençóis balançando nos peitoris das janelas etc.

Este edifício não é exceção. O cheiro de repolho cozido, alho, canos de água quente enferrujados e reboco em ruínas me saúda a cada vez que subo os cinco lances de uma escada abafada [...], completamente distante de qualquer coisa que já conheci.

A paisagem e os sons faziam dele um pensamento ainda mais doce.

Outra noite, sonhei que você vinha ao leste mais uma vez, para tratar de algum assunto antes de embarcar. E acho que sonho com você todas as noites. Mas, quando acordo, é como quando um rolo de filme começa a bater ao terminar, e tudo o que restam são vislumbres momentâneos de uma imagem aqui e acolá, no cinza crepitante. Por isso, deito-me de bom grado, pois pode ser que eu sonhe outra vez.

Observe o contexto e a disposição deles à medida que 1951 vai-se aproximando do fim. Minha mãe estava se adaptando a todo um novo conjunto de condições de vida, em meio aos complexos desafios de tentar aprender e dominar um idioma diferente. Meu pai estava a menos de um mês de sua data de partida, apressando-se para concluir os preparativos enquanto lidava com a expectativa de sair de casa mais uma vez, dessa vez para sempre.

Naturalmente, com esse cenário como pano de fundo, a interação de suas cartas tornou-se ainda mais séria, faminta e comovente.

JE (7 de dezembro): Amanhã, serão duas semanas desde a sua última carta. Quase consigo citá-la. Todos os dias, desde sábado, não consigo fazer nada entre as 10h e as 11h30, a hora em que o correio costuma chegar. E, todos os dias, confiro duas vezes a grande pilha de correspondências, sem sinal algum daquele envelope de escrita fina que tanto significa para mim agora.

EH (9 de dezembro): Sempre há uma emoção especial no inesperado (por exemplo, a ocasião em que você ligou de Nova York apenas porque estava "faminto" — ou aquela vez em que eu estava a sós na cozinha em Francônia e você apareceu pela varanda, no escuro). Sua carta de 28 de novembro (e outras datas subsequentes) foi inesperada assim. Enviei-lhe uma carta na quinta-feira.

JE: Houve um tempo em que eu conseguia ficar sem notícias suas, dizendo a mim mesmo: "Esqueça, você consegue suportar, você não precisa de palavras". Isso já não me consola mais. Sinto que preciso, sim, de palavras, que, de alguma forma, não consigo suportar. Antes, era possível endurecer meus pensamentos e seguir em frente. Agora, isso é impossível. Mesmo que eu queira ser forte, há uma ternura.

EH: Abri sua carta no metrô, indo para Nova York. Apesar das faces tristes, estúpidas, duras ou vazias ao meu redor, e do rugido e do balanço do trem, fui novamente arrastada para fora de mim e senti que estava com você. [...] E onde você acha que eu desci do metrô? Na estação da Rua 59, Columbus Circle. Quase foi demais para mim. Desci a Oitava Avenida, lembrando-me daquele café da manhã de quinta-feira no Hotel Park Sheraton, Central Park, Columbus Circle.

JE: Sua cópia do poema de Amy Carmichael foi oportuna: "Mas do teu espinheiro há de florescer uma rosa que será para outrem". [...] Estou pedindo que assim seja com você, Betty, entre o cheiro de repolho, o reboco em ruínas e tudo o mais. Eu ficaria louco ao pensar em você sozinha aí, sonhando comigo no escuro, se não soubesse que as rosas brotam em espinheiros.

EH: Nunca deixa de me surpreender a incompletude que sinto — eu, que era a mais independente de todas as mulheres e a mais orgulhosa disso! Eu queria você ao meu lado, ter seu braço forte para segurar, apenas sentir a manga de sua camisa e saber que você estava *aqui*!

JE: Sonhei com você ontem à noite. Chegar em casa ontem e ler sua carta antes de dormir foi quase como voltar para você. Você vinha até mim na cama, séria e trêmula. Eu fazia você rir e a aquecia com meu corpo. Essas coisas são raras e eu me alegrei nelas, pois aquilo parecia bom e direito — e não muito com um sonho. Sua carta fez isso, sua conversa sobre segurar meu braço e sobre sentir frio lá no apartamento 15. [...] Eu gostaria de estar aí para compartilhar seu "pequeno ensopado" e encher sua noite — compartilhando outras coisas. [...]

Durante toda esta semana, estive pensando em razões para amá-la, e o Senhor me aconselhou. Gosto de lembrar que foi ele quem me deu você. Você é uma dádiva dele mesmo, concedida em misericórdia e em toda a sabedoria de seus decretos. Dada, não conquistada, pouco pedida, nunca merecida, antes dada em graça, sem que eu sequer tenha levantado um dedo que fosse para "cortejá-la". Sem que eu soubesse do que precisava — ou mesmo que precisava. Ele selecionou você para mim e me deu.

Isso, entre muitos outros pensamentos, tem-me fortalecido no amor, pois, como quase sempre, vejo isso ilustrando a verdade sobre Cristo e a igreja. Ele não se alegra em falar com seu Pai sobre aqueles que *lhe foram dados* em João 17? E isso é motivo de sua oração e preocupação. A Igreja foi uma dádiva direta de Deus a Cristo. Parece forte demais dizer que assim tem sido você em relação a mim? Não. Que nosso amor seja tudo o que a Eternidade pretenda significar!

EH: Oh, faça Deus com que este vínculo, agora mesmo tão puro e forte, seja temperado com uma pureza e uma força ainda maiores por sua viva graça. Que nunca nos resignemos às trivialidades do lugar-comum! A familiaridade jamais precisa gerar desdém. Uma união mais profunda e plena com Cristo apenas aumenta nossa admiração e adoração. Que assim seja!

Boa noite, Jim, querido amigo

Muitas vezes, lembro-me de ouvi-la falar sobre o amor deles, sobre seu prazer e o fogo consumidor da saudade, e sou eternamente grata por esse plano perfeito de um romance criado por Deus. Quão mais doce é ouvi-la dizer as mesmas coisas em tempo real, enquanto o amor deles estava acontecendo!

14 de dezembro: Esta manhã, chegou uma carta de J. com uma bela foto sua. Engraçado — muita gente o considera bonito. Eu só sei que é o rosto que eu *amo*, os queridos traços que assombram todos os sonhos de todas as noites. Que homem encantador! Terno, forte, gentil — será mesmo que o amor dele é para mim? Somos teus, ó Senhor e Mestre — para sempre, somente teus.

Quando o Natal chegou, porém, foi a parte da "saudade" que ela sentiu com mais força do que tudo o mais.

23 de dezembro: Toda a família está em casa agora — pela primeira vez (no Natal) desde 1947 — e, em 1947, havia mais alguém aqui conosco. *Jim.* O resto da família está desfrutando sua total completude. Eu, pela primeira vez, do mesmo modo, sinto minha incompletude. [...]

Hoje de manhã, quando nos reunimos na sala para o culto doméstico, fui tomada de saudade de J. — lágrimas rolaram. Ele havia enviado à nossa família alguns adoráveis sempre-vivos azevinhos do Oregon. Estavam todos ao nosso redor para me lembrar dele. E pensei em como, certa vez, ele me dissera que sabia, oh, quão bem sabia como era ver as pessoas ao seu redor felizes no casamento e ter saudades de mim.

Na verdade, suponho que, em certo sentido, estou escrevendo este diário para ele. Pelo menos é assim que parece agora. Não foi de propósito, mas talvez eu esteja registrando algumas das coisas que gostaria de poder dizer-lhe em minhas cartas, mas não posso. Por que não posso dizê-las em cartas? Porque não estamos noivos (não tenho certeza se isso é verdade — ou seja, não tenho certeza de que seja o único motivo ou o *real* motivo), e nunca sentirei que posso me expressar totalmente a ele até que (ou a menos que o Senhor conceda que, em sua vontade, possa ser "até que") fiquemos noivos.

Mas eu o amo agora — eu o amo. E é forte, constante e puro. Portanto, é de Deus. O amor procede de Deus. (Eu deveria dizer: "Procede de Deus e, portanto, é forte, constante, puro.)

Não posso dizer essas coisas a ninguém. Então, sinto que devo escrever. Ah, pergunto-me quanto tempo levará até que eu possa dizê-las, revelá-las a ele. Amado homem, querido Jim.

Visão e audição —
Deus as possui
como nenhum homem possui.
Nós ouvimos o que se pode ouvir;
ele escuta onde a audição não alcança,
enxerga onde o olho,
em todas as suas longas peregrinações
e aguçadas investigações,
ainda nem sequer imaginou
que existe ser.
— Jim Elliot

BROOKLYN · 1952 · NOVA YORK

O amor espera (de novo)

EH (2 de janeiro), Nova York: Sozinha outra vez, em meu pequeno apartamento. Com a chuva lá fora, é tudo deprimente, e sinto como este mundo é realmente triste. Um verdadeiro vale de lágrimas, com nada além de encontro e separação, nada além de muita tristeza e sofrimento. Penso em minha querida mãe, agora sozinha em casa depois de um Natal feliz com toda a família. Enquanto espero por minha partida para o campo, é muito difícil pensar no que isso significará para ela. Somente o Senhor pode nos sustentar. [...]

Estar sozinha é algo horrível para mim. Não sei por quê. Aconteceu o mesmo quando passei três semanas sozinha em um trailer em Alberta. Há uma sensação avassaladora de inutilidade e uma nuvem de trevas pela qual "não lhe posso a face ver".

Acabei de ler no Salmo 90.15: "Alegra-nos por tantos dias quantos nos tens afligido". Tenho rogado ao Pai por sua alegria e paz. Agora mesmo, sinto-me à beira das lágrimas. Há um aperto na garganta e sinto que, se tentar falar, vou chorar.

Sei que, ao ler este registro no futuro, direi: "Que maneira de começar um novo ano!". Mas sou honesta e, afinal, o que é um dia após o outro? O tempo não significa nada para Deus. Ele está comigo "todos os dias".

Meu desejo para 1952, a oração do meu coração: unidade com o Senhor.

Ela não se dissolveria naquele "vale de lágrimas" da forma como vira outras pessoas fazerem. Ela costumava usar essa mesma expressão comigo — sobre não "se dissolver em um vale de lágrimas" — quando eu experimentava sofrimento e decepção ao crescer; afinal, como ela me ajudou a ver, aquilo não colaborava em nada! Se a minha fé fosse profundamente fundamentada nas Escrituras e ensinada por elas, eu poderia ter certeza do Senhor no comando, certeza de que ele estaria comigo e de que nada poderia me separar de seu amor. E ela era capaz de dizer isso com tanta confiança porque havia posto aquilo em prática tantas vezes, após ler a sua Palavra.

Tenho certeza de que ela enfrentou esse difícil começo de ano com seu estoicismo habitual e seu desejo de fazer apenas o que agradava a Deus, e não a si mesma. Sim, esperar o tempo e a direção dele, como ela estava fazendo então, é provavelmente a coisa mais difícil que Deus pede de um discípulo verdadeiro. Mas, no alvorecer de 1952, embora não soubesse como seria sua partida para o campo, ela sabia que a Palavra de Deus se mostraria verdadeira e que ela a aceitaria, independentemente do que isso significasse.

Esse foi o ano em que ser missionário se tornaria mais do que um mero conceito para ela e meu pai. Agora, ser missionário se tornaria uma realidade viva. O que isso significaria para eles? Como isso os mudaria? No final de dezembro, desse mesmo apartamento solitário de Nova York, ela lamentara em seu diário...

> Estou aqui há três semanas — e não visitei nenhuma família com o evangelho. Minha consciência (acho que é minha consciência) me condena constantemente. De alguma forma, não estou com coragem de fazê-lo.
>
> Por um lado, tenho medo. Dificilmente, sei do quê. Será isso desobediência direta e deliberada? Estou derrotada, Senhor? Assume o controle! Mostra-me o que fazer. Dá-me poder ou amor — ou ambos, ou seja lá do que eu precise. Sei que é mais do que em vão fazer qualquer coisa em minha própria força, mesmo que isso salve minha consciência por estar "fazendo algo para o Senhor". E aqui estou eu, uma MISSIONÁRIA em potencial.

A verdade, como ela escrevera para meu pai entre o Natal e o Ano Novo:

> Penso que muitas vezes nós, "missionários em potencial", temos uma falsa ideia de que, de alguma forma, tudo será diferente no "campo", inclusive nós mesmos. Não é assim. É verdade que haverá muita coisa diferente ao nosso redor, muitos ajustes necessários. Não devemos minimizar isso. Por outro lado, porém, é a mesma presença e o mesmo poder que nos acompanham e habitam em nós, a mesma necessidade de beber da Fonte.
>
> E, como o velho Pike costumava dizer: "Você está PRESO consigo mesmo". É o mesmo "eu triste, doce e fedorento" com o qual teremos de lidar. E, quanto mais difíceis as circunstâncias, mais triste, mais doce, mais fedorento esse eu! [...] Oh, Jim, que coisa tremendamente séria — este empreendimento missionário!

Apenas a mecânica disso, não fosse tudo o mais. A logística; as decisões a serem tomadas. Viajar de avião ou por mar? Partindo de que cidade? As vacinas, o visto, a papelada. E o que levar? Que tipo de roupas? Que tipo de material de cozinha? E livros? E roupa de cama? E tudo!

Aquilo era o que meu pai estava finalizando naquele exato momento, absorvido em sua bagagem de última hora.

15 de janeiro

> Hoje faz uma semana que sua carta chegou e só tive tempo de lê-la três vezes. Eu a abri com a ponta do pincel com o qual estava escrevendo meu nome e meu destino na minha bagagem. [...] Quarta-feira, mais bagagem. Quinta-feira, tudo deve ser levado para o cais, para a cobrança do envio. Acabei com dois barris de aço (a melhor maneira de embalar qualquer coisa), duas caixas de madeira, dois baús e uma mala de roupas — sete volumes, 635 kg. Espero que você se saia melhor. Pete só tinha 408 kg. Mas sou eu que estou levando a maioria das coisas pesadas — lâminas e gravador, tinas e armas, panelas e chaleiras e pratos.

Um enorme desafio. De todos os preparativos necessários, porém, nenhum era mais valioso (eles sabiam) do que ouvir o Senhor, permanecer espiritualmente sensíveis e continuar profundamente em oração.

Como prova da devoção de meu pai à oração, inspire-se neste fragmento da mesma carta de 15 de janeiro, escrita em Oakland, Califórnia, onde ele e Pete continuavam a falar e levantar mantenedores, até pouco antes da partida.

> Não encontro tempo para orar em secreto. Não temos um quarto que seja nosso aqui, e sinto falta da sensação de "dobrar os joelhos", como diz Paulo. Orar sentado não traz consigo o efeito que há no ato de ajoelhar-se, e não me sinto à vontade ajoelhando-me na sala de estar em que dormimos. A privacidade diante do Deus que "vê em secreto" é parte integrante da verdadeira oração, e ninguém gosta de dizer o óbvio e pedir alguma privacidade. Deus conhece e ouve. Mas sinto falta de certo efeito, ao ter outras pessoas andando ao meu redor. Como será em Shandia, com os olhos curiosos dos meninos quíchuas?

Meu pai em Oakland, Califórnia, esperando e orando para navegar até o Equador.

Quando foi a última vez que algum de nós levou nossas orações particulares tão a sério? Mas, assim como o Senhor encontrou meu pai em oração, ele também respondeu às orações de minha mãe por orientação e direção. A oportuna preparação de Deus estava se mostrando mais do que adequada — e, como você verá, mais reveladora do futuro dela do que ela ainda poderia saber. O trecho seguinte é de seu diário:

18 de janeiro: Na última sexta-feira, passei o dia com Doreen Clifford, missionária britânica que retornava pela segunda vez à floresta ocidental do Equador. Foi muito proveitoso conversar com ela e ter uma ideia das condições lá. Ela me deu muitos conselhos práticos sobre o que esperar e o equipamento necessário.

Porém, mais do que isso — ela me contou o encargo que sente para com a ainda intocada tribo dos índios aucas no Rio Napo. Humanamente, seria impossível esse trabalho ser feito por mulheres. Homens tentaram e foram mortos. Mas ela acredita que o Senhor lhe deu essa preocupação com *algum* propósito — nem que seja o de *orar*. Ou talvez ela seja um primeiro passo para outra pessoa entrar. Ela disse achar que deve trabalhar com outra pessoa, se Deus a levar ao campo, e me pediu para orar sobre se ele quer que eu vá com ela.

Sinto que posso registrar isso em meu diário, pois estou pedindo a orientação de Deus a esse respeito. Mas dificilmente ousaria mencionar isso a outras pessoas. Parece fantástico e visionário demais. E eu não tenho ideia do que isso envolve. Não tive *nenhuma* experiência no Equador, muito menos numa tarefa tão aparentemente sem esperança. Não quero ser pretensiosa. "Os tolos se apressam [...]". *Deus*, e Deus somente, deve guiar. [...]

Porém, há mais de seis anos, quando busquei a vontade dele quanto ao curso da minha vida, senti que ele me queria em um trabalho pioneiro, especialmente com vistas ao trabalho linguístico. Se isso é um vislumbre de seu propósito final para comigo, fico feliz. Mas devo andar com calma. E devo ter muita certeza de cada passo. Às vezes, acho que estamos mais preocupados com o que é comumente chamado de prudência do que com "entrar e possuir a terra". Que Deus me dê o espírito que conduziu Jesus a Jerusalém, pois, "assim como o Mestre, há de ser o servo".

As próximas semanas trariam maior clareza, é claro. Mas Deus queria (como acontece com a maioria de nós) que a experiência dela de discernir e aplicar sua vontade acontecesse mediante longos dias permanecendo diligente e ensinável. E, no caso dela, permanecendo solitária.

> Minha saudade de J. não diminui. É uma ânsia que faz todo o meu ser chorar de angústia. Ah, estou cansada, tão cansada de ficar sozinha! Quantas vezes digo em meu coração — ao que parece, involuntariamente: "Senhor Jesus, quanto tempo?".

Tenho certeza de que ouvir notícias do meu pai por carta era um pouco útil, enquanto aquilo durava. Ele partiria em breve, e ela sabia disso. Mas, a julgar pelas três cartas que ele escrevera durante a última semana de janeiro, o sentimento de solidão era igualmente profundo do seu lado do continente.

> **25 de janeiro**
> Parece ter passado muito, muito tempo desde que estive com você, e até a memória, embora feliz, é passageira e irreal. [...] Sua última carta que me aguardava aqui (pela qual fiquei grato) me comoveu. Ela me fez desejar poder estar com você apenas mais uma vez antes de partir, abraçá-la e absorver seu calor em mim. Tia Mabel sugeriu que você voasse até aqui (como, isso eu não sei), e tenho cogitado a ideia, mas agora sinto que não seria bom. Não me atrevo a desejá-la de novo, Lisa *[um novo apelido pelo qual ele passara a chamá-la]* — nunca, até que ele possa ser completamente saciado. Mesmo que você viesse ao Equador e estivéssemos um tanto próximos em Quito, precisamos nos guardar de muito romance.

De fato, eles haveriam de estar próximos. E minha mãe é quem faria a maior parte da guarda.

> Mas será mais fácil enxergar isso lá e, então, poderemos decidir. Deus nos ajude a "não olhar para trás". Sei que será mais fácil

para mim do que para você, uma mulher deixada sem promessas e esperando em Deus um homem tão volátil quanto eu. Espera tu em Deus, pois ainda louvaremos aquele que é "meu auxílio". Estou precisando de auxílio nestes dias, e sei que você também precisará. [...]

Acho que isso faz parte da razão pela qual Deus nos uniu: nossa necessidade mútua. E só vejo como algo bom percebermos isso e reconhecermos os propósitos de Deus um diante do outro. Você diz que eu posso "pegar ou largar" *[referindo-se a algo que ela escrevera, dizendo que se sentia em casa ao lado dele]*. Eu pego. Pego tudo. E espero que, um dia, estar ao meu lado seja estar em casa, seu consolo e seu refúgio. Meu lado foi feito para isso.

Porém, antes de partir, ele se questionou: será que ela estaria aberta a um telefonema?

Se você for jovem o bastante, não se identificará com o que o planejamento de tal evento exigia. Aqueles eram dias anteriores ao celular, obviamente. Mais do que isso, porém, ela não tinha telefone fixo em seu apartamento. E não estava na casa de sua família, com um número familiar. Tampouco ela podia alertá-lo rápido o suficiente, por correio, com um horário e um número de telefone no qual ele pudesse encontrá-la.

A única solução era algo que agora parece arcaico. Ele telefonou para os pais dela por meio de uma "ligação pessoal", por telefonista. Essa era uma salvaguarda comumente empregada contra a cobrança de tarifas de longa distância. Se a pessoa que você estava tentando contatar não estivesse em casa, nenhum minuto seria cobrado, mesmo que alguém atendesse. A pessoa, ao atender, ouvia o operador dizer quem estava ligando e para quem e, então, podia passar informações ao interlocutor (que podia escutar tudo isso) através do operador, dizendo-lhe a que horas a pessoa voltaria ou onde poderia ser encontrada naquele momento. Foi assim que meu pai descobriu para que número ligar em Nova York.

Não deu certo na primeira noite, porém, segundo minha mãe disse.

2 de fevereiro: Passei uma noite agonizante esperando a ligação dele aqui no Shelton College, apenas para encontrar um telegrama seu no Brooklyn, ao chegar em casa. Ele disse que ligaria na sexta-feira. [...] Então, ontem à noite, depois de uma reunião em Newark, vim para o Shelton e fiquei no quarto de Phil *[seu irmão mais velho]*, já que ele e Margaret haviam ido passar o fim de semana em casa.

Finalmente, a ligação chegou.

"*Conversei com Jim por volta das 23h45*", registrou ela em seu diário. ("*Não tenho ideia do quanto deve ter custado*", disse mais tarde, "*nove minutos!*".) "*A voz dele — tão clara, tão amada, mas tão distante. Senti-me tão separada dele. Mas ficamos felizes com esta breve forma de contato.*"

Ele disse que me ama e perguntou se eu o amava. Eu disse que mal consigo me conter. Oh, como anseio pelo dia em *que* possa oferecer-lhe livremente meu amor, sem as restrições e limitações do presente.

Afinal, verdadeiramente, ela o amava mais do que as palavras podiam dizer, mesmo que ela sentisse ter a permissão de dizê-las.

4 de fevereiro: Ah, se eu pudesse falar-lhe do meu amor. Sinto que não posso me soltar até ficarmos noivos. Então, só então lhe direi tudo que posso expressar em palavras. E há tanto acumulado durante esses quase quatro anos! [...] Nunca sonhei ser possível amar tanto assim. Eu o amo com todo o meu ser — um amor forte, apaixonado, terno, como só pode ser aquele que foi provado no fogo e na água.

E naquele dia — 4 de fevereiro de 1952 —, embora com algumas semanas de atraso por várias razões, o amor deles estava sendo tentado nas águas do Oceano Pacífico.

Acabou de chegar um telegrama de Jim, dizendo que ele embarca hoje à tarde. Agora são 16h, o que significa que ele está no mar há uma hora. [...] Agora, que não estamos mais sequer no mesmo país, sinto-me mais isolada do que nunca. O "corte da espada" *[um termo de Amy Carmichael]* não é um mito. O Senhor pode "compadecer-se de nossas fraquezas". Isso conforta.

1952: O amor espera, de novo   277

Como forma de permanecer presente com ele, minha mãe lhe enviou cartas com antecedência, para serem abertas em determinados dias de sua viagem. Ela sabia que ele talvez não recebesse mais cartas dela além das que recebera em Los Angeles, antes de embarcar. *"Foi muito gentil de sua parte pensar nisso, Betts"*, disse ele. *"Se meu desejo por você aumentar nas próximas duas semanas tanto quanto na última, precisarei de um pouco de você por lá."* Ela tinha uma percepção aguçada da alegria das surpresas e, muitas vezes, as planejava para mim também, o que sempre me dava uma esperançosa expectativa enquanto aguardava. Tenho certeza de que as cartas pós-datadas deleitaram meu pai no navio.

Pete Fleming e meu pai, no porto, prestes a partir.

Do not open till 4th day at sea
Feb. 1952

Not yet — wait till 6th day
and prepare for shock

Exemplos das inscrições de minha mãe nos envelopes, numa série de bilhetes que ela enviou com ele, para ele abrir durante a viagem.

Os diários publicados dele já são ricos em detalhes de sua jornada a bordo do *Santa Juana*. Apenas resumirei dizendo que o cargueiro levava doze passageiros, além do capitão e da tripulação do navio. Refeições e acomodações eram de primeira classe, como nada a que ele estava acostumado, e ele expressou seu deslumbramento. As comodidades da viagem e a comida deliciosa (que eles comiam ao mesmo tempo que o capitão e a tripulação, na mesma sala de jantar) fizeram com que Pete e ele se sentissem mimados, sabendo quão austera e simples seria a vida na selva. Mas, sem dúvida, eles sabiam que seu único motivo para ir era apontar os índios para Cristo, de modo que haviam recebido esse breve momento de luxo como uma dádiva de seu gracioso Pai. Meu pai se deleitava observando o oceano e o céu noturno, experimentando o silêncio incomparável (ao contrário da agitação dos modernos cruzeiros, com tantas atividades planejadas que não há sequer tempo livre para ler um livro no convés) e ansiando pela tão esperada chegada ao Equador.

De volta ao Brooklyn, porém, na caminhada solitária de minha mãe, não havia muita novidade para ver ou sentir. No entanto, Deus estava lá — e, em sua presença, veio o encorajamento.

> **12 de fevereiro:** Oh, uma coisa é declarar, ao dar um corajoso testemunho, que não existe sacrifício à luz da eternidade e de suas recompensas; mas outra coisa é crer, no íntimo de meu coração, que isso não é um sacrifício. Pois há um constante anseio, anseio por Jim — por sua presença, o conforto de seus braços, a força de seu corpo, o amor de seu coração.
>
> Esta tarde, em um daqueles momentos de elevar os olhos a Deus e suspirar, peguei-me rogando por um filho — um menininho que fosse meu — que eu pudesse conhecer e devolver a Deus. Já passei dos vinte e cinco. Outro dia, li em um livro de obstetrícia que a melhor época para uma mulher ter filhos é entre vinte e vinte e cinco anos. Esse auge da vida já se foi para mim.
>
> *Está perdido*, disse eu a mim mesma esta manhã. "Perdido?", disse o Pai. "Sim, perdido", disse eu. "Mas pensei que você tivesse

me dado esses anos"! "Sim, Senhor, eu dei. Eles eram teus." "Então, eles não estão perdidos. Eles estão guardados no estoque celestial. Algum dia você verá a glória. Você não pode vê-la agora — você vê apenas a perda aparente na terra. Seus olhos estão cegos de infrutífero desejo. Olhe além, para meus propósitos eternos."

Então, Senhor, eu olho. Agradeço-te pela palavra de segurança. "Ao mundo, dá alegria, mas aos santos, paciência".

Não é verdade? Nunca conhecemos os "propósitos eternos" que Deus tem guardados, não importa quão certos estejamos de que se trata de um fato consumado. Ele sabia até mesmo da necessidade dela de ter uma filha, e não um filho. Ela sempre me falava de sua gratidão por Deus ter dado a ela uma filha, acreditando que era mais fácil criar uma menina sem um pai do que teria sido criar um menino. E, por falar em "paciência", ela precisaria muito disso enquanto continuava o trabalho de buscar mantenedores para seus empreendimentos missionários vindouros. De duas de suas cartas de fevereiro:

12 de fevereiro

Estou cansada de reuniões, chás, contatos, cartas. E isso depois de tão pouco tempo! Não sei como você aguentou isso por pelo menos cinco meses consecutivos. Ontem à noite, Plainfield; hoje à noite, Palisades Park; amanhã, Jersey City; quinta-feira, White Plains. Não sei como encarar isso por muito mais tempo. E essas mulheres são comilonas demais — acham que devem servir chá e bolo em todas as reuniões. Parece-me algo tão fútil. Há muitas oportunidades de nos conhecermos sem comermos o tempo todo. Se apenas o dinheiro gasto em comida desnecessária...

Não estou reclamando. O Senhor é bondoso para comigo agora mesmo e me deu grande motivo de gratidão. As verdades que ele está descortinando acerca de si mesmo parecem-me abrir um mundo totalmente novo — principalmente no tocante à sua paternidade e à minha filiação. O livro de João é tremendo quanto a essa verdade.

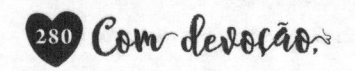

Sua carta do México chegou na segunda-feira. [...] É bom saber que sua viagem tem sido agradável até agora. Você não disse se esteve doente ou não! Isso pode ajudar a manter seu peso baixo. Agora você deve estar um tanto cheinho. Que horror! (Eu continuo a mesma charmosa varapau.)

Obrigada por descrever sua cabine. São essas pequenas coisas que me ajudam a imaginá-lo em seu entorno — e eu quero ser capaz de imaginá-lo. Mas *quem* usa colônia da Avon? A própria ideia me soa revoltante. Está na mesma categoria de sapatos de camurça e topetes *pompadour* cheios de brilhantina. Avise-me quando você começar a passar base nas unhas.

Suas exortações quanto a aceitar as coisas como são, sem ansiar pelo que não são, foram-me úteis. Não há consolo capaz de amenizar a "fúria do desejo" da qual você fala — e a qual eu também experimento —, exceto o constante "[olhar] firmemente para [...] Jesus, o qual, em troca da alegria" [...]. O reconhecimento daquele eterno peso de glória que certamente está reservado nos celeiros celestiais, em proporção gigantesca se comparado a cada "sacrifício" terrestre. Mas há momentos em que a visão de curto alcance faz parecer um sacrifício muito real.

21 de fevereiro

Você e Pete devem estar tendo a melhor época de suas jovens vidas. Meu Deus, que contraste entre a sua situação e a minha! E, quando você receber isto, imagino, as coisas estarão ainda mais interessantes. De vez em quando, tenho de me lembrar que estou escrevendo para um missionário estrangeiro. Você está realmente "no campo" (que estranha terminologia — de onde a tiramos?) e no lugar que Deus escolheu para sua vida. É um marco, de fato. Mas não é diferente, suponho, de qualquer outro lugar. Você tem o mesmo Senhor. (Não estou dando um sermão — apenas expressando os pensamentos que surgem à medida que fico tentando imaginar sua situação.)

Outro dia, ao passar de balsa pela Estátua da Liberdade, não pude deixar de me perguntar quanto tempo haverá antes de eu realmente descer aquele mesmo rio, rumo ao Equador. Arrepio-me sempre que vejo esses grandes navios agora — e eu os vejo quase todos os dias.

Mesmo enquanto pensavam no futuro, porém, eles não podiam deixar de refletir sobre o passado.

Suas reminiscências despertaram lembranças nas quais eu não pensava há algum tempo. A Lagoa — oh, as cenas e emoções que vêm —, a pesada névoa naquela noite em que o vigia nos surpreendeu! Aquela foi a primeira vez que você pôs a cabeça no meu colo. Ficamos sentados em silêncio e observamos um pedaço de lua erguer-se do lago escuro. Você tomou meu pulso em sua mão e deslizou a mão na manga da minha blusa até o cotovelo — outra daquelas "primeiras vezes". [...]

Ah, e eu me lembro da angústia de voltar para o dormitório! A perspectiva de nunca mais voltar a ver você. Os medos de que eu não estava agradando a Deus, ali mesmo, ao me permitir a bênção de estar com você pelos poucos dias que restavam.

Uma noite — deve ter sido no mês de setembro seguinte, quando eu estava a caminho do Prairie —, ficamos nos degraus da casa onde Van estava morando. Você estava alguns passos abaixo de mim, com o pé esticado sobre um degrau, os cotovelos apoiados nos joelhos, a cabeça baixa. Você ficou sem dizer nada por um tempo. Em seguida: "Betty, casar-me com você seria uma admissão para mim mesmo de que Cristo não é suficiente". E então, em um tom bastante melancólico: "Mas eu sempre pensei que ele fosse". Não sei o que eu disse. Só sei que subi devagar a escada escura para o quarto de Van. Troquei de roupa sem acordá-la. Então me deitei ali e chorei.

No final desta carta em particular, com sua longa coletânea de memórias, ela disse abruptamente: *"Devo parar"*. **Havendo me ensinado, desde tenra**

idade, a manter os rapazes a certa distância, como sua própria mãe lhe ensinara, *ela* sabia quando dar um basta. Sempre que se permitia sonhar acordada com meu pai nesse período, ela o fazia decidida a não se dar àquele luxo por muito tempo; do contrário, cairia em autopiedade. E ela não permitiria isso. Estava na hora de pôr aquilo de lado e olhar apenas adiante. Deus confirmara claramente a direção que lhe dera para o Equador. Ele fizera isso várias vezes durante os meses em que ela estudava espanhol, vivia em um contexto de missões e crescia ainda mais em intimidade com o coração de Deus por meio das dificuldades. Agora não era hora de olhar para trás. Em alguns dias, ela estaria em casa, *"tendo se despedido do nosso apartamento no Brooklyn sem lágrimas. Tenho uma reserva no Santa Isabel para o dia 11 de abril, vindo de Nova York. Não parece possível".*

Ela escreveu novamente para ele no início de março:

> **7 de março**
>
> Bem, como você já sabe, os planos estão feitos, e temo não haver consultado você com muito cuidado. Tidmarsh escreveu para D. em dezembro, *instando-a* para que viesse o mais rápido possível.

"D." era Dorothy Jones, uma jovem que meu pai conhecia de seus contatos com as assembleias dos Irmãos e que havia chegado a Nova York no início do ano com aspirações ministeriais semelhantes às da minha mãe. Dorothy e minha mãe chegaram a dividir o apartamento — uma grande bênção naquele período de solidão.

> Então, ele [Tidmarsh] escreveu para nós duas em janeiro, pedindo encarecidamente que não demorássemos. Assim como os passos de um homem bom são confirmados pelo Senhor, ele, mais uma vez, os confirmou, e sinto quase como se não tivesse *parte alguma* nos projetos atuais. Mas estou grata e quero segui-lo quando e para onde ele me conduzir.
>
> Você pergunta como me sinto a respeito de estarmos a curta distância — se isso me "incomodaria" e como eu acho que isso o afetaria. Bem, se eu tivesse de escolher, teria permanecido nos Estados

Unidos enquanto você estivesse na selva, só por uma questão de conveniência. Sobre como isso o afetará — não faço ideia. Você diz que ficará "louco para me ver". Conseguirá, então, "servir sem distração"?

Essas são perguntas retóricas — tenho pedido a Deus que faça tudo o que está no coração dele. Ele nos conduzirá retamente. Se ele quer que nos vejamos novamente antes de entrarmos na selva, não nos cabe colocar barreiras.

(Você percebe que já se passaram seis meses desde que nos despedimos? É difícil de acreditar.)

9 de março

Sei que escrevi para você há poucos dias, mas apenas estou com vontade de conversar com você esta tarde, Jim. Você disse, em uma carta recente, que gostaria de ter quarenta e cinco minutos comigo — agora me diga, houve alguma ocasião em que pudemos passar tão pouco tempo juntos? Você se lembra da noite em que chegamos em casa da Francônia? Estávamos indo direto para a cama — e lá se foram duas horas antes mesmo de olharmos para o relógio! Mas eu daria qualquer coisa por até cinco minutos com você agora. Porém, todo encontro envolve uma despedida. E eu não sei quantas mais eu posso aguentar. [...]

Na semana passada, almocei em Kearney com um irlandês e sua esposa. Meu Deus — como ele revigorou meu espírito! Conversou sem parar desde o momento em que entrou em casa até sairmos para a reunião das mulheres, mas frequentemente falava do Senhor.

Perguntou-me se eu conhecia os jovens rapazes que estavam indo para o Equador. Indagou qual deles era "aquele dos ombros largos". Finalmente, concluí que ele estava falando de Jim Elliot, e seu rosto se iluminou. "Meu Deus, aquele jovem tem um sorriso como a luz do céu em seu rosto! Não havia dúvida quanto ao chamado *dele*!" — esse foi seu comentário.

Eu sorri e assenti com a cabeça. Sempre posso dizer que estive em Wheaton na mesma época que você e os Cather. Então, as pessoas se dão por satisfeitas. Às vezes, gostaria de poder dizer-lhes mais. Mas e daí? Ah, o Senhor sabe. Ele sabe tudo. Mas muitas vezes sinto: "Por quanto tempo posso ficar em silêncio — toda a minha vida?".

O Senhor nos tem tratado com misericórdia e bom siso. Não questiono seu proceder. Eu o louvo — oh, eu o louvo com você pela lembrança de momentos *completamente* felizes ao seu lado. Nunca deixa de me dar prazer lembrar-me dos muitos bons momentos que passamos juntos. "Quem poderia pedir algo mais?"

A próxima carta de meu pai (11 de março) estava cheia de pontos de ação e listas de equipamentos que ela deveria considerar levar. Quão emocionante deve ter sido para ele ter a expectativa de sua chegada iminente e sentir-se seu protetor, ao fornecer conselhos a partir de seu conhecimento em primeira mão da situação local. Ele estava sendo não apenas protetor, mas também bastante atencioso e gracioso. Ele até mesmo chegou a perguntar se ela estaria interessada em que ele a ajudasse a conseguir um órgão. Ela respondeu:

Como eu amaria ter um! Sempre pensei que poderia suportar viver sem quase nada no mundo, exceto um piano ou órgão — algo para tocar! [...] Mas eu realmente havia tirado isso da minha cabeça por causa do campo, sabendo que eu poderia suportar viver sem isso e considerando-o um gasto desnecessário. Mas agora escrevi ao Sr. Anderson (um amigo do Departamento de Compras da Evangelical Foreign Missions Assoc. [Associação Evangélica de Missões Estrangeiras] que já me ajudou muito) e perguntei-lhe sobre órgãos. Ele consegue 60% de desconto em alguns instrumentos musicais, embora eu não saiba se isso se aplica a órgãos. Avisarei a você se eles tiverem preços razoáveis.

Ele logo enviou um cheque em valor que considerava suficiente para pagar por um. *"Receio que, se esperar para saber o custo exato, talvez você não consiga comprar a tempo. Se restar algum saldo, use-o como achar melhor. Se não for suficiente, pagarei a diferença. Mas, de toda forma, compre um!"*

A quantia era exatamente o suficiente, escreveu ela para comunicar.

26 de março

Jim, como posso agradecer-lhe o suficiente pelo cheque de US$ 100? Foi um palpite excelente, já que custou US$ 95, mais uma taxa de serviço nominal da EFMA. [...] Normalmente, eles custam cerca de US$ 185, então você vê que ele conseguiu um bom desconto. Estou orando para que chegue ao barco a tempo.

Como você deve saber, minha data de partida foi adiada para 4 de abril, então há muita pressão agora. Fiz uma bateria completa de exames médicos hoje de manhã e descobriram que estou absolutamente desprovida de qualquer tipo de desordem.

Na segunda-feira, fui a Nova York tomar a vacina de febre amarela e passei para ver o fogão a lenha que havia mencionado — apenas para descobrir que não estão mais sendo produzidos! Os dias são preenchidos com "preocupações triviais, fardos pequenos demais para dividir com outros corações", mas, de várias maneiras, vejo que Deus os divide comigo e tem me ajudado maravilhosamente. Tenho pedido especialmente para não me esquecer de *nada* que me é exigido. Que multidão de coisas é preciso para sair deste país — isso para não falar nada sobre entrar em outro!

Por exemplo, *"dia desses, ouvi que não é nada conveniente usar vermelho no Equador. Isso é verdade? Se for o caso, é uma tragédia para mim! Metade das minhas roupas é vermelha! Por que as pessoas não me dizem coisas assim?"*. Porém, com ou sem roupas vermelhas, *"É possível que, em dezoito dias, eu esteja no Equador?"*.

O barco partiu em 5 de abril.

5 de abril: Há exatas duas horas, saímos lentamente do cais no porto de Nova York. Sou eu mesma quem parte para esta missão? "Eu, o Senhor, os tenho chamado." E assim eu vou.

Significa abandonar tudo o que me é caro — exceto Jim, e ele é caríssimo. Mas Deus está comigo — ele me tem sustentado maravilhosamente. Peço, acima de tudo, que ele segure minha querida mãe e conforte seu coração amoroso e aflito, como somente ele, o Deus de toda consolação, pode fazer. Ela estava tão valente

Souvenir Passenger List

S. S. SANTA MARGARITA
VOYAGE # 93

NEW YORK TO WEST COAST OF SOUTH AMERICA

Sailing April 5, 1952

. . for . .

Cristobal, Buenaventura, Puna (Guayaquil),
Salaverry, Callao, Arica, Antofagasta,
Chanaral, Valparaiso

⚓

OFFICERS

Howard Ford	Commander
E. Calabrese, U.S.N.R.	Chief Officer
Frank Kadow	Chief Engineer
Joseph Gray	Purser
Logan Evans, M.D.	Surgeon
Domingo Salmeron	Chief Steward

LIST OF PASSENGERS

Alvarado, Mr. Oscar R.	Lima, Peru
Barsby, Mr. Henry	Nottingham, England
Blackall, Mr. Robert M.	Northampton, Mass.
Blackall, Mrs. Robert M.	Northampton, Mass.
Driver, Mr. Thomas T.	Maywood, N. J.
Driver, Mrs. Thomas T.	Maywood, N. J.
Driver, Mstr. Bruce W.	Maywood, N. J.
Harshman, Mrs. Dixie Fay	Philadelphia, Pa.
Hellman, Mrs. Olga	Eureka, Calif.
Hellman, Miss Margaret	Eureka, Calif.
Hellman, Mstr. Charles F.	Eureka, Calif.
Hockman, Mr. L. H.	Buckley, Wash.
Hockman, Mrs. L. H.	Buckley, Wash.
Howard, Miss Elizabeth	Moorestown, N. J.
Koziak, Mr. Edward A.	Stamford, Conn.
Koziak, Mrs. Edward A.	Stamford, Conn.
Koziak, Miss Kathleen	Stamford, Conn.
Koziak, Miss Regina	Stamford, Conn.
Koziak, Mstr. Douglas	Stamford, Conn.
Koziak, Mstr. Edward F.	Stamford, Conn.
Lovell, Miss Hildreth M.	Chicago, Ill.

Última foto de despedida tirada no convés do Santa Margarita.
Minha mãe está à direita, junto com tia Ginny e o capitão.

— apenas algumas lágrimas, além dos visíveis nobres esforços enquanto os cabos eram desamarrados. [...]

Como sinto falta de todos agora! Eles cantaram "He Hideth My Soul" ["Ele esconde minha alma"] enquanto as pranchas eram erguidas e continuaram acenando até que a última grande porta baixasse, impedindo-os de ver. Só então, cedi às lágrimas, mas o Senhor ficou comigo e me fortaleceu.

Percebo que é muito mais difícil para eles do que para mim — eu tenho a expectativa de encontrar Jim, embora, de algum modo, agora, isso não me traga muito conforto. Ele parece tão distante disso tudo. Minha família sempre significou para mim mais do que jamais expressei, e sei que será mais difícil do que nunca pensar nisso com serenidade quando a novidade dessa experiência se for.

Ó meu Deus, seria impossível expressar agora o que sinto. Amo tanto todos eles — cada um é tão querido. [...] Um dia haveremos de conhecer o coração uns dos outros, creio, e então não haverá necessidade de palavras.

Uma das únicas ocasiões em que Betty Howard foi fotografada de short.

Uma oração de Amy Carmichael, pensou ela, expressaria melhor. *"'Por meus amados (plural!), não temerei — o amor saberá fazer por ele, por ela, como sempre fez. Aqueles que meu coração estima são caros ao teu coração também'. Oh, eu sei que é verdade, Senhor — confiarei em ti quanto a eles."*

Ela ainda pensava em Deus em primeiro lugar; em segundo, nos outros; e em si mesma, por último, mesmo enquanto navegava sozinha em direção ao total desconhecido.

PRIMAVERA E VERÃO

15 de abril: "Eis que eu estou contigo, e te guardarei por onde quer que fores." Este verso me ocorreu em meu primeiro pensamento hoje de manhã, quando acordei aqui em um hotel um tanto velho e muito úmido em Guayaquil. Os ruídos da rua e da praça abaixo me acordaram, e tentei me dar conta de que estou no Equador, o lugar que creio ter Deus escolhido para minha vida.

Era a mesma cidade portuária do Equador em que meu pai havia atracado, menos de dois meses antes. Ele desejou poder estar lá para recebê-la. Mas a natureza indefinida do relacionamento deles exigia que ele não demonstrasse demais seu nível de interesse em certa jovem missionária que chegava da América.

Falava-se a respeito — *"no silêncio, é claro"* —, disse ele em sua carta de 9 de abril.

Mas em breve você saberá que nada se mantém da mesma forma aqui. Ruth (Stam) Jordan disse algo na estação, alguns dias atrás, que indicava que alguém já havia espalhado a notícia. Acho que Pete entende muito bem toda a situação. A longo prazo, você e eu simplesmente teremos que desenvolver uma paciência sorridente. Você já deve estar fazendo isso.

Ah, sim. Se ele soubesse...

Mas, só porque ela havia chegado a Guayaquil, isso não significava que haveria alguma pressa em encontrá-la. Ainda demoraria um pouco — como acontecera com ele — para que todos os seus pertences fossem descarregados e liberados. Nos dez dias em que aguardava a etapa final de sua viagem, ela teve seu primeiro contato com a América do Sul *("Eu mal podia acreditar que estava vendo a coisa real, como costumava ver nas fotos")*, com uma avalanche de medo a invadi-la.

15 de abril: Hoje de manhã, sinto aquela depressão inominada que me sobrevém quando estou sozinha e em novas circunstâncias. Indago-me se algum dia aprenderei espanhol (sei que vou, é claro, com a ajuda de Deus), quanto tempo terei que ficar em Guayaquil, se terei que ficar em Quito por algum tempo, quando poderei ver Jim etc. [...]

18 de abril: Se eu soubesse que ainda estaria em Guayaquil hoje, ficaria terrivelmente desanimada! Mas cada dia traz a esperança de que minha mudança chegue e eu possa voar para Quito. Deus tem sido tão bom em providenciar que eu fique com amigos do PBI, novos missionários da GMU. [...] É uma casa horrível, mas bastante luxuosa para o padrão de Guayaquil. Todas as casas aqui têm tetos extremamente altos e são construídas com um formato retangular e estreito.

Elas abrigam dezenas de crianças, além de baratas, escorpiões, ratos, lagartos, ratazanas etc. Há um odor desagradável de gesso úmido e, lá fora, sempre há um mau cheiro de "algo queimando".

Os contrastes são notáveis. Sujeira e miséria indescritíveis misturadas com carros americanos bonitos e brilhantes, algumas ótimas casas e modernos edifícios públicos. As ruas em geral não são pavimentadas (85% delas), e têm bodes, crianças, cães franzinos, burros, mulas, abutres e ratos, todos jogados no meio da confusão. [...] Oh, a sujeira! E muitas crianças não usam roupas. Os homens usam os postes e os hidrantes como fazem os cães, sem se preocupar com os espectadores. As mulheres sentam-se na frente de casa, amamentando seus bebês. Sem dúvida, este não é o lugar para uma mulher solteira. Os homens aqui não conhecem o significado da "frieza educada", assobiam para mim e me cobiçam. Isso me faz desejar ainda mais partir para a selva, que pelo menos não é tão imunda e povoada. Eu costumava imaginar que os missionários que moravam nas cidades tinham uma vida fácil, mas agora estou muito grata por Deus ter me chamado para o trabalho na selva. Acho que não aguentaria isso aqui por muito tempo.

21 de abril: Continuo esperando! O Senhor está provando a eficácia das lições até agora postas diante de mim. Só a demora já seria difícil, com a sensação de estar perdendo tempo, mas a perspectiva de encontrar Jim em Quito torna isso duplamente penoso. Pensar que cada dia aqui significa um dia a menos com ele — ó Senhor, *tu sabes*. [...]

Ontem à tarde, fomos passear pela orla. Fico entristecida só de ver as atrações comuns. Literalmente, quase todas as pessoas que vemos são tristes. Nunca vi tanta miséria escrita nos rostos. Roupas tão maltrapilhas, tanta falta de propósito e desejo de progredir. A beira-rio é, de longe, a via pública mais popular, mas na margem havia alguns homens nus, tomando banho e lavando roupas. Todo o meu ser se contorce diante de tais visões — não que eu esteja chocada, no sentido de "surpresa" ou horrorizada, mas é um choque à minha natureza. Não consigo expressar quanto isso me afeta. [...] Continuei pensando, enquanto caminhava pelas margens, no poema de Amy Carmichael que termina assim: "Quando, enfim, a deusa fugirá, e a Índia (Equador) contigo caminhará?". Quão verdadeiro é que aqui (como em qualquer campo missionário fora dos Estados Unidos ou da Europa) deparamos com a vida em seu estado primitivo, a vida despida de todo enfeite e ornamento — a realidade nua e implacável —, verdadeiramente um vale de lágrimas. Isso nos faz ansiar pela vinda do Rei, "mais do que os guardas pelo romper da manhã".

1952: O amor espera, de novo 291

Porém, ao menos *um* elemento que mantinha essa sensação de "vale de lágrimas" tão prevalente em seu pensamento naquele ano estava, finalmente, chegando a um fim misericordioso.

> Ela chegou hoje;
> desceu de um avião
> e assisti a seus pés descerem os degraus;
> olhou para os amigos
> e franziu um pouco a testa.
> O sol brilhava mais que o avião,
> por isso, franziu a testa;
> por isso, não por ver-me
> entre os amigos.
>
> Ela hesitou
> pensando em por qual lado da cerca
> caminhar em direção ao prédio
> onde eu esperava,
> observando-a. E então
> ela me viu;
> veio direto,
> aproximou-se e parou
> na minha frente, imaginando
> o que eu haveria de fazer.
> Segurei sua mão, sorri
> e falei:
> "Muito bom ver você".
> Assim foi, e assim é
> agora que ela está aqui.

Acho difícil narrar o reencontro deles de forma mais dramática do que o que meu pai capturou através desse poema. Minha mãe, em *seu* diário, narrou assim:

28 de abril: Cheguei aqui em 24 de abril, tendo voado 1h20min (725 km) desde Guayaquil pela Pan-American. Atualmente, estou morando com uma culta família equatoriana, os Arias. Eles são muito gentis e prestativos. Falando espanhol constantemente, é claro. Ontem passei a maior parte do dia na HCJB *[a estação de rádio da missão]*. É um lugar notável, e Deus o tem honrado abundantemente.

E o que posso dizer de Jim? Ele está aqui, é claro, morando com os Tidmarsh, do outro lado da cidade. Os últimos três dias foram enlouquecedores — nem sequer um momento a sós com ele.

Mas nesta manhã, depois de nossa aula de homeopatia com o Dr. T., fizemos uma breve caminhada por um bosque de eucaliptos...

JE: Tendo orado na semana passada para que o Senhor providenciasse um tempo para ficarmos a sós, aquela pareceu a oportunidade ideal, e tive o grande privilégio de aproveitá-la.

EH: Ele me pegou nos braços e me disse, mais uma vez, que me amava — por eu estar disposta a esperar o tempo de Deus para nós.

JE: Não poderia encontrar outra mulher como ela, que esperasse indefinidamente sem um compromisso firmado.

EH: Com o braço me envolvendo, ele perguntou se eu estava feliz.

JE: "Você está feliz?"

EH: Oh, o que dizer? Mesmo num momento tão abençoado, há a dor aguda e o pavor de ficar separada dele, mesmo que por um momento. Às vezes sinto que não posso mais suportar.

JE: "Há algo que eu possa fazer para lhe dar certeza?" "Não sei"...

EH: Deus sabe (e somente Deus — eu não) o que sou capaz de suportar; e ele nos guiará retamente.

JE: "[...] mas é que está ficando cada vez pior."

EH: Conversamos sobre casamento — Jim diz que, por necessidade, levará anos até que possamos pensar nisso. Ele acredita que deve dar as primícias de sua vida à obra, o que significa morar em Shandia (a base missionária de T. na selva) por pelo menos dois anos antes de fazer um trabalho itinerante e pioneiro, avançando para outras tribos. Tenho pedido a Deus que me dê a mesma segurança e a mesma paz inabaláveis que Jim tem a esse respeito. Sentia que não levaria mais de dois anos para que pudéssemos nos casar.

JE: Lágrimas, soluços discretos.

EH: Senhor, cumpre esta tua palavra para com tua serva sofredora — guarda-me do mal, sustenta minha confiança em ti e ergue minha alma para que eu te louve por estas minhas dolorosas provações, pois eu verdadeiramente te amo e desejo cumprir tua vontade.

Certamente, apenas estar ali fazia parte da vontade de Deus. E, uma vez que ele a havia conduzido para lá tão claramente, ela sabia que a proteção e o cuidado divinos estariam com ela e a guardariam. Quaisquer que fossem as dificuldades e as possibilidades arriscadas, qualquer que fosse o resultado do relacionamento dela com meu pai, Deus a ajudaria (e também o ajudaria) a ser a missionária que ele queria.

Mas só para deixar claro: Quito era o local de treinamento e orientação deles no país. Enquanto permaneciam lá, eles estavam tendo aulas, adquirindo habilidades, praticando o idioma e se ambientando com a cultura. Com o tempo, eles concentrariam seu foco nas oportunidades específicas de ministério que estivessem disponíveis na região naquele momento, bem como naquelas que continuassem a aparecer. Tanto minha mãe como meu pai estavam afiliados à mesma organização missionária, sob sua supervisão geral. Mas a forma exata do trabalho individual que eles assumiriam estava constantemente em fluxo. A natureza do "trabalho pioneiro" é não saber. As pontes e os caminhos, embora, de algum modo, explorados, ainda permaneciam basicamente desconhecidos. Fundamentalmente, então, essa temporada deles em Quito era de trabalho e espera.

Foi bom, porém, eles finalmente poderem realizar a maior parte de seu trabalho e de sua espera no mesmo lugar.

Por causa disso, contudo, eles naturalmente não precisavam escrever cartas um para o outro nesse período. Então, agora dependemos dos diários deles para segui-los por uma primavera e um verão interessantes e que outrora pareciam tão improváveis, mesmo um ano atrás.

Eu ficarei praticamente fora do caminho e deixarei as palavras deles os descreverem por si mesmas, conectando os dois sempre que seus diários em separado narrarem o mesmo evento.

Meu pai em Quito. Acredito que minha mãe tirou essa foto.

EH (30 de abril): O Senhor respondeu às orações e, mais uma vez, me deu paz quanto a Jim. Ele nos concedeu uma manhã maravilhosa ontem — sentamo-nos na encosta ensolarada de um belo vale, de onde podíamos enxergar quilômetros de grandes campos e picos escarpados.

JE: Contemplamos o Vale de Guápulo. Ela parecia pequena, quase frágil, na minha frente. "Você está confortável?" "Sim, e feliz." Em plena luz do dia!

EH: Depois, no fim da tarde, descemos para Guápulo, um vilarejo no vale. Estava enevoado e adorável.

JE: Falamos sobre noivado. Ela acha que sou inconsistente, Senhor, parecendo contradizer-me tantas vezes ao falar abertamente sobre casamento e, então, parecer tão inseguro quanto a tudo isso. Acho que tu entendes, Senhor. Enquanto o fato de permanecer solteiro me ajudar a fazer um trabalho *melhor* para alcançar um povo primitivo, continuarei solteiro.

"E isso me leva a uma coisa sobre a qual temos pensado", acrescentou ele em seu diário de 30 de abril, ao refletir sobre o lugar para onde ele sentia que o Senhor o enviaria após o término dessa fase de treinamento. *"Os Auca. Não vejo razão para continuar solteiro se eu for enviado apenas para os Yumbo — Tidmarsh não é solteiro, Cathers não é. Mas os Auca! Meu Deus, quem é suficiente para eles?"*. De fato, eles provariam estar num nível totalmente diferente de selvageria.

JE (4 de maio): Dorothy Jones chegou na sexta-feira, e parece que minhas "travessuras" da semana passada terminaram. *[Ela e minha mãe moravam juntas.]* DJ e Betty vieram para o partir do pão *[a Ceia do Senhor no domingo]* — revigorante e, creio, agradável a Deus. A adoração é um excelente exercício para a alma. Torna o homem grande por dentro e o faz sentir que encontrou aquilo para o que foi feito, embora ele esteja ciente de sua inaptidão.

"Inaptidão." Percebo que, ao dizer isso, ele estava se referindo, de modo mais geral, à natureza comum de nossa depravação humana, nosso quebrantamento enquanto pessoas caídas. Mas, com o passar da primavera e do verão, um sentimento crescente de inferioridade, especialmente em comparação com minha mãe, tornou-se um problema real para ele, algo muito exasperante em sua intensidade. Este registro de 4 de maio é a primeira revelação real disso — você o verá referir-se a "isto" —, o que significa que ele devia estar lutando com "isto" havia algum tempo.

> **JE:** Não conseguia tirar os olhos de Betty. Ela é atraente de tantas maneiras. Tive de me segurar para não soltar risos de alegria quando estávamos todos jantando no Frank Cook. Ela sabe muito *bem* como se comportar em público — artística na conversa, um refinado riso à mão, sempre com um olhar suave para mim. Ela cantou de novo com o coral da HCJB na rádio, e tem uma bela voz também. Bem, eu agradeço a Deus por ela; ela é incomum em todos os aspectos!
>
> Ela me trouxe três cartas de Thomas [*seu irmão mais novo*] para que eu lesse. Há algo forte entre eles, uma semelhança tão grande entre si que os torna mais próximos do que quaisquer outros membros da família. Eles trocam frases em latim, citações de hinos, trechos de algum autor que nunca li. Senti uma estranha inveja tomar conta de mim ao perceber o lugar que ele ocupa na vida dela.
>
> Tive de enfrentar isto de novo — nunca poderei ser tudo o que ela deveria ter em um marido. Estúpido demais, um leitor lento demais, uma memória pobre demais. Sua capacidade de guardar pequenos detalhes na memória ao longo dos anos (ontem mesmo, ela me disse que casaco eu usava no Cemitério de Saint Michael, em 1948!). Senhor, permita-me compensar de outras maneiras esse tipo de coisa que não sou capaz de dar a ela. Eu simplesmente não fui criado para ser um escoliasta. Ela terá, por fim, de se satisfazer com meu corpo, em troca do que me falta na mente; e eu, com sua mente, em troca do que costumava me parecer faltar em seu corpo. É estranho como estou tão satisfeito com isso agora, e tendo tais temores juvenis.

Ele havia chegado a ponto de fazer comentários sobre a "aparência ossuda" dela, ou de criticar a amarga impressão transmitida por sua postura e por seu comportamento. (Minha mãe nunca se esqueceu dele dizendo: "Você tem o cérebro, eu tenho o corpo!") Mas, aparentemente, aquilo era sobretudo um blefe, um disfarce de sua insegurança oculta. Aqui, porém, ao enxergá-la muito mais madura, aos 25 anos — espiritualmente, no relacionamento, e sim, fisicamente —, ele ficou surpreendentemente espantado. Deus os estava unindo e eliminando velhas atitudes, de maneiras sempre novas.

> **JE (8 de maio):** Não consigo fazê-la acreditar que estou realmente satisfeito com seu corpo. Ela ainda acha que mantenho minhas primeiras impressões, afirmadas quando estávamos juntos em nossos dias passados: "nariz de banana... áspera... magrela". Não sei como explicar ou esclarecer a mudança que ocorreu desde que eu realmente soube que a amava, no último dia 20 de setembro. Só sei que não importa se seus seios são pequenos, se seus ombros são delgados, se seu nariz não é bem afilado, ou se seus dentes da frente são afastados. Eu não gostaria mais dela se sua aparência fosse "ideal" — em parte, acho, porque ela não seria o que é psicologicamente se não fosse o que é fisicamente.
>
> Consciente dessas coisas, ela se tornou realista em sua perspectiva da vida em geral e, por meio delas, desenvolveu uma humildade que talvez não tivesse, se houvesse sido moldada de outra maneira.
>
> Uma coisa, eu sei: fomos feitos um para o outro — se eu para ter "conforto", então ela para ter "ímpeto" —, embora eu não tenha percebido nem um pouco seu *incómodo [desconfortável, em espanhol]* com isso! Meus braços são para ela um "lar", um lugar de descanso. Abrigo, escudo e força. Quanto a mim, não posso dizer o que significa tê-la. Deus a trouxe para mim e a preparou antes de trazê-la. Estou *totalmente* satisfeito com o que ele faz.

No entanto, a incerteza sobre o futuro deles continuava obscurecendo as coisas. O casamento, eles sabiam, definitivamente precisaria esperar. Embora tristes, eles estavam de pleno acordo que meu pai não podia se dar o luxo da distração de montar uma casa enquanto era introduzido na selva. Mas e quanto ao noivado? Por que ele não podia dar um passo à frente e declarar logo suas intenções? O que isso lhe custaria? Como isso prejudicaria ou anularia suas justificáveis convicções?

Certo dia, ao ler as Escrituras, ele acreditou ter encontrado o paralelo bíblico que amparava sua visão de permanecer solteiro e sem compromisso. Urias, o heteu, ao ser retirado da batalha pelo rei Davi, após o incidente com Bate-Seba, recusou o apelo do rei para que ele fosse passar um tempo com sua esposa. "A arca, Israel e Judá ficam em tendas; Joabe, meu senhor, e os servos de meu senhor estão acampados ao ar livre; e hei de eu entrar na minha casa, para comer e beber e para me deitar com minha mulher? Tão certo como tu vives e como vive a tua alma, não farei tal coisa" (2Sm 11.11).

>**JE:** Não era *hora* de ele voltar para casa, embora tivesse o direito de fazê-lo e o incentivo para tanto. Era a *hora* da batalha, e Urias era um guerreiro; não poderia haver mistura entre os prazeres domésticos e os negócios de sua vida.
>
> E assim me ocorreu. O casamento não é para mim agora; simplesmente não é a *hora*. (Não digo e nunca disse: "Não é *algo* para mim".) Com tribos não alcançadas, as quais agora creio que só homens desimpedidos podem alcançar, "não farei tal coisa".

Aí está. Aquilo soava forte. Bíblico. Irrefutável.

>**EH (9 de maio):** Hoje caminhamos pelas ruas de Quito. Jim falou-me sobre ter pedido a Deus, de novo, razões para não estar noivo. Deus respondeu com a história da recusa de Urias em se deitar com sua esposa e aproveitar sua casa enquanto havia uma batalha em curso.
>
>**JE:** Não sei a razão, mas aquilo lhe pareceu descabido, e ela riu de mim.
>
>**EH:** Jim disse: "Você percebe o que isso pode custar?" (falando da possibilidade de ele ir trabalhar entre os Auca). Sim, eu sei o que pode custar — morte. E não é como se eu não tivesse considerado essa possibilidade antes.

JE: No começo, enfureci-me, mas logo caí em silêncio e, ao chegarmos ao seu ponto de ônibus, no centro, eu apenas olhava para o chão e mordia os lábios.

EH: Ao tentar explicar seus sentimentos, Jim desabou.

JE: [...] então eu chorei, e caminhamos. Não conseguia entender por que era incapaz de explicar com sensatez o *motivo* de não ser o momento certo para um noivado.

EH: Ele sente que, se noivássemos, ele não poderia correr os riscos que pode ser chamado a correr. Para mim, essa é uma diferença puramente formal, pois não creio que, se estivéssemos noivos, isso me custaria mais do que em nossa condição atual; afinal, eu o amo com total plenitude e entrega, e agora mesmo me sinto tão unida a ele que a perspectiva de ele ser morto é impensável! Eu não poderia amá-lo mais no presente, embora creia que Deus pode aumentar nossa capacidade de amar.

JE: Minhas razões não convenceram hoje, nem mesmo a mim, e agora estou ciente de que minhas razões para não noivar estão escondidas nos conselhos do Espírito de Deus, assim como minhas razões para amá-la. [...] Pode ser que não haja razões a dar. Ela diz que lhe basta saber que eu sei, que não preciso invocar razões (obrigada, Senhor, por uma garota não apenas capaz de *esperar*, mas de fazer isso *com alegria*).

EH: Não preciso conhecer as razões de nosso estado atual — só preciso saber que estamos fazendo a vontade de Deus, o qual nunca nos deixará nem nos abandonará. Oh, o conforto de suas palavras, a paz que guarda nosso coração e nossa mente por meio de Cristo Jesus! E que a graça, a qual é todo-suficiente, faça de mim uma verdadeira filha do Pai, amando, confiando, louvando e descansando em sua vontade aceitável.

Aparentemente, apesar da falta de perfeito consenso, eles deixaram o assunto nas mãos de Deus, contentes com a vontade dele e graciosos um para com o outro. Porém, quanto mais meu pai pensava na conversa daquele dia, mais perturbado ele ficava (de novo) com aquele agora conhecido "isto".

JE: Descobri algo sobre Betty hoje. Ela me faz ficar "na defensiva" nas discussões (no sentido mais gentil da palavra). Muitas vezes, ela enxerga o final das coisas com mais clareza do que eu, e com mais rapidez, e avança implacável e rapidamente para declarar o que vê.

Do ponto de vista dela, deveríamos noivar — embora ela não esteja tentando me forçar a fazê-lo. [...] Quando não consegui explicar bem por que não deveríamos fazê-lo e engasguei, foi ela quem, imediatamente, mudou de atitude e ficou na defensiva, dizendo que compreendia, que sentia muito pelo que dissera e esperava que eu não achasse que eu tinha de apresentar "razões" para continuarmos separados.

Lamentei não ter conseguido me controlar, pois temo torná-la menos expressiva do que ela é nessas questões. Eu *quero* as respostas, as sugestões, os pontos de vista dela — nenhum homem honesto poderia temê-los — e hoje posso ter sido sensível demais a eles, fazendo-a pensar que me dói ouvi-la "debater". Mas eu juro que não foi contra ela que bradei, mas contra mim mesmo, por não conseguir dizer o que sei; tampouco foi contra o Senhor, por ele me haver deixado verbalmente indefeso.

Muito certamente não foi contra ela. Eu ficava dizendo a mim mesmo acerca dela: "Você está certa. Maldição! Você está totalmente certa — mas não há nada a fazer, nada a dizer, nada a admitir. Eu concordo com você, mas, de algum modo, não consigo sequer fazê-la enxergar o que eu sei".

Pensei que incluir a linguagem imprópria deste último parágrafo pode aliviar alguém que esteja sobrecarregado com a tentativa de ser perfeito, embora isso possa chocar alguém que jamais usaria tal palavra. De toda forma, espero que você veja sua genuína humanidade e sua escrita natural e carnal, para que, em vez de idolatrar meu pai, você dê graças e suporte suas faltas, como devemos fazer, por exemplo, ao ler a vida de muitos personagens da Bíblia.

Em termos mais amplos, simplesmente vejo todo esse evento como uma tensão entre a carne e o espírito. Ele e minha mãe queriam desesperadamente fazer a vontade de Deus. Para meu pai, isso significava ser capaz de perceber Deus lhe mostrando exatamente quando ele deveria ficar noivo dela. Ele sentia fortemente que, embora Deus fosse, enfim, uni-los em casamento, isso tinha de acontecer depois de um longo tempo passado na selva. Mas, para minha mãe, isso significava a agonia de esperar, confiar, tentar ficar tranquila e contente. *"Ah, que agonia — agir desinteressada e distante quando estou quase dominada de ternura por ele! Quando serei livre para contar a ele???"*

Mas, devido ao sincero e dedicado coração deles, Deus manteve seus dias inundados de benditas e divinas distrações de sua perturbação interior.

EH (15 de maio): Ontem foi um dos dias marcantes da minha vida. Às 2h30, Bill Cathers, Rob Gill, Abdon (um equatoriano), Pete e Jim vieram me buscar para subirmos o Pichincha *[um vulcão de 4,5 km]*. O tempo estivera muito chuvoso e incerto, mas, quando começamos a subir, a lua brilhou intensamente.

JE: Quase chorei com a beleza disso... maravilhoso com Betts.

EH: Por volta das onze horas da manhã, chegamos ao cume — uma formação rochosa íngreme e recortada que lembra muito o Matterhorn. Foi necessária uma escalada bem escarpada — pelo menos para mim, embora, para Jim e Pete, que já escalaram no Noroeste Pacífico, talvez tenha sido fácil.

Descemos juntos até a metade da montanha e, em seguida, Jim e eu seguimos uma rota diferente. Passamos algum tempo apenas descansando na grama quente e macia à encosta do vale. Jim adormeceu...

JE: ...fingi dormir nos braços dela...

EH: ...e eu sorvi da incrível beleza das vastas paisagens diante de mim.

JE: E, a menos que eu esteja enganado, ela me deu um beijo na face enquanto eu estava ali deitado, desesperadamente tentando manter a respiração lenta! No mínimo, ela fez todos os movimentos.

EH: Oh, é bom estar com alguém que também ama a obra das mãos de Deus!

JE: "Estou feliz por você ser o tipo de homem que gosta dessas coisas" — ou seja, escalar montanhas.

EH: Foi muito divertido apontar um para o outro toda a formosura ao redor — desde flores minúsculas e delicadas até a brutal grandeza dos picos e penhascos à nossa volta.

JE: A tranquilidade de estar com ela é indescritível, e eu acho que tem um efeito suavizante em mim, tornando-me mais desenvolto na interação social. Além disso, acho que me "sensibiliza", deixa-me mais alerta para *perceber* as situações. Oro para que Deus me torne sábio o suficiente para tratá-la direito, amá-la bem e controlar nosso contato. E, tanto quanto consigo avaliar, ele condescende em fazê-lo. A alegria de simplesmente amar, dar e receber, esperar e suportar, está nas alturas agora.

É verdade que, como ela constantemente observa, há uma dor em sermos incapazes de consumar nosso amor, do modo como agora estamos, mas não há amor real sem algum tipo de sofrimento. Tenho pena dela ao vê-la preocupada com o futuro — com amar e perder. Deus, permita-me ser-lhe fiel. E permita-me viver para amar, se assim for do teu agrado.

EH: O Senhor tem me proporcionado alguns momentos felizes com Jim desde a última vez que escrevi — duas tardes na bodega *[uma espécie de galpão de armazenamento]* e uma noite voltando da "estação" (HCJB). Ele ficou um pouco irritado com minha reação a algo que ele disse. De vez em quando, quando estou com muita vontade de segurar seu braço ou dizer que o amo, digo algo sarcástico, mordaz ou impensado, a fim de me conter. Foi o que aconteceu na quinta à noite. Ele me reprovou por minha atitude (era apenas uma atitude *aparente*, pois nada *jamais* reprime meus sentimentos em relação a ele) e, finalmente, em certa medida, cheguei a explicar minhas razões. Ele pareceu entender em parte e quase me derreteu com sua gentileza.

JE: O comedimento dela em falar de seu amor — a mim ou a qualquer pessoa — é algo difícil para ela, e devo aprender a ficar satisfeito com respostas limitadas por enquanto. Ela sente que não pode ser assertiva até o noivado, e eu fico feliz por haver esse comedimento, pois eu não tenho nenhum.

Como sou grato a Deus por ela! Vejo que ele está respondendo às minhas orações por sabedoria para tratá-la adequadamente — não por meio de meu discernimento de até onde ir ou mesmo de como amá-la; mas por meio das atitudes, do comedimento e da liberdade dela. É admirável como ela tem o "sentimento" correto das coisas. E, depois de tentar entender seus sentimentos, descubro que muitas vezes são os melhores *motivos* para ela fazer ou abster-se de qualquer coisa.

Fico tão feliz em ouvir meu pai dizer isso. Não acho que ele ficaria nem um pouco surpreso ao saber que ela manteve esse mesmo "sentimento correto das coisas" ao longo de toda a sua vida. Eu era uma testemunha viva disso em nossa casa. E, embora eu saiba que seus impulsos o impeliam a querer mais dela — fisicamente — do que ela estava disposta a dar, estimo igualmente a ambos pelo compromisso interior deles com a pureza.

Posso dizer, sem nenhum risco de exagerar, que boa parte de minha própria decisão de permanecer pura até o casamento veio da alegria de minha mãe em me contar sobre o casamento *deles* e sobre a determinação dela e de meu pai de manterem suas promessas a Deus durante aquele tempo de suas vidas. Eles desejavam um ao outro, como todos os amantes. Mas, como mulher, ela entendia bem que era ela, ainda mais que meu pai, quem tinha maior controle sobre quanto eles se permitiriam de toque e atração. Aqui há uma manifestação de muita sabedoria, em meio a muita tensão. Inspire-se nisso. Essa é uma demonstração real de Deus querendo o melhor de seus filhos, e de seus filhos crendo — apesar de sua paixão, apesar de seus sentimentos — que nada, *nada*, pode servir de substituto. Os tempos atuais podem ser diferentes, mas essa verdade não é. E nunca será.

Assim, com a chegada do verão, veio a percepção de que o chamado para a selva estava se aproximando para meu pai. Até então, ele se sentira *"livre para dar-me o luxo de conhecer o país"*, desejando conhecer e amar tudo sobre aquele lugar para onde Deus o havia chamado. Com a intenção de cumprir seu chamado missionário, ele sabia que se aproximava o tempo em que deveria *"necessariamente cercear"* algumas dessas aventuras.

Claro, havia valor em cada nova experiência. *"Aprender uma língua significa conhecer pessoas em todas as suas circunstâncias e viagens. Cada momento que você passar com os nativos sempre contribuirá para esse fim."* Mas ele não poderia permitir que seu espanhol fosse meramente aceitável, não se esperasse realizar o que se propusera a fazer ali.

> **8 de junho:** Ó Doador do dom de línguas, permita-me falar-lhes como eles devem ouvir, para que não tenham de esconder sua verdadeira reação com um elogio cortês. Fico feliz por estar em um lar de nativos — pelo menos para ouvir o idioma falado como um veículo de pensamento vivo, e não apenas como uma tradução do inglês.

Significava, é claro, encontrar um equilíbrio entre trabalho e amor.

> Para mim, a disciplina da distância deu lugar à disciplina da proximidade nestes dias. Viver do outro lado da rua, fazer juntos uma refeição por dia, estar juntos no ônibus e ao caminhar — isso me coloca em uma posição completamente diferente daquela que experimentara com ela antes. [...]

Até agora, parece-me que o Senhor me tem dado um bom equilíbrio. Não sinto que realmente tenha trocado meu espanhol por ela nem qualquer dos meus outros grandes objetivos de estar em Quito. Tenho evitado ficar fora até tarde e sair com muita frequência. E o amor nunca fica "cheio" a ponto de saciar, embora às vezes eu tenha a sensação de ter tido "apenas o suficiente por enquanto". [...]

15 de junho: Até agora, não nos beijamos. Às vezes não consigo acreditar, mas é verdade. Onde já se viu pessoas apaixonadas como nós, demonstrando tanto carinho quanto fazemos, e com tanta frequência, mas cujos lábios nunca se encontraram? Será mesmo possível ficar mais emocionante do que agora?

Sim, mas *"a vida não pode ser só amor"*, como dizia minha mãe. E havia eventos em curso que estavam influenciando diretamente as subsequentes tarefas missionárias deles, como meu pai relatou neste registro de seu diário.

23 de junho: Os tradutores da *Wycliffe Bible* tornaram pública a notícia de seu recente contrato com o governo para entrar em tribos do Equador e reduzir à escrita a língua deles. Isso trará mudança aos nossos planos para o Oriente *[a região leste do país]*. Parece afetar especialmente Betty. Para onde a enviarás agora, Senhor?

Enquanto isso, ele estava se aventurando em algumas excursões de reconhecimento.

2 de julho: Sobrevoei o campo deserto de Shell, em Ayuy *[Shell Mera, sede da Mission Aviation Fellowship]*. Fiz algumas investigações sobre a população quíchua na região de Canelos. Estimativas incertas. Arriscaria algo em torno de 1.000 a 1.500. Vi a necessidade de estar solteiro para alcançar essas pessoas — dispersas demais para que sejam alcançadas com o método de base missionária.

Por meio de experiências dessa natureza, ele estava aprendendo a experimentar Deus de novas, inesperadas e revigorantes maneiras.

11 de julho: Às vezes me pergunto se é certo ser tão feliz. Um dia segue o outro numa leve sucessão de maravilhas e alegrias — coisas simples e boas, como comer uma boa refeição, brincar com as crianças, conversar com Pete, ou receber a provisão de dinheiro para aluguel e alimentação poucas horas antes do prazo de pagamento. Graça sobre graça no que se refere à vida exterior.

Mas, apenas por não estar de fato estudando a Bíblia em inglês, é raro ter uma nova verdade para revigorar o homem interior. [...] Estava lendo minhas anotações do diário [de 1949] e observando o contraste entre a dor da alma daqueles dias e a liberdade e a alegria dos dias de hoje. Aqueles eram certamente mais produtivos do ponto de vista de obter algo da Palavra; os de hoje são mais casuais e menos frutíferos, mas por um motivo. Preciso desenvolver o espanhol. Quero muito ouvir Deus falar como naquela época, mas quero começar a ouvi-lo falar em espanhol, e ainda não estou acostumado com isso — talvez não esteja pronto para isso. [...]

Agora, vejo muito bem que ele quer fazer algo em mim! Muitos missionários, desejosos de fazer alguma coisa, esquecem que a principal obra de Deus é fazer algo *deles*, e não apenas fazer uma obra por meio de seus dedos rijos e enganosos. Ensina-me, Senhor Jesus, a viver com simplicidade e amar com pureza, como uma criança, e a saber que não mudaste em tuas atitudes e ações para comigo. Não me permitas ter fome do "estranho, raro e peculiar", quando o simples, comum e regular for suficiente, desde que corretamente recebido, para alimentar e satisfazer a alma. Traz a dificuldade quando eu precisar dela; remove a tranquilidade quando te aprouver.

E minha mãe, embora apenas raramente escrevesse em seu diário durante o verão, descobria que tanto seu amor pelo campo como seu amor por meu pai não cessavam de crescer.

20 de julho: Por algum motivo, não tenho sentido vontade de escrever no meu diário. Mas há muito que eu poderia ter dito. Tem sido um mês no qual Deus tem me ajudado maravilhosamente com o estudo do espanhol, e um mês em que passei a amar Jim mais do que nunca.

Passamos muitos momentos perfeitos juntos, nos campos, nos bosques de eucaliptos e nas lindas encostas de Quito. Certo dia, partimos às 3h da madrugada e escalamos o Pichincha [uma segunda vez]. Jim estivera com dor de estômago poucas horas antes de partirmos, então estava muito fraco e não podíamos ir muito longe sem parar para descansar. Estava muito frio — a geada revestia a grama de um branco sólido e a lua cheia brilhava sobre os iluminados cumes de neve ao norte, leste e sul. Foi encantador. Ao amanhecer, o nascer do sol foi assustadoramente lindo, com a lua se apagando do outro lado do vale. Estávamos exaustos, e Jim parecia tão pálido que quase entrei em pânico. A cada hora, mais ou menos, nos revezávamos para carregar a pesada mochila.

Perto do meio-dia, tivemos de contornar (e, de certa forma, escalar) uma grande parede rochosa no topo de um desfiladeiro. Aquilo realmente me apavorou, e Jim estava um pouco tonto. Se ele houvesse perdido o equilíbrio por um segundo, não haveria esperança alguma. Então, após o esforço dessa parte da jornada, tivemos que atravessar um grande campo de cinzas e areia vulcânicas. Quando, finalmente, chegamos ao vale pelo qual voltaríamos para casa, descobrimos que era um pântano de fontes minerais, no qual afundávamos até os tornozelos!

Ao, finalmente, descobrirmos uma porção de grama seca, recostamo-nos e imediatamente pegamos no sono por uma hora. Então, seguimos uma trilha bem longa, que descia gradualmente, e, às 19h30, chegamos a Quito.

Outros momentos agradáveis incluíam ler poesia juntos, explorar partes da cidade e dos arredores com as quais não estávamos familiarizados, e apenas fazer pequenas caminhadas para estarmos juntos.

Mas o tempo de tais deleites estava se esgotando. A perspectiva de se separarem em poucas semanas, sem saberem quando (ou se) voltariam a ficar tão próximos, começou a pesar sobre os dois.

JE: Sinto meu coração se contorcer, querendo ser leal a ela, querendo casar-me com ela, querendo muito. Mas agora não sinto nenhuma direção de Deus, nem mesmo para o noivado. Com frequência, os "anos" pesam sobre mim, acordado e ao dormir, pensando em quanto dura um ano, preocupando-me com a visão real que devo ter do noivado, sentindo meus argumentos anteriores ruírem, um a um. [...] Conversamos sobre isso livremente, ela e eu, e meus argumentos devem estar tornando tudo pior, mas eu sei — com ou sem argumentos — que agora não é o momento. [...]

Aceitar isso como vontade do Pai não é algo alegre — não que meus desejos (por ela, pela obra de Deus, talvez entre os Auca) estejam em conflito. Eles não são contraditórios, mas não parecem coadunar-se. Eles chegaram ao mesmo tempo, de modo que, em vez de se encaixarem um no outro, como duas engrenagens, rangem um contra o outro, às vezes com uma intensidade terrível. [...]

É cedo demais para, antes de ver o Oriente, crer que Deus pode não me querer lá totalmente desimpedido. [...] Mas eu estou o tempo todo louco por ela, querendo estar com ela noite e dia, o assombroso apetite do corpo, a solidão de mente que às vezes torna o estudo de um livro uma farsa — e que faz a própria vida parecer inútil sem ela.

Apaixonados, em Quito.

EH: Esta manhã sinto-me, mais uma vez, oprimida diante da ideia de Jim ir embora. A esta hora, na próxima semana, ele já terá partido, se as coisas correrem como planejado. O tempo está voando, e não temos tempo para ficar juntos.

No sábado e no domingo, ele estava doente e não pudemos sair. Na segunda, fomos a Alangasi e, portanto, estávamos com os outros quase o tempo todo. Na terça, esperava estar com ele à tarde, mas, em vez disso, ele voltou para casa depois do almoço, para estudar. Às 16h, quando tinha certeza de que iríamos juntos buscar a correspondência, ele apareceu e disse que ele e Pete estavam indo para a casa dos Tidmarsh. Então, esperei a chegada da noite — ele não tinha vindo buscar sua correspondência quando fui jantar; ótimo — ele teria que vir à noite e, talvez, ficasse um pouco. Não — no meio do jantar, ele apareceu para pegar sua correspondência. Então, passei a noite sozinha. [...]

Ah, às vezes sinto que simplesmente não aguento mais — esse atual cenário de amor e intimidade, no qual estamos unidos de mente, e, contudo, há o grande abismo de não estarmos noivos. A tensão de desejar, em absoluta angústia, dizer-lhe quanto o amo, mas não poder fazê-lo.

JE: Ela percebeu hoje, como não percebera no dia 25, o espírito de abatimento que se apodera de mim. Eu lhe disse que vivo a chorar e suspirar, e que não poderia dizer o motivo agora, mas que o faria depois, quando ela pudesse fazer algo a esse respeito. Além disso, falei que envolvia coisas sobre ela que eu não queria que mudassem; e que eu iria superar aquilo. Não fui muito claro. Mas as coisas não estão claras para mim também.

Não entendo o que há em amá-la que me deixa tão miserável. Mal consigo começar a explicar; só sei que sinto isso com muita força e não consigo falar a esse respeito sem minha boca tremer. Os lábios secam, as lágrimas parecem transbordar de meus olhos, e há uma sensação de esmagamento no peito. No fundo, está um tremendo peso de pura indignidade. Não me sinto em condições de estar na companhia dela; não consigo pensar em nada para dizer se não é ela quem puxa logo o assunto. [...]

Sei que ajudaria se falasse com ela, mas não suporto pensar em falar sobre isso à luz do dia, quando ela poderia me ver chorar. De todo modo, ela não acreditaria em mim. Eu não dou a impressão de me sentir um coitado e, geralmente, não demonstro uma humildade capaz de sugerir que me sinto inferior.

EH: Essa separação agora, por exemplo, quando estou aqui no meu quarto chorando porque não consigo evitar, soluçando de amor por ele e apenas orando: "Faça-se a tua vontade" — enquanto ele está rindo e contando piadas com Sanchez e Pete. Ah, se ele soubesse, mas ele não pode saber, e eu não posso dizer-lhe. Não há *ninguém* com quem conversar. Ó Senhor, perdoa-me, concede-me graça, paciência, abnegação.

JE: Oh, se ao menos ela se sentisse livre para dizer que me ama e por que, talvez isso me animasse de alguma forma. [...] Se ao menos ela viesse até *mim*, em vez de eu sempre ter de ir até ela, deixando-a ter controle, tantas vezes tendo de segui-la quando sinto que deveria estar liderando. Mas o que se pode fazer? Ela *não consegue*, simplesmente não consegue agir de uma forma diferente até o noivado — diz apenas que é preciso ser assim por enquanto. Meu Deus, em que aperto estou!

E, quando a pressão parecia mais aguda, chegaram notícias que, embora boas, exigiam que eles engolissem o choro, em rendição.

JE: No dia 6, ela recebeu a notícia de que Ginny ficou noiva de Bud DeVries, no domingo.

EH: Estou estupefata, mas, oh, *muito* feliz por ela — minha irmã "caçula", sete anos mais nova.

JE: Ela estava chorando quando fui convidá-la para um passeio à noite. [...] "Ginny está noiva?" "Sim — e duas cartas de Dave sobre seu novo bebê." (Longas pausas.) "Só não consigo entender por que é assim com eles, e conosco é diferente". [...]

A quinta-feira não foi muito melhor para ela. Mas nós fomos juntos ao centro, pegamos um táxi até o Panecillo *[uma colina famosa de Quito]* e caminhamos até lá embaixo. Ela estava muito mais à vontade para conversar — até seu toque me enchia de ternura. Brincamos na grama abaixo da casa e ela me ensinou um passo de dança na rua depois — depois da meia-noite!

Na escuridão da sexta-feira seguinte, porém, ele tinha ido embora.

17 de agosto

Fui até seu muro e fiquei parado, olhando por toda a extensão dele, enquanto Pete verificava o quarto pela última vez. Quase chamei por seu nome através de suas janelas escuras, pensando que talvez você estivesse acordada. [...] Então me perdi no silêncio, sabendo que a estava deixando e encerrando as semanas mais felizes da minha vida, sofrendo um pouco no silêncio.

Essa foi a primeira de muitas cartas que começariam a navegar novamente entre eles. Mas apenas ao seu diário ele confiou os pensamentos que lhe ocorreram enquanto estava deitado na cama na noite anterior, em seus últimos momentos morando na mesma rua que ela, em Quito.

Dormi, mas não descansei, com as lembranças da noite passada, ela se recostando em mim no campo. Eu lhe disse que havia encontrado liberdade para esperar que noivássemos em menos de um ano. Ela disse: "É bom saber". Sinto cada vez mais que minhas razões contra o noivado não têm o mesmo peso daquelas a seu favor.

Isso provavelmente significará anos de uma "promessa de vida", o que envolve alguns problemas, mas eles não se comparam ao que estou fazendo Betty passar, nesse período sem compromisso, com suas grandes reservas e pressões. Para nós dois, acredito que o noivado nos aliviaria e permitiria maior clareza de mente, tanto no presente como no futuro.

Estou pensando agora em pedir a Ed para trazer um anel.

OUTONO

Shell Mera seria apenas uma breve permanência para meu pai. Depois de duas semanas ali, ajudando a liderar um acampamento bíblico para meninos, ele seguiria para Shandia, a base de Tidmarsh entre os Quíchua. Porém, apesar de suas muitas responsabilidades, de toda a adaptação a um novo local e dos olhares curiosos de jovens estudantes intrometidos — os quais se perguntavam se ele estava escrevendo de novo para *"uma certa señorita cuja foto eles haviam encontrado sob a tampa da minha mala"* —, ele conseguiu escrever uma série de cartas para ela, mesmo com essa agenda apertada. Ele encerrou a primeira delas com um apelo para ela *"escrever, querida"*, além de um charmoso comentário pós-escrito que dizia: *"Sanchez acabou de passar por aqui e mandou 'saudações casuais'. As minhas não o são"*.

"Sanchez acabou de passar por aqui e mandou 'saudações casuais'. As minhas não o são."

A resposta da minha mãe foi igualmente rápida.

19 de agosto

Que surpresa tive ao sair para tomar um chá na estação e encontrar uma carta sua esta tarde! Foi tão bom recebê-la, Jim, e quero que saiba que aprecio sua consideração ao enviar uma tão cedo. [...]

Ó meu Deus, eu mal sabia o que pensar quando você contou sobre como veio até o nosso muro, na madrugada da sexta-feira, à minha procura. Foi bom eu não ter tido de sair do quarto de pijama, mas, se eu tivesse a mínima ideia de que você faria isso, eu estaria de pé e vestida para vê-lo. Não é que eu não tenha pensado em me levantar, mas pensei que seria mais uma daquelas ocasiões em que eu ficaria ali sozinha, desejando ardentemente que você aparecesse, mas sabendo que você não tinha a menor ideia de que eu estava ali, como já aconteceu em várias noites nas quais eu quis vê-lo.

Naquela noite, quando eu estava sozinha em casa, com saudades de vê-lo, fiquei parada por quase uma hora junto ao muro da frente — vendo-o levantar-se da sala de jantar, perambular pela *sala*, brincar um pouco com as crianças, acender a luz em seu quarto (eu esperava que você tivesse ido buscar seu casaco!) e, então (meu coração decaiu novamente), vi a luz da escrivaninha acender. Depois que você começou a datilografar, subi a rua até poder ver apenas o canto de seu rosto por uma fresta nas cortinas. Bom, pensei que seria mais fácil deixar que nosso boa-noite de quinta-feira no portão fosse o último. Mas, ah, sinto muito, Jim — você sabe que eu teria ido!

O Senhor tem sido muito bom. Não posso descrever a paz que ele tem dado desde que você se foi. Não tenho lágrimas para relatar, só umas poucas (e não foram, de fato, amargas e desoladas). O sentimento que predomina é o de mais profunda gratidão — sobretudo pela bênção do seu amor e, em seguida, por todo o tempo que Deus nos deu juntos. Para mim, literalmente, é uma paz "que excede todo o entendimento". [...]

Parece estranho estar agora sentada à minha janela, escrevendo para você em vez de esperar vê-lo no portão a qualquer instante. À noite, enquanto subo as escadas, não vejo Pete balançando os braços na sala de estar, nem você levantando uma das crianças pelo ar. De alguma forma, porém, isso parece muito normal e percebo que posso estar perfeitamente satisfeita, mesmo sem a expectativa de vê-lo ao meio-dia! A única explicação que encontro para isso é um milagre de Deus. Ele é abundantemente poderoso para fazê-lo.

Essa paz, enquanto o verão de 1952 se esvaía, era uma reminiscência do que ela escrevera em seu diário no último Dia de Ação de Graças: *"Creio que talvez a 'espiral' mais eficaz na vida de um crente seja exatamente isto. Em cada evento da vida, devemos agradecer"*. E era exatamente isso que ela estava fazendo aqui — dando graças pelo que Deus lhes dera, em vez de lamentar o que haviam perdido.

De Shell, a próxima carta de meu pai tinha o mesmo tom agradecido, sereno e contente:

21 de agosto

Esta terá de ser curta, Betts. São pouco mais de 6h e apenas vim a um dos galpões em frente à pista de pouso para me afastar do barulho matinal do alojamento. Tidmarsh chegou ontem à tarde e disse que passaria aqui hoje de manhã, antes de ir embora, e pensei que seria uma boa oportunidade para lhe enviar um bilhete. Suponho que você estará como eu estava ontem, esperando contra a razão encontrar alguma notícia no pacote de correspondência. Sabendo quão cortante é até mesmo a menor decepção, e querendo poupá-la o máximo possível, tentarei evitar isso. [...]

As lembranças de nossos dias em Quito são revigorantes e tranquilizadoras. Encontro minha mente sempre retornando a você quando estou prestes a dormir. Você e nosso relacionamento são um dos mais eficazes "calmantes" que posso trazer à memória — aquele assunto sobre o qual orei, pensei e estudei o bastante para estar completamente em paz a respeito.

1952: O amor espera, de novo

Agora eles se escreviam para lá e para cá, praticamente todos os dias.

23 de agosto

Tidmarsh apareceu ontem de manhã com a sua carta. Foi uma segunda surpresa. Mas que bom recebê-la, Jim, que bom! [...] Sentada na sala de estar dos Tidmarsh na noite em que eles foram para Shell Mera, lembrei-me daquelas manhãs de abril e maio, quando esperava você aparecer, nem que fosse por um minuto antes da aula. Houve um desenvolvimento significativo em meu sentimento desde então.

25 de agosto

Muito obrigado, Betty, por suas cartas com os anexos. Preciso tanto das suas quanto você das minhas. E agora, de algum modo, elas fazem você parecer muito mais próxima do que nossas outras correspondências, não apenas porque você está mais próxima, mas porque eu posso ler mais de você em suas cartas, conhecendo-a muito melhor do que antes. E por sentir, como agora sinto, quase sem saber como isso aconteceu, que posso compartilhar tudo com você — suas cartas e assuntos familiares, sobre os quais antes me sentia mais comedido, bem como acontecimentos insignificantes em minha própria vida e família. Quito foi um período de familiarização, e nós precisávamos dele mais do que sabemos. [...]

Você não imagina quanto fiquei feliz em saber dessa paz quase inacreditável que você descreveu. Que o mesmo Espírito que a deu a mantenha! Mais de uma vez me sobreveio a sensação de ser cruel, algo me acusando por tê-la deixado sem o noivado ou uma promessa mais firme, fazendo-me indagar os caminhos de Deus, indagações que se transformaram em ressentimento. E é tranquilizador saber que o mesmo Deus que conduziu também deu graça.

Ele sabe melhor do que você, Bett, por que, com que intensidade e por quanto tempo eu a tenho desejado, além da luta que foi entregá-la ao cuidado divino somente quando eu, diabolicamente, queria tanto tê-la comprometida — na medida em que o noivado tornaria isso possível para mim. Agora, porém, sei que a graça de Deus, eternamente melhor que a vida, também é melhor que o maior amor humano; pois duvido que até mesmo o noivado pudesse trazer a indizível paz de que você fala. Louvada seja, então, louvada seja a paz!

Poucos dias depois — quinta-feira, 28 de agosto —, ele se sentou para escrever uma última carta das fronteiras da civilização, na esperança de *"conseguir alguma notícia nova"* antes de seguir para Shandia, a ser entregue por aqueles que estavam voltando com os meninos para Quito no dia seguinte.

> Você saberá se Tidmarsh nos houver precedido. Se ele chegar hoje à tarde, provavelmente irá a Pano assim que o tempo melhorar e providenciará que a casa esteja limpa para a nossa chegada. A única coisa que precisamos esperar é a chegada do professor. Está prevista para o sábado à tarde e, se tudo correr como previsto, seguiremos na segunda-feira, sendo o tempo a única variável previsível do plano até o momento. Pessoalmente, espero que sigamos até o fim de semana, pois sentimos que somos um fardo para os missionários aqui.
>
> Nosso primeiro passo será nos estabelecermos com calma, fazendo com os índios uma trilha de quatro a cinco horas de Pano a Shandia, com todas as nossas coisas, arrumando a casa na próxima semana. Então, voltaremos a nos dedicar ao idioma, além da limpeza e da construção.

Enquanto ele ainda tentava terminar essa carta, apressadamente e em oração, escrevendo sobre como esperava *"que você e os McCully"* se juntassem a ele algum dia, o Dr. Tidmarsh chegou — mas não sozinho. A mudança que ele precisava levar não cabia em um único veículo, então sua esposa, Gwen, o acompanhou em outro carro. Com uma passageira a mais.

> **EH:** Jim, foi tão bom vê-lo! Apenas caminhar com você por aquela breve meia hora, enquanto você compartilhava comigo a carta de sua mãe, já foi bom. E na manhã seguinte...

JE: Despertei às 3h30, sem conseguir dormir, sabendo que ela estava aqui. Levantei-me com os meninos às 4h30. Fiz as malas, tomei café e me despedi de todos eles. [...] Mas ela estava aqui, e falamos de coisas estranhas — as saudações na noite de segunda-feira; a carta inacabada que lhe entreguei, pois sua vinda me apanhou no meio da escrita. Então, enquanto estávamos parados na porta da cozinha com os outros do lado de fora...

EH: ... ainda estou tentando descobrir como nos aproximamos naquele minuto.

JE: De repente, nos inclinamos um para o outro e nos abraçamos, de rosto colado, por apenas um instante.

EH: Não me lembro de você me puxar nem me recordo de ir até você. Só sei que, de repente, calorosa e brevemente, seu rosto estava contra o meu.

JE: Foi só isso — mas, ah, foi um momento pleno, cheio de gestos eloquentes. Ela veio em minha direção sem ser puxada, cheia de paixão vivaz. Depois, fomos juntos até o carro.

EH: Jim, eu sei que a misericórdia de Deus se renova a cada manhã — mas acho que *aquela* misericórdia e *aquela* manhã foram especialmente maravilhosas.

Mais um — embora carinhoso — adeus.

Voltando a Quito, ela leu a carta escrita pela metade, a qual sua visita havia interrompido alegremente, a carta que ele fora capaz de colocar diretamente em sua mão. Nele, ele pegou uma linha que ela escrevera recentemente, na qual observava um "desenvolvimento significativo" em seus sentimentos por ele. Tais palavras o intrigaram o suficiente para ele perguntar:

Da próxima vez que me escrever, você se importaria de expandir o tema contido nesta solitária frase de sua última carta: "Houve um desenvolvimento significativo em meu sentimento desde então"?

Ela se refere aos dias em que você costumava ficar sentada na sala de T., esperando-me antes da aula. Para mim, não houve mudança alguma, senão em intensidade, desde o dia em que nos demos as mãos quando vínhamos do aeroporto. Não que aquilo tenha sido algo insignificante, mas estou desesperado para entender suas atitudes naquela época e agora.

Ele ansiava por ouvi-la falar mais, dizer *qualquer coisa* sobre seu amor por ele, sabendo (é claro) que ela poderia optar por não ir além, oferecendo-lhe objeção com *"um daqueles maravilhosos: 'Jim, não posso'"*.

Não, dessa vez ela estava feliz em atendê-lo.

1º de setembro

Quanto à sua pergunta sobre a afirmação que fiz de que meus sentimentos se haviam desenvolvido — eu também, é claro, tenho sentido que eles se intensificaram desde 25 de abril. Mas, na carta de sábado, você diz sentir que agora pode compartilhar tudo comigo. É isso que quero dizer.

Encontro nisso uma analogia de nosso relacionamento com Deus. O homem que não o conhece intimamente lhe traz apenas as grandes necessidades, as coisas "significativas". O homem que habita em sua presença sabe, como Jeremias, que, "quanto às coisas que vos surgem à mente, eu as conheço" — mas também sabe que, a despeito de sua onisciência, Deus, de forma semelhante, possui um íntimo e amoroso interesse nas "pequenas" coisas.

> Diante de ti não existe
> grandeza nem pequenez —
> pois em ti tudo subsiste,
> tudo em todos és.

O perfeito amor lança fora o medo. É essa simplicidade que, creio, constitui, em grande medida, a profundidade de Deus. E assim também conosco, Jim. Encontro felicidade ao compartilhar com você não apenas as muitas coisas que temos em comum — as coisas que nos uniram no início —, mas agora também as pequenas coisas que não temos em comum: minha família, sua família; meus acontecimentos diários, os seus; aquilo que nos individualiza; aquilo que nos distingue por você ser homem e eu ser mulher. Acho que você entenderá o que quero dizer.

Sim, ele entendeu. Ele apenas esperava que ela entendesse *"com que intensidade e por quanto tempo eu a tenho desejado, além da luta que foi entregá-la somente ao cuidado divino quando eu, diabolicamente, queria tanto tê-la comprometida — na medida em que o noivado tornaria isso possível para mim"*. Suas experiências em Shandia, nos próximos meses, confirmariam em seu coração que o tempo todo ele estivera certo em não estar casado. As condições eram primitivas demais; as demandas, abrangentes. O *noivado*, contudo, era algo para o que ele estava se inclinando. E, ao pensar nisso — ao pensar nela —, ele sentia ainda mais saudades dela.

2 de setembro
Acordei querendo você, contorcendo-me na cama diante da lembrança daquele abraço — repentino e breve, mas, de alguma forma, pleno — aqui na porta da cozinha. Mal consigo me lembrar de como isso aconteceu, mas acho que senti você vindo em minha direção ante uma leve sugestão de minha mão estendida e, até agora, me lembro de como você pressionou com força seu rosto contra meu pescoço. *Obrigado, querida.* Pareceu-me muito apropriado àquele momento, apropriado ao lugar e à breve ocasião de sua visita. A próxima vez dificilmente poderá ser mais plena, mas espero que possa ser mais longa.

Ele prosseguiu, escrevendo sobre haver arrancado amostras de flores pela raiz para levá-las consigo para a selva: *"orquídeas brancas, pintadas de marrom no centro, crescendo em uma árvore caída sobre o riacho. Agora estão em um pequeno saco — o mesmo que levamos juntos ao Rucu — com outras raízes de orquídeas e rosas, naranjilla, um hibisco, rebentos de gerânio e um broto de poinsétia. Espero que cresçam como as pessoas dizem — minha mania por flores está pior do que costumava ser em minhas primaveras no quintal de Portland"*. Minha mãe amou aquilo e disse:

Essa é uma das coisas que me agradam tanto em você, Jim — seu amor pelas coisas amáveis da vida. Não apenas o grandioso, o selvagem, o majestoso — coisas que, conhecendo o lado visível de sua personalidade, eu esperaria que você gostasse —, mas também o pequeno, o delicado, o harmonioso, coisas que evidenciam outro lado seu, não tão visível no primeiro contato. Foi uma das alegres descobertas do ano passado, junto com sua ternura e consideração devastadoras. Você já não me parece "rude"; pelo contrário, reconheço certa polidez — não a polidez superficial e artificial das convenções sociais, de modo algum —, mas, devo dizer, uma polidez intrínseca. E eu a aprecio.

Ele também escreveu sobre um homem que fora trazido até eles, *"o qual, em uma briga de bêbados na noite de sábado, sofreu um corte na nuca, de orelha a orelha, com um canivete".* **Muitas de suas próximas cartas de Shandia seriam marcadas por relatos comoventes de pessoas locais que eles tentavam ajudar com remédios e cuidados básicos de saúde.**

E a sua carta — eu quase ri alto ao ler seus comentários sobre "O Abraço", depois de ter escrito quase a mesma coisa esta manhã. O doce aroma da sua roupa de lã é um terno conforto, Betty — mantenha-as perfumadas. [...]

Agora, vou encerrar. O céu ficou limpo esta tarde, de modo que os grandes pilares de nuvens, subindo em bruma sobre a selva (estou escrevendo da cozinha e, pela porta, posso ver o Oriente), permanecem de um branco puro contra um céu azul. Silhuetas de pássaros distantes cortam a paisagem, rumo ao leste.

E amanhã, felizmente e segundo a vontade de Deus, prosseguirei (sabe-se lá como) contra a inclinação interior de retornar, de voltar para você. Mas sinto que pus a mão no arado — e, agora, olhar para trás seria desonroso. Ele me conhece no íntimo — e sabe quanto de mim realmente deixo com você. E ele sabe por que eu vou embora, e por quanto tempo.

Com amor, Jim

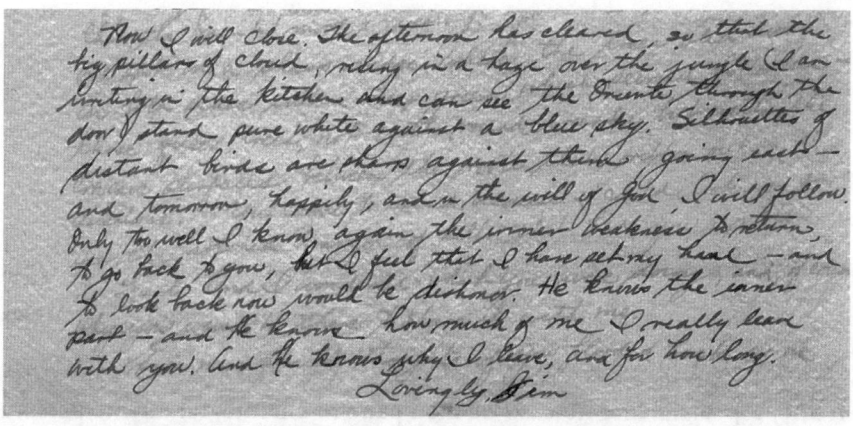

"Agora, vou encerrar [...] E amanhã, felizmente e segundo a vontade de Deus, prosseguirei."

Apesar das pontadas que sentia no coração, aquela era a aventura pioneira pela qual meu pai sempre orara e esperara, e a qual sempre se vira fazendo. Era a razão pela qual ele fora para o Equador. Era a razão pela qual ele treinara, trabalhara, viajara e se sacrificara.

E, com expectativas e anseios semelhantes, minha mãe também começou a sentir ondas de entusiasmo, vendo que toda a sua devoção e estudo de línguas estavam prestes a ser usados no trabalho missionário. Ela escreveu:

4 de setembro

Meus dias estão incrivelmente cheios. Não sei exatamente o que faço para me manter tão ocupada, exceto pelo fato de estar estudando com tanta consistência que sinto dificuldade de fazer qualquer outra coisa. As manhãs, que costumavam se arrastar enquanto eu esperava você chegar para comer, parecem passar voando, assim como as tardes. Eu mal termino de comer, pouco antes das 17h, e já é hora de ir ao correio.

Novamente, é a misericórdia do Senhor. Nunca pensei que poderia ser assim! E já se passaram cinco meses (ontem) desde que saí de casa. E, se o tempo está voando para mim, tenho certeza de que está ainda mais para você, com tanto para fazer. Estou tão ansiosa para ouvir a respeito de tudo! [...]

Quero saber tudo sobre o que você está fazendo, o que você come, como é aí, para que eu possa imaginá-lo, Jim. Aquela pequena amostra em Shell Mera com certeza me deu *gana [desejo]* de entrar na selva. Que Deus apresse esse dia!

Como sempre, Betty

Mas os dias nunca realmente se "apressam" quando você sente tanta falta de alguém quanto esses dois agora sentiam um do outro. As tarefas ministeriais diante deles eram frequentemente desafiadoras, às vezes ao extremo, especialmente no caso de meu pai. No entanto, raramente passava um dia sem que eles, em algum momento, se sentassem para adicionar uma ou mais páginas a uma carta já em andamento. Essa temporada de suas vidas foi de longe a temporada mais prolífica de correspondência, embora o serviço postal indo e vindo de suas diversas localidades estivesse sujeito a imprevisibilidade e atraso.

Grande parte do conteúdo das cartas deles envolvia detalhes da vida na selva e do trabalho missionário, bem como o vívido fluxo de atualizações sobre notícias, família e assuntos pessoais que você esperaria de duas pessoas ávidas por compartilhar e sedentas por informações. Gostaria de poder incluir tudo. Qualquer leitor acharia fascinante a sua troca de experiências. Eles estavam descobrindo que até mesmo os "pequenos detalhes" provocavam grande interesse. Em vez de entrar na trivialidade dessas trocas, porém, deixarei que a profundidade e a pungência de suas cartas falem por si mesmas, apenas fazendo comentários ocasionais.

Eis aqui meu pai, recordando a jornada até Shandia:

7 de setembro

Fizemos a caminhada de três horas em duas horas e meia, atravessando riachos, deslizando sobre raízes, totalmente sujos de lama. Não é uma caminhada difícil, mas dificilmente é possível apreciar a floresta tendo que observar cada passo tão de perto. A floresta aqui não é diferente do oeste; apenas, é claro, muito maior e muito mais esparsa, mas, por isso mesmo, muito mais interessante.

Lembrei-me de você a certa altura de um cume afiado, onde as árvores de ambos os lados compunham um verde profundo e que parecia interminável — aquelas árvores estranhas, não com troncos redondos, mas com superfícies côncavas entre as raízes que se espalham em todas as direções. Lembrei-me de você ao olhar para cima e ver o horizonte entalhado de colinas que a escondiam lá em Quito. E me indaguei o que você estava fazendo e, é claro, por que você não estava ali para compartilhar comigo.

Pensamentos ainda mais poderosos a seu respeito me inundaram outra vez quando, um tanto surpresos, chegamos a uma clareira, a um campo aberto. Diante de nós, um pouco à esquerda, uma enorme lua cheia se equilibrava entre a floresta e uma nuvem reta e, sessenta passos abaixo, via-se seu reflexo no rio. [...] Tive alguns momentos sozinho para pensar nas últimas quatro luas *[maio, junho, julho, agosto]* e como nos aquecíamos enquanto as contemplávamos. Ah, Betty...

Ah, como quero compartilhar, compartilhar, compartilhar de hora em hora, a todo instante, as maravilhas dessa floresta com você, Bett, e não me contento nem um pouco em poder fazê-lo apenas na forma escrita. Há momentos em que, pela imensidão de coisas a compartilhar, posso apenas dizer: "Falaremos sobre isso depois". Sinto muito, mas receio que nem mesmo a palavra falada resolveria — você tem mesmo de vir aqui e visitar-me! [...]

Hoje de manhã, estava lendo o Salmo 13 na *Moderna Espanhola [tradução da Bíblia para o espanhol]*, e senti como se o verso 2 falasse comigo: "Até quando consultarei com a minha alma, tendo tristeza no meu coração a cada dia?" Sempre que paro para pensar em nós dois, "consultando" comigo mesmo, sinto saudade, Bett — o desejo de um homem por uma mulher e, mais intensamente, minhas próprias razões pessoais para desejar você. Não consigo deixar de me "consultar" e isso, automaticamente, me traz memórias suas. Nem sempre consigo ir tão longe quanto Davi, mas, em geral, consigo "cantar ao Senhor" (v. 6). Espero que o mesmo ocorra com você. Mas o problema permanece: "HASTA CUANDO?" ["Até quando?"]. Para nós, ainda não há uma consumação à vista, considerando o trabalho que vejo pela frente aqui. Ainda há, quer gostemos ou não, "uma longa e difícil espera". [...]

Agora, Betts, querida, acho que onze páginas serão o bastante! Espero que não seja uma carta dispersa, dando a impressão de ser impessoal — uma acusação que você fez de minhas cartas antes. Ainda há muitos detalhes a serem preenchidos, mas quero terminar a página dizendo como sou grato a Deus por você, por nossa história juntos e pelo presente descanso que temos em amar enquanto estamos separados. Também creio em Deus que há um futuro feliz para nós — creio tanto que, muitas vezes, me sinto cheio de empolgação — apenas imaginando fazer alguma pequena atividade social com você. Não sei por que, mas, na noite passada, fui dormir pensando em como seria bom ter você ao meu lado enquanto eu dirigia o carro — como naquela noite em que voltamos para casa do Pacífico e como nas ocasiões em que percorremos a Nova Inglaterra.

Boa noite, Betty.

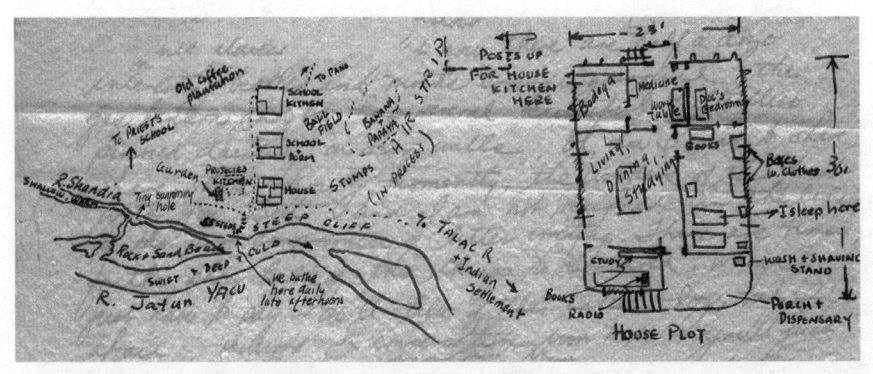

Ela pediu detalhes sobre Shandia, e ele os enviou.

A resposta dela, quando a carta dele finalmente chegou...

20 de setembro

Há duas semanas que você começou sua carta de onze páginas, mas apenas duas horas se passaram desde que a li. Oh, obrigado, Jim, por uma tão longa e por me dizer aquilo que quero saber. Agora sinto que posso imaginá-lo, pelo menos um pouco, pois até agora eu estava completamente perdida. Acordo de manhã e tento imaginar o que se passa com você, como é seu quarto, o que o dia lhe reserva. [...]

Já está realmente muito tarde para começar a comentar sua carta ou relatar coisas de Quito, mas eu só queria falar com você por alguns minutos. Como sempre, é difícil quando tenho que impedir a caneta de escrever coisas que me vêm à mente. Mas quero que saiba disto: quando cheguei em casa (uma noite escura, chuvosa e muito fria) e li sua carta toda pela segunda vez, caíram-me lágrimas. Não sei exatamente por que, além do fato de eu sentir muitas saudades suas — a menos que tenha sido a frase sobre "nenhuma perspectiva de consumação — uma longa e difícil espera".

Jim, não é que isso seja *novidade* para mim, ou que eu não esteja pelo menos tão ciente quanto você do preço que devemos pagar; apenas não quero ouvi-lo dizer isso. Isso me atinge com uma força brutal, obrigando-me a encará-lo novamente, enquanto tenho vivido apenas um dia de cada vez, em paz. Se as impressões que agora tenho provarem ser a vontade de Deus, a espera promete ser mais longa do que imaginamos.

Essas "impressões" envolviam uma longa conversa que ela tivera no dia anterior com Doreen Clifford, a missionária que conhecera no último mês de janeiro em Nova York e que também retornara ao Equador. *"Ela está começando a estudar o idioma colorado"*, escreveu minha mãe em seu diário, falando de um trabalho situado a *oeste* de Quito, enquanto o trabalho de meu pai era bem a leste. Isso os colocaria em lados opostos da Cordilheira dos Andes — exigindo viagens de avião e de ônibus mais longas, com muitas paradas e muitos problemas no percurso. No entanto, *"quando cheguei em casa"*, disse ela em um registro no diário de 19 de setembro, *"comecei a me perguntar se Deus queria que eu fosse para lá, ajudá-la na classificação e na organização do material, uma vez que, obviamente, se trata de uma linguagem aborígene e ninguém fez nenhum trabalho formal sobre ela até agora. Em um sentido, eu não quero ir para lá. Não posso deixar de sentir que Jim e eu ficaremos noivos em algum momento no próximo ano. E será difícil me estabelecer em um lugar e, em seguida, levantar acampamento e talvez ir para o Oriente. Mas Deus sabe que eu quero fazer somente a sua vontade, e fazê-la por completo, sem pensar ou levar em consideração meus próprios sentimentos".*

Ah, Jim, como preciso da graça da obediência — da obediência com alegria, sem sombra de hesitação, sem nenhum "Mas, Senhor, já faz tanto tempo!". Quero estar entre aqueles que "seguem o Cordeiro aonde quer que vá". Ele não pode se esquecer de nós. Ele nos restituirá tudo o que sentimos que perdemos — todos os "os anos que foram consumidos pelo gafanhoto".

Penso com frequência — talvez deva dizer, ultimamente isso tem me ocorrido — na analogia entre você, em nossa relação, e o céu, em relação a nós como cristãos. Para mim, ambos são sinônimos de *descanso*. Pensamos no "seio do Pai", naquele descanso eterno que resta para o povo de Deus — na alegria da adoração, um culto completo em si mesmo —, nas muitas referências ao "descanso" que é o céu. E aqui na terra, como já lhe disse, encontrei *descanso em você*. Para reduzir a coisas bem triviais, não tenho dormido bem ultimamente e, com frequência, desejo estar em seus braços, como você me deixou fazer tantas vezes, e simplesmente descansar.

Jim, eu não consigo tirar da cabeça a maneira como você disse: "Estava dormindo, querida?" Não sei quantas vezes, nos lugares mais estranhos, isso me ocorreu. Mas agora preciso ir para a cama — o segundo melhor substituto para o descanso, suponho.

Ela continuou a escrever para ele a cada poucos dias.

24 de setembro

Exatamente um ano desde que senti que Deus estava apontando o caminho para o Equador — nunca esquecerei aquele dia, sozinha no meu quarto, lutando para discernir entre meu próprio sentimento e a voz do pastor, até que ele gentilmente me mostrou que não havia discrepância entre ambos. E, a essa hora da manhã, chegou a paz, e comecei a vê-lo na noite de sexta-feira na reunião de despedida de Tidmarsh, em Plainfield. Essa foi a noite do nosso primeiro abraço, naquela sexta-feira. "Ó Deus das estrelas e das flores, perdoa nossa cegueira; nenhum sonho noturno jamais pôde imaginar isto que fizeste."

Ontem à noite, fui à casa de T., e o doutor mostrou suas fotos de Shandia para mim, Bill e Irene. Foi tão bom ver o lugar onde você está — consegui ver sua janela em uma foto. Parece adorável aí. É claro que o Dr. T. relatou vários incidentes de sua maneira inimitável. Quase morri quando, depois de Gwen falar sobre os terrores da travessia com todos os adjetivos que conseguia imaginar, o Dr. T. disse: "Sim, é uma experiência deveras (sic) penosa". Estou certa de que a palavra "penosa" jamais poderia ser tomada por um exagero.

Ele me entregou o pássaro que você mandou — é lindo, não é? Não sei se devo agradecer a ele por isso ou não. O doutor simplesmente disse que você queria mantê-lo aqui em Quito, por isso lhe pediu que me entregasse. De todo modo, porém, gostei dele; e, por enquanto, está pendurado no meu quarto.

Agora, quanto à sua carta — maravilhosa —, você diz que a floresta é "maior" do que no oeste. Indago-me se você quer dizer em área, ou se as árvores são maiores. Devo confessar que fiquei um pouco decepcionada quando vi as florestas do oeste, pois me pareceram apenas arbustos, sem muitas árvores realmente grandes — nenhuma, ao que parecia, com troncos grossos. Os pássaros e a flora devem ser lindos, e aqueles rios, a julgar pelas fotos de T., pareciam bem diferentes do que eu esperava. Estou feliz por você não estar com o nariz enfiado num dicionário o dia todo — por sua mente não se fixar numa única coisa. Deve ser muito divertido ver o que é possível criar do nada, por assim dizer. Estou morrendo de vontade de chegar a minha vez de experimentar. Lamentei ouvir que você está usando um plástico como toalha de mesa, mas lamentei ainda mais saber da mísera alimentação que você põe sobre ela — arroz, banana-da-terra, mandioca. Espero que você possa dispor de uma maior variedade em breve.

Agora, quanto ao material da bodega: você pediu uma embalagem amarela com um conjunto de brocas de aço. A única embalagem amarela na bagagem tinha lâminas de arco de serra. Também não consegui encontrar uma caixa de couro sintético com punções de aço, mas encontrei uma caixa semelhante com o que me parecem ser brocas de aço, então a estou enviando. Esvaziei a bagagem à procura de punções, mas não consegui encontrar — sinto muito. Certamente foi bom você ter feito desenhos — eu jamais teria identificado alguns dos itens. (Aliás, sua lista diz que punções estariam na mala azul, então, como não encontrei lá, não mexi nos demais volumes.) Os papéis 3 x 5, eu tive de encomendar — não

Lista de coisas que meu pai precisava em Shandia. Felizmente,
ele fez desenhos de alguns itens que ela talvez não reconhecesse imediatamente.

havia nada assim em Quito. Espero que estejam prontos no sábado, como prometeram. Pilar me levou para comprar o mel — um bom e barato, então compramos também para os Arias.

Suas observações sobre as onomatopeias do idioma foram irresistíveis — como eu gostaria de lidar com algo desse tipo! Deus conhece meu coração — acredito que, em algum momento, ele vai me conduzir nessa direção (para o trabalho com idiomas, quero dizer).

Doreen está aqui desde a última terça-feira, passou duas noites comigo e volta hoje à noite. Tivemos algumas conversas maravilhosas juntas. Sinto com ela uma união que não senti com ninguém desde Bunny. Conversamos até as duas da manhã, em ambas as noites, e ainda passamos várias tardes juntas.

28 de setembro
Como você terá descoberto, anexei algumas cartas para você ler, além de cartas para Eladio e Pete, as quais eu peguei. [...]

Fiquei muito feliz em saber de Van. Escrevi para ela quando estava em Guayaquil. Engraçado ela falar de nós estarmos no Peru — o endereço no envelope dela estava correto. Sua carta é sincera — diferente, receio, de muitos dos "relatórios missionários" dos quais o Dr. Nida costumava falar. Oh, Jim, ontem apenas implorei a Deus pela verdade no íntimo. [...] Tem sido devastador descobrir as coisas que se passam em nome de Jesus Cristo. As pessoas sempre diziam que muitas desilusões estavam reservadas para nós quando chegássemos ao campo. O Dr. Harris insistiu nisso comigo. Mas nunca esquecerei a convicção com que a Sra. Harris citou: "Quando passares pelas águas, eu serei contigo...". Ultimamente tenho orado com base no mesmo fundamento que o salmista costumava usar — em inglês, "por tua causa" — em espanhol (e acho que gosto mais), "por amor de tu nombre" [por amor do teu nome]. É um fundamento seguro. Deus há de preservar sua própria glória, mas há momentos em que devemos deixar inteiramente nas mãos dele, quando nos parece, como diz Service, que sua glória foi "jogada na lama". Na semana passada, li novamente *God's Missionary* ["Missionário de Deus"], de Amy Carmichael. "Padrões tortuosos" — que Deus tenha piedade de nós, para que o único padrão mostrado seja aquele "para a iluminação do conhecimento da glória de Deus, na face de Cristo". Pois o reino de Deus não consiste em palavra, mas em poder. Não é um jogo em que nos encontramos. É a batalha dos séculos, e nós lutamos contra principados e potestades. E, sem pureza em nós, não há poder. O hino "O Make Me Pure" ["Oh, faze-me puro"] não tem saído da minha mente.

Ocorreu-me que um dos motivos para Deus nos conduzir (você e eu) pelo sofrimento é a resposta a essa oração. Quando penso: "Por que devo seguir este caminho?", percebo que pode muito bem haver provações especiais à minha espera pela frente, para as quais eu não poderia estar preparada de outra maneira. Recebi uma carta de uma grande amiga minha que está começando seu primeiro ano na faculdade de medicina e acabou de ficar noiva de um homem que está prestes a ir para a Indonésia. Ela tem cinco anos de faculdade pela frente antes de poder sequer pensar em ir para o campo. Ela diz: "Será uma rota difícil, Bets, e não é a que escolheríamos percorrer, mas nos alegramos em saber que o Senhor nos chamou para seguir o caminho mais difícil". Ela não sabe nada sobre você, mas foi encorajador ter mais uma evidência de que não somos os únicos! (Às vezes sinto que somos.) Não podemos negar aquilo que Van diz sobre o caminho solitário de quem escolhe a Cristo. Percebo (talvez não plenamente, mas em certa medida) que a solidão não acabaria se nos casássemos — apenas as separações seriam muito mais comoventes. E se agora, quando somos um só em mente e espírito, sinto-me dilacerada quando você parte, como seria se fôssemos "uma só carne"?

Tidmarsh me diz que Ed e Marilou esperam chegar antes do Natal. Isso é maravilhoso. E, é claro, não posso separar essa notícia do que você disse sobre vir conhecê-los. Imagino se conseguiremos nos ver. Oh, Jim — já estou aqui, cheia de expectativas! A Sra. Navarrete diz que o apartamento deles deve ficar pronto em novembro e ela adoraria receber Ed e Marilou lá. Diz que poderia ajudar Marilou nas compras e nas demais coisas que são difíceis no começo. Acho que seria um arranjo ideal. Bill e Irene estão procurando algum tipo de apartamento que possam usar como bodega e como alojamento enquanto estiverem em Quito. Gostaria que pudéssemos encontrar um lugar para todos nós. Aliás, tenho minhas suspeitas de que Irene esteja grávida, mas não perguntei. Nem ela nem Bill parecem muito bem, embora o bebê esteja gordo e saudável. [...]

    Acho que já escrevi o bastante. Se eu sair agora, posso encontrar T. antes da chuva. Você deveria ter visto a chuva de granizo que tivemos: certo dia, um lado inteiro do Pichincha estava completamente branco, como neve, e não derreteu por quase vinte e quatro horas! Mais uma vez, Jim, muito obrigada por suas onze páginas. Realmente aprecio isso, sabendo o tanto que há para fazer.

Depois dessas três cartas da minha mãe, aqui estão as três cartas seguintes que meu pai escreveu.

27 de setembro

    Pete e eu deveríamos estar fazendo algo além de escrever cartas hoje à tarde, já que o doutor deixou uma lista com um monte de coisas para fazermos na sua ausência, e ainda não as terminamos. Mas, entre as 14h e 15h, fomos interrompidos por uma sesta e ainda não nos recuperamos. O tempo está quente, úmido, ameaçando chover, nada propício para voltarmos à escola e cortarmos os pés das cadeiras e carteiras para os meninos menores — nosso projeto programado para esta tarde. Além disso, estava quente demais para dormir durante a sesta, eu não conseguia parar de pensar em você e queria ter algo pronto para enviar na manhã de segunda-feira, então realmente achei que deveria lhe escrever. [...]

    Ninguém, nem mesmo Pete, de fato sabe quão próximos estivemos e, consequentemente, estamos. Os segredos que tenho com você não devem ser divulgados, mas mantidos em meus pensamentos solitários, olhando as estrelas da minha cama, sorrindo ao amanhecer ou observando as formas das nuvens se dissiparem no céu azul da tarde — como hoje. Há pouco, enquanto chovia, estava relembrando aquela tarde na pequena cabana de palha. Éramos *realmente nós dois ali*? E aquele dia em que a encontrei correndo pela estrada, esperando chegar à bodega antes de nós, desatando em lágrimas. *Era realmente um dia claro e ensolarado?*

Sim, sim, grito comigo mesmo, e o que *foi* pode muito bem voltar a ser. Pergunto-me se agora conseguiria acariciar sua face com ternura, estando com unhas quebradas, calos e uma dúzia de bolhas, cada uma em diferentes estágios de desenvolvimento; um polegar roxo, esmagado por um martelo; e os pelos da mão e do pulso todos chamuscados por trabalhar com fogões a gasolina e queimar lixo... Sei que não seria como antes, mas com certeza gostaria de tentar.

1º de outubro

É um prazer escrever para você agora, Betty. Estou começando a sentir o mesmo que você disse várias vezes — que, com frequência, você teve que resistir a escrever, quase como uma tentação. Assim tem sido comigo nestes dias, elaborando ideias, em momentos estranhos, que quero pôr no papel, mas sinto que não *devo*, que seria um tipo de extravagância escrever-lhe sempre que eu quisesse. Então, desisto e vou estudar, consertar a arma de um índio, ver no que os homens estão trabalhando e talvez ajudá-los no que estiverem fazendo. E agora, enquanto me sento para escrever, sempre desejo haver registrado a torrente de ideias à medida que iam surgindo. Aquelas parecem superiores, de algum modo mais frescas.

E, se escrever cartas é um prazer, o que dizer de recebê-las? Especialmente agora, quando você parece muito mais livre para se expressar. [...]

Mas por que devo sempre fazer você chorar? Lamento ter declarado o que ambos sabemos, Bett, mas não me ajuda em nada dizer "sinto muito". Para mim, é uma grave *molestia [um aborrecimento]* pensar, ocasionalmente, em quanto posso estar de fato alienado de seus sentimentos, falhando completamente em entender como as coisas podem impactá-la. [...] Lamento muito por essas ocasiões, pois sinto que é uma diferença básica de nossas naturezas, o fato de eu poder escrever ou dizer algo sem pensar e descobrir que isso fere ou perturba você. Espanto-me comigo mesmo, porque depois não é difícil — ao ouvir você explicar por que se perturba — entender claramente. Mas por que, mesmo agora que a conheço tão bem, ainda falo tantas asneiras só para ser repreendido depois? Não sei, querida Betts, mas gostaria de ser mais sensível com você. Suponho que isso se ajustará apenas quando vivermos juntos, e espero não ser muito duro com você nesse ínterim.

8 de outubro

Por essa época, um ano atrás, eu estava sentado um pouco tímido e muito bronzeado na casa dos Howard, em Moorestown. Hoje, durante todo o dia, fiquei sonhando acordado com meu último aniversário e revivi centenas de pequenas coisas que fizemos juntos e que o tornaram "o aniversário mais feliz de todos os tempos".

E agora, com a chuva e os trovões na hora de dormir, ocorrem-me aquelas horas na praia de Great Bay Harbor e a lembrança de quão difícil era senti-la através daquela jaqueta acolchoada; e aquela caminhada até a barragem, pensando em como era realmente desconfortável andar com o braço em volta de você naquela estrada arenosa e esburacada; e como você me empurrou e se afastou do banco durante aquele luar no lago Keswick; e como dormiu em meus braços em Birdsong.

Betty, a simples lembrança de tudo isso me deixa completamente feliz e muito agradecido por Deus nos ter conduzido assim naquele período, quando, para mim, você e o próprio amor eram tão novos e frescos que eu não sabia o que fazer com tudo aquilo. Minhas anotações no diário são escassas, mas suficientes para revelar a desconcertante alegria que me dominou no outono passado.

Nunca me esquecerei de entrar no quarto de Dave em uma dessas noites e ficar parado por um momento — mais do que um momento, talvez, quase um minuto inteiro — percebendo o que estava acontecendo e dizendo a mim mesmo: "Elliot, você está apaixonado por esta mulher". Eu não me dera conta disso com tanta clareza antes, nunca havia realmente me abalado de emoção por isso até aquele momento. E aquela súbita descoberta (agora, minha ingenuidade e a absoluta falta de direção ou plano ao ir a Moorestown me espantam!), com a concomitante percepção de que eu não apenas era capaz de amar como deve um homem (duvidava disso seriamente desde Wilma), mas que eu de fato amava assim, tudo isso tornou memoráveis os lençóis frios daquela noite. E, enquanto eu tentava dormir, ocorreu-me uma frase de algum rabisco que eu escrevera anos atrás, algo sobre me enrolar dentro de mim e "brilhar de alegria âmbar por você...".

Bem, para mim, aquele ainda é o aniversário mais feliz de todos, e marca o início do ano mais feliz da minha vida até agora. Eu jamais conhecera, nem mesmo em sonhos, a alegria de amar de verdade — essa entrega de si mesmo, não para ser feliz, mas para fazer o outro feliz e descobrir nisso o que é felicidade. Ah, Betty, obrigado por me trazer o amor — simplesmente sendo quem você é e compartilhando comigo o que você é.

"Elliot, você está apaixonado por esta mulher."

Talvez tenha sido essa a razão pela qual, em meio a tão belas reflexões, a notícia da decisão de minha mãe de ir para o oeste com Doreen o atingiu com tanta força. Ela escrevera em seu diário: *"Tenho uma forte inclinação para ir a San Miguel e ajudar Doreen a se iniciar no idioma colorado. Ela não estudou linguística e, como eu estudei, parece quase imperioso que eu vá"*. Sua única real relutância (além do óbvio) era se ela deveria comprometer-se com um lugar como *"a minúscula San Miguel, onde a maioria dos moradores é composta por cristãos — e vastas extensões do norte do Oriente permanecem sem sequer uma testemunha! Ó Senhor, dá direção!"*.

Em meados de outubro, porém, ela tomou a decisão. *"O Senhor me deu paz sobre minha ida a San Miguel."* Essa notícia, ao lado de outros comunicados rotineiros, foi relatada por rádio de ondas curtas aos demais, incluindo os homens em Shandia, durante uma de suas comunicações agendadas. Ele lhe contou sua reação àquilo no restante de sua carta de 8 de outubro:

> Não sei por que a repentina notícia do rádio hoje de manhã, sobre você ir a San Miguel, me afetou tanto assim. Antes, era exatamente isso que eu esperava que você fizesse, mas agora a perspectiva real de vê-la sair de Quito — bem, isso me deixou calado e pensativo o dia inteiro. Foi algo como dizer adeus mais uma vez — isso a leva para muito mais longe e eu sei que, se em algum momento eu fizer uma viagem repentina a Quito, você já não estaria mais lá. Não existe perspectiva de algo assim, é claro, mas a ideia me persegue. Conhecer seu entorno e algo sobre sua agenda aí tem-me ajudado a conseguir pensar em você em diferentes momentos do dia e imaginá-la. [...]
>
> Mas lembre-se: isso significa que suas cartas terão que ser completas e frequentes, por amor de mim, mesmo que elas se amontoem em Quito. Fico feliz que você tenha decidido ir — feliz quando estou em meu juízo perfeito, e grato pela direção que você recebeu até aqui. Mas eu nem sempre estou em meu juízo perfeito.
>
> Ah, eu não sei como lhe contar, Betty, ou mesmo se devo, mas nossos meses em Quito me puseram em um nível emocional

totalmente diferente em relação a você do que eu estava antes. Soa errado se eu disser que, naquela área em que você encontrou descanso desde a nossa partida, eu venho tendo apenas irrupções de desejo mais intensos do que nunca? Naquilo em que você tem achado paz, eu me encontro em plena guerra.

Continuamente, venho experimentando coisas que ouvi você descrever sobre seus problemas antes de Quito, e das quais eu pouco sabia então, mas que sinto plenamente agora. Na última carta, mencionei o forte impulso de escrever, escrever, escrever, assim como algo que me refreava de fazê-lo. Eu poderia acrescentar a vontade louca de querer que os anos passem de repente, a antiga rebelião do "por que tem que ser assim comigo?", a necessidade de um lugar para descansar. Será que estamos cruzando o mesmo rio, mas distantes o suficiente para estarmos em profundidades diferentes, sabiamente mantidos de tal forma para não afundarmos juntos? Parece que sinto tudo muito mais intensamente aqui. Fico suspirando até mesmo enquanto escrevo.

Em uma quarta-feira, de fato, *"na viração do dia"*, esses suspiros se haviam transformado em uma pequena *"conversa com o Senhor"* na pista de pouso.

> Finalmente tomei uma decisão quanto ao que venho pensando há meses. O noivado é a melhor coisa para Betts, para mim, para a obra. Escrevi para Ed, pedindo-lhe para comprar um anel para mim e trazê-lo. Estou pondo de lado todos os meus sentimentos sobre noivados longos e me preparando para um. Quando? Quando Deus trouxer Ed.

E, independentemente de quando Deus trouxesse Ed, o plano de meu pai (como ele escreveu enigmaticamente para minha mãe) era ser aquele que iria encontrá-lo em Quito. E não seria aquele um bom momento para ela voltar para uma visita também? *"Portanto, na vontade de Deus, vamos planejar um encontro em Quito quando Ed chegar — seja no Natal, seja em junho! Não é uma data muito definida, mas espero que possamos mantê-la."*

Poderia haver uma surpresinha esperando por ela.

1952: O amor espera, de novo

"Seja no Natal, seja em junho!" Ele esperava que então pudessem encontrar-se em Quito, assim que ele conseguisse encontrar um anel de noivado para lhe dar.

Engraçado, ela quase descobria tudo acidentalmente, quando a surpresa literalmente caiu em seu colo, certo dia, no escritório da missão. Se ela não fosse uma mulher tão honrada, com uma consciência tão sensível... Vamos apenas dizer que eu não tenho tanta certeza de que reagiria com a mesma nobreza dela, diante do dilema com o qual deparou.

15 de outubro: Ontem, enfrentei uma das maiores tentações que já tive. Descobri que Jim escreveu uma carta para Ed McCully e pôs "Favor encaminhar" no envelope. Sabendo o endereço dele, pensei em apenas transferi-la para outro envelope com o endereço correto. Ao fazê-lo, permiti-me desdobrá-la e descobri que uma página começava assim: "Caro amigo — esta é uma carta particular". Meus olhos captaram as palavras "Betty" e "noivos". Imediatamente, eu a pus no envelope e o selei.

Mas meu coração questiona: estaria ele confidenciando a Ed aquilo que jamais poderia me dizer — contando, por exemplo, o que o fizera hesitar em noivarmos, quais barreiras existem em sua mente, quais dúvidas ele pode ter em relação a seu amor? Ou talvez ele estivesse dizendo-lhe que estava pensando em noivar? Deus sabe. Devo ser honrosa para com Jim, acima de todos os outros.

Com minha piedosa mãe, os segredos realmente permaneciam SECRETOS! E, por mais curiosa que certamente estivesse para ver o que havia dentro (dá para imaginar?), ela sabia que não podia ler. *Não!* — era algo particular. E ela não queria machucar meu pai ou quebrar sua confiança, ainda que fosse dessa forma, totalmente inocente. Que caráter reto e maravilhoso o dela! Eu admiro tanto isso, assim como seu compromisso de seguir a vontade de Deus sem reservas...

17 de outubro

Gwen me contou que você parecia um pouco surpreso quando ela contou sobre minha ida para San Miguel. Acho que não é de se admirar. Eu lhe teria contado em minha última carta, se tivesse certeza absoluta, mas ainda estava numa fase de questionamentos.

Você deve se lembrar de nossa conversa no dia anterior à sua partida — estávamos perto do piano. Eu disse que, embora lhe parecesse muito simples, eu não tinha certeza alguma quanto a ir para o Oriente, assim como não sentia vontade especial de aprender a língua dos Quíchua.

Você sabe que, por seis anos, estou certa do chamado de Deus para o trabalho linguístico — e eu sentia que seria um trabalho pioneiro. Esta é a minha oportunidade — tenho tanta clareza a respeito disso quanto tinha acerca do meu chamado para o Equador. A maneira como Deus me conduziu foi inconfundível, pois eu praticamente havia arrancado de minha mente todo pensamento quanto a San Miguel, por diversas razões bastante lógicas. Mas o Senhor nos guia por veredas que não conhecemos, e sou grata por conhecer apenas o próximo passo. O que isso pode significar pessoalmente para nós dois, não posso considerar agora. Sei que você entenderá e concordará que nenhum de nós deve nada a ninguém, exceto obediência a Deus.

Outra manhã, tive um dos sonhos mais felizes que já tive com você. Eu havia acordado cedo, mas voltei a dormir, apenas para acordar cerca de uma hora depois com a sensação mais deliciosa, relaxante e serena de ter estado com você. Os detalhes foram todos apagados quando me tornei consciente, mas, ah, foi maravilhoso acordar e saber que você me ama, o que, acredito, não é apenas um sonho. [...]

1952: O amor espera, de novo

Obrigada, Jim, por sua gentileza em pedir desculpas por "me fazer chorar". Não senti necessidade alguma de desculpas, mas sua ternura é sempre uma maravilha para mim. Somente sua frase "vivermos juntos" mexeu comigo. De alguma forma, o pensamento nunca me ocorrera com essas palavras exatas, e o fato de você dizê-las me deixou abalada. A alegria de tal ideia é inimaginável a esta altura.

Ocorreu-me uma frase de uma música que amo...

Peço a Deus que te abençoe e te guarde
em cada momento de alegria ou de dor;
rogo-lhe que ternamente te abrace,
[...] a te guiar.

Em algum momento eu talvez escreva a letra toda. Mas eu de fato oro e confio que ele será sua Rocha e seu Libertador de todos os perigos do inimigo e das florestas.

Como sempre, Betty

Quando ela escreveu de novo, estava chegando a hora de partir, e as lágrimas estavam rolando novamente.

25 de outubro

Jim, mal sei como lhe escrever hoje à noite, mas não posso deixar de fazê-lo. Tenho chorado e temo não ser muito coerente. Por que estou chorando? Suponho que por uma série de coisas, nenhuma das quais deveria provocar lágrimas. Mas você diz que, enquanto escreve, "suspira". Eu gostaria que comigo fosse apenas isso.

Ah, Jim, há dias em que tenho a certeza de que não consigo mais suportar — a incerteza, o comedimento constante, a "dúvida crescente, o suspiro rebelde". Sua carta intensificou esse sentimento, sabendo que você está finalmente experimentando algo parecido. Além de tudo isso, ontem passei o dia inteiro na bodega, e hoje metade do dia. Não consigo explicar o que ocorre comigo ao mexer em suas coisas, ou até mesmo mexer nas minhas. Vejo sua caligrafia, suas roupas, algumas coisas conhecidas. Quanto às desconhecidas, vejo-o comprando-as, embalando-as, usando-as aí em Shandia quando as envio. Fico feliz em fazer isso por você, Jim — refiro-me a remeter essas coisas. E não é de forma alguma um "problema" para mim. É apenas a associação que torna a situação difícil.

Enquanto mexia em minhas coisas, fazendo as malas para San Miguel, abri meu barril de mudança pela primeira vez, e cada item me inundava de memórias. Foram papai, mamãe, Jim e alguns empacotadores profissionais que arrumaram o barril. Ali estava o canivete brilhante e estimado do pequeno Jim, o qual ele queria que ficasse comigo. Na lista de equipamentos contidos no barril estava a caligrafia de todos os três, e a letra de papai com versículos bíblicos relacionados a muitos dos itens. Senti forte saudade de casa e quis ir para Moorestown, não para San Miguel. Se não fosse por saber que Deus me chamou, eu não iria para lá de jeito nenhum. Existem razões para eu sentir medo, e realmente há momentos em que sinto. [...]

Não é com o coração leve que deixo Quito. Tenho sido feliz aqui, Deus sabe, e sinto que gostaria de fazer três tendas. O pensamento de estar a muitos dias mais de distância de você, no que diz respeito ao correio, não é fácil. Se eu escrever de maneira mais completa e frequente, como você me pediu para fazer, você fará o mesmo? O que acontece com todas aquelas teorias expostas no outono passado, em conexão com a exortação de Vine sobre missionários se envolverem intensamente em correspondência? Não podemos ignorar levianamente aquilo que foi um problema sério para você um ano atrás, Jim, a menos que Deus nos conduza claramente, adiante ou em outra direção.

Oro por você, para que seja fortemente preservado do Inimigo das almas, por desenvoltura no Quíchua, por clara orientação e direção, e para que ele "conceda força ao seu servo e o abençoe com paz". Você está no meu coração e eu sinto sua falta.

Betty

27 de outubro

Ah, Bett, como eu agradeço a você por remexer todas aquelas coisas outra vez. Sei que foi uma tarefa "servil" e não era trabalho para você, mas isso nos economizou vários dias aqui; e não ter ninguém para fazê-lo tornará uma tarefa árdua buscar outras coisas da bodega.

E agora suponho que você esteja na cama, preparando-se para um longo dia amanhã. O quarto está vazio e meticulosamente limpo, eu sei. E sei de outra coisa — que eu daria quase qualquer coisa para entrar sem bater e lhe dar um abraço silencioso.

São 21h30. É sua última noite em Quito, por algum tempo, e sua partida deixa nosso reencontro tão incerto quanto a minha um ano atrás, quando (naquele bendito terno verde e de bolsa de couro vermelha) nos abraçamos de rosto colado na estação, em público, quando eu rumava para o oeste. Também sei disto — que, se o próximo ano for tão cheio de doces surpresas e coisas admiráveis quanto foi este último (e não tenho razão agora para esperar nada menos; as situações são análogas em suas impossibilidades), será apenas uma evidência mais forte da boa mão de Deus conosco e sobre nós, mantendo sua promessa e confirmando tudo o que nele temos esperado.

Betty, não é uma maravilhosa maneira de viver, apesar de toda a dor envolvida? Sonhar, desejar e orar, quase de forma selvagem; e então entregar a Deus, esperar e vê-lo silenciosamente pôr de lado todos os sonhos e substituí-los por aquilo que jamais poderíamos sonhar — sua vontade *consumada*?

Com devoção,

Com essa exortação indômita em mãos, minha mãe partiu para Santo Domingo em um caminhão de bananas e ali passou uma noite com os Cathers, antes de *partir a cavalo, na manhã seguinte, para San Miguel. "Cá estou eu hoje à noite, sentada perto de um lampião a gasolina em uma casa de bambu e sapê, logo após chegar de uma boa reunião de oração com os crentes aqui. Espero"*, continuou a narrar, *"que Deus me dê a chave para o idioma colorado. Na segunda-feira, Doreen e eu esperamos começar nosso trabalho juntas."*

Enquanto isso, meu pai, ao lado de Pete Fleming, continuava o trabalho duro de construir sua pequena escola, estação e clínica, mesmo enquanto prosseguiam se dedicando aos estudos do idioma, orando e esperando que Shandia fosse seu ponto de partida para outras tribos na floresta tropical.

Infelizmente, porém, ele não iria a Quito no Natal, como havia dito a princípio. Minha mãe ficou desapontada, mas compreendeu.

23 de novembro

Quando li acerca da impossibilidade de você viajar para o Natal, fui para a cozinha e chorei. [...] Estava contando as semanas. Hoje de manhã, eu havia pensado: "Certamente daqui a um mês — juntos!" Estava planejando se talvez você poderia vir e me encontrar na trilha entre San Miguel e Santo Domingo. Iríamos juntos a Quito, passaríamos o Natal juntos. Deus sabe da decepção. [...]

Se eu não tivesse perfeita confiança de que ele está ordenando todas as coisas segundo o conselho de sua própria vontade, eu imploraria que você viesse a Quito, a despeito do que isso envolve. Mas, Jim, não receba nada do que escrevi como repreensão. Você bem sabe quão certa estou da mão de Deus em todas as suas ações para conosco, e peço apenas, quer sejam elas de alegria, quer sejam de dor, que, por meio delas, sejamos *conduzidos a ele*. Não tenho dúvida de que nos veremos novamente algum dia, mas eu queria tanto que fosse no *Natal!*

Por que lhe escrevo tudo isso? Como disse, não é por eu considerá-lo responsável, de modo algum. É simplesmente porque estou pensando nisso. Talvez seja o que você sente também. E quero compartilhar. Não gosto de saber que você rasgou páginas que havia escrito para mim. Não importa o que tenha dito, é algo que foi *pensado* — e perdido (para mim, pelo menos). Essa é a razão pela qual escrevo em meu diário muitas coisas que não posso escrever para você agora — para que nada se perca, se porventura chegar o dia em que *tudo* possa ser exposto.

Suas cartas me renovaram as forças (e, ah, você não sabe como eu precisava disso). Até os detalhes, as descrições encantadoras (e as tristes), o relato de seu pequeno papagaio, do acidente de avião, da alegre comunhão com Bill — isso me ajuda, Jim.

Oh, certamente há momentos em que rio de mim mesma e penso em como a vida é maravilhosa e completa, absorta em meu trabalho com os colorados. Gosto de andar a cavalo de jeans, de caminhar na selva com uma das garotas — com aquela atitude de dizer: "Reuben, Reuben, estive pensando..." Amanhã, Bárbara e eu vamos pescar com um grupo de colorados. Passaremos três ou quatro dias fora. Eu amo esse tipo de coisa. Também amo o trabalho linguístico. Mas sempre, e dentro de mim, tento imaginar você aqui, trabalhando ao meu lado, voltando "para casa", percorrendo as trilhas comigo, debatendo-se com algum fonema ou um alomorfe. E tal pensamento é sempre melhor do que o *presente*, não importa quanto eu esteja me divertindo.

De fato, não consigo imaginar como essa carta soaria se eu a lesse daqui a uma semana. Eu provavelmente a rasgaria. Mas não terei a chance. Vou deixá-la aqui para Bill levar quando ele vier na terça-feira, para seu estudo bíblico. [...] Eu ia assinar "Como sempre", mas tudo parece um pouco diferente agora.

Betty

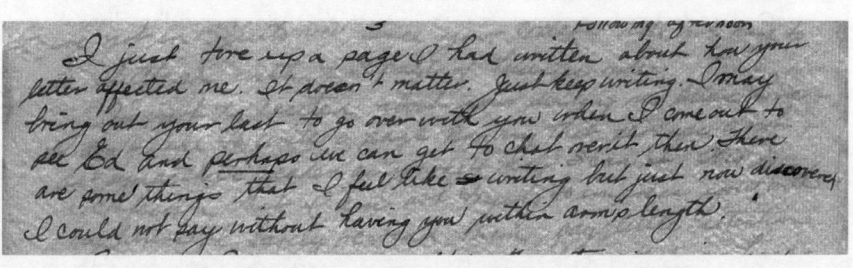

"Acabei de rasgar uma página que havia escrito." Meu pai sentindo saudades dela.

5 de dezembro

O doutor chegou hoje de manhã e, depois do frenesi de carregar os suprimentos, tive a chance de buscar minhas correspondências por volta do meio-dia. Normalmente eu guardo a sua e a da família para ler por último... Mas hoje não consegui — abri logo as suas duas e as li lentamente, saboreando cada frase como uma iguaria. Já fazia muito tempo, Bett, muito tempo desde que recebera a sua última, e não acho que me faz bem esperar demais. Não por você. É por isso que estou escrevendo hoje à noite. [...] Pode ser apenas um bilhete, pois não tenho nada de especial para contar e pouco tempo para fazê-lo, mas quero que você saiba, embora raramente o ponha no papel (pois acho que soa estranho nele), que eu a amo. [...]

Você me deixa mais triste do que nunca por não podermos estar juntos no Natal. Eu havia superado a decepção, por puro cansaço, e sua primeira página trouxe tudo de volta. Veja, eu *escolhi* não sair no Natal. T. nos deu várias oportunidades para declararmos nossa preferência quanto ao assunto, mas isso significaria deixar Pete sozinho aqui, pois Gwen insiste que o doutor esteja em Quito nesse período e eu acho muito justo que assim seja. Será, então, que me importo mais com Pete e sinto mais pena dele sozinho aqui do que de você aí? Não exatamente. Mas como posso dizê-lo? Sinto que, na verdade, nem preciso, pois a conheço e confio que, no seu amor, você me interpretará graciosamente. Não há como compensar você agora — apenas espero poder sair em janeiro.

Mas até mesmo *janeiro* poderia ser apenas uma doce ilusão.

O doutor, tendo aparentemente esquecido tudo o que lhe disse sobre minhas esperanças de ir a Quito quando Ed se instalar lá, comentou casualmente hoje que não sabia se iria ou não em janeiro. Então, Betty, por favor, não fique mais dizendo para si mesma: "daqui a um mês certamente estaremos juntos". Eu irei quando puder fazê-lo com a consciência limpa diante de Deus e lhe darei notícias acerca de nossos planos, se isso for humanamente possível.

Não escrevo isso como repreensão, querida, mas para que você não precise entrar novamente na escuridão da cozinha para chorar. Se quiser, irei encontrá-la na trilha de San Miguel. Prometo que tornarei nosso próximo reencontro o mais próximo possível de suas preferências.

Gostaria de saber quando seria o "próximo reencontro"? Meu pai tentou adivinhar.

6 de dezembro

Há uma boa possibilidade de que eu lhe envie outra carta antes do Natal e do seu aniversário. Isso significa que esta deveria conter tudo o que desejo lhe dar para esses eventos, mas não é possível. [...] Sei que você não é boba para esperar de mim o impossível, e sou grato por você ser desse tipo — conheço outras mulheres que não são. Assim, vou guardar minhas surpresas até que possamos estar juntos novamente em Quito — pedindo apenas que você seja paciente comigo, pois a viagem de avião é muito incerta, e que esteja à disposição, após o primeiro dia do ano, para tentar obter alguma indicação da minha data de partida. Tentarei ao máximo mantê-la informada por carta, mas, se você não conseguir obter nenhuma pista, aguarde-me e eu irei até Miguel para vê-la. [...]

Sinto fortemente a sabedoria de Deus em nos guiar como tem feito, Bett. Eu não poderia fazer o que estou fazendo e sendo obrigado a fazer agora (coisas como deixar os índios invadirem meu quarto a qualquer momento que estivermos aqui) se fosse um homem de família. Do jeito como as coisas estão, sinto que estamos fazendo contato e amigos de um modo que será muito mais vantajoso para o futuro de nosso trabalho aqui, brincando e compartilhando com os índios de uma maneira que eu não teria tempo de fazer se fosse casado. É algo temporário. Eu, como você, não acho que uma toalha de mesa de plástico seja para a vida toda, mas, nas atuais circunstâncias, não há nada para substituí-la, e é uma vantagem ter uma mesa que os índios possam tocar com as mãos enlameadas. [...]

Outro dia, ao ler o Salmo 119, fui impactado pelo verso que você escreveu — ou melhor, mencionou — em meu exemplar de presente de *Toward Jerusalem* ["Rumo a Jerusalém"]. "Os teus decretos são motivo dos meus cânticos, na casa da minha peregrinação." É isso que todas as casas são, e nesta aqui sinto isso profundamente. Há um sentido poético em se referir ao corpo, como você pareceu sugerir, mas agora estou pensando na vida e, particularmente, em minha experiência atual, como uma peregrinação. E o destino dela, como vejo, não é apenas o paraíso, mas certo clímax de nossa história, que será como o fim de muitas perambulações que venho fazendo desde 1949 — Oklahoma, Milwaukee, Huntington, Chester, Portland, o Leste e agora aqui. Ou, pelo menos, assim sou levado a esperar. [...]

Às vezes — especialmente este mês, com sua avalanche de pressões —tenho me sentido perdido sem você, Bett, tenho sentido como se o mundo estivesse passando em um turbilhão de maravilhas e eu estivesse atordoado, deixando de agarrá-lo; como se participasse com meu corpo, mas, de alguma forma, me mantivesse alienado dele, procurando por algo que não aparecera em toda a maravilha — e ciente de que esse algo era *você*.

Parece que tudo isso é elevado demais para mim, e eu me esforço para manter a normalidade, mas, se alguém estivesse observando de perto, saberia — pelo silencioso suspiro em um barulhento jogo de vôlei, pelo olhar perdido para o rio e para as copas das árvores, desde o meio da correnteza para as nuvens no longínquo oeste... saberia que eu não estava realmente ali onde parecia estar. [...]

De alguma forma, sua foto, aquela que você me deu emoldurada de Natal, tem ajudado muito. Ela retrata você como gosto de imaginá-la... Dezenas de vezes, fui surpreendido ao abrir minha mala e ver você ali, olhando para mim. É como se ela tivesse sempre estado conosco, por tudo o que passamos, do jeito que está agora, e parece dizer: "Calma, Jim, a história ainda não chegou ao fim, e você não tem base para crer que ela terminará como uma tragédia".

Ainda assim, Bett, às vezes sinto medo, como uma mãe preocupada, de que algo aconteça com você e eu a perca. E então, o que eu faria? Onde eu estaria, quando não estivesse onde parecia estar? Para que lado iria minha imaginação quando eu fosse dormir?

Engraçado, nunca penso que serei eu a sofrer o acidente e você a *me* perder...

A última carta dele naquele ano reluzia com um pouco mais de alegria e — como podemos *dizer?* — agitações juvenis. *"Você terá notícia de que Ed deve chegar neste fim de semana, e é enlouquecedor pensar que terei de esperar semanas para vê-lo"*, graças aos já familiares atrasos na passagem pela alfândega. Mesmo assim, *"isso nos traz de volta a perspectiva de estarmos juntos de novo, é claro, e eu tenho perdido um pouco do sono por isso".*

16 de dezembro

Às vezes, acho que será impossível encontrá-la e falar casualmente com você, dizendo "Olá, Betty" na presença de outras pessoas, tendo a certeza de que ficarei com a voz embargada ou farei algo que nos envergonhará. Mas suponho que será como de costume — os cumprimentos, o breve olhar nos olhos um do outro, os apertos de mão e a conversa fiada sobre coisas que realmente não importam. Bem, se o Senhor me preservar em juízo perfeito até então, ficarei agradecido, pois, francamente, nunca estive assim antes.

E ele sabia que nada naquela visita seria como de costume.

Você fica com algum receio de receber uma visita de dez ou quinze dias aí, tendo em vista os casos de icterícia de Dorothy, das pessoas da HCJB e de outros que as visitaram? Não importa quão esbelta ou saudável você esteja, não posso nem pensar no risco de você contrair icterícia só por não lhe parecer certo nós dois ficarmos hospedados na casa de T. Eu imploro a você, Betty, que dessa vez não permita que a opinião das pessoas influencie sua decisão sobre ficarmos juntos. Dessa vez, eu quero ficar perto de você o maior tempo possível. [...]

Oh, Betty, que seja como você disse! Que sejamos "conduzidos a ele", conduzidos a uma nova intimidade com Deus e a um novo peso de alegria, por termos recusado, por amor a ele e pela graça que ele supre, esse tipo de desejo em particular. "Ninguém há que tenha deixado — *por amor de mim* — que *não receba...*"

Você pode achar um pouco estranha minha sugestão de ficarmos na casa de T. Talvez seja. Talvez descubramos que não há espaço para nós dois com Emma lá, embora eu não saberia a razão, a menos que meu antigo quarto esteja realmente cheio de coisas. Vamos ver. Mas, por favor, não desconsidere essa sugestão. Eu quero ver tudo que posso de você.

Então, com toda essa empolgação cintilando no ar, minha mãe fez seus últimos registros no diário de 1952, confiando que *"verei Jim em algumas semanas. Ele planeja sair no próximo voo do Dr. Tidmarsh. Isso me preocupa um pouco, mas ontem li: 'Jehovah guardara tu salida tu entrada'"* ["O Senhor guardará a tua saída e a tua entrada"]. *Portanto, confiarei na promessa de Deus".*

28 de dezembro: Como Jim disse em sua última carta, ele se pergunta se conseguirá me encontrar casualmente na presença de outras pessoas — "Olá, Betty", aperto de mão etc. Às vezes sinto que não conseguirei me conter para não correr até ele. Esta, no entanto, parece ser a primeira vez que ele se sente assim. Para mim, é a sexta (quer dizer, o sexto encontro após uma longa separação). [...] Às vezes, ocorre-me o pensamento de que não nos veremos de novo, que certamente algo acontecerá com um de nós. "Mas ao bom Senhor me apego — não seja cego, não seja cego." E dele é a vontade que quer apenas o bem. "Ó Defensor, em Ti nós descansamos."[1]

---

[1] N. T.: Edith Gilling Cherry, "We Rest on Thee, our Shield and our Defender". Versão em português disponível em http://hinario.org/detail.php?id=960.

Como pode ser isto, Senhor Jesus —
que tu ponhas um fim
a tudo o que possuo, e dês
de ti mesmo a mim?
De sorte que agora já não há nada
para chamar de meu, senão tu,
tu mesmo, meu único tesouro.
Ao tomares tudo, tu me deste plena medida
de ti mesmo
com tudo o mais que é eterno.
Coisas nada semelhantes ao mofo bolorento
do que é terreal.
Contigo, herdeiro das riquezas,
das esferas divinais.
Digo com estranheza
que, na minha perda,
eu ganhei tudo
ao encontrar um Amigo
que carregou uma cruz.
— JIM ELLIOT

Porque não sou de mim mesma
entregar-me a ti não posso.
Cristo me reivindica — seu sacrifício
me fez osso de seus ossos.

Sobre tua vida também, amado,
nosso Senhor pôs o seu sinal.
A ele pertence o querer, o designar, o ordenar —
a nós, obediência total.

Ele é o objeto do nosso amor,
bem como a sua maior potência.
"Amamos, pois ele nos amou primeiro".
Do amor não há outra procedência.

Se, por misterioso desígnio,
nossas veredas ele vier separar,
não podemos seguir com alegria
o caminho por que o Pai nos guiar?

Mas, se duas vidas hão de se unir,
é dele a iniciativa.
Ajuntar, bem como separar,
é divina prerrogativa.
— Elisabeth Howard

QUITO 1953 EQUADOR

O amor transcende

"Estou quase fora de mim, de tanta saudade de Jim", disse ela no início de janeiro, escrevendo em seu diário, em San Miguel. *"O suspense é mais difícil do que a espera comum. Tudo depende de quando o Dr. T. voltar para Shandia."* E, como ela continuou dizendo, *"isso pode ser a qualquer momento, ou pode levar semanas"*. Meu pai estava igualmente apreensivo — não apenas pela espera, mas também por não saber como dar a ela notícias rápidas e confiáveis sobre quaisquer atualizações em sua programação.

6 de janeiro

Bett, será impossível eu avisá-la sobre a data de minha partida. Parece estranho essa ser a única vez, até agora, que o doutor não chega e volta apressado, sem dar uma razão para tanto.

Bem, suponho que teremos de aguardar, mas não tenho o mesmo espírito de esperança que me dominava quando escrevi pela última vez. Pode ser que demore um mês, pois ele nos diz que mal começou as compras para esta viagem de vinda, e da última vez ele trouxe quantidades tão pequenas que quase todos os itens do estoque precisam de reposição. Não estou chateado com o doutor por causa disso, mas um pouco surpreso comigo mesmo por haver depositado tanta esperança em poder partir neste fim de semana. Espero que você receba estes dois bilhetes ao mesmo tempo, para não fazer planos de ir a Quito e ter de cancelá-los. Perdoe-me, Bett, por ser tão exagerado em minhas esperanças.

Não faço ideia de como vou finalmente avisá-la da minha partida. Não sei o que você quer que eu faça, mas talvez seja melhor esperar em San Miguel até que eu possa falar com você de Quito. Mas, se você quiser esperar em Quito — bem, isso antecipará nosso encontro em mais ou menos um dia. Se ao menos houvesse uma maneira segura de entrar em contato com você por aí...

Eladio *[o professor da escola]* está aqui, a clínica já tem paredes, não consegui avançar nada no estudo do idioma, a esperança adiada faz mal ao coração, estou com muita saudade de você e a amo de todo o coração.

A loucura o estava levando a escrever frases longas, ininterruptas e doentes de amor. Após tantos anos de espera, agora até mesmo um *dia* lhe parecia uma eternidade.

18 de janeiro

Diariamente, T. manda notícias de que começou a comprar os suprimentos e virá em breve. Ontem de manhã, Ed veio à rádio e nos disse que ele ainda não deve aparecer por duas semanas. Ouvi dizer que Gwen está doente e que está ocupado, pintando.

Se ele tem a mínima ideia do que é um amor de juventude e de que pretendemos estar juntos em Quito, ele está sendo cruel. Tudo que posso dizer é que ele tem pouca memória ou pouca visão! Todo dia termina da mesma maneira — com uma dúvida, Betty, e uma dúvida carregada de querer estar com você e esperar que possamos ficar juntos por um bom tempo.

Mas quase tão difícil é aceitar a ausência de suas cartas. Hoje, a tinta de sua última carta faz sete semanas de idade — a última correspondência pareceu tão vazia, por não conter nenhuma palavra sua. [...]

Muita gente aqui vem de Quito, então poderíamos nos escrever a cada dez dias. Assim, recebemos correspondência cerca de duas vezes por mês. Suponho que sua situação seja semelhante, mas, de fato, sinto falta de suas palavras.

"Até Pete está recebendo cartas de Olive postadas em 19 de dezembro, e a sua última data do dia 2", resmungou. *"Será que San Miguel é mais longe do que Seattle?"*

Minha mãe disse que também estava "fora de si". Porém, ouça seu típico raciocínio espiritual, anotado no seguinte registro de diário, quase um mês após o encontro de Natal que ela esperara desfrutar.

21 de janeiro: Quero comungar de plena filiação com o Pai. A presente provação é um dos meios de Deus para efetuar isso. Ele está lidando comigo como uma filha. Que eu não reaja como uma criança, chutando, gritando e fazendo beicinho! Em vez disso, com uma aceitação madura de seu proceder, que eu compreenda e adore" Só assim, sua disciplina contribuirá para o desenvolvimento do meu espírito.

Quantas de nós podem honestamente dizer: "Que eu não reaja como uma criança", quando todo o nosso ser quer chutar, gritar e choramingar? Quão dispostas estamos a aceitar os planos de Deus com maturidade, quando toda a razão e a afeição humanas bradam que precisamos "fazer algo a respeito"? Ela escolheu aceitar o tempo do Senhor, o caminho de Deus, em todo esse drama. E como me alegra o fato de ela gostar de escrever, de modo que agora seus honestos registros podem ser publicados. Sei que ela ensinava esses princípios em suas palestras, mas é bom ver em suas próprias palavras o que eu a via praticar na vida real.

Meu pai, é claro, expressava confiança e fé semelhantes. Também me alegra que ele tenha escrito a esse respeito!

18 de janeiro: Talvez o Senhor esteja me fazendo esperar a lua cheia para chegar a Quito — o que seria no dia 29. Pergunto-me se é esse o seu desígnio. [...] Dentro de mim, porém, já é um fato consumado.

Eu já me entreguei ao amor dela e não há nenhum desejo, propósito ou pensamento de desistir. Falta-me apenas sua palavra de aceitação, e não posso crer que não a terei, ante essa confiança tão robusta que creio ter recebido de Deus. Em meu espírito, há um tom de que "Está consumado!"; moralmente, já estou noivo. Não há, nem pode haver, nenhuma outra mulher para ser minha esposa e mãe de meus filhos, e há um entendimento tranquilo e contente em escrever isso. Busquei vagarosamente a vontade de Deus, e tal vagareza trouxe força a essa convicção, bem como a alegria em consumá-la.

Em breve, ele estaria prestes a saborear esse tão aguardado prêmio.

26 de janeiro: Ontem à tarde, Ed veio à rádio e nos disse que o doutor provavelmente virá na quinta-feira. Se Ed vier com ele, provavelmente voltaremos juntos a Quito em uma semana a partir de hoje. Há uma possibilidade remota de que, em dez dias, eu esteja noivo.

Ah, se houvesse certeza disso, se eu já pudesse abraçá-la depois de ela dizer sim — ou o que quer que ela diga. Essa espera tem me pressionado e me aliviado tantas vezes que sinto que, de alguma forma, me mudou. Sinto um envelhecimento e um declínio — não no desejo, mas no espírito —, como se a força tivesse sido arrancada de mim após tantas noites sozinhos no abismo, vendo tantas águas passarem. É a velhice da esperança adiada, o precipício do desalento.

Nesta manhã chuvosa, uma semana parece algo insuportavelmente longo; o rio corre absurdamente lento, apesar de estar no período de inundação. Corre, água; desce até o mar. Leva embora o que era, o que é, e traz contigo o que há de ser. Nestes dias precisarei de uma especial tolerância, bondoso Senhor, uma paciência inabalável — diante da chuva, do péssimo sinal de rádio e desses estudantes difíceis de lidar. Ajuda-me nesta semana; e que seja, de fato, a última de espera.

Felizmente, foi.

E eis aqui o relato, nas palavras de minha mãe.

> Em 31 de janeiro, Jim e eu ficamos noivos. Estou deslumbrada com a maravilha de tudo isso. Cheguei a Quito no sábado à tarde, e Jim havia chegado no dia anterior. Jantamos juntos e, ao lado da lareira na "Casa Maranata", ele me fez o pedido.
>
> J: "Quer se casar comigo?"
>
> E: ... (minha resposta)...

(O diário do meu pai diz que a resposta dela foi: *"Não tenho razões para hesitar"*.)

> J: "Eu a amo e quero me casar com você. Deus me deu paz." E, depois de um momento de quietude e de nosso *primeiro beijo*, ele pôs um anel em meu dedo.
>
> "Ó Deus das estrelas e das flores..."
>
> O alívio de poder falar-lhe de meu amor, de me sentir livre pela primeira vez, é simplesmente indizível. Literalmente, sofro de amor por ele e anseio pelo dia em que ele será meu marido. Oh, eu quero ser *dele*. Eu o desejo, e o desejo dele é para mim — "Perfeito amor, além do entendimento".

Fotos tiradas no dia seguinte ao noivado.
À esquerda, ela está virando a mão para mostrar o anel.

Que feliz alívio! A espera dela pelo pedido de casamento, suas orações, seu desejo natural pelo homem que amava, sua espera para conhecer de Deus o momento para o noivado, tudo culminou neste último dia de janeiro de 1953. Suas palavras bem pesadas, sua discrição e sua firme determinação foram recompensadas naquela noite cheia de alegria. Será que ambos diriam que valera a pena esperar? Creio que sim, e eles tinham certeza do tempo e das bênçãos de Deus sobre sua união.

Todas as palavras incomuns, reluzentes, cheias de angústia, confiantes e plenas de esperança contidas nesses diários e nessas cartas me fizeram pensar: faltou sabedoria ao meu pai, ao falar a ela sobre seu amor em junho de 1948? Ele estava bem seguro de que Deus queria que ele fosse um missionário solteiro, embora, é claro, ele ainda não conhecesse o plano de Deus. Será que ele foi precipitado demais? Como eu aconselharia um jovem rapaz que tivesse certeza de estar apaixonado?

Acho que eu diria: tenha muito cuidado com o tempo que passa com a moça, até procurar o pai dela e pedir sua bênção para conhecê-la de uma forma intencional e séria. E, mesmo que você esteja loucamente apaixonado por ela, tente ficar de boca fechada até ter certeza absoluta de que ela é a pessoa certa para você. A prática de dizer "eu te amo" tornou-se tão trivial e banal que tem causado uma miséria incalculável, ao arrasar as esperanças e ferir o coração de alguém quando não há a determinação de se casar como resultado. Os homens devem buscar a Deus antes de buscar uma esposa. As mulheres devem depositar em Deus toda a sua esperança de que ele lhes traga o homem certo, caso essa seja sua vontade para elas. É assim que Deus protege e provê. Isso me faz lembrar de uma camiseta que um de meus filhos costumava usar: "Buscando-o para encontrá-la".

Creio que minha mãe e meu pai concordariam com essa opinião.

Era por causa da espera que eles agora podiam experimentar novamente o amor.

Praticamente nada foi normal nas duas semanas seguintes. Seus diários mencionam brevemente os acontecimentos, incluindo cada jantar e cada passeio, às vezes detalhando até as escolhas do menu. Entre os eventos mais interessantes, aqui estão alguns que minha mãe resumiu logo de cara, em um único registro do final do mês:

> **1° fev.** — Igreja, partir do pão e HCJB à noite. O coral inteiro irrompeu, cantando "I Love You Truly" ["Verdadeiramente, te amo"] quando entramos no estúdio!
>
> **2 fev.** — Cumprimentos recebidos pelo rádio quando anunciamos nosso noivado aos ouvintes.
>
> **8 fev.** — Jim pregou na igreja, eu cantei, jantamos na casa de Gwen...

Provavelmente, o encontro mais interessante aconteceu em 10 de fevereiro, conforme descrito no diário de meu pai, alguns dias depois:

> **14 de fevereiro:** Outra noite, creio que na terça-feira, almoçamos juntos na bodega e, depois, tivemos uma longa discussão sobre os limites do relacionamento de noivado — tudo, desde tocar seus seios até a relação sexual.

No verão anterior, ele ficara refletindo acerca de 1 Coríntios 7.1 — "É bom que o homem não toque em mulher" — e concluíra, a partir do contexto, que a passagem provavelmente *"falava de um homem solteiro desfrutando a esposa de outro"*, não de um homem solteiro que planejava se casar com aquela mulher. *"Não se aplica às minhas ações com Betty"*, sentia ele, o que significava que ele poderia ter *"mais liberdade com o corpo dela"*, sem se sentir culpado de fornicação, uma vez que estivessem noivos.

Mas quão docemente ele honrou a autodisciplina e a determinação de minha mãe em estabelecer linhas de demarcação mais estritas! Essa intencionalidade em fixar limites lhes deu uma liberdade mais profunda que a devassidão (a qual tem apenas a *aparência* de liberdade) não podia dar.

> Ah, como me alegra que ela saiba exatamente quanto dar de si mesma! [...] Quando cheguei em casa, então falei: "Jardim fechado

és tu, minha irmã, noiva minha, manancial recluso, fonte selada" (Ct 4.12). Isso é o que ela é até o casamento, por sua atitude atual.

Porém, enquanto esse encontro de 10 de fevereiro foi notável por postergar futuras incógnitas, 15 de fevereiro foi notável por trazer direto para o presente incógnitas inimagináveis.

EH: O Dr. Fuller me informou hoje que estou com uma lesão tuberculosa num dos pulmões. Jim estava comigo quando ele me contou, e enfrentamos isso juntos quando chegamos aqui à casa de Gwen.

JE: Ela manteve uma expressão corajosa até chegarmos aqui; então, ao contar a Gwen, sua voz embargou. Na sala, ela chorou amargamente, com fortes soluços e muitas lágrimas.

EH: Nunca fiquei tão arrasada por nada em minha vida. Isso pode significar ter de retornar aos Estados Unidos e passar três meses de repouso absoluto. Como posso deixar Jim? Não posso ser um empecilho para ele.

JE: Ela teme nunca poder casar-se comigo — diz que não posso cuidar de uma tuberculosa a vida toda. Disse-me que eu não poderia mais beijá-la na boca, mas me deixou fazê-lo — agora mesmo, no corredor —, esquecendo, suponho, que há uma bactéria devorando seus pulmões.

EH: Jim e eu recebemos de Dave e Gibby uma carta de congratulações por nosso noivado, o que nos fez cair em lágrimas. Mal sabem eles desta última nuvem escura que surge no horizonte.

JE: Quanto a mim, nada mudou. Ela é a mesma mulher que eu amava ontem à noite, antes de saber dos tubérculos que se formaram em seu peito. Se eu tivesse quaisquer planos, eles não mudariam. Eu me casarei com ela no tempo de Deus e será o melhor para nós, ainda que isso signifique anos de espera. Deus não nos trouxe até aqui para nos frustrar ou nos fazer retroceder, e ele sabe como lidar com a tuberculose. [...]

Se é realmente isso que ela tem, pode significar uma viagem de três ou quatro meses aos Estados Unidos, ou pode significar uma vida inteira inválida. Eu não sei o que significa. Só sei que Deus está com a linhagem do justo e guia retamente seus passos. Não há como ir além dos desígnios e da vontade de Deus. É neles que permaneço e não desejo nada além deles.

De qualquer forma, isso certamente prejudicaria o resto do tempo que eles teriam juntos. E, de volta a Shandia, quando, mais tarde, soube que *"a 'tuberculose' provou ser apenas uma sombra, a qual desapareceu na terceira radiografia"*, ele não ficou muito feliz — não por ter sido um alarme falso, é claro (louvado seja Deus por isso!), mas porque aquilo havia interferido desnecessariamente em sua irrepetível e tão esperada visita. Mas era uma boa notícia, mesmo com a decepção que causou. Ele simplesmente precisaria contar as bênçãos de outra maneira.

23 de fevereiro
Receio que eu não seria muito gentil com o infeliz que viu uma mancha preta em sua radiografia, se eu pudesse pôr minhas mãos nele hoje à noite. Quando penso nos beijos que a ignorância dele me roubou nos últimos três dias em Quito, seria capaz de sufocá-lo por completo. Ah, Betty, eu imaginava que podia não ser tudo aquilo que você tinha medo de que significasse para nós. E acho que por isso — por jamais ter percebido totalmente, por nunca ter de fato crido em tudo que poderia ser — não me abati numa daquelas três noites. Oh, e agradeço a Deus por não ter sido assim.

Ele não podia recuperar aqueles dias nem tê-la ao seu lado naquele momento. Mas ele tinha algo novo pelo que agradecer: o noivado deles trouxera às cartas dela *"uma distinção de tom e conteúdo"* que não havia em nenhuma das anteriores. Agora, pela primeira vez, ele podia ler as palavras de amor e carinho que sempre quis ouvir.

> **Engaged**
>
> Mr. and Mrs. Philip E. Howard, Jr., of West Maple ave., announce the engagement of their daughter Elisabeth, to Mr. James Elliot, son of Mr. and Mrs. R. F. Elliot of Portland, Ore. Mr. Elliot and Miss Howard are both in Christian work in Ecuador. No date has been set for the wedding.

NOIVOS

O Sr. e a Sra. Philip E. Howard Jr., da Av. West Maple, anunciam o noivado de sua filha Elisabeth com o Sr. James Elliot, filho do Sr. e da Sra. R. F. Elliot, de Portland, Oregon. O Sr. Elliot e a Srta. Howard, ambos realizam a obra cristã no Equador. Ainda não há uma data para o casamento.

Será que um dia serei capaz de lhe dizer, Betts, o que significa para mim você me chamar de "meu amor"? E saber que estamos totalmente e para sempre comprometidos um com o outro, entregues ao poder e ao prazer um do outro, desapegados de nós mesmos e devotados ao bem do outro? Não há palavras para descrever a bondade e a retidão absolutas de tudo isso.

Como falarei da gratidão que tenho a Deus pelos direitos e responsabilidades de seu amor? E o que devo lhe dizer? Eu não sei. Sei apenas isto, minha querida Betts, que sou arrastado até você com um carinho imensurável, e apegado a você com um amor que é, ao mesmo tempo, cheio de ternura e força, o qual meu próprio corpo, mesmo no auge da mansidão ou do poder, é incapaz de expressar.

Eu amo você. Antes, isso significava "Eu confio em você" e "Eu estimo e admiro você". Agora, significa que, de alguma forma, sou parte de você, com você e em você.

Talvez, porém, seu próximo parágrafo seja o mais significativo de todos; e é uma constatação tão necessária em nossos dias — digna de toda atenção. Quão sábia fora a determinação de minha mãe de não entregar muito de si mesma a ele — quer em compromisso, quer em contato físico — antes que estivesse segura da intenção dele de se casar e pudesse dizer-lhe "sim"! Como resultado, ela guardara suas palavras de amor para aquele momento importante. *Era por isso* que suas palavras agora saíam com tanto ímpeto — como o rompimento de uma represa, com suas águas transbordando livremente pelo canal. *Era por isso que até mesmo suas palavras escritas comunicavam uma bênção tão tremenda e eram para ele tão imensa dádiva, porque ela as guardara para si mesma, esperando o tempo perfeito de Deus.*

E como é comovente ver meu pai reconhecer isso, e até se desculpar por não ser capaz de dar a ela a honra das mesmas expressões escondidas que lhe davam tanta alegria em ler da parte dela!

> Você não encontrará na minha escrita, agora, aquilo que percebo você ter guardado para mim, na sua. Perdoe-me por uma avidez precipitada. E, se meu tom aqui é o mesmo de antes, seja gentil e lembre-se de que, por falta de convicção, capacidade ou desejo, não fui capaz de me controlar tanto quanto você. Pode ser que falte, aqui, a "irrupção" que uma carta seguinte ao noivado deveria conter e, de certa forma, lamento por isso, conhecendo o profundo prazer que há em ver de suas mãos tudo aquilo que esperei anos para ver. A esta altura, você deveria saber que realmente não me falta fervor.

Sim, o amor dele era igualmente profundo, muito embora já demonstrado e revelado. *"Preciso de uma esposa"*, escreveu ele em sua carta seguinte — um grande contraste com o Jim Elliot que, outrora, estava tão determinado a seguir sozinho. Não somente uma esposa, porém; ele precisava *dela*.

8 de março

Quando me deito à noite, com a silenciosa solidão do escuro, ou vejo uma camiseta muito mal lavada, ou olho uma foto sua, percebo outra vez que eu estava destinado a algo além de mim mesmo e dos "meninos" — especificamente, que eu fora planejado e feito para você [...] e que minha própria vida estava destinada a ser compartilhada com você, até nos mínimos detalhes. Eu a amo, querida Betts, e oro para que Deus logo abra o caminho para estarmos juntos.

Certa vez, ouvi um professor cristão dizer que, quando começou a procurar em sua faculdade cristã uma jovem com quem se casar, ele poderia ter-se casado com qualquer uma, desde que fosse cristã. Fiquei chocada e não acreditei. "Quer dizer que você", indaguei, "não acha que Deus planejou um companheiro específico para cada um?". Com um ar de gentil condescendência, ele disse (estou parafraseando): "Não, não acho, porque Deus poderia ajudar qualquer uma delas a ser compatível comigo e, com a ajuda dele, poderíamos ter um bom casamento".

Aquilo contrariava todo o meu ensino e toda a minha educação. Eu fora ensinada que Deus tinha um cônjuge específico para cada um de seus filhos que se casassem. Se o marido ou a esposa de alguém morre, é claro, ele pode trazer outro para a vida dessa pessoa, como fez com a minha mãe. (Deus lhe deu dois maridos após o meu pai. Addison Leitch tornou-se meu padrasto no final da minha adolescência. Eu o chamava de pai. Ele morreu de câncer, quatro anos e meio após o casamento deles. Lars Gren, o terceiro marido de minha mãe, ainda vive.) Ambos os meus pais sustentavam essa crença sobre a vontade de Deus para o casamento, como suas próprias palavras atestam, e eu senti o mesmo quando me apaixonei e me casei com meu marido. Ele era o homem que Deus fizera para mim, assim como eu era a mulher para ele. Quando Deus criou Adão e Eva, acaso não os planejou especificamente um para o outro? Não seria esse o mesmo padrão para toda a história?

Tenho certeza de que era nisso que meu pai acreditava quando disse que queria *"viver com você todas as horas de cada dia que eu viver, para compartilhar de perto tudo o que sou, e simplesmente descansar no fato de ser amado por você". Ele precisava dela, e ela precisava dele. "A obra também precisa de você, querida, quase tanto quanto eu."*

Por exemplo, ele disse, quando *"uma indiazinha, minha preferida, chegou berrando da floresta"*, dizendo que *"seu pai havia bebido e estava implicando com ela, e sua madrasta estava contando histórias a seu respeito que a faziam sentir-se mal e rejeitada".* Aparentemente, eles a acusavam de ir à escola para ter "relações" com o professor e espalhavam outras mentiras sobre o trabalho dos missionários ali.

> Hoje, quando o pai dela veio, eu o repreendi severamente por dizer tais coisas, e ele pediu desculpas — estava bêbado. Ele me convidou para "instruir" sua esposa (essa é a palavra que eles usam para "repreender"), e todos os índios envolvidos insistiram que eu o fizesse.
>
> Eladio, eu, o pai e a menina fomos encontrar a tal mulher de dura cerviz — que, prontamente, negou tudo, atribuindo as "mentiras" (como todos dizem que são) a uma cunhada que então estava no rio. Eu nunca havia falado tanto quíchua de uma só vez, nos seis meses em que estou aqui! E agora tenho de "instruir" a cunhada! [...] Sério, acho que uma esposa resolveria boa parte dessas dificuldades.

A parte médica do ministério deles também era difícil. Certa vez, eles estavam tratando com vitaminas e injeções um homem que chegara *"vomitando grandes poças de sangue vivo na segunda-feira passada. [...] Ele estava indo bem até sexta-feira, por volta das 15h45, quando vomitou de novo e ficou extremamente agitado — perigosamente demais para alguém tão fraco. Ele se foi às 16h30".*

> O primeiro homem que eu vi morrer. E não parava de pensar: o mesmo me sucederá um dia. Indago-me se aquela pequena frase que eu usava tanto na pregação seria algo profético: "Você está disposto a ficar de cama em alguma choupana nativa para morrer de uma doença de que os médicos americanos nunca sequer ouviram falar?". Ainda estou disposto, Senhor Deus. [...] Mas, oh, quero viver para ensinar a tua Palavra. Senhor, permita-me viver "até que eu tenha declarado à presente geração a tua força".

Quão útil teria sido chegar em casa e encontrar uma esposa, depois de um choque de realidade tão mortal!

E ainda havia os projetos de construção — ter de *"construir casas para outras pessoas"* enquanto ele desejava tanto construir seu primeiro lar, no qual ele e minha mãe morariam.

11 de março

No momento, não consigo ver nada além de concreto, pregos, tábuas e telhas de alumínio. Continuo esperando um milagre acontecer — algo que ponha em desordem todos os nossos planos, até mesmo nossas expectativas para o trabalho aqui. Como a vinda de um carpinteiro para cuidar da construção e assim me liberar para viajar [...] qualquer coisa que me permitisse fazer algo além de construir casas para outras pessoas. (Se você acha que é uma distração *viver* na casa de outras pessoas, imagine *construir* uma no meu estado de espírito!) Ainda assim, Betts, sinto que Deus me enviou aqui para isso, que agora não há ninguém no campo que possa fazer isso e que Deus me pôs aqui para isso, a despeito de meus gostos e desgostos pessoais.

É estranho, mas, ao mesmo tempo, espero e temo que alguma virada cataclísmica venha a nos unir. Sinto que, agora, apenas algo assim poderia fazê-lo, já que tudo está tão bem planejado e caminhando tão bem.

Mal sabia ele que Deus faria exatamente isso.

PRIMAVERA

"O Senhor me visitou de novas maneiras nos últimos dias, Jim", escreveu minha mãe de San Miguel em algum momento na primavera de 1953, *"e eu o louvo"*.

Oh, querido, há tanto para lhe dizer. Espero e oro para que possamos estar juntos na conferência no próximo mês *[um encontro missionário em Quito]*. Ainda não sei quando começa. Você mencionou minha sugestão de vir "só para me ver". Sei que sua situação é diferente da minha. Você não pode simplesmente fazer as malas a qualquer hora e sair por uma semana. [...]

Percebo que fico muito facilmente entediada e enfadada com a vida aqui. Ao contrário da sua vida — ocupada e cheia demais —, a minha é vagarosa e monótona, e os dias se arrastam. [...] Acho que o fato de nada realmente me impelir à ação me deixa distraída em meus momentos de quietude; minha mente devaneia na oração e fico divagando ao tentar estudar. Às vezes, confesso, após muito tempo de joelhos e pouquíssima oração de fato (pelas milhares de trivialidades que roubam minha atenção), finalmente desisto, dizendo a mim mesma: "Isto não é oração. Poderia muito bem estar de pé, fazendo alguma coisa", mesmo que fosse apenas assando um bolo ou apontando um lápis. [...] Sinto que regredi muito desde os tempos da faculdade.

Bem, para ser realista, ela não estava realmente fazendo "nada". Ela estava labutando para decodificar um alfabeto para uma linguagem oral, ágrafa, na esperança de abrir novos horizontes de oportunidades para os índios colorados, incluindo a imensa oportunidade de ouvir o evangelho em palavras que eles pudessem entender. Naquela primavera, muitas de suas cartas para meu pai falam de *"dificuldades com as oclusivas glotais e os agás"*, problemas a resolver quanto aos *"vocoides nasalizados"* e *"encontros consonantais"*, ou tentativas de diferenciar entre *"tantas variações particulares na pronúncia"*. ("Estou vivendo um momento horrível com o T e o D", essa é uma das minhas falas favoritas.) Em cada interação com as pessoas da tribo, ela ouvia atentamente cada som de sua língua tsahfiki e, em seguida, anotava copiosas observações de novos dados. *"Há algumas coisas das quais acho que jamais poderei ter certeza."*

Não, fazer pesquisa linguística não era o mesmo que cortar lenha na floresta, e convertê-la em contrapiso, como meu pai muitas vezes fazia. Mas, ainda assim, era um trabalho importante — intelectual, exigente. Ela estudara muito para se preparar para aquele trabalho e desempenhá-lo bem.

No entanto, o que amo quando ouço meus pais falarem de suas atividades diárias — em cartas que agora demoravam muito a chegar, graças à escassez nacional de gasolina, entre outras razões — é ver com que frequência e vulnerabilidade eles mutuamente solicitavam oração por auxílio para prosseguir em seus trabalhos e manter a atitude correta. A seguir, reuni alguns trechos de várias cartas deles durante a primavera.

EH: Ficaria feliz se você orasse por mim a esse respeito, Jim. A incapacidade de me concentrar, a falta de qualquer vontade ou desejo real de concluir qualquer tarefa — nada disso é trivial, e minha consciência me acusa.

JE: Você me pediu outros motivos de oração. Lembre-se desta semana de evangelismo. Pete e eu pregaremos uma vez cada, todos os dias, e vamos tentar fazê-lo em quíchua.

EH: Ontem, consegui decidir sobre quatro fonemas *[símbolos que representam sons]* para o alfabeto tsahfiki. Acredito que estão corretos. [...] Jim, ore para que eu receba sabedoria especial quanto a isso. Bárbara *precisa* apenas de um alfabeto funcional. Ore para que tudo esteja certo.

JE: E espero que você esteja orando juntamente por almas — conversões genuínas a Cristo entre nossos alunos e os muitos amigos índios. Isso arde cada vez mais forte em meu coração desde que retornei — que este povo se volte das trevas para a luz. É verdade que não dominamos bem o idioma, mas eles entendem um pouco, e anseio por ver a compreensão deles se transformar em persuasão de fé. Deus é poderoso para isso, e nós estamos pedindo. [...] Ore para que tenhamos o poder de Deus em nossas palestras devocionais nesta manhã. [...] Começamos o piso da casa, mas ainda faltam tábuas e homens para cortá-las e aplainá-las. Definitivamente, ore por isso.

EH: Jim, meu querido, derramo meu coração de gratidão ao Senhor por você, toda vez que oro. [...] Oro diariamente para que ele o proteja do mal e de doenças. [...] Gostaria de que você orasse, Jim, para que eu seja "cingida" nos "lombos do meu entendimento" — disciplinada no estudo e na oração. Não posso dar a desculpa de que estou ficando velha, ou de que o diabo está me tentando mais — o Senhor prometeu "nos conduzir em triunfo".

JE: Ore para que isso ocorra aqui, Betts, para que Deus tome esta obra em suas mãos e o faça À SUA PRÓPRIA MANEIRA. Seria como ver um milagre realizar-se diante de meus próprios olhos, creio, ver Cristo honrado pelo testemunho público de um desses jovens índios que agora conhecemos como amigos. *Seria* de fato um milagre, mas eu não havia percebido isso com tanta clareza até agora. "Se o Senhor não edificar... em vão trabalham." A menos que Deus faça sua obra, ela não se realizará, então permanecemos esperando por ele aqui.

EH: Como gostaria de que você estivesse aqui para discutirmos juntos! Mas também há outras razões pelas quais gostaria de que você estivesse aqui. Como seria bom experimentar, mais uma vez, a força de seus braços ao meu redor e a maravilhosa doçura de um beijo. [...] Penso muito em você e falo constantemente com o Senhor a seu respeito.

JE: Boa noite, minha corajosa amada, e que você seja guardada pelo Deus que a ama mais fortemente do que eu. [...] Não desencoraje seus pais de orar para que nos casemos neste verão — gostaria de ter fé para orar da mesma forma. Tudo que posso fazer é clamar ao Senhor pelo tempo dele e dizer-lhe como é ter que esperar. Este verão! Que Deus os abençoe e honre a sua fé!

Ainda assim, ele estava orando com esperança e fé semelhantes, apesar de saber que *"eles estão orando por algo que, receio, perturbaria muito a situação atual — não de modo desagradável, mas não sem tirar Pete ou a mim de Shandia. Ainda há somente um quarto em Shandia, e não há muita perspectiva de outro quarto vagar".*

No entanto...

17 de março

Só consigo pensar naquilo que mencionei em minha última carta — numa mudança tão chocante e catastrófica que permitisse nos casarmos em breve. [...] E Deus sabe quantas vezes e com que confiança coloquei diante dele esse desejo, querida Betts, dizendo: "Senhor, tu sabes como a desejo e por quanto tempo podemos suportar isto, assim como conheces nossos planos para Shandia. Dirige-nos, ó Deus!".

Outras pessoas começaram a se perguntar quando ele e minha mãe se casariam.

Tomei um susto quando Willy, ao trazer uma carga de cimento e querosene na sexta-feira, apontou para os pilares de concreto e disse: "Quem sabe, irmão Jim, ali pode ser a sua casa".

Mas não sei se a garota dos meus sonhos concordaria com isso. Apesar de toda a conversa que tivemos em Quito, nunca realmente a questionei sobre suas expectativas quanto à nossa vida aqui. Lembro-me de eu ter dito que não sabia o que esperar para nós, mas só consigo me lembrar de você dizer que queria uma casa "bien metida en la pelea" *[no coração da peleja]* e falar sobre lareiras e um quarto verde-água. [...]

Eu sei, Betts, que você pensa como eu — ficaria feliz em um chão de terra, se pudéssemos morar juntos. Mas o que você realmente espera quanto à localização, à proximidade de outros missionários, ao tipo de casa e assim por diante? Ou você sente que pensar nisso agora é sonhar demais?

Ele estava certo: ela não tinha nenhuma preferência específica quanto aos seus planos de moradia. E quem *poderia tê-los* em um lugar como aquele? Mas, no inverno anterior, antes do noivado, ela mencionara em seu diário (6 de dezembro) que se sentia um pouco ignorada — não apenas em seus desejos quanto às comodidades básicas de seu futuro lar, mas até mesmo na presunção de que sua vocação e seus dons faziam sentido em Shandia.

EH: Ele continua a construir pensando consigo mesmo, de fato, que um dia estarei em Shandia; mas nunca me perguntou como me sinto a esse respeito, ou de que tipo de casa eu gostaria. Na verdade, não tenho nenhum desejo de ir para Shandia, muito menos de morar em uma casa planejada e construída por outra pessoa. O que há para eu fazer em Shandia, afinal?

Nesta manhã, porém, a palavra do Senhor me aquietou novamente. "Eu buscaria a Deus e a ele (não 'a Jim') entregaria minha causa." "Dar-lhes-ei um só coração e um só caminho." "Também através dos teus juízos, Senhor, te esperamos; no teu nome e na tua memória, está o desejo da nossa alma".

Há momentos em que sinto que devo desabafar e repreender Jim — dizer-lhe como me sinto quanto à maneira como ele lida comigo. Há outros momentos, quando penso em seu amor por mim e no desejo e no amor indescritíveis que sinto por ele, em que os pensamentos anteriores são esmagados e se esvaem. É Deus quem aperfeiçoa meu caminho. Nele confio e não temerei.

Então, na primavera, ela já não fazia mais exigências e só queria estar com ele. (*"Oh, Jim, acabei de me pegar ansiando pelo dia em que partirei daqui para o Oriente."*) Ela fora sábia, então, em segurar a língua no inverno e esperar que Deus despertasse na mente de meu pai aquele tipo de perguntas reflexivas. Nesse período, nós o ouvimos várias vezes perguntando: *"O que você acha? Por favor, diga-me o que espera de uma casa aqui"*, tentando descobrir uma maneira de pintar de verde-água as paredes de bambu.

Em abril, ao escrever para ela de Dos Rios, uma estação missionária próxima e mais bem-estabelecida, ele disse:

Gostaria que você pudesse ver Shandia apenas uma vez, para que pudesse pensar comigo sobre essas coisas, mas não faço ideia de como poderíamos fazer uma visita sua dar certo. Esta casa em Dos Rios foi construída com ferramentas profissionais e por verdadeiros carpinteiros — e como os invejo por terem feito isso tão bem! Nunca seremos capazes de produzir um lugar assim, e me pergunto como nós, você e eu, poderemos jamais realizar sonhos de quartos verde-água. As ferramentas manuais deixam as tábuas de madeira tão mal-acabadas e mal encaixadas, de modo que é uma impossibilidade prática pintá-las com qualquer grau de beleza. Betts, talvez tenhamos de nos contentar com o bambu, então pense como o prefere!

Àquela altura, porém, ele já havia expressado sua *própria* falta de exigências e expectativas frívolas, como nesta carta de março.

22 de março

Você perguntou sobre minhas preferências quanto ao vestido de noiva. Obrigado, querida, mas às vezes você é cômica em sua sinceridade. Que diferença isso faria para mim? [...] No que me diz respeito, você nunca precisou nem precisará de uma cor para favorecê-la. Geralmente, sempre prefiro vestidos longos a vestidos curtos, mas isso também é irrelevante agora. Achei você adorável na noite do casamento de Dave, naquele traje branco curto. Talvez eu tenha algo a dizer sobre o comprimento de seu cabelo, se você me perguntar, mas, além disso, querida, o espetáculo é seu. Eu sou o espectador mais interessado, esperando para ver o que você fará! [...]

Como lhe direi, querida, após tudo o que falei descuidadamente sobre seus traços, que agora os acho maravilhosamente desenhados e sei que, quando chegar a hora de vê-los, comentarei com Salomão: "Como és formosa, querida minha!" [...].

E agora, Betty, minha prometida e desejada esposa, boa noite. Que o Escudo de nosso espírito paire sobre você esta noite e lhe dê o descanso do sono, tornando-a feliz e eficaz em servi-lo e preparando-a para ser minha cooperadora! Pode não ser muito romântico, mas gosto de pensar em você dessa maneira — como alguém que pode compartilhar sensatamente os problemas desse tipo de trabalho e, de forma consciente, participar da solução. Duvido que meus companheiros tenham semelhante esperança em suas esposas. E por isso, minha querida, eu a amo hoje à noite — por aquela parte sua que é tão prática, sábia e útil.

1953: O amor transcende 373

    É engraçado como meu pai achava que o amor dos outros homens pela noiva ou esposa deles não era nada em comparação ao dele por minha mãe. Talvez todo casal muito apaixonado pense que seu romance é o mais sublime, maior do que o de qualquer outra pessoa no mundo. Porém, quando outros lhe contavam problemas ou dificuldades em seus relacionamentos, ele secretamente comemorava aquilo que via de superior no caráter de minha mãe e na capacidade de ambos navegarem pelas águas do casamento.

> And now, Betty, my promised and longed-for wife, good-night. May the Shield of our spirits hover over you tonight and give you rest in sleep, making you glad and effective in His service and preparing you for me as a fellow worker. It may not be very romantic, but I like to think of you that way — as one who can sensibly share the problems of this type of work and conscientiously partake in the solution. I doubt if my comrades have any such hopes in their wives. And for this, my dearest, I love you tonight; for that part of you that is so practical and wise and helpful. Sincerely, Jim

> Tenho me perguntado se seria verdade o que Ed disse, sobre haver momentos em que nem o amor verdadeiro, demonstrado tanto em gestos de atenção como em um esforço de compreensão pelo diálogo, é capaz de lidar com uma mulher "amuada". Até agora tem funcionado, acho [...] porque você se dispõe a falar comigo. Eu ficaria perturbado, Betts, se chegássemos a um impasse desse tipo e você se recusasse a reclamar — simplesmente ficasse calada e obstinada. Então, acho que vou pedir-lhe para colocar no papel algum tipo de promessa de que, quando algo acontecer — geralmente descrito como "ah, não é nada" —, você vai *me falar o que é*. Por menor que seja, quero saber o que a está incomodando, e sou um péssimo adivinhador quando se trata desse tipo de coisa.

Esse comentário reflete uma tendência perceptível na correspondência deles nessa época, na medida em que ambos tentavam imaginar como seria a vida a dois, como marido e mulher. Novamente, os trechos a seguir vêm de suas várias cartas (e de um registro de diário) ao longo da primavera.

EH: Sabe, estava pensando hoje — embora tenhamos que enfrentar longas separações depois do casamento, você não vai a um escritório todos os dias da sua vida, oito ou dez horas por dia, deixando-me em casa. A longo prazo, talvez passemos *mais* tempo juntos do que um casal médio nos Estados Unidos. Quero trabalhar com você, no serviço do Senhor, tanto quanto eu puder, e sei que você será muito mais pai para nossos filhos do que muitos são nos Estados Unidos. Anseio pelo dia em que poderemos compartilhar tudo.

JE: Tanta coisa me fez pensar em um lar e filhos nesta semana [em Dos Rios] que dormi e acordei todas as manhãs pensando em como será. Sei que ao seu lado será um prazer, mas como será essa experiência, de fato? Como ensinaremos aos nossos filhos a diferença entre o espanhol, o quíchua e o inglês (uma distração muito interessante num lar com três pequeninos)? Como você vai lidar com eles correndo pela cozinha? Como agiremos quando tivermos visita e as crianças, sentadas a uma mesa separada, começarem a brigar?

EH: Tenho pensado constantemente em nossa primeira casa juntos, uma choupana de um ou dois cômodos, feita de cana e *paja* [palha]. Mas estar com você, Jim — como será?

JE: E fazer tudo isso com você! Betty Howard, a Austera, a Cuidadosa, a Mulher-com-Mente-de-Homem (todos apelidos de Wheaton), a Betty que não gosta de luzes no teto, de camas estreitas nem de homens que cospem — a minha Betty com suas lindas pernas, com sua cintura fina, com seus ombros delgados e, ah, com a face tão macia. Minha querida, eu amo você, quero você, preciso de você, desejo você agora.

Qualquer coisa era capaz de fazê-los pensar um no outro.

EH (DIÁRIO): Uma noite de luar lindamente nublada. Lua cheia, mas visível apenas em alguns momentos. Estava sentada na varanda, observando o movimento das nuvens luminosas, pedindo a Deus nem que fosse um instante do brilho ininterrupto e claro da lua inteira. Uma espécie de promessa ou presságio. Ele me atendeu. Pensei também na observação de Jim: "Ó céus! Que lua redonda!". Será que ele consegue enxergar a lua esta noite?

JE: Pela data, você verá que é noite de lua cheia, e Pete e eu acabamos de chegar do penhasco, onde assistimos, maravilhados, à perfeição absoluta desse cenário, sob um céu quase limpo e uma lua brilhante. O rio aqui é largo, no ponto em que faz sua grande curva, e a trajetória do reflexo da lua é incrivelmente ampla. A sólida negridão da floresta, interrompida pelo brilho da água iluminada pelo luar e coberta pelo profundo azul do céu noturno é suficiente para nos fazer calar e pensar na maravilha da criação e no poder e beleza do nosso Deus. [...] A água cintilante parece sólida, por sua falta de transparência, vestida de preto e prata, e ninguém ficaria surpreso em ver o Senhor caminhar pela trajetória brilhante da lua no rio, bem em nossa direção. O reflexo se parece mais com o de uma luz em movimento sobre uma obsidiana bruta do que com o de um brilho estático sobre um líquido em curso.

E eu daria qualquer coisa, minha querida, para que você estivesse aqui desfrutando isso — em silêncio — comigo. Apenas hoje à noite me dei conta... Eu só tenho sossego, ao dar as costas para a lua no rio, por saber que um dia você estará aqui para vê-la comigo. Se não soubesse disso, duvido que poderia amá-la tanto assim e querer que continuasse a brilhar com tal força, para podermos conhecê-la juntos. Não consigo deixar de perguntar ao Pai: "Quantas luas ainda faltam?".

Muitos dos pensamentos do meu pai sobre sua vida de casados incluíam, naturalmente, suas expressões físicas e sexuais.

JE: Fui dormir ontem à noite com uma daquelas preocupações noturnas não muito irrelevantes, antes significativas — uma velha preocupação. Acho que mencionei isso em Quito — sobre se *trocaríamos carícias* ou não. Não apenas me permita acariciá-la, mas seja enérgica com suas mãos; brinque comigo quando eu estiver com sono; beije-me quando eu estiver cansado demais para fazer qualquer coisa senão dormir; puxe minhas orelhas, aperte minha barriga, faça todas aquelas coisas sublimes e tolas que as mulheres devem fazer quando os homens querem amar, mas, por fraqueza ou cansaço (compreendo bem isso aqui), não conseguem ser enérgicos.

Será que você me procurará quando eu estiver na cama adormecido, sem que eu mova sequer um dedo para encorajá-la? Você ainda não fez várias dessas coisas, querida, e estou só imaginando quando as experimentarei. Lembro-me de uma vez em que você chegou por trás de mim, enquanto eu datilografava na casa do doutor, inclinou-se e me beijou — ah, Betty querida, você sabe o que significa esse suspiro longo e audível que acabei de dar?

JE: Ah, Betty, eu amo você. Você sabe como? Eu a amo *fortemente* hoje à noite, com uma sensação de poder, uma enorme e crescente esperança dentro de mim quanto à consumação de nosso amor. Não é o anelo silencioso que costumo sentir, mas os punhos erguidos, os gritos por possuí-la e os braços ávidos por apertá-la contra o meu peito. É o coração explodindo e o olhar selvagem de paixão, a risada que faz o estômago se contrair.

Não é possível que você entenda isso, e de fato não peço que o faça — é apenas uma das maneiras pelas quais a amo, e isso se apodera de mim enquanto escrevo. Em mim, o amor não é só descanso. É tensão e audácia, um chamado para subjugar e conquistar.

Mas minha mãe também ansiava por ser abraçada e amada por ele, e por compartilhar cada alegria que Deus um dia lhes daria para experimentar.

> **EH:** Ah, sinto terrivelmente sua falta, Jim. Tenho fome e sede de você, com uma vasta sensação de dor. O sono é o único alívio que conheço, mas ele requer começar e terminar com a percepção de que estou sozinha na cama. Eu amo você. [...]
>
> **EH:** Ah, Jim, meu querido — eu o amo agora como nunca, com uma intimidade nunca sonhada, uma paz e uma confiança jamais experimentadas. Amo-o como a minha própria alma, como se você, de fato, fosse a minha alma. Sinto que pertenço total e absolutamente a você, que fui feita expressamente para você e que nunca viverei de verdade até que viva ao seu lado. Ah, como, como lhe falarei do meu amor? Falei-lhe algo acerca dele. Haverá um dia em que poderei lhe contar muito mais. Mas nunca poderei expressá-lo por completo, seja por palavra, seja por ação.

Ouvi-la falar tão ardentemente de seu amor não me surpreende nem um pouco. Ela era uma pensadora franca e lógica, mas também tinha a beleza da feminilidade. Ao contrário de algumas opiniões estoicas a seu respeito, ela era uma mulher muito apaixonada, vulnerável e até engraçada e hilária.

Mas ela também permanecia altamente consciente, como uma mulher ainda solteira, a ponto de render todos aqueles desejos ao comando e à vontade amorosos do Pai.

> **20 de março:** Senhor, ensina-nos a descansar quietamente, sabendo que a tua vontade não pode ser aperfeiçoada. Que a paz de nosso relacionamento contigo e a beleza do amor que tu nos deste permaneçam intactas! Que nenhuma impaciência profana nos invada, assim oro.

Essa combinação de autodisciplina com a plenitude de seu amor evidenciava sua humanidade, seu realismo, e eu me alegro em constatar isso. Fico feliz em ver *ambos* os meus pais escrevendo dessa maneira, totalmente apaixonados por Deus, totalmente apaixonados um pelo outro e tremendamente desavergonhados em todos os aspectos — tanto o espiritual quanto o físico. Eles aceitaram a verdade de que "o perfeito amor lança fora o medo". Eles estavam certos em querer um ao outro, assim como estavam certos em esperar até que pudessem saciar seus desejos sob a plena bênção de Deus. Deus fez homem e mulher para serem atraídos um pelo outro e obedecerem ao tempo divino. É assim que nos tornamos pessoas íntegras, livres e totalmente santificadas.

Não fiquemos atônitas, então, quando os ouvimos falar de seu apetite intenso um pelo outro. Talvez cada uma de nós possa aprender com a determinação deles de submeter todas as coisas, até mesmo essa coisa irreprimível e muitas vezes indomável, à total autoridade de nosso Cabeça.

25 de março: Ah, como eu anseio por ela — por ela toda: por sua ajuda e seu conselho, por sua simples presença aqui, mas, acima de tudo, nesta manhã, por seu corpo. [...] Não sei por mais quanto tempo vou conseguir suportar. Isso me torna incapaz de estudar, orar, ler ou trabalhar. Cada pequena coisa parece me irritar, e não há nada que me satisfaça esta manhã, exceto a própria Betty — ela toda. Senhor Deus, quanto tempo?

Mal sabia eu do que estava falando naqueles dias em que disse que estava disposto a viver para o celibato — eu nada sabia, creio, sobre o poder do amor por uma mulher. Então *me ajuda, ó Deus, eu não entendia!* Se eu estivesse a par do que sentiria esta manhã, enquanto a chuva cai forte do céu pesado, duvido que tivesse feito qualquer tipo de voto no sentido de permanecer solteiro. Senhor, será possível que isso continuará por mais centenas de manhãs chuvosas e mais centenas de noites insones? Como poderei suportá-lo, senão mediante algum entretecido milagre da graça?

Pai, se for possível que a obra aqui no Oriente não seja prejudicada e que teu desígnio para o avanço do Reino na selva não seja de modo algum frustrado ou retardado, ó misericordioso Deus, permita-me que eu me case com ela — logo!

Lá em San Miguel, minha mãe também entendia que, por ora, a espera deles continuaria sem trégua.

28 de março

Acabei de fazer uma relação de sequências substantivas em tsahfiki, mas estou ávida por um tempinho com você, Jim. Sinto tanto sua falta, quero sentar-me com você para simplesmente ficarmos juntos. Mas, como não é possível, devo tentar contentar-me com o que tenho.

Bárbara acaba de voltar da cidade e me informa que Bill e Irene, que saíram daqui na segunda-feira passada, ainda estão em Santo Domingo, não havendo gasolina para levar a camioneta [van] até Quito. Motivo: um desmoronamento na ferrovia entre Quito e o litoral. Você provavelmente já teve notícia disso. Então, estamos realmente presos aqui. Dorothy saiu bem a tempo. Pergunto-me se isso afeta o avião em Shell Mera. Os preços subiram terrivelmente aqui e não há arroz, sal, açúcar etc.

Ouvi dizer que terão de construir uma ponte para a ferrovia, o que levará de três a quatro semanas. Só espero que terminem antes de maio, para que os caminhões voltem a circular! Caso contrário, vou simplesmente seguir a pé por volta de primeiro de maio...

...pois ela esperava que os dois pudessem ao menos se encontrar numa visita à conferência missionária em Quito. Para ser clara, entretanto, o fato de eles se encontrarem como um casal de noivos significava algo diferente do que significaria não apenas para a maioria das pessoas hoje, mas até mesmo para aqueles na cultura e na época em que eles então viviam. Minha mãe escreveu na mesma carta de 28 de março:

> Ontem à noite, conversei bastante com Edelina, nossa empregada doméstica. Ela noivou e está muito interessada em ouvir sobre nossos costumes de noivado e casamento. Ela nunca ouviu falar sobre cerimônias de casamento (exceto as formalidades civis, é claro) e me pergunta a respeito. Ontem à noite, porém, abordamos a fornicação (ela sempre se perguntou o que a palavra significava), a pureza do corpo etc. Ela não sabia que relações extraconjugais eram pecado,

e simplesmente não pôde acreditar em mim quando eu lhe disse que tenho duas tias de quase cinquenta anos que são virgens!

Ela pensou que você e eu nos considerávamos casados (com todas as implicações disso) diante de Deus, mesmo antes da cerimônia. Toda essa conversa foi uma novidade para ela, pois ela mesma nasceu fora de um casamento e diz que não conhece *señoritas* que não tenham filhos. E — lembre-se — sua família é evangélica, seu padrasto é um dos líderes entre os Irmãos e sua mãe é um membro comungante. Isso explica por que todos aqui acham que nós, de fato, precisamos de um tempo para nós dois quando formos para Quito.

Não, não seria *assim*. Mas ela mal podia esperar por isso.

5 de abril

Já faz tempo demais, querido Jim, desde a última vez que me sentei para lhe dizer quanto o amo. Eu não percebi que fazia tanto tempo até olhar para a data da carta de número nove, que ainda está aqui, esperando por alguma forma de envio. Ainda não há gás na cidade, e Bill e Irene, ontem, tiveram de desistir e ir de caminhão para Quito, deixando a camioneta em San Domingo, pelo que soubemos. Nada sabemos de Dorothy e Doreen — na verdade, nenhuma notícia do mundo exterior chega até nós há duas semanas. Preciso ser muito honesta: estou solitária, querido, e sinto que preciso de você mais do que nunca. Preciso ao menos de uma palavra sua, ou mesmo *de* notícias a seu respeito, para saber que está bem. Ontem faz três semanas desde que recebi uma carta sua, escrita há um mês!

Sabe do que mais sinto falta? De música! Doreen levou seu órgão consigo para Quito, e sinto muita falta dele. Muitas vezes, no crepúsculo, eu costumava descer as escadas e tocar algo de memória ou do hinário de Keswick. Esta é a primeira vez na minha vida que estou completamente sem música, até mesmo para *ouvir*, e isso é horrível. Como eu gostaria de ter o adorável órgão que você me deu — mas o Dr. T. disse ter certeza de que estava com um vazamento de ar e que ele iria consertar para mim. Ainda não estava pronto quando vim para cá. Mas agora aprecio, mais do que nunca, o lindo fato de você tê-lo me dado de presente, Jim, e agradeço novamente de coração.

Também o anel...! A empolgação certamente não se dissipou. Eu me pego, às vezes na presença de outros, olhando para ele, pensando em como é belo em si mesmo e, acima de tudo, em seu maravilhoso significado. Será que algum dia compreenderei o fato de que sou eu quem está noiva de Jim Elliot, o homem dos meus sonhos? "O que fiz com ela?", pergunta você. Ao me oferecer tudo que você é, você me deu plena satisfação na vida; o equilíbrio, posso dizer, que faltava à minha personalidade. Você despertou todo o amor do meu coração, e isso equivale a mais do que eu pensava ter guardado nestes dez ou doze anos, desde que me tornei capaz de amar! Você é tudo para mim, Jim, meu querido, e eu também quero viver todas as horas de todos os dias da minha vida com você. [...] No momento, por algum motivo, trabalhar neste assunto do colorado me faz sentir tão longe de você, porque você não pode fazer parte dele, nem eu posso ser parte do seu trabalho. É um conforto, no entanto, saber que você está por aqui e está familiarizado com o local e com os índios.

Ontem foi o "Sábado de Glória", e você sabe o que isso significa! Bárbara diz que foi ainda mais selvagem este ano. Mas que espetáculo! E eu não tinha filme na minha câmera! Dorothy iria me trazer alguns. Ela deveria ter voltado em 1º de abril. Os índios começaram a chegar por volta das 10h e, ao meio-dia, a praça era uma massa de todas as cores imagináveis — predominando o vermelho, é claro. Abram, o chefe da tribo, veio, sentou-se na minha varanda, conversou comigo e tocou acordeão para mim. Ele é um sujeito bastante inteligente e parecia dirigir a pequena clínica "Mr. Anthony" o dia todo, aconselhando vários colorados. Samuel, aquele de quem lhe falei, é irmão dele e, aparentemente, o próximo na linha de sucessão. Ele estava muito orgulhoso de trazer sua esposa e seus dois filhos para que me conhecessem aqui em casa e passou a noite lá embaixo. Manuel, filho de Soledad, estava bêbado como um marinheiro e entrou ofegando na casa de Doreen, onde eu estava, dizendo aos berros que queriam lutar com ele e pedindo proteção: "Soy chiquito! No puedo pelear! Soy muy chiquito — muy díbil. Después de 3 años seré grande para pelear" [*Sou pequeno! Não sou capaz de lutar! Sou muito fraco! Daqui a três anos serei grande o suficiente para lutar!*]. Se você conhecesse o Manuel, ele é um dos maiores e mais fortes brutamontes da tribo! Ele estava girando sua arma de uma maneira muito promíscua, até que, enfim, consegui, gentilmente, conduzi-lo para fora outra vez. Outro índio me pediu em casamento três ou quatro vezes, mas eu o convenci de que era *gigante* demais para ele. Ele alegava ter nove anos — mas tinha pelo menos vinte! A bebida e a *bulla* [*bagunça*] duraram a noite toda. Eles gradualmente foram retornando (ou tropeçando, ou sendo arrastados) para casa até pouco antes da Escola Dominical nesta manhã. [...]

Na segunda-feira, Bárbara e eu fomos ao Patile e deparamos com o desfecho da festa de sábado! Dezenas de índios bêbados deitados nos bancos e no chão. [...] Recebi outro pedido de casamento, dessa vez bastante insistente, de um sujeito que dizia estar cansado de sua mulher e que achava ser chegada a hora de mudar! Então, no fim das contas, a viagem foi *en balde* [*para nada*], exceto por sete palavras que consegui arrancar de Radolfo no caminho.

Ainda nenhuma notícia do mundo lá fora. Don Miguel vai a Quito amanhã, então levará esta carta para mim. Não consigo imaginar o que aconteceu com Doreen e Dorothy.

"Também o anel...! A empolgação certamente não se dissipou."

Obviamente, estando eles no Equador na década de 1950 e sendo missionários em lugares tão obscuros, absolutamente nada era muito definitivo, nem mesmo os projetos de meu pai e as conexões dela — de *qualquer* tipo — em Quito. Segundo ele:

10 de abril
Não posso dar uma palavra definitiva sobre exatamente quando poderei sair. Pete voltou de Quito com a notícia de que tem um grande procedimento odontológico a fazer. Estou tentando convencê-lo a sair na semana anterior à conferência, para que talvez eu possa visitar San Miguel sem uma data limite para retornar, como ocorreria se eu tivesse de ir primeiro. Ainda duvido que possamos convencer Eladio a ficar mais de um dia ou dois sozinho. Mas Pete sente que, por ter acabado de voltar de Quito, não quer sair tão cedo.

Menos de um dia depois, no entanto, ele já não se sentia mais tão complacente.

11 de abril
Temo que as próximas duas semanas serão longas, pois as chuvas começaram e nós temos de ficar dentro de casa a maior parte do dia. Não consigo passar horas e horas estudando o idioma, como Pete, e fico arredio como um animal enjaulado, esperando na sala de comunicações, observando a floresta do outro lado do rio e encarando o céu cinzento e vazio. Eu irei, independentemente do que Pete faça ou de Eladio gostar ou não de ficar sozinho — preciso de você, querida, e preciso de você logo!

No final de abril, embora admitindo a possibilidade sempre presente de um atraso provocado pelas intempéries, ele pôs seus planos no papel.

29 de abril
Por favor, tenha paciência caso eu não esteja em Quito na noite de terça-feira, 12 de maio. Finalmente tive de dizer a Pete que partirei naquela data (segunda-feira, 11), se o tempo permitir, a despeito

do que ele decidir fazer. [...] Então, ele deve partir nesta sexta-feira, com consultas odontológicas que ocuparão a próxima semana inteira e parte da semana seguinte, com alguma expectativa de voltar no sábado (14), a fim de que um de nós esteja aqui em ambos os Dias do Senhor. Duvido, francamente, que ele consiga voltar. [...] Mas isso é problema dele — eu estarei aqui no meu domingo.

O tempo está muito imprevisível agora, querida Betts; fiz todo o possível para conseguir sair na segunda-feira de manhã e estar em Quito na terça-feira, mas agora devemos esperar a mão de Deus sobre qualquer plano. Tivemos um temporal que durou 36 horas ininterruptas na semana passada, e foi impossível voar no Oriente a semana inteira. Então, tenha coragem, querida, estou chegando.

A primeira semana será uma daquelas difíceis para nós — uma reunião de comitê após outra. Rosales nos encherá de compromissos até o pescoço. [...] Suponho que apenas nos encontraremos ocasionalmente. Mas, se Deus quiser, a segunda semana não será assim. Estou deixando-a em aberto. Vamos planejá-la juntos e você terá a palavra final sobre o que faremos — e eu terei liberdade para tudo, menos para o casamento! Pensei em visitarmos Miguel juntos, se você gostar da ideia — você saberá estabelecer nossos limites melhor do que eu. Também há a possibilidade da bodega em Quito, com a ida de Bill e Irene. Portanto, devo me aprontar — vou cortar o cabelo e fazer bem a barba, talvez duas vezes por dia.

Finalmente, chegou o dia.

11 de maio: De Shandia, decolei com Luis Andi por volta das 10h30. Peguei Gerry Conn em Tena e voei para Shell Mera. Esperei por um ônibus até por volta das 14h e tive dificuldade para sair de Baños. Cheguei a Ambato por volta das 20h e a Quito, depois da meia-noite. Ela havia esperado por mim até muito tarde, na casa de Tidmarsh, mas foi para a cama pensando que eu tinha ficado em Ambato. Pete me deixou entrar e o doutor se levantou para me dar as boas-vindas. Quando o sossego se instalou de novo, tentei acordá-la batendo à porta, deixando a torneira da banheira aberta, como uma isca. Após algumas tentativas, entrei e a acordei com um beijo. Ela se levantou em meus braços, num dos abraços mais calorosos de que me lembro, e foi o início de duas semanas muito intensas de abraços.

15 de maio: Nossas noites sozinhos junto à lareira foram as melhores. Se antes havia algo de hesitante em nosso amor, tudo isso foi destruído desde então. Nosso amor é, agora e para sempre, o único verdadeiro amor que posso conhecer, e, se eu a perdesse, não poderia haver em minha vida nada semelhante a isso.

19 de maio: Dias felizes, como nunca experimentei.

Minha mãe não parou para narrar essa deliciosa visita de maio em seu diário, mas, ao pensar nela em retrospecto, ela se lembrou de outro mês de maio, vários anos antes.

28 de maio
Querido Jim, quando penso na bondade do Senhor em simplesmente nos dar um ao outro, no exato momento em que cada um de nós tinha acabado de chegar ao lugar de verdadeira rendição quanto ao assunto — no domingo, 31 de maio, serão cinco anos desde então... Por "nos dar" quero dizer apenas nos aproximar, ou nos "revelar" um ao outro em amor, pois é claro que não fomos realmente *dados* um ao outro até 31 de janeiro de 1953. Mas não havíamos procurado um ao outro. Não estávamos à caça de um companheiro. O que eu teria conseguido se tivesse procurado? Certamente, não teria sido você. E, ah, sou tão grata e feliz, querido, por você ser quem é e por seu amor ser tão pleno e puro! Que Deus me faça a mulher da qual você precisa e a quem deseja, e que ele me prepare para você!

Domingo — nosso "quinto aniversário"! (Agora você dirá que sou doentiamente sentimental!) Quando penso naquele dia — no meu coração saltitando quando você veio até mim após o café da manhã da FMF, tão casualmente, e disse que gostaria de falar comigo em algum momento! Então, enquanto estávamos sentados na Lagoa, depois de você confessar seu amor por mim, lembro-me de você me tocar levemente com o ombro e de achar que você era vergonhosamente ousado! (Ainda acho, querido — e, oh, como eu o amo por isso!) Oh, o Senhor tem sido maravilhosamente gracioso em preservar esse amor, ao longo de todos os nossos momentos de dúvida, frieza e separação, e em trazê-lo agora a essa tamanha plenitude. Sinto que não fiz nada, e não *poderia* ter feito nada, para "segurar" você. Deus guardou você, e continuará a fazê-lo. [...]

Oh, querido, ao compará-lo com outros — na verdade, com todos os outros que conheço —, só posso exclamar que você é "o mais distinguido entre dez mil". Você é o *meu* amado, e eu sou sua.

Da sua solitária

Bett

E, assim, eles se separaram. De novo.
Para que a obra pudesse continuar.

2 de junho

Tive algumas conversas interessantes com Pete. Ele quer que Olive vá para o Wycliffe após se graduar na Biola University, e espera que ela esteja aqui em dezoito meses. Ele quer que ela aprenda espanhol por conta própria, mas não quíchua. E está feliz por não delirar por ela como eu, por você, porque acha que seria pesado suportar durante anos essa pressão. Mas ele tem certeza de que a "loucura" lhe sobrevirá novamente quando ela estiver ao alcance, e acha uma boa coisa que eu me sinta assim. Ele também me disse, sem rodeios, que não quer, de modo algum, ser um empecilho ao nosso casamento, e eu deixei claro que sentia o mesmo quanto a ele.

Assim, permaneço sendo o único obstáculo no caminho, e fico a pensar que essa é a coisa mais louca que já fiz — ser um empecilho ao meu próprio casamento com você, algo que desejo tanto. E acredite em mim, querida, se eu não estivesse firmemente convencido da vontade de Deus quanto a este "evangelismo itinerante" pioneiro e inédito, nós nos casaríamos, sem a menor cerimônia, como você prometeu que poderíamos fazer se eu decidisse isso de repente, amanhã. Eu quero tanto estar com você agora — dia e noite, como foi no mês passado, perto de lareiras e nas noites quentes e tropicais, à mesa e nos meus braços, com sua voz entrando pelas portas enquanto estou deitado na cama.

10 de junho
Sinto saudades de você estes dias, minha querida, acordando todas as manhãs com um desejo intenso por você e, muitas vezes, começando o dia com os poucos versos que conheço de "When the dawn flames in the sky, I love you" ["Quando o alvorecer arde no céu, eu te amo". Quando ele arde, eu amo. [...] E você ocupa todas as minhas orações. [...]

No fim de semana passado, levamos os alunos a Pano para um *paseo [passeio]*. Perdemos todas as partidas de futebol que jogamos, mas foi uma boa experiência para os meninos, até mesmo por *verem* uma escola bem dirigida e um pouco de disciplina. Nossa escola está bem desorganizada, mas não é fácil encontrar professores.

Na manhã do Dia do Senhor (Pete retornou para Shandia repentinamente, no sábado), apresentei Carl, o recém-nascido filho de Miller, em quíchua e preguei no culto matinal em Lucas 16. O Senhor me deu uma liberdade incomum e, na trilha de volta para casa, duas meninas que moram no meio do caminho entre Pano e Shandia, e que vieram a Pano para o culto, acompanharam-me e pediram para ser batizadas! Elas estavam vindo com frequência a Shandia, em domingos anteriores, e nos pareceu que demonstravam vívido interesse na Palavra. Se elas estiverem falando a sério, e *parecem* muito sérias, são nossos primeiros frutos aqui. [...]

Uma delas (Carmelo) esteve aqui hoje e passei uma hora com ela e sua irmã mais nova, ensinando-lhes versículos para serem memorizados em quíchua. Ela parecia muito atenta e, quando terminamos, ela orou com mais diligência do que jamais ouvi *qualquer* índio orar. Ore por ela.

Ah, Bett, mas como eu gostaria de poder encaminhá-la para que você a treinasse e ensinasse! Deveria ser uma mulher a realizar essa tarefa, e eu anseio que essas meninas sejam sua herança em Cristo. Mas você é necessária agora, não daqui a um ano — agora mesmo, para assumir o trabalho e participar de tudo comigo!

Queira Deus que isso ocorra logo!

Com carinho, seu Jim

VERÃO E...

Por mais ansioso que meu pai estivesse para se casar — *"O amor por ela dentro de mim não diz nada sobre esperar"* —, ele havia imposto à minha mãe uma condição para que pudessem marcar a data do casamento. Ela primeiro deveria aprender quíchua.

Foi por isso que, perto do fim de junho, ela concluiu seu trabalho linguístico entre os colorados e se mudou para Dos Rios, no oeste, a uma distância de seis horas, a pé, do meu pai, em Shandia. Como sempre, a viagem em si foi uma aventura.

27 de junho

Agora, sobre a minha viagem de San Miguel para Dos Rios — (provavelmente terei que parar na metade do caminho; aqui, as luzes se apagam às 21h!): saí de lá no dia 18 de junho, tendo mais ou menos completado o alfabeto no dia 16. A viagem a Quito foi como esperado, com apenas dois atrasos de uma hora cada. Nada foi roubado, graças a Deus. [...]

(Uma bolsa do meu pai havia sido roubada em sua recente viagem de San Miguel, custando-lhe não apenas roupas e equipamentos, mas também uma caixa insubstituível de slides coloridos.)

Passei a segunda e a terça-feira desempacotando e reembalando coisas na bodega (e sentindo muitas saudades suas) e peguei um ônibus de Quito para Ambato na quarta-feira à tarde, pois me disseram que um avião sairia de lá às 17h. Cheguei a Ambato às 16h30 e corri loucamente até o aeroporto, apenas para ficar esperando até as 17h30, quando o avião chegou de Shell tarde demais para fazer outro voo!

Então, lá estava eu, presa no aeroporto, tendo de esperar até o dia seguinte por um avião. Fiquei lá, sentada com meu vestido de algodão (tendo pensado que iria direto para Shell naquela noite), morrendo de frio, quando a esposa do comandante do aeroporto apareceu e me convidou para passar a noite em sua casa. Eles são cristãos adoráveis, ofereceram-me um jantar e uma bela cama. Certamente foi uma das provisões do Senhor.

O avião só decolou de novo ao meio-dia, então passei a manhã inteira pensando que cada hora ali significava uma a menos com você! Eu esperava algo como você havia sugerido — voar para Shandia pela manhã e passar o dia todo lá!

A essa altura, ela interrompe a carta, dizendo (como previsto) temer que as luzes se apagassem bem no meio de uma frase. *"Boa noite, meu querido. A lua está aí hoje à noite, mas as nuvens a escondem. Oh, estar tão perto de você! É muito melhor assim. É a primeira vez, sabe, que estamos separados por tão curta distância! Eu o amo, Jim — sempre, e tanto."*

Ela retomou a narrativa na manhã seguinte. *"Bem..."*

Quando chegamos a Shell, após uma viagem maravilhosa, com todos os grandes Nevados *[montanhas cobertas de neve]* brilhando ao sol, Bob me encontrou no avião e descobriu que ele logo partiria de novo, naquela tarde. Isso significava que ele tinha de correr para buscar aquelas mulheres de Pano e trazê-las. Só tive tempo de engolir um pouco do almoço antes de decolarmos.

Minhas esperanças de passar algum tempo com você já estavam destruídas, mas não passava pela minha cabeça que nem sequer pousaríamos. Quando estávamos nos aproximando de Shandia, Bob, de repente, me entregou os fones de ouvido e disse: "Quer ouvir uma bela voz?" Era você se comunicando com Shell Mera. Que emoção ouvi-lo falar no mesmo instante em que Shandia surgia no horizonte!

Então, após sobrevoarmos você pela primeira vez, naquela hora que Bob gritava com você pela janela, ele me disse: "Bem que podíamos parar para vê-los". Outro salto de expectativa! Porém, enquanto ele voava em círculos, disse que não achava que conseguiria pousar. Eu estava quase louca, vendo você ali tão nitidamente e bem sabendo que você esperava que nós descêssemos.

Enquanto você desaparecia de vista, não pude conter as lágrimas. (Não se preocupe — Bob não percebeu. Estava olhando em outra direção.) Ainda não contemplei Shandia — eu só olhava à sua procura e depois olhava para você, querido, o tempo todo.

Próximos, mas tão distantes. Mas talvez em breve...

Em sua carta, você disse que ficaria feliz em vir aqui "quando eu me instalasse". Uma hora após chegar aqui, eu já estava instalada e, ah, tão pronta para vê-lo! Vou gradualmente perder a sanidade se você não vier logo e me contar tudo. A casa me pareceu boa — qualquer coisa serve, querido, absolutamente qualquer coisa, desde que estejamos juntos. [...]

Os Bowle dizem que não estarão aqui no próximo domingo, então me pergunto se você acha que poderia vir nessa data. Venha quando julgar oportuno, e eu sei que Carol ficará feliz em recebê-lo a qualquer momento. Jerry acabou de dizer: "Oh, sempre há espaço em algum lugar". Você sabe que estarei ansiosamente esperando para encontrá-lo. [...]

E, se você me surpreender quando eu houver acabado de lavar meu cabelo (ou mesmo quando o estiver lavando no rio), ou quando estiver encharcada ao retornar de uma viagem de canoa, como sexta à tarde, ficarei igualmente feliz em vê-lo. Venha...

1953: O amor transcende

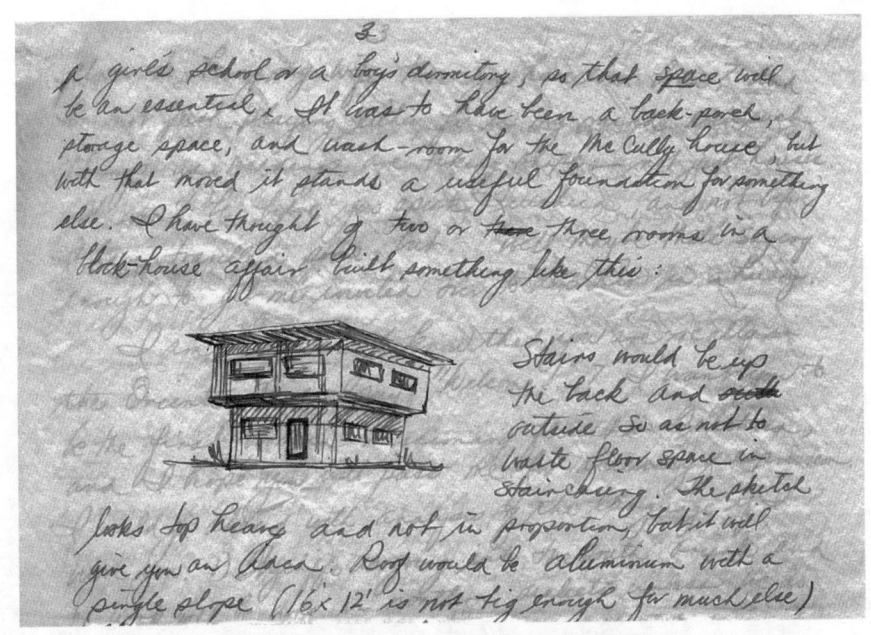

As ideias de meu pai para a primeira casa deles em Shandia, embora ele tenha findado por construí-la em Puyupungu.

A casa de bambu deles, em Puyupungu, após cinco meses em uma barraca cheia de goteiras.

A carta seguinte de meu pai (29 de junho) era basicamente um manual de quíchua, incluindo gráficos e guias que remontavam aos seus dias no Wycliffe, assim como análises de campo que eles coletaram desde que haviam chegado ao local. Ele queria que ela aprendesse o idioma com a maior rapidez — e a maior perfeição — possível, embora admitisse que ele mesmo ainda enfrentava muitas dificuldades. *("Por favor, não me julgue muito severamente por esse material.")* Aparentemente, ele também ainda precisava do manual.

29 de junho

> O que mais me deixa triste é não estarmos fazendo isso juntos, essa análise linguística. Tenho sonhado em me sentar com você e repassarmos tudo aquilo que não entendo. Pete é tão "sabe-tudo" em muitos pontos (e, normalmente, ele sabe mesmo...). Mas eu sei que você e eu não brigaríamos por alguns assuntos que são disputados aqui.

É verdade que eles não estavam suficientemente próximos para ir à casa um do outro para uma sessão de estudo à noite. Mas a distância mais curta pelo menos permitia que a correspondência deles se tornasse um pouco mais confiável, transportada por mensageiros de uma estação para outra. (*"Fico à procura de cada rosto de Pano que surge da floresta"*, disse meu pai.) Uma ou duas vezes naquele verão, porém, quando a necessidade de suprimentos permitia que ele justificasse uma caminhada de vários dias pela floresta ou um passeio de canoa de poucas horas, eles conseguiram se encontrar — para conversar sobre os planos de moradia e do casamento, e para sussurrar as doces verdades que cada um amava dizer e ouvir. Em seu diário de 5 de julho, após voltar de sua primeira viagem para vê-la em Dos Rios, meu pai escreveu:

> **5 de julho:** Foram nossos três dias mais íntimos de todos os tempos. Fizemos planos para a casa e estudamos quíchua — com aqueles abraços tolos e espasmódicos nos intervalos, fazendo com que tudo fosse recompensador e divertido. À noite, ficamos na varanda da clínica. Não te esqueças na velhice, ó minha alma, da ternura que ali conheceste.

Quanto à situação de seus planos de moradia, ele lhe havia escrito sobre alguns detalhes em 29 de junho:

> Espero que lhe agrade a ideia dos dois andares, com 3,70 x 4,90 m cada. Conversei com Pete a respeito e ele aprovou. Tenho construído a casa e morado nela, na minha mente, noite após noite, desde que a ideia me ocorreu. Mas, se você quiser muito ficar longe dos demais, pensarei em outra coisa. Afinal, querida Betts, mais do que qualquer outra coisa, o que eu quero é fazer você feliz.

E, quanto aos planos de casamento, ele havia escrito e enviado este bilhete em 4 de julho:

> O que você acha de fazermos o casamento civil, sairmos em lua de mel e voltarmos para uma recepção noturna em Quito? A incerteza das datas me faz pensar nessa possibilidade.

Gradualmente, porém, emergia um padrão que ameaçava pôr em risco os planos de moradia e casamento e até mesmo os planos para toda a estação missionária.

> **5 de julho**
> O rio está num daqueles estágios impressionantes, nos quais um dia a mais de chuva o levará a proporções perigosas — e ainda está chovendo. [...] Pensei em lhe mandar um bilhete por meio dos rapazes de Dos Rios, que só voltarão quando o tempo melhorar. Eles se perderam na escuridão, após caminharem cerca de vinte minutos ontem à noite, então hoje de manhã fomos de caminhão, na chuva, buscar as telhas de alumínio onde eles as haviam deixado.

Contudo, mesmo mantendo um olhar atento para os céus e para o rio, meu pai estava aprendendo novas lições de amor. Como vimos em seus escritos de anos anteriores, ele às vezes era apressado e insensível com seus julgamentos e conselhos. O mesmo temperamento ousado e agressivo, que bem lhe servia como um audaz discípulo de Cristo, às vezes podia soar áspero e abrupto, até mesmo intrometido, principalmente no trato com uma mulher. E aqui vemos surgir novamente na conversa aquela mentalidade que tenta consertar tudo:

> **7 de julho**
>
> Tenho pensado em como você pode aproveitar melhor seu tempo em Dos Rios, e ontem me ocorreu que você deveria dar pleno suporte a Carol. Não quero que ninguém diga: "Ah, sim, ela aprendeu quíchua, mas não fez nada mais".
>
> Veio-me à mente aquele bebê índio. Por que você não se oferece para assumir total responsabilidade por ele — roupas, banho e alimentação? Quero que todos saibam tudo que você pode fazer, Bett, e, percebendo a reticência que há em você, eu a impeliria, se pudesse. Sei que você ajudará na escola, mas não espere que lhe peçam para fazê-lo, entende? Quero que você se mostre frutífera em toda boa obra, e creio que há muito por fazer.

A resposta de minha mãe, em uma carta enviada três dias depois, foi graciosa, com apenas uma insinuação de atitude defensiva.

> **10 de julho**
>
> Agradeço seu conselho sobre como gastar meu tempo. É difícil saber exatamente como ajudar Carol. Ela nunca me dá nada para fazer; eu simplesmente tenho de tentar encontrar algo para fazer e, com três índias aparentemente fazendo tudo o que há de mais óbvio no trabalho doméstico, nem sempre tenho certeza de como ajudar. Mas vou tentar. Como você sabe, tenho capela duas vezes por semana, escola dominical neste domingo, recreação duas vezes por semana e estudo bíblico. Também toco órgão em várias reuniões.

Mas a carta dele de 7 de julho não parava por aí. Ele também disse:

> Francamente, não fiquei satisfeito com sua atitude em relação a [Pete] nos poucos comentários que você fez em Dos Rios. Não é suficiente dizer que "há algo nele que simplesmente a incomoda". Mais uma razão pela qual você deve fazer um esforço em direção

a uma compatibilidade e uma compreensão verdadeiras. Prometo que vou endurecer com você, caso continue a criticá-lo, independentemente de como ele "incomoda" você. E receio que serei inflexível nesse ponto, querida, pois considero isso um desenvolvimento da graça cristã em você, e não me contentarei com nada menos que um doce espírito de bom senso nessas questões, quando você for minha esposa.

Até o último ano de minha mãe na faculdade, quando ele começou a mostrar que ela tinha esse tipo de atitude, não acho que ela percebia quão bruscas ou cortantes suas palavras podiam ser. Há pessoas que nunca dizem nada para magoar os sentimentos de outras — nem mesmo com sinceridade, nem mesmo com amor — e há outras, como minha mãe, que falam sem rodeios. Com o tempo, porém, ela passara a reconhecer a necessidade de ser cautelosa com sua tendência de ser franca, não permitindo que essa franqueza se tornasse uma arma. E, embora o orgulho possa penetrar qualquer coração ao ser exortado ou repreendido, creio que a resposta dela à acusação de meu pai mostra verdadeiro crescimento e humildade naquele momento de sua vida.

Devo dizer que fiquei perplexa com sua maneira de me repreender por minhas críticas a Pete. Foi a primeira vez que você o mencionou, e eu senti que realmente estava sendo "engolida", como diria Ed. Sinto muito mesmo, pois não é que eu antipatize com Pete, mas o que disse foi "apenas entre nós dois" e eu não pretendia "continuar a criticá-lo".

Imediatamente, porém, percebi que agora devo começar a me submeter a você, Jim, e receber sua correção com um verdadeiro espírito feminino. É um papel que preciso aprender, pois meu primeiro impulso foi o de debater. Peço-lhe, no entanto, que primeiro me dê algum tipo de advertência e, se eu ainda não obedecer, só então prometa que vai "endurecer comigo". Tal ideia quase me fez chorar aos berros.

Peço perdão, porém, por criticar aquele que Deus enviou para ser seu companheiro de obra, pois sei que ele tem muitas qualidades excelentes. Temo que o espírito de discernimento não esteja em mim.

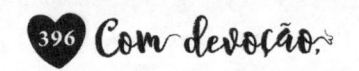

Aqui, devo também reconhecer um crescimento semelhante na humildade de meu pai. Ele recebeu a resposta dela como um bem-vindo facho de luz sobre sua própria fraqueza.

12 de julho

Sinto muito mesmo, Bett, por não conseguir moderar minhas fortes opiniões com algum esforço por modificá-las ou suavizá-las. Eu realmente não queria soar tão severo quanto vejo que você recebeu, e isso não me parece ser um ponto no qual você deva obedecer a mim contra sua própria vontade. Era simplesmente uma atitude que eu percebia à espreita e, ao finalmente vê-la emergir em nossa última visita, escrevi a respeito como algo que não quero ver crescer.

Suponho que sou mais crítico com [Pete] do que você, e deveria estar "endurecendo" comigo mesmo. Sua atitude ao receber minha carta foi suficiente para me humilhar sobremaneira nesse assunto, de tal modo que não desejo escrever a respeito agora. Não poderíamos de fato conversar sobre ele agora, de qualquer modo, então vamos deixar o assunto guardado até que voltemos a nos encontrar.

Aquilo era bom. Eles estavam aprendendo um com o outro, valorizando um ao outro, estimando cada vez mais aquilo que o outro trazia para suas vidas. Minha mãe falara a respeito disso em uma carta recente:

7 de julho

A carta que você escreveu no domingo, que recebi ontem de manhã, me deixou frágil. A profundidade e a inteireza de sua compreensão do meu amor, sua perfeita percepção e estima são muito maiores do que jamais sonhei. Jamais poderia imaginar essas qualidades em homem algum, querido, e você me abriu portas que eu nem sabia existirem. Você não parece deixar nada passar. Você não ignora nada. Você não trata nada com leviandade. Jim, você me lê como se eu tivesse sido feita para ser lida apenas por você!

Até a estrutura muscular dele parecia ter sido feita sob medida para ela, atendendo a uma necessidade de seu coração, respondendo a uma de suas conscientes inseguranças.

> Você é o primeiro homem que me fez sentir pequena. Quando eu estava com George, por alguma razão, sempre estava mais consciente da minha altura; pensando, suponho, que as pessoas comentariam sobre como nós dois éramos altos. Quando estou em seus braços, porém, sinto-me muito pequena e indefesa! Ao olhar suas costas no espelho, enquanto estou em seus braços, você parece tremendamente poderoso. Fico feliz com tudo isso e sei que o Senhor, verdadeiramente, nos fez um para o outro.

Ela também adorava simplesmente ouvi-lo falar. Um dos sons cotidianos em sua nova residência eram as comunicações intermitentes, numa linha aberta de rádio, entre estações missionárias próximas. A recepção às vezes era instável e nem sempre clara. Mas seus ouvidos se animavam cada vez que ela ouvia o rádio estalar de atividade, pensando que poderia ser a voz do meu pai, direto de Shandia.

> Estou há quarenta minutos apurando os ouvidos e tentando ouvir sua voz, já que há uma semana que você não aparece. Agora, às 14h, acabei de ouvir você e Henry conversando e dizendo que vocês achavam que eram os únicos sintonizados na rede. Tive vontade de irromper e dizer que eu estava lá, como sempre, já que, de fato, ouço tudo, na esperança de ouvir você. Mas eu não conseguia ouvir bem. Ouvi Henry dizer que Jerry estava lá e não trouxera nenhuma correspondência. Eu me sinto péssima. Por que não segui meu impulso ontem e respondi à sua carta no exato minuto em que terminei de lê-la? [...]
>
> Algo diferente no contato pelo rádio é que, quando ouço sua voz, mesmo não podendo lê-lo, sei exatamente onde você está e o que está fazendo. É uma ocasião em que não preciso especular, como faço cem vezes por dia.

> Estava enlouquecendo esta tarde. Eu o ouvi bem cada vez que você disse: "Está nos ouvindo agora?", mas, quando você prosseguiu, parei de ouvi-lo. Nunca consegui ouvi-lo até o final e nunca o escutei dizendo: "Câmbio, desligo". Mas já é alguma coisa saber que você está vivo e bem.

Era uma alegria e uma bênção inesperadas passar a ouvir a voz dele com tanta frequência. Ela escreveria para lhe falar de como o rádio a ajudava a se manter informada sobre ele, de como seu coração disparava ao ouvi-lo.

9 de julho

> Acabei de ouvi-lo no contato e, como ainda não sei se Bob vai parar em Shandia hoje à tarde, é melhor deixar esta carta pronta, por via das dúvidas. Enviei hoje uma carta por alguns homens de Pano, mas por que não deveria enviar-lhe duas cartas no mesmo dia, querido? Eu o amo mais do que qualquer número de cartas poderia demonstrar.
>
> É tão bom ouvir sua voz, por mais indistinta que esteja. [...] Eu só gostaria de um dia gritar, bem no meio da comunicação, para o espanto de todos no Equador (e provavelmente no Peru): "Eu o *amo*, querido! Eu o amo!". Porque é verdade. Eu o amo. Mais do que você pode imaginar.

As cartas deles em julho realmente parecem mais uma conversa, agora que o tempo de espera entre as correspondências fora reduzido para dias, em vez de semanas (e meses). Aqui está uma pequena colagem delas, de datas diversas:

> **EH:** Eu o amo loucamente e acho que não há ninguém com quem compará-lo. Tem certeza de que você não é perfeito? Acho que você está enganado, pois eu amo simplesmente tudo em você.
>
> **JE:** Não imaginava que eu ficaria assim, Betty, mas estou perdido, totalmente perdido sem você. Amo você, minha querida, e às vezes tenho que simplesmente parar onde estou e suspirar.

EH: Sempre que olho para as colinas perto de Shandia, involuntariamente sussurro a palavra "querido" — e me pergunto apenas o que você deve estar fazendo.

JE: Aquela longa e baixa colina que lhe mostrei, assim como o outeiro em sua extremidade norte, proporcionam uma visão perfeita de Shandia. Nós nos situamos bem na lacuna entre os dois, se isso a ajuda a pensar em mim "logo ali".

EH: Jerry e Edna acabaram de partir para Pano, e eu estou me martirizando porque não tinha nada pronto para lhe mandar, querido. Estou determinada a não deixar que isso ocorra novamente — embora eu não soubesse que eles iriam —, então estou escrevendo isto agora.

JE: Quanto mais próximos ficamos, mais percebo as vantagens de tê-la por perto. Muito obrigado por suas cartas — todas chegaram com Ablando, ontem.

EH (10 de julho): A carta descrevendo o casamento de Ginny me fez querer você ainda mais, Jim. Como no mundo as pessoas sobrevivem a eventos tão sublimes quanto uma cerimônia de casamento? Não sei como farei isso, uma vez que a data esteja realmente definida. Quando você falou da possibilidade de nos casarmos aqui e fazermos uma recepção em Quito, onde pensou em fazer a cerimônia civil? Em Quito, com a recepção em seguida? [...] Ainda não sei o que seria melhor. Não consigo deixar de pensar na decepção de nossos pais, de Dave e Gibby, possivelmente de Bert e Colleen. [...] Não tenho certeza de quais satisfações devemos a outras pessoas. Sei que o Senhor nos mostrará e nos fará felizes em tudo que fizermos.

JE (12 de julho): As descrições exuberantes da festa de casamento não surtiram em mim o efeito que tiveram em você. Para mim, querida, "seda cor de marfim", "corpete justo e ombros à mostra", "bordados de paetês iridescentes", "tiara de brilhantes", nada disso corresponde ao que você descreve como um "evento sublime". Desculpe, mas é como digo: para mim, é apenas um enfado dispendioso, com pouco valor além da lembrança. E, embora eu deva fazer de todo o meu coração tudo que você desejar em uma cerimônia de casamento — tudo de que você queira lembrar —, devo contar-lhe que tenho pavor só de pensar numa tal programação, seja qual for o retrospecto. Não posso lhe dizer por quê, pois na verdade não sei, mas algo dentro de mim resiste à parte vistosa dos casamentos com uma cólera que poucas outras coisas na vida me despertam.

EH: Pergunto-me como está a construção da casa. Tivemos um tempo ruim desde que você voltou, o que, sem dúvida, deve tê-lo atrasado consideravelmente.

JE: Estamos consideravelmente atrasados por causa das chuvas. Todas as valas para as sapatas estavam cheias de água e, com tanta lama, foi quase impossível deixar as colunas retas. [...] E pensar que temos de começar a casa de um professor antes de podermos trabalhar na nossa!

EH: Jerry me disse hoje que, uma vez que se põem telhas de alumínio numa casa, não se podem usá-las novamente em outra. Elas são muito finas e se partem. Também os buracos deixados pelos pregos não podem ser emendados. Então, talvez devêssemos colocar sapê em nossa primeira casa, hein? Seria uma pena desperdiçar centenas de dólares em telhas de alumínio para uma casa temporária. Especialmente se o vento arrastá-las desfiladeiro abaixo! Vi na *Popular Science* o anúncio de vários livros sobre como construir com blocos de cimento. Cada um custava um dólar. Essas revistas sempre me parecem um tanto canhestras. Você estaria interessado, ou seria melhor esperar para ver se encontramos as informações na *Better Homes and Gardens*?

JE: Concordo em linhas gerais quanto às revistas da *Popular Mechanics* e acho a *Better Homes and Gardens* mais confiável. Ainda deixarei você responsável pelo projeto da casa de cimento. Não havia pensado em reaproveitar as telhas que colocarmos na primeira casinha, mas em transformar o local em uma escola para meninas ou algo assim, quando nos mudarmos. Mas acho que podemos poupar as telhas para uma casa melhor e usar manta asfáltica, como no prédio do armazém de Dos Rios. Precisamos descobrir se a água captada desse tipo de telhado é potável. Dizem-me que a água captada do sapê não é boa.

EH (13 de julho): Tem feito frio aí, ultimamente? Desde que cheguei aqui, uso um suéter quase metade do tempo. Carol diz que isso é "muito incomum", mas é sempre assim quando você vai a um lugar novo: "O tempo nunca esteve assim". Gostaria de ter trazido mais roupas de frio de Quito. E dizem que, em Shandia, faz ainda mais frio, por causa da proximidade das montanhas. Até agora, não houve sequer um dia de calor. A tarde que você e eu passamos na praia foi a mais quente. Estou mais convencida do que nunca da necessidade de uma lareira.

JE (17 de julho): Lamento que você sinta tanto frio! Tenho um remédio exemplar para isso, e não é uma lareira.

EH: Você viu o céu na noite passada? "Ó Beleza, não és o bastante? Por que estou chorando em busca do amor?" Mas de fato estou chorando, querido. Choro em busca do amor, noite após noite e dia após dia. Quanto tempo, quanto tempo, quanto tempo? Anseio acordar com você de manhã, vestir-me com você, preparar seu café da manhã (e não será mingau de banana), sentar-me diante de você à nossa mesa, com nossa roupa de mesa, louça e talheres. Vê-lo trabalhando lá fora e saber que você é meu. Sentar-me e estudar, sabendo que não é impossível você aparecer de repente, por trás de mim, e me beijar. Preparar seu almoço e saber que você virá comê-lo. Deitar-me com você na hora da sesta, nadar com você no Talac, ao sol, e depois nos vestirmos e jantarmos juntos. Ah, e aquele pensamento indescritível — ir para a cama com você à noite. Deitarmo-nos juntos, sem nos preocuparmos com a hora, com as roupas ou com escadas que rangem! Jim, eu serei sua esposa, mas você será a minha *vida*. (Escrevi o anexo enquanto estava na casa dos Arias, mas nunca pensei em mostrá-lo a você até que (se) nos casássemos. Mas não há barreiras agora. Eu sou sua, e as ideias ali, embora longe de serem poéticas, se intensificaram agora. Então, deixo você ler.)

JE: Ontem à noite eu estava sonhando (acordado) com a primeira vez que fizemos uma escalada na montanha juntos à noite, e me perguntava como realmente seria ter alguém e ser livre para abraçar e aquecer-se. Já passei algumas noites frias em sacos de dormir — você tem um, ou nos apertaremos no meu? Ainda não consegui escalar todo o Pichincha e espero que, da próxima vez que o fizermos, seja como velhas pessoas casadas fazendo algo que apenas tolas pessoas solteiras tentariam. Ah, Bett, amo estar com você, em qualquer lugar. E quero que estejamos juntos em todos os lugares — passeios de canoa e escaladas de montanhas. Deveríamos ser eu e você nessa viagem a Galápagos, não eu e Pete.

EH: Na porção de ontem do Luz Diária, deparei com algumas passagens interessantes. *[O Luz Diária é uma coletânea clássica de leituras bíblicas para a manhã e a noite.]* Estava aqui, sentada à escrivaninha, tentando desesperadamente me concentrar, mas dominada pela saudade de você e pelo desejo cada vez maior de me casar. Involuntariamente, o grito explode: "Ó Senhor, até quando? Apressa esse dia!". Peguei meu *Daily Light* e li: "Em verdade também vos digo que, se dois dentre vós, sobre a terra, concordarem a respeito de qualquer coisa que, porventura, pedirem, ser-lhes-á concedida por meu Pai, que está nos céus". [...] "Disse mais o Senhor Deus: Não é bom que o homem esteja só". [...] "Melhor é serem dois do que um". As passagens estavam exatamente nessa ordem e isso me assustou. Do outro lado da página, na porção da manhã, eu havia escrito "PJE, 1948", mas as passagens eram de um tema muito diferente. O Senhor nos guiou por um caminho que não conhecíamos, mas de um modo maravilhoso, e sou grata por cada uma dessas fases.

Tais memórias a fizeram pensar novamente nos caminhos sinuosos que eles haviam percorrido.

EH: Tenho pensado naqueles dias nos quais você era apenas "o amigo de Dave", aquele "tal de Elliot — você deveria conhecê-lo —, vocês dois dariam um belo casal". Os dias em que você era apenas um lutador no tatame, a quem eu gostava de assistir e por quem eu nutria um discreto interesse, só porque Dave se importava muito com você. Os dias nos quais você era o colega que se sentava do outro lado da sala, na aula de História Antiga, com a perna cruzada sobre o joelho esquerdo e um perfil interessante — um sujeito em nítido contraste com aquele Oliver Não-sei-quem, que se sentava na próxima fileira à sua frente, usava galochas de borracha, carregava uma valise e sempre assistia, vidrado, à palestra. Como aquele Jim Elliot pode ser o mesmo que agora me ama, e demonstra isso da maneira como você faz? O desenvolvimento de nosso relacionamento é um dos mistérios da vida, e dos mais intrigantes. Ah, Jim, como sou grata pelo modo como você me conduziu ao amor — gentil, hábil e inexoravelmente, com o mais delicado toque, em certo sentido, e ainda assim com a mais forte compulsão! É algo maravilhoso demais para mim, querido, e fico totalmente sem fôlego ao contemplá-lo.

O mesmo se dava com ele. Na verdade, em meados de julho, ele estava fazendo planos de retornar a Dos Rios para uma visita, *"mas as dúvidas se acumulam à medida que minha expectativa vai aumentando".*

JE: Ontem, Bob trouxe a notícia de que Marilou está com icterícia ou malária e que provavelmente não vamos descer este mês, já que ele é o principal encarregado do caso. Também ontem, Pete adoeceu, com uma daquelas crises (febre, calafrios e fraqueza) que podem transformar-se em qualquer coisa. Portanto, minha tão saudosa querida, mais uma vez somos lançados à misericórdia do Senhor quanto a estarmos juntos no próximo fim de semana. Gostaria de lhe dar uma certeza, mas não posso fazê-lo agora.

Ele só conseguiu sair para vê-la no final do mês, quando passaram um fim de semana inteiro *"falando principalmente de quando deveríamos nos casar: setembro, novembro, janeiro ou março".*

Poucos dias após seu retorno a Shandia, depois de processar tudo o que haviam discutido sobre o casamento e conversar com Pete sobre as respectivas implicações, ele sentiu paz no desfecho a que chegara. E, enquanto as agora frequentes chuvas caíam sobre o telhado, agitando as já fortes águas do Napo, impedindo-o de fazer qualquer trabalho externo durante todo o dia, ele se sentou para escrever à minha mãe, fazendo um resumo de suas conclusões.

30 de julho

A meu ver, o casamento envolve três questões: (1) você realmente aprender quíchua, (2) eu viajar pelo menos um pouco como homem solteiro e (3) a questão da moradia. Meu sentimento nesta manhã, após orar e conversar com Pete, é que faríamos bem em adiar em dois meses o esperado casamento de novembro, marcando-o para janeiro. Isso lhe dará mais tempo para dominar o idioma. (Onde você vai morar, isso me parece uma questão sem importância. Deus mostrará isso claramente, se estivermos descobrindo a vontade dele.) Isso também me dará alguns meses para viajar e tempo para coletarmos tábuas para a construção, algo de que precisamos até mesmo para a casa de Ed. Esta é a minha sugestão: um casamento em janeiro; você escolhe a data.

Ele mal sabia, no entanto, que a coisa "catastrófica" que ele quase desejara em abril, como forma de acelerar o casamento deles, estava, naquele exato momento, cascateando em sua direção, enquanto as chuvas se transformavam em torrentes. E tudo que minha mãe podia fazer, ao ouvir a notícia daquele dilúvio, era escrever para ele e orar para que ele houvesse sobrevivido.

> July 31, 1953 · 10:20 a.m.
> Dos Ríos
>
> Many waters cannot quench love, neither can the floods drown it. So I write you this morning, darling, loving you as never before, and not knowing in what circumstances you find yourself. Ed McCully came out to the radio at 2:30 yesterday afternoon, and stood anxiously by until 3, but none of us heard from you. Marge and I stood by every hour on the hour till 6, hoping you might get your radio set up again. But if it was anything like it was here, I'm wondering if there is a building left in which to set your radio, let alone yourselves. The crest was not reached until around 5 yesterday. Oh darling — if only I could help. I've been standing by on the radio this morning, as Ed & Dr. T. said they'd be doing. I've read no one, not even Shell. I'm going to ask Nate to fly in to Shandia as soon as he possibly can if I can read

Carta da minha mãe, orando e esperando notícias dele.

31 de julho

"As muitas águas não poderiam apagar o amor, nem os rios, afogá-lo." É assim que escrevo para você esta manhã, querido, amando-o como nunca, e sem saber em que circunstâncias você se encontra.

Ed McCully foi à rádio ontem à tarde, às 14h30, e ficou lá ansioso até as 15h, mas nenhum de nós teve notícias de vocês. Marge e eu nos revezamos de hora em hora, até as 18h, esperando que vocês conseguissem restabelecer a comunicação via rádio. Mas, se aí houve algo parecido com o que sucedeu aqui, pergunto-me se terá restado alguma construção onde possam pôr o equipamento de rádio, ainda mais onde *vocês possam se abrigar*.

O ponto mais alto só foi alcançado por volta das 17h de ontem. Ah, querido — se eu pudesse ajudar. Fiquei esperando na rádio esta manhã, assim como Ed e Dr. T. disseram que também fariam, mas não consegui contato com ninguém, nem mesmo Shell. Vou pedir a Nate que voemos para Shandia o mais rápido possível, se eu conseguir chegar a Shell às 13h30 desta tarde.

Estou enviando esta carta por um índio, com um pouco de comida também, caso você tenha perdido tudo, até os meios para cozinhar. Vou dizer a ele que, caso encontre um dos índios daí vindo em nossa direção (estou esperando que você envie notícias em breve), ele pode enviá-lo de volta com esta carta e retornar para cá com qualquer mensagem que o índio daí possa ter.

Não dormi nada bem na noite passada, perguntando-me se vocês tinham ao menos um teto sobre suas cabeças. Perguntando-me quanto vocês conseguiram salvar, se é que conseguiram algo — imaginando até mesmo a possibilidade de a casa haver desmoronado com vocês dentro! Ah, querido, eu o amo com toda a minha alma e não posso imaginar como seria a vida sem você.

Também me perguntei qual era o propósito de Deus nisso. Será que todo o seu trabalho se perdeu? Eu confio nele quanto a isso, Jim, em certa medida. (Tive de acrescentar esta última parte, para ser honesta.) Realmente creio que ele tem um propósito que "logo amadurecerá", mas não posso deixar de me perguntar e especular. É isso que quero dizer com "em certa medida".

Hoje de manhã, orei para que você seja firmado, fortificado e fundamentado, depois de todas essas provações. Que Deus verdadeiramente o faça aprender a obediência pelas coisas que sofreu! Anseio estar com você em meio a isso tudo e compartilhar o que quer que lhe sobrevenha. Saiba que estou orando por você, assim como sei que estão fazendo em Quito e Shell Mera também. Esperarei ansiosamente por uma notícia sua — antes de amanhã ou, pelo menos, com o retorno do índio. Diga-me se há algo que possamos fazer.

Na verdade, porém, não havia.

Ele escreveu no dia seguinte, remetendo-a de um endereço que descreveu simplesmente como *"uma oca"*.

1º de agosto

Shandia já não existe mais. Estou escrevendo defronte a uma fogueira, a céu aberto, com uma dúzia de índios me olhando e me dizendo o que escrever. A primeira casa se foi por volta das 15h30 de quinta-feira, e passamos o resto do tempo removendo nossas coisas do rio — exceto na noite passada, quando dormimos a noite inteira com cerca de trinta índios em uma casa.

Agora, a maioria das coisas está em um abrigo temporário, embora os itens mais pesados, como barris, motor, geladeira etc. estejam em diversos pontos da floresta — fora do alcance da enchente, esperamos. A maioria das nossas coisas foi salva, graças à ajuda inestimável de todos os índios, embora tenhamos perdido um pouco com o roubo, além das tábuas que arrancamos das casas, simplesmente por estarmos cansados demais para guardá-las longe do rio. A escola se foi por volta da meia-noite e a cozinha escolar, na madrugada de ontem. As clínicas e nossa cozinha indígena se foram no final da tarde. [...]

Tentaremos levantar nossa barraca hoje e retomar as tarefas domésticas em breve. Foi muito atencioso de sua parte enviar pão. Encontramos um pouco de manteiga e mel, e tomamos canja de galinha no jantar — a primeira boa refeição nas últimas trinta e seis horas. Desculpe-me por não tê-la informado antes, mas estávamos ocupados carregando coisas no exato instante em que o mensageiro chegou, e até a noite passada eu não fazia ideia de onde havia papel e caneta.

A nova casa está em estado crítico e perdemos cerca de um oitavo da pista de pouso. Não sei se alguém ousará pousar lá. Se o fizerem, precisaremos de cabo para a antena do rádio. Nossas canetas estão quase sem tinta, por isso vou terminar esta carta apressadamente.

> August 1, Saturday
> Ilac - an indian home.
>
> Shandia is no more. This is being written beside a fire outside with a dozen indians looking on and telling me what to write. The first house went about 3:30 P.M. on Thursday and we have spent the rest of the time moving our stuff away from the river – except for last night when we slept the whole night with about 30 indians in one house. Most of the stuff is here now under temporary shelter, though the heavier items, barrels, motor, refrigerator, etc are at various points in the forest – we hope out of reach of the flood. Most of our stuff was saved, thanks to the invaluable help of all the indians, though we have lost a little through ~~thieving~~ thievery, and the boards we tore from the houses through simply being too weary to pack them away from the ????. School went about midnight and school kitchen in early hours yesterday morning. Clinic & our indian kitchen went late in the afternoon Thurs. Will you please send this telegram to Mr. K.L. Fleming, 1403 10th Ave. West, Seattle 99, Wn. FLOOD DESTROYED SHANDIA. SAVED STUFF. ALL WELL. INFORM PORTLAND. We will try and get our turkeys today and get housekeeping Love, Pete

A enchente.

E, como de costume, embora a situação dificilmente pudesse ser mais terrível, ele imediatamente começou a recorrer àquele poço de fé que havia permitido que o Senhor construísse nele durante toda a sua vida. Nos dias que se seguiram, o espírito invencível de meu pai mostraria que ele era aquele Jim Elliot tão admirado ainda hoje, um homem capaz de encarar de perto a morte e a destruição sem jamais vacilar, sabendo que seu Deus nunca falharia.

"O café da manhã está na fogueira", escreveu, "e um lindo alvorecer está rompendo pela floresta. Estamos ambos bem e felizes, esperando que Deus nos mostre sua vontade para esta estação".

E ele sabia que o mesmo Deus também lhe mostraria sua vontade quanto ao casamento deles.

> Não, minha querida, as águas não apagaram o amor. Não sei o que isso significa para nós — não tenho sequer uma pista de como isso afetará os planos do casamento. Escrevi, mas não enviei (enviarei

quando encontrá-la), uma carta contando a reação de Pete ao casamento e sugerindo que planejemos para janeiro, mas não tenho ideia do que fazer agora.

Ele simplesmente sabia que Deus abriria um caminho. E minha mãe sabia de outra coisa: ela estava indo para Shandia — para ver o local e para vê-lo por si mesma. Ela escreveu para ele logo após retornar de lá.

7 de agosto

Querido, duvido que eu consiga expressar o que a visita a Shandia me causou. Eu quero agradecer a você, pelo menos. Foi, verdadeiramente, uma bênção! Gostaria de me desculpar por todas as minhas muitas lágrimas, mas você não vai querer isso. (Vejo que não fui a única afetada pela visão — Ed não conseguiu se conter assim que saiu do avião.)

Mas, oh, Jim — se alguma vez me senti indigna de você, foi desde aquela visita. Em vez de eu ser uma verdadeira "auxiliadora" para você, de prontidão para momentos como este, foi você quem se mostrou uma torre forte. Isso me faz pensar se posso ser para você o que uma esposa deve ser. E me faz saber, com mais certeza do que nunca, que você será tudo o que eu jamais poderia ter pedido.

Foi uma alegria vê-lo trabalhando, alegre e confiante, rindo com os índios, exortando-os, atando as feridas deles, dirigindo os trabalhadores, fazendo sua própria parte — enfim, fiquei impressionada com o fato de você parecer meu homem e missionário ideal. Não o "missionário comum", eu vi o *meu* ideal. [...]

Por todas essas coisas, por quem estou descobrindo que você é, eu o amo, Jim, com toda a minha capacidade de amar. Conhecê-lo só me dá mais razões para amá-lo.

Tento imaginar todas as vezes que meu pai sonhara em fazer missões nas profundezas da selva, sem o vínculo de casamento com uma mulher, arriscando todas as coisas para levar o evangelho a pessoas que nunca ouviram o nome de Jesus. Agora, ele estava de fato ansioso para ter uma esposa — minha mãe. Deus lhe dera *mais* do que ele imaginara.

Tento imaginar todas as vezes que minha mãe se vira fazendo um trabalho pioneiro, pondo o evangelho em uma linguagem compreensível a um povo primitivo, mas não em Shandia, que realmente não lhe despertava muito interesse. Agora, ela estava realmente ansiosa para estar lá, disse, com meu pai. Deus também lhe dera mais do que ela imaginara.

Não pense que meus pais eram perfeitos. Não eram. Não pense que o relacionamento deles foi perfeito. Não foi. Veja-os como duas pessoas — um homem e uma mulher — que, de bom grado, pediram a Deus que dirigisse a vida deles à sua própria maneira. Aqui na história deles, Deus era o único a fazer as coisas perfeitamente, mesmo em meio a um desastre, mesmo depois de muitos anos de provação e espera, de separação e luta.

As lutas deles estavam longe de terminar, é claro. Sabemos disso. Mas, por enquanto — finalmente —, Deus os estava unindo naquele lugar, para aquela temporada.

Eles estavam em casa.

10 de agosto

> Estou ansiosa para estar em Shandia... Mas, ó querido, como espero que seja a última vez que cada um de nós terá de morar "na casa de alguém". Estou tão cansada de perambular por aí, vivendo das coisas de outras pessoas. Não é tanto o perambular que me incomoda — não espero que algum dia nos estabeleçamos em algum lugar —, mas quero, sim, ser independente dos bens e serviços dos outros. E quero construir algum tipo de lar para você, Jim.

No curto prazo, ela ficaria em alojamentos temporários em Shandia, enquanto meu pai e seus parceiros missionários exploravam as áreas inóspitas do Oriente, procurando estabelecer conexões nos lugares para onde Deus os conduzia, buscando suas próximas portas de oportunidade. Ele se desculpou porque ela seria *"dependente dos bens e serviços dos outros"* enquanto ele estivesse fora, mas...

> Da próxima vez que eu construir algo, tenho certeza de que será para você, e com você. E quem sabe quando será? Sabe o que eu espero? Espero que seja antes de termos sequer a chance de planejar um casamento.

"Sim", respondeu-lhe ela de Dos Rios, antes de descer para Shandia, *"também espero que não tenhamos tempo para planejar um casamento"*, que tudo simplesmente precisasse acontecer rápido demais e que não houvesse muito planejamento.

Não em novembro. Não em janeiro. Não em março.

> Mr. and Mrs. Philip E. Howard, Jr.
> announce the marriage
> of their daughter
> Elisabeth
> to
> Mr. Philip James Elliot
> Thursday, October eighth
> Nineteen hundred and fifty-three
> in Quito, Ecuador

O Sr. e a Sra. Philip E. Howard Jr. anunciam o casamento de sua filha Elisabeth com o Sr. Philip James Elliot na quinta-feira, 8 de outubro de 1953, em Quito, Equador

Eles escolheram o dia do aniversário do meu pai.

7 de outubro: Quito

"Os que esperam em mim não serão envergonhados."

"Nem uma só palavra caiu de todas as suas boas palavras..."

"...para vos dar o fim que desejais."

Amanhã, Jim e eu vamos nos casar. Louvado, louvado sejas, meu Senhor e meu Deus! Tua condução tem sido maravilhosa nesses cinco anos e meio. Tu mostraste o caminho, sempre amoroso, sempre seguro, e nos guardaste um para o outro.

Desde os dias em que estudamos Tucídides juntos, por todo o período de renúncia e silêncio ("Por quanto tempo posso ficar em silêncio — toda a minha vida?"); a correspondência e o desânimo dos dias no PBI; os dias no Monte Hood e em Short Sand; a noite do casamento de Dave; a incerteza sobre o campo missionário; a noite no campo de golfe em Moorestown e a mágoa e a cura subsequentes; o Shelton College; Francônia; e 3 West Maple...

Quito; a casa dos Arias; o campo acima dela; o Pichincha; a bodega; a separação para o Oriente e o Ocidente; juntos outra vez; o noivado, em janeiro de 1953; o susto da tuberculose e a inabalável confiança de Jim em Deus e seu amor por mim; o alívio...

Maio, novamente em Quito, depois em San Miguel; Oriente em junho; enchente em julho; viagem a Bobonaza em agosto; retorno em setembro; e uma semana de proximidade em Shandia; esta última semana em Quito — e amanhã...

Ó Senhor, a tua graça é melhor do que a vida.

Minha mãe sonhara com um casamento tradicional na igreja, usando vestido branco de noiva, desfilando na presença de amigos e familiares reunidos. No final, porém, prevaleceu a facilidade de simplesmente irem ao fórum de Quito e se casarem perante um juiz de paz.

Em parte, acho que ela tomou essa decisão porque viu sentido no raciocínio de meu pai. Ela sabia que ele não suportava todo o burburinho e toda a badalação de casamentos na igreja. Para ele, aquilo cheirava à superficialidade de todas as atrações mundanas. Ele queria que a cerimônia deles se mantivesse o mais livre possível do supérfluo e do elaborado. Provavelmente, porém, o desejo deles de se casarem em uma data anterior era motivado pelos quase cinco anos e meio de espera. Eles precisavam um do outro, mais do que precisavam da cerimônia.

Ela usava um lindo terno azul-celeste que alguém havia costurado para ela, adornado por um elegante buquê. Ele usava o único terno escuro que possuía, um azul-marinho. Convidaram o Dr. e a Sra. Tidmarsh como testemunhas, juntamente com Ed e Marilou McCully. O evento foi assim mesmo, tão pequeno, tão célere e tão simples.

1953: O amor transcende   413

Beijo de casamento.

À entrada do fórum. O menino de calças abaixadas não fazia ideia da solenidade e da alegria da ocasião.

21 de outubro: San Jose, Costa Rica

Casamo-nos conforme planejado, em 8 de outubro, às 9h30, e depois fomos para o Hotel Colon com os Tidmarsh (nossas testemunhas oficiais na cerimônia) e os McCully. Tomamos café com bolos, o Dr. T. nos conduziu em oração e, então, eles nos levaram ao aeroporto.

Voamos para o Panamá e ficamos no El Panama, "o hotel mais luxuoso da América Latina". Seis dias lá, em puro luxo, depois voamos para cá, onde surpreendemos Dave e Phyllis quase a ponto de eles entrarem em colapso. Estamos aqui há quase uma semana. Cidadezinha adorável, muita diversão, boa comunhão.

Eles haviam aguardado aquele dia 8 de outubro com o coração ávido, ansioso e muitas vezes quebrantado, e a alegria que sentiram depois foi um presente de Deus, o fruto de viverem para a glória dele e para a realização de sua perfeita vontade. Como a lua de mel deles *não* seria cheia de felicidade, gratidão e absoluto descanso após toda essa espera, essa oração e esse apetite que os haviam conduzido até ali? Por quase três lindas semanas, eles ficaram livres da preocupação com o trabalho no campo e puderam celebrar o que Deus havia realizado neles, o que dera a eles. Era pura alegria, alegria, louvor e mais alegria!

Partindo para a lua de mel.

Com o tio Dave e a tia Phyllis — dias cheios de alegria na Costa Rica.

5 de novembro de 1953: Shell Mera

Terminamos uma maravilhosa lua de mel de duas semanas com mais três dias no El Panama. Voamos para Quito em 24 de outubro e passamos dez dias lá, comprando e fazendo as malas para o Oriente. Hoje, voamos de Quito, mas metade de nossas coisas ainda está em Ambato. Senhor, proteja-as do roubo e traga-as em segurança.

E agora, finalmente, sua vida como missionários casados poderia começar, em harmonia com o versículo de Isaías que eles haviam escolhido para o dia do seu casamento: "Eis que este é o nosso Deus, em quem esperávamos". Eles perseveraram em esperar pelo tempo de Deus, e aquele que, em sua soberania, planeja nossos dias e nossos anos os trouxera para aquela nova fase da vida, sempre confiantes em seu contínuo chamado.

A história deles nunca para de arrebatar meu coração. O Senhor tomou a personalidade de meu pai, tão impetuosa e ousada — um jovem que dissera a seus colegas de universidade que eles precisavam de um chute no traseiro para irem ao campo missionário; que os repreendera por não renunciarem **às** paqueras e não perceberem que estavam na faculdade para "procurar apresentar-se a

Deus aprovados" — e, de algum modo, casou seu zelo pelo evangelho com o amor de uma mulher, sem diminuir a paixão dele pelas almas. O Senhor também tomou a personalidade e o intelecto de minha mãe, deu-lhe amor por aquele homem e desafiou-a a restringi-lo ao nível do verdadeiro amor cristão entre amigos, porém coroou sua disposição de confiar nele de forma absoluta, dando-lhe não apenas mais de si mesmo, mas também dando-lhe meu pai, o outro grande desejo de seu coração.

Deus me ensinou, por meio do exemplo deles e de sua ação visível na vida deles, que posso confiar em sua santa vontade, mesmo quando nada ao meu redor parece bom ou esperançoso. E ele pode usar até meus fracassos, minhas dores e minhas preocupações como matéria-prima para moldar uma vida que lhe traga plena honra e glória.

> **11 de novembro de 1953: El Oriente**
> "O Senhor é quem vai adiante de ti; ele será contigo, não te deixará." Ele, finalmente, nos trouxe a este lugar, em segurança e sem perda de bens. *Nosso primeiro lar!*

"Lar." Juntos, num lar.

Deus os conduzira por todo o caminho até o lar.

Naquele dia, se dirá:
Eis que este é o nosso Deus, em quem esperávamos.
— Isaías 25.9

Epílogo

1º de dezembro de 1953: Não está chovendo agora, mas as ripas de bambu recém-cortadas estão cheias de lama fresca e a outra metade da cabana, ainda sem piso, parece uma goma escorregadia por causa de uma chuva que durou a noite toda no domingo. Ontem, tivemos de assentar o máximo possível do piso e, hoje, devem trazer mais bambu, de modo que talvez tenhamos o piso totalmente assentado ainda esta semana.

Esta tarde, enquanto eu descansava (supostamente, tive icterícia — praticamente desde o dia em que chegamos, 11 de novembro — e ainda tenho de passar meio período em repouso), Betty resolveu tomar o problema em suas próprias mãos e pôs tábuas entre a barraca e o piso enlameado da cozinha de 2,5 x 3,0 m, de paredes ainda inacabadas.

Ela está lá, cozinhando, enquanto eu me sento à nossa mesa dobrável, enfeitada com uma toalha florida e decorada, no centro, com uma vela branca e um arranjo de pequenas flores silvestres e graciosas folhas belamente postas numa latinha.

Não sei quantos homens e mulheres suportariam o tipo de espera e sacrifício que (finalmente) resultou no casamento de meus pais, em 8 de outubro de 1953 — dia do vigésimo sexto aniversário dele. Também não sei quantos considerariam um bom começo de casamento viver nas condições em que eles se encontravam — uma barraca de 1,5 m², armada bem no meio de uma pequena clareira na floresta amazônica. Alguns não enxergariam nada além da "latinha", não veriam as "flores belamente postas" dentro dela.

Porém, após viajar comigo pela incomum história de amor deles, espero que você consiga enxergar, nessa cena tão corriqueira do início de sua vida de casados, a mão da bênção de Deus. Eles se entregaram ao Senhor; eles se deram um ao outro. E, embora parecesse um começo absurdamente austero, acho que nós trocaríamos muitas de nossas "coisas" pela poderosa devoção, amor, propósito e simplicidade que meus pais estavam experimentando em sua barraca.

"Foi para este lugar que Deus nos enviou, e é aqui o nosso lugar", disse minha mãe. *"Não foi à toa que tu nos trouxeste até aqui."*

Eles começaram a vida de casados em Puyupungu, uma pequena vila que a equipe de reconhecimento de meu pai havia localizado durante a exploração de três semanas em setembro, considerando-a mais promissora para a influência do evangelho. Sem mais ninguém que pudesse encarar o desafio, meus pais disseram "sim". Aquilo foi o que os levara a dizer "sim" um ao outro mais cedo do que o previsto.

No final de março, eles haviam terminado uma casinha de sapê que lhes dava abrigo das condições atmosféricas. Eles continuaram a atuar junto aos índios, estabelecendo uma pequena escola para as crianças, ministrando-lhes de inúmeras maneiras, sendo-lhes a luz de Cristo. Porém, quando a reconstrução começou a ocorrer em Shandia, decidiu-se restaurá-la como o centro da missão deles, transformando lugares como Puyupunga em algo como estações remotas nas quais eles serviriam a partir de uma única base de operações. Com esse modelo tomando forma, meus pais voltaram para Shandia, onde meu pai pôde dedicar-se principalmente à construção. Até meu avô Elliot veio para ajudar no projeto de edificação.

A casa que eles acabaram construindo para si é, na verdade, a única de que me lembro bem. Minha mãe e eu moramos nela até meus três anos e meio, antes de irmos morar com os Auca; e depois, novamente, dos meus seis aos oito anos, até voltarmos aos Estados Unidos. Era a "casa dos sonhos" da minha mãe, luxuosa em comparação com o telhado de palha e as paredes de bambu em que eles estavam acostumados a morar. Eles conversaram e escreveram muito sobre o que precisavam e desejavam em uma casa, e meu pai a construiu com prazer, com a ajuda dos índios locais e do vovô Elliot. A casa tinha piso de cimento, janelas com telas e um telhado de zinco ondulado, sobre o qual as chuvas tropicais trovejavam com emocionante regularidade. Também continha uma geladeira movida a querosene, um fogão a lenha de ferro fundido e um segundo andar, onde a empregada doméstica de minha mãe morava com sua filha. Minha mãe não poderia estar mais feliz, cozinhando refeições, pães e bolos para seu amado e para mim. E como ela contava com uma empregada, podia trabalhar em sua escrivaninha todas as manhãs, preparando estudos bíblicos e traduzindo partes do Novo Testamento para o quíchua. Esperava-se, é claro, que eu me divertisse sozinha, uma tarefa infantil facilitada pelo fato de eu ter com quem brincar: a filha da empregada.

Algumas das minhas primeiras memórias envolvem lavar meus pés na pia do banheiro e ir para minha cama aconchegante à noite. Meu pai a construíra para mim — uma cama simples de tamanho infantil — e mamãe fizera uma saia listrada de rosa e branco, com babados, que punha perfeitamente sob o colchão. Guardamos aquela cama em nossa família por muitos anos, até que formigas-carpinteiras a destruíram em nossa garagem, na Carolina do Norte. Ao longo do caminho, porém, quatro dos netos de meu pai e até mesmo um de seus bisnetos dormiram na mesma cama que eu desfrutara quando era uma criança na selva.

Tive a oportunidade de retornar e ver novamente aquela casa, quarenta anos depois da morte de meu pai, a convite de minha mãe. Ela estava um tanto deteriorada, claro, mas ainda de pé e ainda habitada, agora por uma grande família de quíchuas, que estava emocionada com a nossa vinda. O homem que tomara posse dela queria que voltássemos e disséssemos aos americanos que eles poderiam descer e ficar lá sempre que quisessem.

Quer quiséssemos ou não, eles nos convidaram para comer com eles. Serviram-nos ovos cozidos e chicha, bebida local feita com mandioca mascada e cozida (sim, mascada até à forma líquida) que é armazenada numa embalagem feita com folhas de bananeira. Enquanto estávamos ali sentadas, e minha mãe conversava com eles em quíchua, um jovem louro com roupa de motociclista chegou, após subir a trilha. Disse que era alemão, morava em Quito e queria saber se aquela era mesmo a casa que Jim Elliot construíra. Imagine a surpresa dele ao me encontrar com minha mãe lá. Ele ficou muito impressionado em nos encontrar e ficamos emocionadas em lhe confirmar suas esperanças de ver a casa de meu pai. Não foi isso uma perfeita ordenação de Deus?

Porém, acaso toda esta história não foi uma de assistir a Deus trabalhando, esperar o tempo dele, permitir que ele estabelecesse o caminho que os manteria no centro de sua vontade? Ao conduzi-la ao fim, deixo novamente que as palavras de meus pais desenhem as emoções, os pensamentos e as descrições da vida deles, agora como marido e mulher, primeiro em Puyupungu, depois novamente em Shandia.

> **JE (1º de dezembro de 1953):** Ela é exatamente o que eu sempre soube que era, toda mulher, com seu hábito de ficar surpresa e chocada com o que eu faço e digo (um hábito divertido para mim, e um incentivo para eu continuar dizendo coisas chocantes), sua tendência a usar palavras exageradas ("horrível", "medonho", com uma expressão de absoluto desgosto) e sentir as coisas com uma força e com um amor por mim que sou incapaz de entender ou estimar totalmente — e muito menos de me tornar digno desse amor. Não tivemos nada além de harmonia, desde a nossa noite de núpcias, em El Panama, até a última vez que nos falamos. [...] A adaptação ao casamento, se é que existe, é algo pelo que estou passando sem esforço — até mesmo de forma inconsciente. Tamanho é o amor que conhecemos.

> **EE (25 de março de 1954):** Deus respondeu novamente às orações... Ele providenciou uma casa para nós! Estou agora sentada a uma pequena escrivaninha que Jim fez, meses atrás, na mais agradável sala de estar. De ambos os lados da sala, há janelas que dão para a vasta extensão do Rio Pastaza até os Andes.

Nunca se sabe o valor de um bom telhado e de um piso seco até que se tenha vivido por quase cinco meses numa barraca com goteiras! Como agradecemos a Deus por esta casa de palha e tábuas, elevada a um metro e meio do chão! Terminei o quarto e a sala, resta apenas a cozinha a fazer hoje. [...] Louvado sejas tu, Senhor, pelo bom abrigo, pelo dinheiro e pelos trabalhadores para construí-lo, pela saúde de Jim e por sua capacidade de planejar, dirigir e ajudar no trabalho.

JE (1º de abril de 1954): Fizemos uma pausa no fim de uma tarde chuvosa. Com gratidão, instalamo-nos já há uma semana em nossa casa, em Puyupungu. Foram longos, mas não insuportáveis, cinco meses na barraca. Deus tem sido fiel.

EE (7 de abril de 1954): A vida pode ser muito rotineira — levantar-se às 6h; café da manhã às 6h30; limpar a casa; devoções às 8h; ler, escrever ou estudar; cozinhar o jantar; rádio às 13h30; jantar às 17h30; ir para a cama às 20h30. Senhor, faze-me lembrar continuamente da razão pela qual estou aqui. Faze-me enxergar as coisas que não se veem.

E te trago mais uma oração — ó Senhor, dá-nos um filho.

Meu pai tirou esta foto dela em um raro momento de cabelos soltos.

EE (10 de abril de 1954): Jim está lá fora, trabalhando em uma cerca para manter as vacas fora da pista de pouso. O simples fato de elas andarem sobre a pista quando a terra está mole (como quase sempre está) pode obrigar Jim a trabalhar por horas a fio para aplainá-la.

Ele trabalha tanto — entra em casa várias vezes por dia, encharcado de suor (e muitas vezes de chuva), a lama cobrindo seus sapatos, meias e calças até o joelho. Eu o amo muito e anseio pelo dia em que não haverá mais pistas de pouso ou construção de casas com que ele tenha de se preocupar. (Será que esse dia chegará, se continuarmos com um programa semelhante ao trabalho aqui em Puyupungu?)

A vida de casados é tudo que eu esperava. Jim é sempre um marido atencioso, amoroso e que me valoriza. Ele percebe pequenas coisas. Ele elogia a comida de que gosta; plantou seis ou sete espécies de orquídeas, as quais observa e das quais cuida com grande interesse; continua a me ensinar as coisas de Deus; é jovial o suficiente para ser muito engraçado quando a ocasião permite; trata os índios com o que me parece ser uma sabedoria peculiar; seu espírito é tão leve e animado, confiando na fidelidade de Deus mesmo nas ocasiões que, para mim, às vezes, são muito desanimadoras. Como louvo a Deus por ele! Ninguém poderia pedir mais da vida do que ser amado como eu sou amada.

JE (30 de maio de 1954): Betty e eu conseguimos decolar da pista de Puyupungu em 21 de abril, em voos separados. Aguardamos Ed por um dia em Shell e fomos juntos para Quito no dia 23. Encontramos papai em Puna, com muita gratidão, na terça-feira, 27 de abril, às 8h. [...] Passamos uma semana em Quito cuidando dos dentes, participando de uma conferência do IMF e conhecendo pessoas, e voltamos de caminhão para Shell com missionários da GMU, em 14 de maio. Betty veio para cá e eu fui a Shandia para escolher um local para a casa. (Ó Deus, que seja o local certo!)

Epílogo 425

Meu pai, à esquerda, trabalhando na casa deles em Shandia. O pai dele está encoberto, ao fundo.

Mais ou menos terminada. Esta é a casa em que me lembro de morar.

EE (23 de julho de 1954): Louvor, louvor àquele de quem procedem toda boa dádiva e todo dom perfeito. Tenho bastante certeza de que estou grávida. Jim e eu estamos muito felizes com isso. Nós "concordamos a respeito de uma coisa" — pedimos a Deus por um menino.

JE (8 de agosto de 1954): Em Shandia agora, por várias semanas, tendo Ed e Marilou saído para um descanso. Apenas papai, Rob, Betty e eu. Trabalhando na casa agora, sobretudo despejando cimento, e já terminamos o chão e as paredes, faltando apenas alisar a superfície.

FF (31 de outubro de 1954): Não sei como me permito ficar tanto tempo sem escrever. Não posso alegar que estou ocupada demais, mas a situação está muito desordenada. Morar lá, na pequena, quente e lotada cabana de Pete, comer na casa dos McCully etc., nada disso contribui para uma vida unificada. Mas agora, graças a Deus, estamos em nossa própria casa! Jim e eu nos mudamos para cá na segunda-feira passada, embora continuemos a almoçar com os McCully, já que ainda não temos o duto de exaustão para nosso fogão. Estou muito grata a Deus por esta casa — muito além de qualquer casa que eu esperava ter. Mas ele no-la deu e ela lhe pertence. Quero que seja usada para a glória do nome dele e que seja um lugar de paz para o povo do Senhor, bem como um farol para aqueles que vivem ao nosso redor. Será que vamos passar o resto de nossas vidas aqui? Sonho com ela cheia de filhos e de hóspedes — Senhor, assim seja!

EE (6 de dezembro de 1954): Faltam três meses para o bebê nascer — parece muito tempo. Mas agradecemos a Deus pela feliz expectativa.

EE (28 de dezembro de 1954): Dez semanas me parecem muito tempo para esperar. É desconfortável ficar deitada na cama estas noites — como serão os próximos dois meses?

EE (10 de janeiro de 1955): O filho de Marj Saint nasceu em 26 de dezembro. Quando chegará o nosso? Gostaria de que chegasse logo! Tenho pedido ao Senhor por um filho que o glorifique. Aqueles pensamentos que, tenho certeza, milhões de futuras mães tiveram antes de mim me atormentam de vez em quando — ele será saudável? Ele vai viver e crescer bem? Como será o parto? — mas estou em paz, sabendo que Deus é poderoso para guardar o que lhe confiei, e *tudo é dele*.

EE (9 de fevereiro de 1955): Se tudo correr como esperado, seremos pais daqui a três semanas. Como aguardo o dia de ter o filho de Jim — que maravilha! Tenho certeza de que todo o desconforto dos dias presentes parecerá completamente insignificante. [...] Oro muito para estar preparada para o parto, em todos os sentidos. Oh, que tenhamos um filho que cresça para glorificar a Deus!

EE (23 de fevereiro de 1955): Espero ir amanhã a Shell Mera para aguardar o nascimento do bebê. Oro muito para que não demore demais.

EE (6 de março de 1955): Uma semana atrás, em 27 de fevereiro, às 5h20, Valerie chegou. Eu estava em trabalho de parto desde as 10h30 de sábado. O Dr. Fuller a partejou aqui, na casa de Saint, na presença de Liz, sua esposa. Jim estava comigo em cada minuto, o que importava mais para mim do que ele jamais saberá. [...]

Que alegria ouvir o primeiro choro dela e ver nossa própria filha! Ela não estava vermelha ou enrugada, e sua cabeça tinha um formato perfeito. Querido Jim — ele dissera à sua mãe que achava que ficaria desapontado se fosse uma menina, mas não ficou nem um pouco. Ele a amou imediatamente e a tomou nos braços. Quão grata estou! [...]

Ó Senhor, esta criança é um de teus dons "perfeitos", descendo do Pai das Luzes. Nós a devolvemos a ti, em gratidão, e pedimos tua santa sabedoria e teu amor para a guiarmos e cuidarmos dela.

O que posso dizer, senão que eles me amavam e estavam gratos?

Sem a menor noção do que é um espelho.

As despreocupadas alegrias de nascer na selva.

Nós três, juntos, em Shell Mera.

E é aqui que acho que vou deixá-los, desfrutando esse precioso momento em sua história de amor — nossa pequena família de três pessoas, cercada por amigos, por fiéis colegas de trabalho, arrebatada em gratidão a Deus. Ele respondera às orações deles — todas aquelas orações por um menino — comigo. Acho que o Senhor deve ter sorrido.

Aqui também é onde eu caio de joelhos em louvor, agradecendo a Deus não apenas por entretecer minha vida de forma tão única a esta história, mas também por me permitir compartilhá-la com você. Que você extraia da vida real deles a confiança e a convicção que Deus também lhe preparou, a fim de que você o sirva dignamente em seu reino, rendendo-se a ele, obedecendo-lhe e aprendendo diariamente a deixar que ele a conduza aonde somente ele é capaz de levá-la. Eis que este é o seu Deus. Espere nele, *com devoção*.

FIEL MINISTÉRIO

O Ministério Fiel visa apoiar a igreja de Deus, fornecendo conteúdo fiel às Escrituras através de conferências, cursos teológicos, literatura, ministério Adote um Pastor e conteúdo online gratuito.

Disponibilizamos em nosso site centenas de recursos, como vídeos de pregações e conferências, artigos, e-books, audiolivros, blog e muito mais. Lá também é possível assinar nosso informativo e se tornar parte da comunidade Fiel, recebendo acesso a esses e outros materiais, além de promoções exclusivas.

Visite nosso site
www.ministeriofiel.com.br

Esta obra foi composta em Arno Pro Regular 12.5, e impressa
na Promove Artes Gráficas sobre o papel Pólen Soft 70g/m²,
para Editora Fiel, em Janeiro de 2020